SUBLIMAÇÃO E *UNHEIMLICHE*

Coleção Clínica Psicanalítica
Títulos publicados

1. **Perversão**
Flávio Carvalho Ferraz
2. **Psicossomática**
Rubens Marcelo Volich
3. **Emergências Psiquiátricas**
Alexandra Sterian
4. **Borderline**
Mauro Hegenberg
5. **Depressão**
Daniel Delouya
6. **Paranoia**
Renata Udler Cromberg
7. **Psicopatia**
Sidney Kiyoshi Shine
8. **Problemáticas da Identidade Sexual**
José Carlos Garcia
9. **Anomia**
Marilucia Melo Meireles
10. **Distúrbios do Sono**
Nayra Cesaro Penha Ganhito
11. **Neurose Traumática**
Myriam Uchitel
12. **Autismo**
Ana Elizabeth Cavalcanti
Paulina Schmidtbauer Rocha
13. **Esquizofrenia**
Alexandra Sterian
14. **Morte**
Maria Elisa Pessoa Labaki
15. **Cena Incestuosa**
Renata Udler Cromberg
16. **Fobia**
Aline Camargo Gurfinkel
17. **Estresse**
Maria Auxiliadora de A. C. Arantes
Maria José Femenias Vieira
18. **Normopatia**
Flávio Carvalho Ferraz
19. **Hipocondria**
Rubens Marcelo Volich
20. **Epistemopatia**
Daniel Delouya
21. **Tatuagem e Marcas Corporais**
Ana Costa
22. **Corpo**
Maria Helena Fernandes
23. **Adoção**
Gina Khafif Levinzon
24. **Transtornos da Excreção**
Marcia Porto Ferreira
25. **Psicoterapia Breve**
Mauro Hegenberg
26. **Infertilidade e Reprodução Assistida**
Marina Ribeiro
27. **Histeria**
Silvia Leonor Alonso
Mario Pablo Fuks
28. **Ressentimento**
Maria Rita Kehl
29. **Demências**
Delia Catullo Goldfarb
30. **Violência**
Maria Laurinda Ribeiro de Souza
31. **Clínica da Exclusão**
Maria Cristina Poli
32. **Disfunções Sexuais**
Cassandra Pereira França

33. **Tempo e Ato na Perversão**
Flávio Carvalho Ferraz

34. **Transtornos Alimentares**
Maria Helena Fernandes

35. **Psicoterapia de Casal**
Purificacion Barcia Gomes
Ieda Porchat

36. **Consultas Terapêuticas**
Maria Ivone Accioly Lins

37. **Neurose Obsessiva**
Rubia Delorenzo

38. **Adolescência**
Tiago Corbisier Matheus

39. **Complexo de Édipo**
Nora B. Susmanscky de Miguelez

40. **Trama do Olhar**
Edilene Freire de Queiroz

41. **Desafios para a Técnica Psicanalítica**
José Carlos Garcia

42. **Linguagens e Pensamento**
Nelson da Silva Junior

43. **Término de Análise**
Yeda Alcide Saigh

44. **Problemas de Linguagem**
Maria Laura Wey Märtz

45. **Desamparo**
Lucianne Sant'Anna de Menezes

46. **Transexualidades**
Paulo Roberto Ceccarelli

47. **Narcisismo e Vínculos**
Lucía Barbero Fuks

48. **Psicanálise da Família**
Belinda Mandelbaum

49. **Clínica do Trabalho**
Soraya Rodrigues Martins

50. **Transtornos de Pânico**
Luciana Oliveira dos Santos

51. **Escritos Metapsicológicos e Clínicos**
Ana Maria Sigal

52. **Famílias Monoparentais**
Lisette Weissmann

53. **Neurose e Não Neurose**
Marion Minerbo

54. **Amor e Fidelidade**
Gisela Haddad

55. **Acontecimento e Linguagem**
Alcimar Alves de Souza Lima

56. **Imitação**
Paulo de Carvalho Ribeiro e colaboradores

57. **O tempo, a escuta, o feminino**
Silvia Leonor Alonso

58. **Crise Pseudoepiléptica**
Berta Hoffmann Azevedo

59. **Violência e Masculinidade**
Susana Muszkat

60. **Entrevistas Preliminares em Psicanálise**
Fernando Rocha

61. **Ensaios Psicanalíticos**
Flávio Carvalho Ferraz

62. **Adicções**
Decio Gurfinkel

63. **Incestualidade**
Sonia Thorstensen

64. **Saúde do Trabalhador**
Carla Júlia Segre Faiman

65. **Transferência e Contratransferência**
Marion Minerbo

66. Idealcoolismo
Antonio Alves Xavier
Emir Tomazelli

67. Tortura
Maria Auxiliadora de Almeida Cunha Arantes

68. Ecos da Clínica
Isabel Mainetti de Vilutis

69. Pós-Análise
Yeda Alcide Saigh

70. Clínica do Continente
Beatriz Chacur Mano

71. Inconsciente Social
Carla Penna

72. Psicanálise e Música
Maria de Fátima Vicente

73. Autorização e Angústia de Influência em Winnicott
Wilson Franco

74. Trabalho do Negativo
Vera Lamanno-Adamo

75. Crítica à Normalização da Psicanálise
Mara Caffé

76. Sintoma
Maria Cristina Ocariz

77. Cidade e Subjetividade
Flávio Carvalho Ferraz

78. Psicologia Hospitalar e Psicanálise
Alfredo Simonetti

79. Fairbairn
Teo Weingrill Araujo

80. Orientação Profissional
Maria Stella Sampaio Leite

81. Acompanhamento Terapêutico
Maurício Porto

82. Ferenczi
Teresa Pinheiro

83. Psicanálise e Educação
Maria Regina Maciel

84. Psicoterapia Breve de Casal
Mauro Hegenberg

85. Vertentes da Psicanálise
Maria Laurinda Ribeiro de Souza

86. Sublimação e *Unheimliche*
Alessandra Martins Parente

Coleção Clínica Psicanalítica
Dirigida por Flávio Carvalho Ferraz

SUBLIMAÇÃO E *UNHEIMLICHE*

Alessandra Martins Parente

Pearson

1ª edição 2017

Produção Editorial: *Casa de Ideias*

Adaptação de capa: *Casa de Ideias*

Dados Internacionais de Catalogação na Publicação (CIP)
Angélica Ilacqua CRB-8/7057

Parente, Alessandra Martins
Sublimação e *Unheimliche* / Alessandra Martins Parente. – São Paulo : Pearson, 2017. – (Coleção Clínica Psicanalítica / dirigida por Flávio Carvalho Ferraz).

Bibliografia
ISBN 978-85-8040-683-2

1. Psicanálise 2. Sublimação (Psicologia) I. Título II. Ferraz, Flávio Carvalho. III. Série

16-1181 CDD 150.195

Índices para catálogo sistemático:
1. Psicanálise

Impresso no Brasil
Printed in Brazil

As imagens vinculadas a este livro são de domínio público.

As opiniões expressas neste livro, bem como seu conteúdo, são de responsabilidade de seus autores, não necessariamente correspondendo ao ponto de vista da editora.

Casapsi Livraria e Editora Ltda.
Av. Francisco Matarazzo, 1500 - Cj. 51
Edifício New York - Centro Empresarial Água Branca
Barra Funda - São Paulo/SP - CEP 05001-100
Tel. Fax: (11) 3672-1240
www.pearsonclinical.com.br

Para Maria de Fátima Vicente,
minha analista

Sumário

Agradecimentos

Agradeço aos meus amores Nelson, Laura e Pedro, a toda minha família e aos amigos por estarem sempre por perto.

A João Frayze-Pereira, Flávio Carvalho Ferraz, Gustavo Henrique Dionisio e Mariana Delfini, que estão entranhados no resultado final deste livro.

Prefácio: Decadência e elegância

O Cauteleiro Coxo estendeu as pernas e apoiou-se no banco. E agora o senhor desculpe, disse, vou ler um bocado, todos os dias dedico uma parte do meu tempo à leitura. Tirou um livro do bolso e pôs-se a ler. Era a revista Esprit, *e ele disse: estou a ler um artigo de um filósofo francês sobre a alma, é curioso voltar a ler coisas sobre a alma, durante muito tempo ninguém mais falou dela, pelo menos desde a década de 40, agora parece que a alma está outra vez na moda, estão novamente a descobri-la, eu não sou católico mas acredito na alma num sentido vital e coletivo, talvez numa concepção espinoziana, o senhor acredita na alma? É uma das poucas coisas em que acredito, disse eu, pelo menos agora, aqui neste jardim onde estamos a conversar, foi a minha alma que me proporcionou tudo isto, quer dizer, não sei bem se é a alma, talvez seja o Inconsciente, porque foi o meu Inconsciente que me trouxe até aqui. Alto lá, disse o Cauteleiro Coxo, o Inconsciente, o que é que isso quer dizer?, o Inconsciente pertence à burguesia vienense do princípio do século, aqui estamos em Portugal e o senhor é italiano, nós pertencemos ao Sul, à civilização greco-romana, não temos nada a ver com a Mitteleuropa, desculpe, nós temos alma. É verdade, disse eu, eu tenho a alma, está certo, mas também tenho o Inconsciente, quer dizer, agora já tenho o*

Inconsciente, sabe o Inconsciente apanha-se, é como uma doença, eu apanhei o vírus do Inconsciente, acontece.

(Antonio Tabucchi, *Réquiem: uma alucinação*)

O fascínio exercido pelo ocaso do século XIX, em muito conduzido pela batuta contagiante da Viena vitoriana de Freud, ressoa feito ritornelo nos ouvidos contemporâneos. Em parte, ao menos, é provável que o impulso que continua movendo esse interesse encontre suas raízes no "fanatismo" (a expressão é de Stefan Zweig) observado naquele momento e lugar específicos em torno das artes, tal como nos proporciona saborear o estudo que Alessandra Parente traz a público: complexa, paradoxal e extremamente rica, a cultura estética da Viena *fin-de-siècle* inscreveu, de maneira inequívoca, um dos capítulos mais significativos na história da política e da arte modernas (assim como da arte em geral). Não é segredo que esse epicentro sociocultural faria surgir nomes a serem imortalizados, tais como os de Gustav Klimt, Egon Schiele e Oskar Kokoschka, no campo da pintura; músicos revolucionários como Gustav Mahler e, sobretudo, Arnold Schoenberg; sem esquecer escritores do porte de um Arthur Schnitzler ou de um Hugo von Hofmannsthal. Sob a pena da autora – e é preciso enfatizar desde já que ela não negligenciou nenhum dentre eles –, esses notáveis se transformarão nas *personas* históricas indispensáveis para a reconstrução de determinado *éthos* que, atravessado por uma cadeia de ondulações – já que aí vemos empregados, com habilidade, diferentes matizes para diferentes temas –, teremos a oportunidade de constatar numa espécie de radiografia fulgurante da época.

Não é absurdo dizer, sobretudo após alguma incursão na matéria, que a Viena na qual seremos inseridos, quer dizer, a capital do até então omnilateral Império Austro-Húngaro, tomará o problema da beleza como seu *leitmotiv*, desejado ou mesmo inelutável, tendo em vista o contexto de sua vida política em primeiro plano: é como se a derrocada do poder patriarcal, encarnado até então na figura do imperador Francisco José I, tivesse produzido tamanho desamparo a ponto de não deixar outra saída senão por rotas de fuga de cunho escapista, para as quais se escolheu o elogio da beleza e da ornamentação, e cuja efervescência, bem sabemos, apresentar-se-ia em facetas bastante contraditórias. Por um lado, um desejo ardente de arte expressado pela *l'art pour l'art*; de outro, um apetite inversamente comedido no que se refere ao aspecto formal da fatura artística, tudo isso regado por um espírito crítico de tímida potência, portanto, excessivamente moderado. Ora, é então de admirar que um tal refúgio conformista tivesse permitido o surgimento de personalidades como aquelas acima listadas, e é justamente ao deparar com essa surpresa que a investigação de Alessandra Parente – arrisco dizê-lo – parece ter encontrado seu ponto de partida.

É que o cultivo da interioridade psicológica ganhou força irrestrita nas últimas décadas deste século XIX vienense (contexto do qual o próprio Freud seria um produto, como muitos outros, mas do qual também soube muito bem se aproveitar), de tal maneira que a vida psíquica individual se tornará o torvelinho para a congregação dos efeitos mais ou menos diretos de uma sensibilidade estética muito específica, dirigida quase que exclusivamente aos chamados "estados internos da alma". Apolítico em demasia, como se pode constatar, esse *socius* beletrista-parnasiano revelou-se então como verdadeiro sintoma de um mascaramento de tensões sociais emergentes, e que poderiam se tornar mesmo indecorosas caso não houvesse qualquer tipo de subterfúgio a elas, incluindo aí a emergência de alguns dados de realidade que cobrarão seus tributos em condição de "posterioridade" – para tomar de empréstimo o conceito de *Nachträglichkeit*, com o qual Alessandra Parente lida do início ao fim de sua discussão: a estrutural transição econômica pela qual o Império estava passando, *pari passu* ao declínio da monarquia, e talvez também como um efeito dela, traduz-se na ascensão e queda bruscas do liberalismo burguês, vividos num tal átimo de velocidade que os tornava impossíveis a subjetivar, ainda que disso os vienenses "não quisessem não saber".

Ora, se a "expansão de certo narcisismo e da vida dos sentimentos estrangulou o vaso liberal tradicional, pautado na razão, lei moral e progresso" isto se deu a partir de coordenadas espaço-temporais claramente isoláveis, uma vez que a derrocada da dinastia dos Habsburgo geraria toda uma gama de incertezas a serem resolvidas *senão* pelo salvo-conduto de uma grande ambivalência ou ambiguidade. Portanto, as condições históricas a que temos acesso nos levam a crer que a farsa novecentista da vida austríaca teria funcionado como limiar ótimo para a precipitação de um fabuloso anacronismo *à la* "18 Brumário de Luís Bonaparte", em especial quando se pensa na permanência do convívio tácito entre a sustentação de ideologias "modernas" resgatadas do *Ancien Régime*, isto é, experimentadas com todo um apego formal a tradições já mortas, e uma "nova ordem" liberal que surpreendentemente parecia se propagar a olhos nus como não revolucionária e fadada ao fracasso logo de saída. Tendo em vista a situação, é como se a Viena do final do XIX estivesse vivendo, em escala social, sob uma situação psíquica reconhecida por nós psicanalistas como desmentido (*Verleugnung*), assim como a pesquisa implicada de Alessandra Parente nos convida a verificar. Um tanto fetichista, a cultura vienense não parece ter tido problemas para azeitar uma certa "frivolidade cética e melancólica" junto a "uma saborosa e tranquila curiosidade"; Walter Benjamin, talentoso poeta da metáfora, certamente concordaria que ali se tratava de embalar, e não sem alguma consciência do fato, toda a merda da política com a meia de seda da cultura.

*

Dado que nosso aparelho psíquico funciona de maneira conservadora, como já apontara o próprio Freud – lembremos – subjetivado naquela Viena, a decorrência lógica para se encarar uma conjuntura como essa consiste na formação de defesas as mais adequadas possíveis como tentativa de obturar o desequilíbrio instalado na vida mental, e daí o surgimento, de mãos dadas com a denegação (*Verleugnung*), de um espírito genuinamente melancólico a se ver pulverizado nas almas vienenses com a passagem do século XIX para o XX. Uma vez que a derrocada das velhas tradições passa a ser um fato inescapável, a melancolia se instala no social como um muro de arrimo ante a condição trágica da perda de tutela do grande Outro, neste caso representado pela estabilidade imperial, ou seja, todos os símbolos referentes à ordem patriarcal tradicional que sustenta a sociedade austro-húngara de até então. Eis que a visada psicanalítica do livro se revelará mesmo necessária por conta das características do objeto recortado, ainda que, antes de ilustrar seu respectivo verbete de entidade psicopatológica, a melancolia seja uma figura social e literária tão ampla a ponto de configurar um *Zeitgeist* propriamente dito – a monumental pesquisa que Julia Kristeva (1989) desenvolveu em seu *Sol negro* é definitiva quanto a isso; entretanto, é justamente por conta de sua descrição fenomenológica que se nos autoriza transportá-la à condição psíquica, e que tanto interessará, imagino eu, ao leitor das linhas que seguem.

É neste momento também (leia-se, a partir do segundo capítulo) que a reflexão de Alessandra Parente inaugura aquilo que considero ser imprescindível a toda (boa) obra de psicanálise, um traço inspirado pela transmissão de Jacques Lacan: a meu ver, qualquer escrito de fôlego que se deseja psicanalítico acaba num momento ou noutro elegendo os seus "conceitos fundamentais da psicanálise"; eles não se restringem, obrigatoriamente, ao número quatro[1], embora eu ouse dizer que a autora assim os elegeu em igual número, embora aluda a apenas dois, um tanto modestamente, no título que deu à sua investigação:

1. O primeiro deles é, obviamente, a *sublimação*, sobretudo porque a sua teoria, apesar de inacabada em Freud, procura explicar os processos de criação, sejam eles enviesados ou mediados pelo aparato social – trata-se, vale sublinhar, de uma teoria que busca explicar a *criação* (artística, enfim), e não outra coisa.
2. Em segundo lugar temos o *estranho* familiar, introduzido por Freud com o artigo sobre o *Unheimliche* (que foi estudado, a propósito, a partir de uma experiência estética), que, por sua vez, serviria de antessala a *Mais além do princípio de prazer*, de modo que ambos talvez expressem as sequelas mais diretas dos infortúnios

---

1 Ao leitor desavisado: faço, aqui, um chiste referente ao famoso *Seminário 11* de Lacan, editado como "Os quatro conceitos fundamentais da psicanálise".

trazidos com a Grande Guerra e que serão encontrados, definitivamente a partir daí, no interior do arsenal conceitual freudiano[2].

3. Em terceiro surge o *trauma*, que a autora comenta na esteira da teoria do desamparo consequente da *Hilflosigkeit*, para então discutir questões acerca do tempo *nachträglich* e da famigerada condição do pânico, mais atual que nunca, chegando então a aludir, mesmo que de modo muitíssimo subliminar, à "servidão voluntária" ao grande Outro, tão facilmente reconhecível na vida mais contemporânea.
4. Enfim, o *objeto*, que entra indiretamente na problemática ao atravessar a janela aberta pela melancolia, de forma que o texto acaba lidando com ele em dois níveis, ou seja, o do psíquico e o do objeto propriamente dito, já que se tem em vista a preocupação de apresentar *in loco* certas obras de arte que, entre um comentário e outro, se revelarão imprescindíveis no passo em que são analisadas.

A autora os fará circular, dançar até, daqui por diante, mas apenas no movimento de uma valsa ela mesma um tanto *estranha*. Dito de outro modo, Alessandra Parente nos convida a pensar o quanto é preciso desrecalcar das inquietações contidas na aparente serenidade de partituras

2 Não é por acaso que *sublimação* e *estranho* figuram, de modo consequente, no título deste livro.

como as de um... Strauss, para ficarmos num exemplo que tangencia o banal.

Com relação ao problema da sublimação, contudo, as propostas da autora atiçam uma questão ainda persistente. Seguindo mais de perto o raciocínio, a sublimação é aqui tomada eminentemente como processo defensivo, e não como um *destino pulsional*, o que poderia angariar um novo debate a respeito do seu caráter mais ou menos conservador etc.; dessa maneira, ou seja, vista "de forma positiva", a defesa implicaria o encobrimento "da realidade externa ou instintiva, criando certo *anteparo* ou *tela* para tais aspectos. Isto é, embora esses componentes – realidade e instinto – ganhem lugar em certas obras, eles ficam embotados pela forma, que compactua com certas convenções e se revela como mito". O argumento se desdobra, por conseguinte, à questão do patriarcado e da subserviência de Freud em relação a ele: "É na mitologia da Antiguidade grega", acrescenta a autora, influenciada por André Green, que Freud "também encontrará as estruturas capazes de ordenar o caos provocado pelas pulsões. A tragédia de Édipo institui a Lei e ordena escolhas objetais, identificações e ideais para que o sujeito seja inserido no campo social". Em razão disso, o criador da psicanálise teria adotado "a cultura alemã por acaso" tal como a "grega por escolha" (ver p. 388).

Mas, se deslocarmos o problema à ordem do pulsional e de seus destinos, para com isso aproximarmos a sublimação de uma visada conceitual auspiciada pelo campo estético, talvez coubesse levantar uma indagação mais simples mas, ao mesmo tempo, pretensiosa: ao fim e ao cabo, a ação sublimatória não se aproxima, com algum exagero na analogia, de algo como um brincar de deus? Se o que está em jogo são os problemas concernentes à criação, à sublimação caberia toda uma propriedade perversa – ou melhor, não recalcada – da relação entre o sujeito (criador) e o objeto (criatura), isto é, a ação de criar onde antes *havia nada*, encontrando assim os artifícios necessários para conjurar a falta. Em termos mais "sociológicos", cabe lembrar que o texto de Alessandra Parente não deixa de aludir às mulheres, que o fizeram por meio da moda, tal como lhe sugeriu a pesquisa de Gilda de Mello e Souza; as mulheres se encontrariam, portanto, na mesma posição do artista, que não se submete à natureza e impõe "à forma real uma fictícia". Com efeito, a exclusividade da mulher quanto ao *real* da concepção não é (ainda) assunto de debate.

Nesse sentido, as pegadas do patriarcado se traduziriam na imposição de um significante sem estofo, ilegítimo – para resgatar também essa imagem de pai que encontramos mais de uma vez em *Sublimação e* Unheimliche: deus se afirma como substantivo masculino sob a mesma malha de violência que subjuga a cultura como um todo, o que forçaria o social a concordar que os valores paternos seriam civilizadores enquanto os maternos, a sua antítese. A bem da verdade, o cenário patriarcal dita que ao pai cumpre a função de tornar os membros da família parte da sociedade e, uma vez arregimentado, pressupõe que a democracia burguesa não seria outra coisa senão a herdeira primogênita do despotismo esclarecido... Acredito que essas ideias não se contrapõem ou visam apontar, evidentemente, uma insuficiência às teses expostas pelo estudo de Alessandra Parente; entretanto, quem sabe poderiam indicar uma dificuldade à espera de novas investigações.

Daí o texto se lançar ao escrutínio dos significativos episódios da história da arte que estavam sendo escritos naquele momento é algo que o leitor chega a esperar com alguma ansiedade; seja nas artes visuais seja nas literárias, revisitando Klimt e Schiele, assim como o romantismo de Goethe e do primeiro Hofmannsthal (isto é, o de *Édipo e a esfinge*), até chegar ao trabalho de E. T. A Hoffmann e ao segundo Hofmannsthal (o de *A torre*), já não tão romântico assim, o livro de Alessandra Parente convida-nos a adentrar o aguilhão mais apropriadamente estético de sua argumentação, sobre a qual eu gostaria de dizer uma ou duas palavrinhas perto do momento de concluir.

Antes, porém, é preciso se debruçar sobre esse primeiro plano – ou melhor, com relação aos artistas visuais empregados, sugiro que é necessário considerar de antemão que a subversão que o texto pretende apresentar, com a consistência necessária, diga-se de passagem, pode ser ilustrada sob a chave irônica do "de duas, uma": se o problema do desamparo ao qual a sociedade vienense *fin-de-siècle* se viu lançada encontra suas raízes no poder vacilante do patriarcado (não são as únicas), ou a resposta se dá pelas via do feminino, ou não se dará! Dessa forma, as mulheres de Klimt (mais "sublimadas") e de Schiele (sem dúvida muito menos) encarnarão a diabólica condição de possibilidade para uma ruptura efetiva da ordem aristocrático-burguesa, uma vez que é esse mesmo regime quem sustenta os grilhões impostos pelo poder do *homem*. À Secessão, tendo em Klimt seu maior expoente, então se incumbiu de despir "a Viena aparentemente irreverente de seus hábitos mais prezados e costumes mais arraigados" contudo, a posição do pintor e de seus congêneres deve ser compreendida com algum comedimento, haja vista que não teria conseguido inserir rupturas severas no regime vigente. Atenuando seus ataques ao *establishment*, no qual soube se incluir com alguma facilidade, Klimt e seu programa traçaram um caminho artístico por assim dizer mais seguro, mesmo que viesse a ser considerado um tanto extravagante para o gosto comum.

Logo, caberia então a Schiele, munido de suas excêntricas modelos, exercer o máximo de potência crítica diante da situação estético-política: por um lado, ataque direto, obsceno mesmo, à dominância patriarcal; por outro, investida contra a ética burguesa fiada na arte pela arte, na prática do decorativismo banal e hedonista da *art nouveau*, tão representativo de uma ideologia que almeja defender o reinado de uma suposta independência esteticista em relação ao campo social e suas inerentes ebulições. Quanto aos Habsburgos, como vimos, tratar-se-ia de entender que o rei já andava nu havia algum tempo, embora ele não fosse necessariamente mais bonito nu. Resta, porém, perseverar na indagação: enfim assumida sua condição de decadência, já agora ilustrada pela transparência indesejada desse rei – e mesmo que ele fosse, de fato, um rei "esclarecido" –, como apostar em outra saída senão pela melancolia? Noutras palavras, como seria possível substituir, em termos mais "positivantes", a ordem que, aos olhos de todos, caducou?

As considerações apresentadas neste livro não trazem uma resposta para o problema, e nem é caso de pensar que deveriam fazê-lo; tampouco teria eu condições, de minha parte, de entrar neste terreno espinhoso, embora acredite que, como espectador privilegiado, talvez possa contribuir na discussão acrescentando que um conflito desse tipo, a meu ver, aponta para uma insuspeitada dialética entre o *pathos* e o *logos*. O que de quebra nos permitiria reinterpretar a manutenção, no que se refere a Freud, de toda uma fantasia iluminista que manteve com relação à ciência com c maiúsculo, como Alessandra Parente não negligencia em indicar, a ponto de defender que, para o pai da psicanálise – as dificuldades de escapar do patriarcado são inúmeras! –, é como se antes da Primeira Guerra as coisas epistemológicas estivessem meio que às mil maravilhas, de modo que seu desencanto mais pungente a esse respeito teria surgido apenas quando finalmente rufaram, com estrondo, os canhões. Se se concorda com o magistral estudo de Jacques Rancière (2009) sobre a passagem de um regime poético a um regime estético da arte, ocorrida justamente com a entrada na

Modernidade, abre-se um caminho para reconhecer que esse certo "esclarecimento racionalista" não teria permitido a Freud entrever a presença de um *pathos* no interior do *logos*. Explico: a emergência da psicanálise como teoria e como clínica deve parte de seus tributos à finíssima constatação, também operada por ele (Freud), da existência de um *logos* no âmago do *pathos*. Coube a Freud, portanto, a inteligência ou a sensibilidade de verificar a existência de uma *lógica* que sobreviveria "extimamente" nas filigranas da paixão, ou melhor, da doença (mental, no caso). Não podemos afirmar, contudo, que o contrário também é verdadeiro, e que então ele teria intuído igualmente a presença de um *pathos* no *logos*.

Isto dito, creio não ser muito errado supor a existência, neste ínterim, do funcionamento silencioso de um *inconsciente estético* introduzido pelo *Unheimliche* de E. T. A. Hoffmann junto com o Hofmannsthal de *A torre*, assim como nos faria enxergar a vigorosa pesquisa de Alessandra Parente; trata-se, nesta perspectiva, de um inconsciente antípoda da beleza e do ornamento, e que, além disso, permanece em posição contrária ante o sublime romântico, levando em consideração que não comunga de sua apoteótica monumentalidade. A propósito, pudemos constatar em que medida essas características, tão sedutoras artisticamente, viriam a ser fomentadas no interior do circuito cultural *manifesto* da segunda metade do século XIX austríaco. Seu conteúdo latente, que eu tendo a chamar, ainda que de relance, de *inconsciente* em função de um *consciente* estético "formalista", antagonista daquele e declaradamente cultuado nos meios oficiais, é povoado pela atuação de um saber que visa espreitar um *isso* que insiste de maneira informe ou mesmo *real*, para de novo apelar a Lacan. Sublinhando as modificações mais perceptíveis entre as duas versões que Hofmannsthal deu à sua A *torre*, a autora chama toda a nossa atenção para "as principais alterações sofridas na segunda versão. Enquanto na primeira Sigismund é fatalmente ferido ao final, transferindo seu governo para as mãos de um rei ainda criança, que simbolizaria um reino feliz, na segunda, o pérfido rebelde Olivier mata traiçoeiramente Sigismund". E o texto assim conclui: "Ao invés do rei ingênuo, promessa de felicidade, o que prevalece aqui é o poder *anárquico* e *incontrolável* nas mãos dos homens" (grifos meus).

Pois bem, é desta maneira que A [segunda] *torre* apontaria para um sintoma maior e que deve ser observado por meio de inversões transponíveis entre natureza e cultura/barbárie e civilização, aí fortemente aludidas; afinal, é sabido que na miséria humana há uma gama de situações nas quais se espera cultura mas se depara com a barbárie. Neste sentido, o tom farsesco da vida imperial do fim de século revela-se na medida em que é *beleza manifesta* de uma *latência selvagem*, estranha, feia e quem sabe até animalesca. Mal comparando, é como se pudéssemos pensar que, enquanto no Édipo *freudiano*, narrativa de destino, sobrevive o *logos* no interior do *pathos*, traduzido pela existência de um saber no não saber, já com o segundo Hofmannsthal (e, de certo modo, também com as *Afinidades eletivas* de Goethe) vemo-nos confrontados com um *pathos* dentro do *pathos* – uma negatividade radical da qual Freud provavelmente não daria conta. Em minha opinião, eis um achado de ouro descortinado a partir da leitura deste trabalho, e que sem querer lança uma oportunidade de retomar o paradigma da sublimação, cujo funcionamento reproduziria a própria condição do aparelho psíquico transportado ao campo social da Viena repetidamente martelada aqui: "por fora, bela viola; por dentro, pão bolorento".

*

Motivado pelo livro, autorizei-me a concluir que a conjuntura de um desamparo quase universal trazido pelas trombetas da Primeira Guerra, diante de circunstância equivalente provocada ou auxiliada com a queda da monarquia austríaca, serviria ademais como uma estratégia privilegiada para retirar do escuro algumas questões psíquicas e sociais do agora, em muito decorrentes da eterna crise política e ética deste nosso Brasil que não consegue renunciar a seu *status* de "emergente". Se é possível demarcar, ainda que grosso modo, um traço inaugural do horror que carimba a civilização europeia ilustrada a partir da experiência nunca totalmente elaborada – porque de impossível elaboração – de duas grandes guerras, acompanhada em termos psicológicos pela perda da confiabilidade nas autoridades que representam e encarnam os lugares outorgados pela tradição, então este livro de Alessandra Parente revela ser uma grata surpresa para refletirmos sobre certas particularidades da modernidade brasileira, e que recebe um tom trágico na atualidade em função das próprias condições de nossa história vivida, no entanto, "sem guerras". O que nos levaria a perguntar, em dois tempos: será que um dia, ainda que por capricho do destino, deixaremos de ser desamparados? E será que em algum momento, *par hasard*, não o teríamos sido?

As tentativas malogradas de subjetivar a não totalidade do Outro, de colmatar, digamos assim, no espaço e no tempo subjetivos o desamparo vivido cotidianamente, são mais ou menos reconhecidas pelo cidadão comum – esse é outro mérito que o trabalho da autora atingiu, ao nos convidar a pensar na atualidade da depressão, do pânico e mesmo da melancolia. Em gramática lacaniana, uma última pergunta pode ser colocada a partir de um dos matemas mais paradoxais que o psicanalista produziu: como dar um estofo ao S(Ⱥ), isto é, como preencher a carne deste significante do grande Outro barrado, o significante, enfim, resultado da castração? A função algébrica nos mostra que da variável dependente, apontada pelo S, surge a possibilidade concreta de um significante ganhar corpo; mas sua matéria só se inscreve na exata medida em que o Outro é barrado, não todo (variável independente), deixando um lugar vazio à espera de ocupação. Restaria, assim entendo, a tarefa máxima do criar[3], embora a essa altura eu não saiba mais dizer se pela via da sublimação, já depois de ter-me deparado com as propostas deste livro; mas não tenho muitas dúvidas em afirmar que os canais se aliam inescapavelmente à ética, à estética e à política, ideia com a qual – posso inferir a essa altura – Alessandra Parente de muito bom grado concordaria.

Gustavo Henrique Dionisio

[3] Como sugeriu Alain Didier-Weill em comunicação pessoal, este seria também o "significante da criação" para Lacan.

Introdução

Ainda hoje é comum observar psicanalistas que entendem e conduzem suas clínicas como uma prática voltada para o ordenamento da vida privada (Dunker, 2013). Sabemos que isso é um engano desde Lacan (1966-7/2008), que afirma contundentemente em seu *Seminário*, Livro 14: "O inconsciente é a política" (p. 350). Guardando como premissa a assertiva lacaniana, o primeiro objetivo deste trabalho foi desenhar aspectos sócio-históricos e políticos concernentes ao momento de elaboração da psicanálise por Freud: a Viena *fin-de-siècle*. A sublimação é, na obra freudiana, um conceito indicativo de processos inconscientes de simbolização, cujos resultados revertem-se em obras da cultura; a intenção, portanto, foi delinear precisamente como Freud concebia, naquele período, a *forma* assumida pela cultura, o que evidentemente tem implicações de caráter psíquico-social e político. Em outras palavras, entendemos que *aspectos formais* da cultura – das artes plásticas, da literatura, da filosofia, entre outros – assumem configurações específicas, intimamente entranhadas à episteme e ao *éthos* de determinado lugar numa determinada época, ligados, por sua vez, a modelos políticos organizados em torno de certas estruturas de poder.

Nessa retomada sócio-histórica, podemos identificar os moldes político-culturais vigentes no Império Austro-Húngaro no âmago do conceito de sublimação. Em nossa análise, observamos como tal conceito se perfila com base na preservação de uma ordem patriarcal, vigente apenas como farsa desde a Reforma Protestante e, principalmente, desde a Revolução Francesa. Em razão da evidente morte não elaborada dessa ordem patriarcal, representada, então, pelo poder monárquico-esclarecido de Francisco José I, um espírito melancólico prepondera nessa época.

Não nos esqueçamos de que, para Freud, a melancolia está relacionada à morte do objeto amado não reconhecida pelo ego – a estratégia defensiva melancólica seria a deglutição do objeto perdido e a não elaboração do luto. Tal mecanismo opera em razão de uma culpa relacionada a ideias inadmissíveis, como o desejo de se desvencilhar do objeto – matá-lo – ou o ódio por ele ter ido embora. Os ataques desse teor, que originalmente seriam destinados ao objeto, não são admitidos na consciência em função da culpa e voltam-se ao eu, agora acoplado ao objeto perdido. Essa manobra "soluciona" dois problemas: penaliza-se o ego pelos seus impulsos agressivos em relação ao objeto amado e mantém-se intacto o diluído objeto de amor. Entretanto, como todos os mecanismos de defesa, a melancolia cobra seu preço. Com um objeto no interior do ego e seu consumo intenso de energia psíquica, os investimentos para outros objetos se afrouxam, e o mundo interno ganha dimensões inusitadas. É exatamente essa característica inflada do ego que, por diversas razões, tem relação com a sublimação.

Encontramos o primeiro grande exemplo dessa operação, capaz de iluminar parte do contexto que nos interessa, nas análises dos dramas do Barroco alemão feitas por Walter Benjamin. Nesses dramas, as personagens dos reis soberanos são invariavelmente frágeis, vacilantes, sempre imersas em suas infinitas dúvidas. Se a Reforma Protestante foi capaz de colocar em xeque a legitimidade simbólica do rei-soberano, a Revolução Francesa produziu efeitos ainda mais gritantes sobre o poder monárquico. É neste cenário que se ergue o Império Austro-Húngaro de Francisco José I, no qual Freud está inserido ao criar a psicanálise. Quando nos aproximamos desse universo, fica claro como a ordem patriarcal, simbolizada pela Igreja Católica e pela monarquia, havia sofrido fortes abalos. Destituído da legitimidade que mantinha a ordem das coisas, o rei ocupa o trono cobrando uma cegueira generalizada em relação aos buracos que se alastravam pelo reino. Comodamente os cidadãos preferem fechar seus olhos para discussões políticas, e uma cultura dos sentimentos, mesclada a um forte apreço pelas artes e pela beleza, ocupa todos os vãos que ousam se mostrar. Esse pacto tácito de cegueira em relação ao âmbito público se torna, assim, inversamente proporcional à extrema e fina percepção dos objetos internos. Enredada nessa solução de compromisso, a sublimação cumpre a função de dar vazão a esse amplo mundo interno, sem, contudo, denunciar limites do mundo externo. O paradoxo de tal solução reside no fato de que o conteúdo que emerge do inconsciente, servindo como matéria essencial para a criação, não pode mostrar sua natural face subversiva, a menos que seja amainada por ornamentos ou superfícies formais que reiteram o estado vigente das coisas. Isto é, mesmo que um tom insurgente estivesse presente em obras resultantes do processo sublimatório, ele permanecia profundamente emaranhado às convenções sociais ou até afogado por elas.

Expomos esse raciocínio na análise de algumas obras de Gustav Klimt e na da peça *Édipo e a esfinge*, da primeira fase de Hugo von Hofmannsthal, além de montarmos um panorama mais amplo da época, que englobou inclusive o estilo freudiano. Vasculhar as raízes desse estilo compatível com o modelo sublimatório nos conduziu ao Romantismo e à novela *Afinidades eletivas*, escrita por Goethe e criticada por Walter Benjamin. No Romantismo de Iena e na obra de Goethe foi possível perceber com mais clareza a função dessa lâmina simbólica, restauradora de buracos da antiga ordem pré-revolução.

O acontecimento decisivo para transformar o rumo dessa história é, a nosso ver, a Primeira Guerra Mundial, depois da qual Freud resgata sua teoria do trauma, pensa sobre a pulsão de morte e escreve um dos textos centrais para este trabalho: *das Unheimliche*. O segundo objetivo desta pesquisa foi, por conseguinte, considerar a Primeira Grande Guerra (1914-18) como o *Jetztzeit* (Benjamin, 1940/2005) ou o tempo-de-agora, no qual Freud rearticulou suas concepções prévias sobre a cultura e, por conseguinte, sobre o próprio processo sublimatório até então vigente.

É neste momento que Freud escreve seu conjunto de artigos sobre metapsicologia, dentre os quais supostamente haveria um sobre a sublimação que teria sido queimado por ele. Em 1919, Freud finalmente escreve o ensaio *das Unheimliche*, cujo esboço havia sido esquecido em alguma gaveta durante anos. Em nossa análise, esses dois gestos demonstram como Freud reconheceu, após a guerra, limites claros na categoria de sublimação, substituindo-a pela categoria de estranho-familiar ou de inquietante, ainda que de forma tímida – só há um texto publicado sobre o tema. Nesse esquema de simbolização, não há mais uma configuração coerente com a melancolia, mas sim com o pânico, que se manifesta quando a condição de desamparo aparece de forma inexorável para o sujeito. Choques ou traumas são responsáveis por parte desse processo, que opera de maneira condizente com a temporalidade psicanalítica: a *Nachträglichkeit*.

Vale lembrar que, desde seu *Projeto para uma psicologia científica* (1895), Freud delineou o trauma em dois tempos invertidos: seguindo a ordem cronológica, o segundo tempo de uma narrativa ocorre antes e refere-se às marcas do recalque originário, ao passo que o primeiro tempo acontece só-depois (*nachträglich* ou *après-coup*), sendo capaz de ressuscitar essas inscrições primitivas. Em sua tentativa de rastrear a matéria temporal que impregna a estrutura psíquica, Freud se deu conta de que as impressões mnemônicas só podem ser concebidas no interior de uma ordem temporal após o golpe ou o primeiro tempo, que inaugura a dimensão histórica do aparato psíquico. Para que haja história subjetiva, um *antes* e *depois*, capaz de romper o *continuum* ininterrupto da repetição compulsiva, é necessário que haja o *golpe*. É em meio a esse processo de elaboração de um trauma que opera o processo de simbolização pelo *Unheimliche*, isto é, a obra da cultura se torna, ela mesma, parte do primeiro tempo do trauma ou do choque.

Para analisar este tópico, procedemos da mesma forma como fizemos com o contexto sócio-histórico pré-guerra, cercando agora a materialidade espaço-temporal do conceito de *Unheimliche*, que se liga aos fragmentos relacionados com a guerra e suas consequências. Mais uma vez, essa materialidade só pôde ser garantida pelo entrelaçamento entre as obras de Freud e Walter Benjamin. Como órfãos de uma ordem perdida, os homens que vagavam melancolicamente pela vida finalmente são obrigados a olhar para o vazio deixado após a guerra e para sua condição de desamparo. Juntando migalhas, tecem narrativas desconexas, potentes e vigorosas. Ao contrário do verniz que encerava o processo sublimatório, é possível ver uma inconsistência e uma precariedade mais fiéis à seiva inconsciente. Como observa Walter Benjamin,

> [...] tanto um pintor complexo como Paul Klee quanto um arquiteto programático como Loos rejeitam a imagem

> do homem tradicional, solene, nobre, adornado com todas as oferendas do passado, para dirigir-se ao contemporâneo nu, deitado como um recém-nascido nas fraldas sujas de nossa época (Benjamin, 1933, p. 115-6).

Modelos desse estilo, trabalhados aqui em nossa pesquisa, são Egon Schiele e *A torre*, uma das peças do segundo Hofmannsthal. Outro elemento considerado foi o despertar de Freud para outra face do Romantismo, representada sobretudo por E. T. A. Hoffmann, na qual paradoxos se tornam insolúveis e o *Unheimliche*, com a figura do duplo, aparece como forma que rompe com a versão reconciliadora e nostálgica desse mesmo movimento. Em todas essas camadas da cultura foi possível observar como aspectos que se contrapõem à ideia de civilização ganham consistência e espaço.

Assim, nossa tentativa é distinguir dois modelos de processos de simbolização na obra freudiana cujos resultados são obras da cultura: a sublimação e *Unheimliche*. Esse percurso só pôde ocorrer tendo como referência episódios históricos na Europa e no Império Austro-Húngaro – Reforma Protestante, Revolução Francesa e Primeira Guerra Mundial – que colocaram em evidência a ausência do "grande Outro", tanto no momento em que Freud cria sua psicanálise, como naquele em que o terror chega a seu ápice com a guerra. Essas duas formas de processos de simbolização mostram-se, portanto, coerentes com alguns desses acontecimentos.

Por fim, é importante salientar que as críticas aqui formuladas ao conceito de sublimação permanecem, a nosso ver, válidas ainda hoje. Elas podem ser resumidas como uma tentativa inerente ao processo sublimatório de amainar e ocultar a potência própria da materialidade que, como um resto diurno para os sonhos, teria suscitado todo o trabalho psíquico de simbolização. Como a sublimação prima pelo reconhecimento da obra no campo social, a operação mais adotada diante de vestígios insubordinados às categorias formais vigentes é a de adaptação. Esse processo é realizado com recursos egoicos e consiste na adequação formal dos conteúdos resistentes às normatizações preestabelecidas na cultura. Ou seja, os moldes existentes entalham o material pelo processo sublimatório, reiterando consideravelmente o estado vigente das coisas, ao mesmo tempo que promovem realizações parciais de desejos sexuais ou agressivos do criador. Essa maneira que acata as formas já estabelecidas tem sua potência limitada justamente ao apaziguar as rebarbas insurgentes do processo civilizatório ao que já está estabelecido estética, moral e epistemologicamente por ele. Os conteúdos trabalhados se aferram a uma subjetividade inflada em detrimento de uma crítica contundente aos limites da normatização observados no campo social e político. Bem diferente é o caso do *Unheimliche*, que, ao incluir o próprio conteúdo do choque ou do trauma como parte do processo, enfrenta uma distensão ou promove uma ruptura das formas, cujos limites não são capazes de integrar conteúdos disruptivos.

Também é necessário destacar aqui as razões pelas quais a distinção entre os dois conceitos freudianos – sublimação e *Unheimliche* – nos parece importante. Na verdade, ela pode parecer, para alguns, um esforço quase quixotesco. Psicanalistas ou epistemólogos da psicanálise dificilmente se preocuparam em estabelecer essa divisória, e nem por isso deixaram de inovar essas duas categorias freudianas. Em defesa de tal separação, contudo, aponto dois argumentos: em primeiro lugar, avalio que a sublimação, frequentemente tratada de forma a-histórica e sobreposta à ideia de *Unheimliche*, perdia tanto hoje como em escritos pregressos pós-freudianos algumas de suas especificidades, profundamente enraizadas no período histórico no qual nasceu. Por tal razão, o que se buscou foi perseguir a matéria capaz de delimitar as fronteiras entre a sublimação e o *Unheimliche*, sendo sua consistência predominantemente *histórica*. Se é necessário admitir que existe uma sobreposição em vários aspectos concernentes aos dois conceitos, também é preciso reconhecer alguns antagonismos incontornáveis que os demarcam. O que perdemos com procedimentos homogeneizadores é o alcance fino do olhar em relação à densidade e à consistência próprias de certos fenômenos.

O segundo motivo não é tão distinto do primeiro, mas o aprofunda com outras considerações. Por meio da resposta dada por Fredric Jameson às críticas que recebeu ao insistir na separação das noções teóricas de *modernidade* e *pós-modernidade*, é possível, talvez, compreender melhor os motivos pelos quais se optou pela divisão entre os dois conceitos freudianos. Cito o autor de *Modernidade singular*:

> Como, então, os ideólogos da "modernidade", em seu sentido atual, conseguem distinguir seu produto – a revolução da informática e a modernidade globalizada do livre-mercado – do produto velho e execrável sem se envolver no tipo de pergunta sistêmica, política e econômica que o conceito de pós-modernidade torna inevitável? A resposta é simples: fala-se de modernidades "alternadas" ou "alternativas". Hoje, todos conhecem a fórmula: isso significa que pode haver uma modernidade para todo mundo que seja diferente do modelo anglo-saxão padrão hegemônico. Tudo que não é apreciado neste último, inclusive a posição subalterna em que nos deixa, pode ser apagado pela noção tranquilizadora e "cultural" de que cada um pode configurar de modo diferente sua própria modernidade, de modo que pode haver um tipo latino-americano, indiano ou africano, e assim por diante. Mas isso é deixar de lado o outro significado fundamental de modernidade, que é o do próprio capitalismo mundial (Jameson, 2002 *apud* Zizek, 2008, p. 53, grifos do original).

Mas é Slavoj Zizek quem esclarece com maior nitidez a importância dessa crítica feita por Jameson. Segundo o filósofo esloveno:

> [...] "o recurso à multiplicação (não há uma modernidade única, com uma essência fixa, há modernidades múltiplas, cada uma irredutível às outras)" é falso não porque não reconheça a "essência" fixa e única da modernidade, mas porque a multiplicação funciona como repúdio do antagonismo inerente à noção de modernidade como tal: a falsidade da multiplicação reside no fato de libertar a noção universal de modernidade de seu antagonismo, da maneira como está embutida no sistema capitalista, por relegar esse aspecto a apenas uma de suas subespécies históricas (Zizek, 2008, p. 53, grifos do original).

O que a indistinção das diferentes modernidades teria a ver com a indistinção entre sublimação e *Unheimliche*? Dado que se considera a validade tanto da assertiva lacaniana, já citada, segundo a qual "o inconsciente é a política", assim como a verdade das críticas formuladas por Theodor Adorno (1970/2008) ao conceito de sublimação – abordada ao longo do trabalho[1] –, podemos notar a inarredável ligação desse conceito com o sistema capitalista burguês. Em jargão vulgar, diria simplesmente que, antes da guerra, Freud se mantinha um liberal, ainda que extremamente desconfiado

1 Principalmente críticas como a de que ela expulsaria da arte "toda a negatividade para os conflitos pulsionais da sua gênese, silenciando os resultados" ou, em termos mais precisos, a de que, sem seu caráter negativo, a obra de arte "perde a força pela qual ultrapassa o existente", rendendo-se à adaptação e pacificando harmoniosamente contrários ao relegar a obra à condição de "bem cultural agradável" (Adorno, 1970/2008, p. 23).

em relação às promessas iluministas. Sua posição liberal não era evidentemente uma adesão completa e cega à ideologia burguesa, mas reconhecimento de certas conquistas políticas da época, principalmente relacionadas ao povo judeu. O conceito de sublimação reitera certas categorias formais no âmbito da cultura que são coniventes com o sistema liberal, assim como Freud, em certo sentido, o era. Depois da Grande Guerra, suas parcas ilusões desmoronam e Freud abandona modelos mais conservadores. Separar conceitos, por conseguinte, significa não desprezar a crítica adorniana ao conceito de sublimação e considerar inaceitável seguir inadvertidamente aplicando o conceito freudiano sem que se perceba sua face claramente conivente com certo sistema político-econômico cujos limites, hoje, para nós, estão mais do que evidentes.

Mas persistamos ainda com as questões de Zizek (2008) formuladas a partir da resposta dada por Jamenson aos seus críticos. Para o filósofo esloveno, colocar a questão sobre as modernidades alternativas, criticadas por Jamenson, tem consequências profundas, vinculadas com "um modelo da relação propriamente dialética entre o Universal e o Particular". Como nota Zizek, "a diferença não está do lado do conteúdo particular (como a tradicional *differentia specifica*), mas do lado do Universal". Isto quer dizer que o Universal deixa de ser "receptáculo abrangente do conteúdo particular" ou "*background* pacífico do conflito de particularidades"; ele é antes "local de um antagonismo insuportável, de autocontradição" insuperável. É nesse sentido que as infindáveis tentativas de explicitar variações de tal Universal – colocando, por exemplo, no bojo da sublimação todas as variações dos processos de simbolização que se revertem em obras culturais – servem apenas para "confundir/conciliar/dominar esse antagonismo" (Zizek, 2008, p. 54).

O antagonismo irredutível inerente ao Universal, que o condena a uma insolubilidade, não o torna equivalente a outro Universal. Ou seja, não estamos num campo no qual as delimitações se dissolvem por completo. Se surgem certas equivalências entre dois termos, argumenta Zizek, isso se deve ao fato de que "nenhum sistema de diferenças jamais consegue se completar" (Zizek, 2008, p. 56). Da não coincidência do Um consigo mesmo é que derivaria, então, uma "miríade de entidades que formam uma totalidade diferencial" ou uma "oposição antagônica de dois termos" (Zizek, 2008, p. 56). Dito de outro modo: o Um comporta paradoxos, contradições, antagonismos, que tanto podem se conservar no campo designado por um termo como podem exigir um novo termo que circunscreva tais contradições, paradoxos e antagonismos em um novo território. Chegamos, finalmente, a duas conclusões: diferenciar ou não os termos é uma escolha, sendo que aquela de não diferenciar, em certos casos, equivalente a compactuar com o sistema vigente – o do capitalismo liberal.

Dito isso, é importante lembrar que esse antagonismo irreconciliável entre a sublimação e o *Unheimliche* só se tornou visível, como já assinalamos, por meio de um procedimento arqueológico, que operou com vestígios da história. Desenhemos, por isso, um breve esclarecimento sobre o que se compreende aqui por história.

Quando alinhado à perspectiva benjaminiana da história, o método de análise não pode renunciar ao materialismo-dialético. Numa apresentação feita na edição brasileira a *O capital*, Gorender explica aos leitores por que o materialismo é o que revela os fundamentos da ideologia política ou jurídica que sustenta a noção de Estado. Diz Gorender, a propósito da noção marxista de ideologia:

> A ideologia é, assim, uma consciência equivocada, falsa, da realidade. Desde logo, porque os ideólogos acreditam que as ideias modelam a vida material, concreta, dos homens, quando se dá o contrário: de maneira mistificada, fantasmagórica, enviesada, as ideologias expressam situações e interesses radicados nas relações materiais, de caráter econômico, que os homens, agrupados em classes sociais, estabelecem entre si. Não são, portanto, a ideia Absoluta, o Espírito, a Consciência Crítica, os conceitos de Liberdade e Justiça, que movem e transformam as sociedades. Os fatores dinâmicos das transformações sociais devem ser buscados no desenvolvimento das forças produtivas e nas relações que os homens são compelidos a estabelecer entre si ao empregar as forças produtivas por eles acumuladas a fim de satisfazer suas necessidades

> materiais. Não é o Estado, como pensava Hegel, que cria a sociedade civil: ao contrário, é a sociedade civil que cria o Estado (Gorender, 1983, p. XIV).

Essa extensa citação prova apenas uma coisa: a materialidade econômica – produção para alimento e sobrevivência e sua organização social – é que determina uma ideologia e as superestruturas sociais, não o contrário. Mas se os marxistas têm uma lição a dar à psicanálise, esta também tem algo a ensinar aos marxistas – como bem observaram os frankfurtianos. Considerando válida a lição acima, dada por Gorender, é necessário apenas que se acrescente mais um elemento a essa materialidade: os afetos, que, como mostrou Freud, impregnam inclusive palavras e ideias – representações. O afeto é algo palpável, que se fixa na carne e impregna a vida anímica, devendo ser considerado equiparável ao alimento, ao trabalho e à moradia que organizam a base das diferentes superestruturas sociais. Nesse sentido, a psicanálise, a nosso ver, tem a tarefa de pensar como esses afetos são historicamente calcados, sem fazer das ideias sobre eles – que se tornaram conceitos psicanalíticos – o mesmo que se faz nas diferentes formas de ideologia pertencentes às classes dominantes, sobrepostas ao sumo material e histórico que as alimenta. Os afetos não são naturais e se manifestam com tonalidades e contornos próprios a determinadas épocas, classes, lugares. Se a materialidade afetiva pode ser apreendida no calor da transferência analítica, essa relação concreta deve ser pensada pelo psicanalista também à luz da materialidade histórica que funda determinados modelos de relação afetiva e o modo como esses modelos atravessam os muros dos consultórios.

Ampliando o método materialista de Marx, Walter Benjamin percebeu que qualquer fragmento ou obra da cultura seria capaz de revelar aspectos da superestrutura. Ou seja, a ideologia, a luta de classes e as formas de organização da produção podem ser reveladas pela análise de uma obra de arte, de modelos arquitetônicos, no valor atribuído à moda ou ao jogo, em profissões à margem da economia política. A isso a psicanálise pode acrescentar, então, que os afetos – materialidade equiparável ao trabalho ou ao alimento – e conflitos psíquicos – equiparáveis às lutas de classes – também podem ser depreendidos de fragmentos como palavras, gestos, sintomas ou formas de relações.

Foi percorrendo esse substrato histórico-material que este livro assumiu o formato que aqui se observa. Não é preciso muito esforço para deduzir que, admitindo a perspectiva benjaminiana da história, esta deixa de ser matéria de um tempo linear. Muito já se escreveu sobre a filosofia da história de Benjamin a partir da lógica da redenção e da ideia de escová-la a contrapelo, isto é, da tarefa de enredar a narrativa histórica num sentido inverso ao atribuído pelos vencedores. Como se sabe, tal missão exige que a "imagem do passado", que passa "célere e furtiva" no presente, seja capturada, explodindo o *continuum* da história, cuja perspectiva é a dos vencedores.

Essa ideia de salvar do esquecimento os rastros apagados pelo discurso oficial da história aparece imbuída de um viés marxista em *Sobre o conceito de história*. Entre as milhares de aberturas promovidas pelas enigmáticas teses benjaminianas, há uma que convoca o leitor para desdobramentos de teor epistemológico. Ou seja, o modo como os conceitos são talhados ou, em termos mais precisos, a estrutura formal de noções teóricas não está desprovida de substância histórica. Conceitos e noções representam ideias que atravessam os tempos, mas só ganham feições nas malhas concretas da história. Vozes abafadas pelo sistema político-econômico do presente fazem parte dessa substância a ser salva pelo filósofo materialista dialético. Seu esforço permanente é o de revigorar grupos de ideias relegadas às sombras e desestabilizar a ordem opressora que está impregnada no discurso da classe dominante.

Ainda que seja possível depreender de *Sobre o conceito de história* o prisma epistemológico com o qual Walter Benjamin (1940/2005) se mostra comprometido, esse campo só está deliberadamente exposto pelo filósofo no prefácio de *Origem do drama trágico alemão*. Lá podemos identificar as premissas benjaminianas para uma teoria do conhecimento. Com viés platônico, esse texto de Benjamin (1928c/2011) já anuncia a visão de que o trabalho do filósofo é o de animar as ideias universais nas tessituras materiais do presente. Ideias são, para ele, atemporais. Todavia, os contornos que as configuram conceitualmente são intrínsecos à história. Nesse sentido, as ideias têm uma origem: assim que libertas pela leitura crítica, elas saltam da própria textura da linguagem. Foi justamente tal origem dos conceitos de sublimação e *Unheimliche* que buscamos rastrear. Sendo a *origem* simultaneamente uma "categoria plenamente histórica" (Benjamin, 1928c/2011, p. 34) e algo de a-histórico, ela é resgate de uma ordem própria à estrutura da ideia, somente apreendida quando a análise isola aspectos extremos do objeto, salvando os fenômenos e, ao mesmo tempo, representando ideias. É nesse sentido que Benjamin considera a origem "o verdadeiro objeto da filosofia, que pode ser denominada a 'ciência da origem'". Para o filósofo: "A história filosófica enquanto ciência da origem é a forma que, dos extremos mais remotos, dos aparentes excessos da evolução, faz emergir a configuração da ideia como totalidade marcada pela possibilidade de uma coexistência daqueles opostos" (Benjamin, 1928c/2011, p. 35).

Vale aqui esclarecer melhor este ponto. Ideias universais não são, para Benjamin, formas etéreas e imutáveis de um mundo inteligível. Ideias são, segundo ele, os nomes como eles aparecem concretamente em sua origem. Isto é, as ideias, sob forma de nomes, estão localizadas no momento *nomeador* dos objetos. Tais objetos passam a ganhar existência material exatamente no momento em que são nomeados. Em termos mais precisos: a existência material e histórica do objeto depende desse *processo nomeador*, e o nome adquire estatuto de ideia ao engendrar o próprio objeto. Esse nome ganha roupagens diversas ao assumir sua forma indicativa ou judicativa – recuperar a sua origem, seria, por conseguinte, se aproximar do Universal, que como vimos em Zizek, carrega antagonismos. O nome ou a palavra em psicanálise também não indica uma unidade identitária para o objeto, como bem mostra o texto freudiano *O caráter antitético das palavras primitivas*. Nomear, nessa perspectiva, é um trabalho realizado por antinomias. Já estamos bem distantes de qualquer platonismo convencional, sendo possível compreender por que Rouanet (1984) afirma: "O 'platonismo' de Benjamin acaba revelando-se, assim, um 'objetivismo' radical". Isto é, "é por fidelidade às coisas que ele precisa do mundo das ideias" (p. 15).

PARTE I

1.

A Viena *fin-de-siècle*: o teatro social do Império Austro-Húngaro

Se nós desejamos nos encontrar, nós não devemos descer em nosso interior; pois é fora que nós podemos ser encontrados, fora.

(Hugo von Hofmannsthal)

A burguesia e a cultura da beleza

O apuro estético é o legado da Viena *fin-de-siècle*, capital do Império Austro-Húngaro e da cultura que reuniu expoentes como Gustav Klimt, Arnold Schoenberg, Stefan Zweig, Arthur Schnitzler, Sigmund Freud e outros. A fama dos espetáculos de música chegam a nós: *Die schöne Müllerin*, de Franz Schubert, ou *An der schönen blauen Donau*, de Johann Strauss. Mas a cultura da beleza não se limita a eles. Já em 1860, a burguesia ascendente programou a reurbanização da cidade de forma espetacular e pomposa. A arquitetura propunha-se, nessa política de Estado, a compor uma bela imagem da cidade (*Verschönerung des Stadtbildes*), consumada pela reformulação da Ringstrasse e pela construção de nostálgicos e imponentes edifícios públicos e privados, denominados edifícios de esplendor (*Pauchbauten*). À semelhança do processo de urbanização implementado pelo barão de Haussmann na Paris do Segundo Império, com a edificação dos amplos bulevares, essa reconstrução de Viena cria um largo anel que impede a organização de barricadas e isola na periferia tudo o que não condiz com os ideais de modernidade.

A prioridade conferida à beleza coaduna-se perfeitamente com o cultivo de diferentes gêneros artísticos. O gosto pela arte circula pelas veias dos cidadãos vienenses, daí a decisão de incluir nos planos de reforma a reconstrução do mais importante teatro, o *Burgtheater*, e do principal museu da cidade, o *Kunsthistorisches Museum*.

Sempre preocupados com sua assimilação nas redomas do poder, os burgueses tratam de colocar vestes aristocráticas na cidade de Viena. A nova roupagem, quer barroca, renascentista ou gótica, traz para as ruas os elos entre o passado nobre e o presente liberal, fazendo cada estilo convergir com as funções dos prédios construídos na Ring. Schorske explica essa miscelânea de estilos, própria do século XIX:

> Para evocar suas origens como uma comuna medieval livre, agora renascida depois de uma longa noite de domínio

> absolutista, a Viena liberal construiu sua Rathaus [prefeitura] em gótico maciço. O Burgtheater, abrigando a tradicional rainha das artes austríacas, foi concebido no estilo barroco inicial, comemorando a época em que o teatro uniu pela primeira vez o clérigo, o cortesão e o plebeu, num entusiasmo estético partilhado em comum. Na grande escadaria interna, um dos mestres mais jovens da pintura da Ringstrasse, Gustav Klimt, ganhou fama ao decorar o forro com quadros que traçavam a história do teatro. Tal como a Ópera e o Museu de História da arte, o Burgtheater forneceu um local de encontro para a velha elite aristocrática e a nova elite burguesa, cujas diferenças de casta e política poderiam ser, se não eliminadas, ao menos atenuadas por uma cultura estética condividida. [...] A universidade em estilo renascentista, em contraste com o Burgtheater, era um símbolo inequívoco da cultura liberal (Schorske, 1988, p. 55-60).

Viena era o local para o qual confluíam as diferentes correntes da cultura europeia. Nas lembranças de Stefan Zweig, residem as infinitas notícias sobre cultura impressas nos jornais semanais de Viena; um "fanatismo pela arte, especialmente pela arte do teatro, perpassava todas as camadas sociais em Viena", diz o escritor (Zweig, 1999, p. 33). Essas altas pretensões no segmento artístico, porém, contrastavam com modestas aspirações no campo político.

O âmbito público limitava-se ao gesto de compartilhar pequenos prazeres prontos, adequados ao gosto da sociedade. A toda obra que ousasse sair dos rígidos parâmetros estabelecidos pela tradição dirigiam-se comentários críticos alimentados pelas últimas forças do apetite sempre comedido e dos espíritos pusilânimes. Os pequenos círculos que se formam nos intervalos dos concertos ou das peças de teatro balbuciam maledicências sobre os membros das altas rodas ou intransigentes comentários sobre a obra assistida. Quase toda discussão pública converte-se em bisbilhotices de salão e na expansão do universo íntimo que se desenvolve em paralelo ao ardor pelas artes, pela beleza e pela aparência.

O espaço interior dilata-se até atingir o cultivo profundo do eu. Dessa cultura estética decorre a percepção fina diante de diferentes manifestações psíquicas; trata-se de uma sensibilidade extrema e muito exigente, que compõe uma *Gefühlskultur* (cultura dos sentimentos) nas altas classes austríacas. O termo *Biedermeier*, inspirado em poemas de Josef Victor von Scheffel, nomeia o cenário acomodado e os hábitos mansos da paisagem austríaca, ironicamente retratados pelo poeta. Predominam, então, além da inclinação para as artes, uma preocupação com a moda feminina, os preparos para salões e o cuidado com a escolha do mobiliário, sempre ressuscitando a tradição.

Tal rotina burguesa deve ser entendida à luz da ascensão dessa nova classe, que nos anos 1890 ainda buscava sua assimilação entre homens de sangue azul por meio de uma sensibilidade estética e sensual, decisivamente distorcida por uma boa dose do individualismo próprio da classe; a expansão de certo narcisismo e da vida dos sentimentos estrangulou a visão liberal tradicional, pautada em razão, lei moral e progresso.

Sua árdua conquista do poder não permitia um repouso: a burguesia temia um abalo, e tal receio é compreensível quando se considera que essa parte da classe média via pela primeira vez os resultados de seus esforços e a realização de seus almejados sonhos.

O pai do médico e escritor Arthur Schnitzler é um bom exemplo do empenho empreendido pela classe. Filho de um analfabeto alcoólatra, nascido em situação extremamente precária na pequena cidade de Gross-Kanizsa, na Hungria, ele chega a Viena numa carroça, sem nenhum vintém. Não deixa escapar a oportunidade de cursar o ensino básico e financia seus estudos de medicina dando aulas particulares. Sua dedicação e as possibilidades inéditas que se abriam na sociedade liberal resultam em uma ascensão, coroada pelo posto de titular de uma cátedra na Universidade de Viena.

O pai de Stefan Zweig tem trajetória semelhante, mas no ramo de negócios. Após imensa diligência, torna-se um homem rico, capaz de proporcionar ao filho o acesso às melhores instituições de ensino e à cultura. O próprio Freud é mais um nome a integrar essa lista, com mais outras figuras de seu tempo.

O anseio da classe se justifica, além disso, por sua falta de coesão. Diferenças entre os segmentos da burguesia dificultavam a criação de uma cultura própria da classe, como mostra Arno J. Mayer (1987) na seguinte passagem de *A força da tradição*:

> À parte a sua desvantagem numérica e econômica, as burguesias emergentes estavam enfraquecidas pelas divisões internas entre a indústria pesada e a manufatura de bens de consumo em larga escala e seus respectivos associados bancários. Também estavam separadas da pequena manufatura e comércio, o que as desprovia de uma ampla base popular (p. 87).

Desunida, sua luta pelo poder se arrefecia.

> As classes de negociantes e profissionais liberais emergentes não estavam em posição de desafiar as elites agrárias e do serviço público pela paridade ou predomínio entre as classes dominantes, para não dizer governantes da Europa. [...] A burguesia industrial e financeira recentes, assim como as profissões liberais subalternas, não dispunham de um firme e coerente terreno social e cultural próprio. Inseguras em relação a si mesmas, mantinham-se servis em suas relações com os aristocráticos notáveis da terra e dos gabinetes (p. 87).

Como diz Gay: "os mais ativos entre os burgueses vitorianos tinham de enfrentar arbitrariedades de parte da realeza, reivindicações dos aristocratas, interferências do clero e hábitos culturais sedimentados pelo tempo" (2000, p. 34).

Havia, ainda, algo mais: atada entre nacionalistas ferozes, antissemitas desvairados e políticos sectários, a burguesia liberal imobilizou-se, satisfeita com a situação precária que havia arduamente alcançado, com medo apenas latente do horror vislumbrado num longínquo horizonte. O preço dessa escolha foi a renúncia de sua liberdade. Ainda sob o efeito da mordaça, imposta por Metternich entre 1815 e 1848[1], a burguesia havia se habituado à resignação e ao silêncio diante de incongruências do Estado. Sempre leal à realeza de Francisco José I e condescendente com as regalias dos Habsburgo, essa classe se manteve inerte, gozando "a sorte de aproveitar a evolução dos acontecimentos em vez de dirigir seu curso" (p. 43).

Foi no interior de tal cenário que a arte se tornou uma espécie de refúgio conformista. Como esclarece Schorske:

1 George Clare lembra que Metternich era "o mais fiel propagandista e defensor da 'Legitimidade' do direito divino de governar dos Habsburgo e dos demais monarcas. O único direito que o príncipe Metternich estava disposto a conceder aos cidadãos era viver em paz, desde que eles não interferissem na política, não demonstrassem nenhum desejo de participar do governo e conservassem a boca fechada. Aquela 'abertura oval' era para cantar hinos e comer *Backhendl*, e não para falar sobre política. [...] Mas apesar do posicionamento ideológico de Metternich, foi um período em que apenas muito poucos se sentiram realmente oprimidos. A grande maioria estava bastante satisfeita por deixar a política para os seus "superiores" e se contentava em ganhar a vida da melhor maneira possível" (Clare, 1980, p. 15).

> Conforme aumentava o sentimento daquilo que Hofmannsthal chamou *das Gleitende*, o escorregador do mundo, o burguês interiorizava sua cultura estética adquirida, para assim cultivar o eu, a sua unicidade pessoal. Essa tendência levou inevitavelmente à preocupação pela vida psíquica individual. Ela fornece o elo entre a devoção à arte e o interesse pela psique. Uma boa ilustração sua é o estilo empregado na seção cultural da imprensa, lida com avidez: o *feuilleton* (1988, p. 30).

O que predominava no *feuilleton* era um tom narcísico; uma anestesia diante da realidade exterior envolvia autores e leitores da seção, em contraposição à apurada sensibilidade diante dos estados da alma. Essa cultura burguesa do sentimento condicionou a mentalidade de intelectuais e artistas, refinou a sensibilidade e gerou problemas. A combinação de ambas as classes – a aristocracia e a burguesia – no exercício do poder proliferava uma fragilidade temerária. Sem adotar medidas que desagradassem nenhum dos lados, as discussões eram contidas, e ambos mantinham-se numa duvidosa harmonia. Ao mesmo tempo, as demais classes eram desconsideradas, e suas insatisfações, praticamente desdenhadas.

Angelika Bäumer (1986) mostra uma sociedade austríaca de final do século XIX marcada por condições precárias e baixas expectativas de vida, pela falta de saneamento básico nas casas dos trabalhadores explorados, além da fome generalizada vivida por essa classe. Tais condições não eram mais suportadas, já que os social-democratas haviam feito a promessa de abolir essa realidade. Uma desesperança pairava no ar. Aristocratas e elite política tinham a intenção de melhorar a situação socioeconômica, mas eram incapazes de fazê-lo. O antissemitismo tornou-se válvula de escape e pretexto para o populismo de Karl Lueger. A cena, enfim, era calamitosa, mas as aparências mantinham-se intactas. Erigia-se uma espécie de teatro; as máscaras que encobriam as faces dos atores das classes privilegiadas refletiam alegria e leveza, e os conflitos sociais passavam longe do palco[2].

Numa belíssima passagem de *O homem sem qualidades*, Musil retrata o espírito das classes favorecidas que circula pelo Império:

---

[2] A relutância da imprensa vienense em publicar assuntos embaraçosos da vida política local pode ser exemplificada pelo caso do jornal *Neue Freie Presse*, para o qual Clare (1980) chama atenção. Como se sabe, o editor-chefe do jornal era um judeu chamado Moritz Benedikt; a seção cultural ficava a cargo de Theodor Herzl, conhecido líder sionista. O paradoxo reside no fato de que, contando com Herzl em seu quadro de funcionários e sendo judeu por sua vez – e, assim, supostamente interessado nos assuntos concernentes ao seu povo –, Moritz Benedikt, chefe do jornal, preferisse apagar qualquer faísca que salpicasse das chamas sociais a fazer ventilar o assunto do antissemitismo ou simplesmente noticiar as novidades do movimento sionista, nada desprezíveis no contexto da época. Ansiando por uma assimilação que o fizesse esquecer suas próprias raízes, Benedikt escolhia o silêncio e a boa e velha parceria com o imperador Francisco José I, e nem uma linha era escrita sobre o que quer que fosse concernente a conflitos sociais.

> Na Kakânia[3], [...] corriam automóveis nessas estradas, mas não muitos; também ali se preparavam para conquistar os ares, mas não com muita ênfase. Aqui e ali mandava-se um navio para a América do Sul ou Ásia Oriental, mas não muito seguidamente. Não se tinham ambições de economia mundial nem potência mundial; estávamos instalados no centro da Europa onde se cruzam os velhos eixos do mundo; as palavras "colônia" e "além-mar" pareciam algo novo e remoto. Apreciava-se o luxo, mas nem de longe tão sofisticado como o dos franceses. Praticavam-se esportes, mas não com a loucura dos anglo-saxões. Gastavam-se imensas somas com o exército, mas só o suficiente para continuar sendo a penúltima das grandes potências. Também a capital era um pouquinho menor do que todas as demais maiores cidades do mundo, mas um pouquinho maior do que são as meras grandes cidades. Esse país era governado de maneira esclarecida, quase imperceptível, limando prudentemente todas as arestas, pela melhor burocracia da Europa, que só se podia acusar de um erro: o gênio e o espírito genial de iniciativa em indivíduos particulares, que não tinham por nascimento aristocrático ou missão oficial esse privilégio,

[3] O jocoso termo Kakânia para designar o Império Austro-Húngaro deriva das confusões entre *kaiserlich-königlich* [imperial-real] ou *kaiserlich und königlich* [imperial e real], que apareciam sob forma de sigla, K.K. ou K. e K., para mostrar o que era próprio da união entre Áustria e Hungria. Tal união guardava conflitos, expressos nessas pequenas nomenclaturas de ordem burocrática.

> eram considerados por ela um comportamento petulante e presunçoso. Mas quem gosta de deixar que incompetentes se metam em sua vida? E na Kakânia só se tomava um gênio por patife, nunca se tomava um patife por gênio, como acontecia em outras partes. [...] A constituição era liberal, mas o regime era clerical. O regime era clerical, mas se vivia de forma liberal. Todos os cidadãos eram iguais diante da lei, mas nem todos eram cidadãos. Havia um parlamento que fazia tamanho uso de sua liberdade, que habitualmente o mantinham fechado; mas também havia um parágrafo de exceção com ajuda do qual passavam sem o Parlamento, e quando todos já estavam contentes com o absolutismo, a Coroa invariavelmente determinava a volta do regime parlamentar (Musil, 1930-1943/1989, p. 25-6).

Enquanto a elite vienense dedicava-se ao cultivo da interioridade, deleitava-se com o belo e ignorava os conflitos políticos, movimentos reivindicatórios organizaram-se durante e após a Primavera dos Povos e acabaram por enfraquecer não só a confiança recém-adquirida pela burguesia, mas também a esperança de expansão em tempos futuros.

O analgésico encontrado pela classe liberal e pela aristocracia foi uma moral cada vez mais rígida. A burguesia abdicou da sensualidade e da permissividade aristocráticas e uniu, ao gosto pela arte, uma cultura moralista-científica da lei, que foi capaz de introduzir ou intensificar a dimensão persecutória da culpa nos enredos dos diferentes gêneros artísticos. A corte, por sua vez, conformava-se com a contínua perda de poder, concedendo títulos e postos às classes médias ascendentes. Diante desse arbítrio tão antinômico com as leis da tradição, camponeses e operários tornavam-se cada vez mais inquietos, e os jogos políticos, mais impotentes.

A ansiedade penetrava os nervos desorganizados da vida subjetiva. No entanto, nada disso aparecia de forma clara na percepção dos vienenses. Ainda que essa espécie de mal-estar os atormentasse, a distração alegre e animada dos burgueses com jovens aristocratas e artistas causava uma rotação tão acentuada no olhar, que a ansiedade se tornava praticamente imperceptível. Com os personagens da elite do velho Império Austro-Húngaro era possível viver uma frivolidade cética e melancólica, permeada de uma saborosa e tranquila curiosidade. Todos intuíam uma desintegração, mas ela se anunciava num panorama tão distante, que ficava difícil enxergá-la. Embora a estrutura que sustentasse os belos trajes dos cidadãos fosse formada por cadáveres, a voz que reverberava de suas gargantas continha uma malícia ingênua e ao mesmo tempo espirituosa. Os prazeres eram galanteios amorosos e insensatos para a morte, proferidos de forma inconsequente e pueril. Num lugar entremeado por sonhos, erguia-se solene o trono do imperador Francisco José I.

O teatro como metáfora

Na segunda metade do século XIX, nada poderia ser mais agradável para um espírito vienense do que a arte do teatro. As noites de ópera ou as peças representadas no Burgtheater eram assuntos recorrentes nas rodas sociais, conta Stefan Zweig em O *mundo que eu vi*, ressaltando a naturalidade das conversas sobre peças teatrais e o entusiasmo pela arte existente na Viena *fin-de-siècle*. Envoltos por uma névoa glamorosa, os protagonistas da cena teatral eram endeusados na cidade austríaca. Mais do que isso: qualquer escritor vienense que tivesse sua peça levada ao Burgtheater alcançaria "uma espécie de nobreza para a vida inteira" (Zweig, 1999, p. 31).

Por esses motivos, ninguém estranhou as lamúrias que ressoavam nos salões, após o velho Burgtheater ter sido demolido. Aliás, na última apresentação promovida no local, a plateia precisou de um sinal que a despertasse de seu estado de estupor. Uma hora depois do término do espetáculo, as luzes foram apagadas e somente assim os espectadores levantaram-se de suas cadeiras rumo às portas de saída.

Esse fascínio pelo teatro não se restringia aos especialistas do meio ou àqueles que o frequentavam. Zweig ressalta que aquilo que se passava no reino teatral irradiava pelo restante das camadas sociais que compunham a cidade de Viena. Lembra-se de sua cozinheira, que invadiu a sala aos prantos no dia em que a famosa atriz Charlotte Wolter faleceu.

Tal apreço, testemunhado por vários personagens da literatura, indica, no entanto, não apenas uma preferência pelo gênero; denota sobretudo uma identificação da sociedade vienense com o ofício dos atores: a habilidade para interpretar e fingir tão bem empregada pela elite austríaca.

Para além do gosto pela cultura, o júbilo que os vienenses sentiam perante a atuação dos artistas era semelhante àquele que sente a criança ao ver repentinamente sua imagem refletida no espelho. A ideia de reflexo é justamente o que orienta a inversão da classe de espectadores na pintura *Sala do antigo Burgtheater* (1888) de Gustav Klimt. Nesse esplendoroso teatro, palco e plateia se confundem. Zweig também se apropria da metáfora: "O teatro imperial, o Burgtheater, era para o vienense, para o austríaco, mais do que um mero palco onde os atores representavam peças; era o microcosmo que espelhava o macrocosmo, o espelho colorido no qual a sociedade se contemplava" (Zweig, 1999, p. 30).

A metáfora complexifica-se na medida em que o teatro não é encarado apenas como o lugar do reflexo, mas também da falsidade. A encenação com o sentido de falsificação já havia sido tratada em 1898 pelo arquiteto Adolf Loos, em seu artigo "Die Potemkin'sche Stadt", publicado na revista *Ver Sacrum*. Ele apelida Viena de "a cidade Potemkin" por causa das construções arquitetônicas da Ringstrasse, que não passariam de cenários análogos às telas pintadas na Rússia a mando do oficial Grigori Aleksandrovich Potemkin, que pretendia ludibriar Catherina, a Grande sobre a prosperidade da região.

Em seu irretocável *Freud, pensador da cultura*, Mezan (2006) assinala a ingenuidade e o tom nostálgico que perpassam a obra autobiográfica de Zweig ao observar que, para o escritor vienense, o teatro alcança o pódio no campo das artes. Para Mezan, o palco é território análogo aos das ruas e dos salões de Viena, justamente porque esta é a cidade da simulação universal (Mezan, 2006, p. 50).

Apesar do nítido entusiasmo pela Viena *fin-de-siècle*, o próprio Zweig reconhece que a teatromania dos vienenses muitas vezes ultrapassa a medida, aproximando-se do grotesco. Cenas macabras do cotidiano poderiam se tonar pretexto para o espetáculo e a estetização, por exemplo, em cortejos fúnebres. A faceta burlesca de representações rotineiras como essas ganha dramaticidade e peso quando pensada em uma dimensão simbólica mais eminente. Em uma breve passagem de *O 18 de Brumário*, Marx (1975 *apud* Zizek, 2011) corrige a sentença de Hegel, segundo a qual todos os grandes fatos e todos os grandes personagens da história são encenados no mínimo duas vezes. Segundo Marx, é verdade que a história se repete; no entanto, é preciso acrescentar algo decisivo a esse axioma: a primeira encenação da história é trágica, e a segunda, farsesca (1975 *apud* Zizek, 2011).

O que ilustra tal pensamento é um diagnóstico em relação ao *Ancien Régime* alemão. A cultura alemã, ao manter intacta a ordem de seu *Ancien Régime* muito depois da Revolução Francesa, representa um teatro que denota a *mimese* jocosa de um modelo há muito desmascarado. Enquanto o *Ancien Régime* francês viveu como verdadeiras a legitimidade de um poder monárquico e a tragédia de sua queda, os alemães interpretam a derrocada de seu império como algo inédito, mas as lamúrias, copiadas dos franceses, ecoam de maneira pouco convincente. Os gritos revoltosos já não têm fervor e ressoam como manifestações amadoras de atores na hora do errante ensaio.

A análise marxista, aplicada à Alemanha, pode ser facilmente transposta para o Império Austro-Húngaro como uma segunda repetição da história, e no gênero também da farsa:

> Para as nações modernas, é instrutivo assistir ao *Ancien Régime*, que nelas viveu sua tragédia, desempenhar uma comédia como fantasma alemão. Trágica foi sua história, porque ele era o poder pré-existente do mundo, ao passo que a liberdade, ao contrário, era uma fantasia pessoal: numa palavra, porque ele mesmo acreditou em sua legitimidade e nela tinha de acreditar. Na medida em que o *Ancien Régime*, como ordem do mundo existente, lutou contra um mundo que estava então a emergir, ocorreu de sua parte um erro histórico-mundial, mas não um erro pessoal. Seu declínio foi, por isso, trágico. Em contrapartida, o atual regime alemão, que é um anacronismo, uma flagrante contradição de axiomas universalmente aceitos – a nulidade do *Ancien Régime* exposta ao mundo –,

> imagina apenas acreditar em si mesmo e exige do mundo a mesma imaginação. Se acreditasse na sua própria essência, tentaria ele ocultá-la sob a aparência de uma essência estranha e buscar sua salvação na hipocrisia e no sofisma? O moderno *Ancien Régime* é apenas o comediante de uma ordem mundial cujos heróis reais estão mortos. A história é sólida e passa por muitas fases ao conduzir uma forma antiga ao sepulcro. A última fase de uma forma histórico-mundial é sua comédia (Marx, 1975 *apud* Zizek, 2011, p. 16).

Essa representação patética e fantasmagórica do *Ancien Régime* na sociedade moderna vienense necessitava de sólidas e incrementadas dissimulações, sendo o gosto pela arte a maior delas. Os hábitos aristocráticos, infiltrados nos valores e costumes da burguesia ascendente, elevavam a arte ao altar, contanto que esta estivesse a serviço da distração e do divertimento. Essa aparente situação favorável ao campo artístico era o véu que encobria a intransigência diante de ousadias impertinentes. Reiterar o *status quo* do regime monárquico, figurando como espírito livre, era destreza que os vienenses tinham aprendido bem.

Claudio Magris (2009) descreve esse *modus vivendi* nas margens do Danúbio Azul. Se a atração pelo teatro se deve à identificação com a profissão de ator, que interpreta com maestria diferentes papéis, a música naquele contexto seduz por ser "a arte mais apolítica" e permitir "a liberação e a catarse da alma austríaca" (p. 186). Bebendo desses extraordinários anestésicos, os ébrios cidadãos flutuavam levemente pela envolvente atmosfera do Império Austro-Húngaro. A ênfase recaía apenas sobre o belo, e pensava-se, então, ser possível nadar entre o "sensível" e o "elevado" (Zweig, 1999, p. 94) sem ter que mergulhar em ondas penosas ou verdadeiras. O retrato histórico e social, assim, era sempre enlevado sob uma cortina de fumaça, e a realidade aparecia com uma bela roupagem. Como expressou bem Schnitzler em sua peça *Paracelsus*, "o sonho e a mentira se misturam. Não há segurança em lugar algum" (Schnitzler, 1887 *apud* Gay, 2002, p. 21).

2.

Modernidade e melancolia

Sou como um rei sombrio de um país chuvoso,
Rico, mas incapaz, moço e no entanto idoso,
Que, desprezando do vassalo a cortesia,
Entre seus cães e outros bichos se entedia.
Nada o pode alegrar, nem caça, nem falcão,
Nem seu povo a morrer defronte do balcão.
Do jogral favorito a estrofe irreverente
Não mais desfranze o cenho deste cruel doente.
Em tumba se transforma o seu florido leito,
E as aias, que acham todo príncipe perfeito,
Não sabem mais que traje erótico vestir
Para fazer este esqueleto enfim sorrir.
O sábio que ouro lhe fabrica desconhece
Como extirpar-lhe ao ser a parte que apodrece,
E nem nos tais banhos de sangue dos romanos,
De que se lembram na velhice os soberanos,
Pôde dar vida a esta carcaça, onde, em filetes,
Em vez de sangue flui a verde água do Letes.

(Baudelaire)

Em cada época,
é preciso arrancar a tradição ao conformismo,
que quer apoderar-se dela.

(Walter Benjamin)

Em *O tempo e o cão*, Maria Rita Kehl (2009) expõe a razão de a melancolia ter se alastrado como o *éthos* da modernidade. Segundo a psicanalista, "o melancólico benjaminiano pode ser entendido a partir da mesma chave interpretativa usada para explicar seus semelhantes pré-modernos: como um sujeito que se sente apartado da dimensão pública do Bem" (Kehl, 2009, p. 77). Esse desajuste entre o sujeito e o Bem, diz Kehl, "equivale a afirmar que as condições imaginárias que permitiam aos membros das sociedades pré-modernas construírem suposições compartilhadas a respeito dos desígnios do Outro haviam perdido consistência e sustentação na cultura" (p. 78). O Outro é incorporado e recalcado, cumprindo fantasmaticamente a instância simbólica perdida no âmbito público. Compelido a figurar imaginariamente uma versão individual do Bem, instaura-se o supereu, herdeiro do complexo de Édipo, que assombra o sujeito desde seu próprio interior.

Leitora de Walter Benjamin, Kehl se lembra de que Baudelaire é o poeta capaz de desenhar a melancolia, tal como ela se configurava no século XIX:

> A matéria da melancolia, em Baudelaire, ainda é a relação com o espaço público – no caso, o espaço urbano – marcado pela perda do pertencimento dos cidadãos às formas comunitárias de convívio que a modernidade destruiu. Em Baudelaire, consuma-se a ideia do Belo como objeto perdido. Mas seu trabalho não é recriar o sublime através dos fragmentos de uma unidade ideal, supostamente perdida, como na proposta dos românticos setecentistas. De acordo com Walter Benjamin, Baudelaire teria assumido para si a tarefa heroica de, através de sua poesia, emprestar uma forma simbólica à modernidade, esse tempo cujo devir não se anuncia no horizonte (p. 76).

No âmbito público do Império Austro-Húngaro, a legitimidade do poder monárquico é exígua, e o Bem – que no poder monárquico mantinha elos estreitos com a Igreja Católica – perde exatamente essa consistência, antes encarnada em autoridades menos suscetíveis. Essa perda exige manobras psíquicas complexas daqueles que têm de se haver com ela. Sendo visível a impostura daquele que veste o manto, segura o cetro e porta a coroa, opera-se psiquicamente uma forma de mascarar essa percepção, principalmente após a Revolução Francesa e a expansão dos ideais republicanos, arduamente combatidos por Metternich, no próprio território vienense.

Essa operação, porém, não é inaugurada no Império Austro-Húngaro. Em sua famosa obra *Origem do drama trágico alemão*, Walter Benjamin abriu as pomposas cortinas do teatro alemão e identificou no luto mal elaborado o mote principal dos enredos barrocos. É o olhar do melancólico que se depõe sobre cada objeto, cujo sentido passa a ser desconexo da totalidade. Ao analisar os dramas do Barroco, Benjamin observa que não é mais o sopro dionisíaco que anima as cenas teatrais, mas o *deus ex machina*, ou a construção alegórica que soluciona impasses intransponíveis da trama dramática. Fantasmas assombram os sonhos dos tiranos e enunciam seu fim próximo. Esses espíritos errantes, que sussurram por todos os lados e anunciam a morte do mundo, estão fora da história, ainda que seus suspiros provoquem calafrios naqueles que transitam sobre a Terra.

Quando se pensa na melancolia, a primeira imagem que vem à mente é a da gravura de Albrecht Dürer, *Melancholia I* (1514). Apartado de Deus e do mundo sagrado, o homem renascentista tem ao seu lado os instrumentos que lhe conferem a possibilidade de uma nova aproximação com os objetos e a natureza. O elo, porém, não é mais inerente às relações e deve ser permanentemente restaurado[1] pela arte, pelas ciências e pela filosofia. Espécie de anjo, a figura representada por Dürer está no intervalo entre o céu e a terra, deslocado de todos os cantos do planeta, bem como

[1] A ideia de restauro indica a diferença entre períodos anteriores nos quais a arte ou as ciências presentificavam, em suas diferentes formas, a divindade e o período em que ela passou a ser apenas referida por representações alusivas.

da vida entre as divindades. Prostrado após uma infinidade de dúvidas assaltarem-no, constrangendo-o a respostas incertas e provisórias, o homem renascentista se defronta, pela primeira vez, com o preço de ter o poder nas próprias mãos, sem o respaldo das inquestionáveis entidades divinas. Seu semblante consternado revela o espírito desolado daquele que se encontra encarregado da tarefa de atribuir valor e significado a cada coisa existente.

O Renascimento é a aurora do sujeito moderno. Decretando a falência do poder inerente ao Outro, encarnado tanto na hegemonia da Igreja Católica como nas monarquias absolutas, o homem do século XV é invadido simultaneamente pelo entusiasmo e pelo desânimo decorrentes da perda da unidade entre ele e o Outro. Inundados por uma infinidade de conhecimentos que abalam a ordem pregressa, os olhos modernos estão atentos aos enganos inerentes aos saberes que antes resguardavam seu lugar. A reforma protestante, a revolução copernicana, a descoberta das Américas, a invenção da imprensa e o alargamento do comércio punham em xeque as culturas centrais, não sendo mais possível manter a alma em estado inerte. Com um campo simbólico mais enigmático do que provedor de respostas, o homem do Renascimento foi retirado de seu lugar de filiação de Deus para ocupar o posto de inventor de uma ordem que o incluísse na variedade do universo. Segurando as armas que o tornariam potente, o renascentista esmorece ante sua clara insignificância no mundo.

No Barroco, a evidência da orfandade é ainda mais intensa do que no Renascimento, sendo a arte uma forma ostensiva de espantar as agudas incertezas geradas pelo protestantismo de Martin Lutero. Nas novas categorias criadas por Walter Benjamin para a análise dos dramas do Barroco, o príncipe melancólico (Benjamin, 1928c/2011, p. 147), de que falaremos adiante, é a chave principal, sendo sua luta interna uma radiografia do espírito moderno.

Amplificação melancólica da interioridade e exaltação barroca de formas, luzes e sombras são os elementos básicos do *Trauerspiel*. Embora Benjamin circunscreva esse estado de espírito circunspecto e impactado pelas estonteantes formas barrocas ao período que lhe corresponde – o Barroco –, ele ainda prepondera sob os elegantes disfarces dos cidadãos vienenses no século XIX. Imitando os modelos oferecidos pela corte, os espetáculos musicais e teatrais austríacos cumpriam uma "função aglutinadora", que, segundo Renato Mezan, era própria da arte barroca, "cuja profusão de elementos sonoros e visuais, destinada a *colpire i sensi*, visava atingir sobretudo a emoção e por essa via suscitar a adesão do espectador à ordem política e religiosa vigente" (Mezan, 2006, p. 38).

Tal ordem refere-se à monarquia esclarecida de Francisco José I, respaldada pela Igreja Católica. Seu viés absolutista foi abandonado após a derrota de Solferino, em 1859, e de as reivindicações nacionais ameaçarem a integridade de seu império. Adotou-se uma política liberal visando manter, na medida do possível, a mesma ordem das coisas. Cumprindo função análoga à do Barroco como arma da Contrarreforma, a tonalidade neobarroca do Império Austro-Húngaro visava restabelecer a ordem pregressa. Esse estilo recebido pelos olhos do espectador, contudo, surtia um efeito contrário ao desejado – a saliência das contradições existentes na Igreja Católica e no poder a ela atrelado também se encontrava nessas formas artísticas. Como no jogo barroco de luz e sombra, exagero e sobriedade, prazer e dor, a corte austro-húngara é cheia de contrastes e mescla traços conservadores e modernos, teatrais e discretos, esnobes e modestos.

O tom neobarroco, que se alastra de modo decisivo por essa cultura com pretensões ambíguas e ações escusas, não se reduz à corte e às formas artísticas valorizadas. Mesmo o primeiro político profissional daquele contexto, Karl Lueger, que obtém em 1897 o cargo de prefeito em Viena com um discurso retrógrado, aparentemente destoante daquele proferido pela corte, não alcança fortuitamente o poder. Segundo John Boyer (1981 *apud* Janik, 2012), Karl Lueger cumpre as vezes do "pai", mostrando certa afinidade com uma noção barroca do governante, distante do mero líder totalitário. Mais paternalista do que "protofascista", Boyer vê na figura de Lueger a habilidade de congregar conflitos, usando um estilo barroco teatral semelhante ao utilizado anteriormente pelo imperador, que, entre outras encenações, lavava os pés de doze homens pobres e os servia no palácio na quinta-feira santa.

O estilo barroco de governo do Império Austro-Húngaro pode ser ilustrado também pela pomposa cerimônia de enterro do imperador, na qual o grão-mestre da corte, posicionado diante da porta da igreja, tem de responder a perguntas sobre a titulação do morto. Diante das tentativas malsucedidas, alguém finalmente enunciava a titulação verdadeira do "rei apostólico da Hungria, rei da Boêmia, Dalmácia, Croácia, Eslavônia, Galiza, Lodomeria, Illyria, Jerusalém [!], o arquiduque da Áustria, grão-príncipe da Transilvânia, grão-duque da Toscana e Cracóvia, duque de Lorena, Salzburgo, Estíria, Caríntia, e Carniola" (Boyer, 1981 *apud* Janik, 2012, p. 35).

Entre outras, essa é uma das razões pelas quais Hermann Broch (1966 *apud* Mezan, 2006, p. 39) considera que "a Áustria do século XIX, não apenas no domínio intelectual, mas também no campo político, [...] havia se tornado um Estado bom para ser guardado no museu". Tentando resguardar o equilíbrio de seu Estado já dilacerado e se defender de ameaças internas e externas, a Casa dos Habsburgo mantinha-se atenta apenas para não tombar, obtendo como resultado uma estagnação própria de objetos conservados de outros tempos. Pulsante durante o século Barroco, o Império Austro-Húngaro manteve-se paralisado em uma atmosfera anacrônica.

Mas aquela distância entre meros mortais e a alta aristocracia, ostentada pelos títulos de nobreza e pelos rituais da corte, era magicamente suprimida entre espectadores e atores que representavam dramas da corte, tipicamente barrocos, nos palcos vienenses. Lado a lado com cada um dos mortais espectadores do Burgertheater, o príncipe soberano dos dramas do Barroco é transformado em criatura histórica, apartada das divindades que rondavam e protegiam o herói das tragédias clássicas. Suscetível aos males da carne, o que prevalece no herói barroco, ensina Walter Benjamin, são a arbitrariedade de seus impulsos, seus impasses afetivos, sua fragilidade e instabilidade, seus acessos de loucura e suas torturantes indecisões diante de acontecimentos circunscritos às pequenas intrigas da corte. Inerte ante a afluência de dúvidas e reflexões, o príncipe benjaminiano é o retrato perfeito "do comportamento circunspecto de Francisco José I" (Munk, 2008, p. 27), que, como uma obra de arte em um museu pouco visitado, se mantém imóvel e confinado em seu palácio, numa tentativa de não romper as últimas lascas de seu trono já estilhaçado.

A secularização do poder no Barroco – embora, evidentemente, a religiosidade estivesse presente de maneira intensa – reduz as ações do herói, já que sua moral não depende de julgamentos divinos, mas de suas incertas decisões. O herói do Barroco não deposita sua fé na salvação; penetra a vida terrena para nela encontrar soluções. Nas palavras de Benjamin: "[a] secularização levada a cabo pela Contrarreforma não significou uma perda das preocupações religiosas: o que aconteceu foi que a época lhes recusou a solução religiosa, exigindo ou impondo, em seu lugar, uma solução profana"

(Benjamin, 1928c/2011, p. 75-6). Assim, o espectador do drama barroco assiste aos movimentos incessantes da alma do herói, em contraste com o que via o cidadão da *pólis* nas ações destemidas do herói trágico, eminentemente respaldadas pelas divindades. Ao príncipe convertido em criatura resta ser mártir ou tirano.

Melancolia e depressão: pontos de partida

O abalo irreversível da ordem monárquica e a morte não admitida da figura simbólica da autoridade soberana – isto é, o aspecto defensivo diante da perda do objeto – configuram a esfera de melancolia, típica da modernidade, que prepondera especialmente no Império Austro-Húngaro. Vejamos como se compreende a melancolia nesse contexto.

Na perspectiva adotada aqui, a melancolia e as depressões não seriam "expressões do sintoma social contemporâneo", análogas "em seu silêncio e em seu recolhimento" a "um grupo tão incômodo e ruidoso quanto foram as histéricas no século XIX" (Kehl, 2009, p. 22). Tão forte quanto a histeria, um traço melancólico estava amplamente presente na Viena *fin-de-siècle* e se alastrava por quase todo o horizonte governado por Francisco José I, mesclado aos outros estados patológicos, como a histeria ou a neurose obsessiva.

Em estudos psicanalíticos recentes (Fédida, 1999; 2002), é comum que tanto a depressão como a melancolia sejam consideradas patologias psíquicas intensificadas daquilo que já havia sido observado por Freud no passado. Outro estudo (Kehl, 2009) aponta para uma diferença entre aquilo que Freud delimitou como o território da melancolia e aquilo que pode ser demarcado como próprio à depressão. Na era do Prozac® ou de seus derivados mais avançados, nada diferente dessas duas hipóteses, que ligam as depressões ao presente, poderia figurar. Os percalços da clínica mostram claramente a reincidência da melancolia e casos crônicos de depressão na atualidade. O que sugiro aqui, contudo, é que melancolia e depressão não se distinguem tanto assim, e tais estados trazem questões atreladas à modernidade, e não ao universo contemporâneo. Na esfera atual, portanto, o melancólico – ou o depressivo – seria um ser anacrônico.

Como traço próprio da modernidade (Kehl, 2009), o que a melancolia revela é o fracasso de seu projeto. Se a modernidade traz liberdade, seu preço incontornável é a angústia. O entusiasmo com a autonomia outorgada pelos valores modernos e a destituição do lugar de tutela, antes compulsória, desembocam em sentimentos de profundo desamparo. Enquanto o sujeito tutelado procurava recalcar aquilo que o faria destoar de seu lugar de objeto de desejo do Outro, o melancólico busca repetidamente inscrever-se no Outro, fazendo-se objeto de seu desejo. Órfão, a marca do sujeito inscrita no Outro é extremamente tênue, quase evanescente.

Além da clássica busca pelo objeto perdido ou pelo reencontro com uma posição ideal que teria sido desfeita, pode ser identificada no melancólico a falta da falta (desejo) do Outro. A insuficiência sempre lamentada, o vazio no qual mergulha, a morte encenada pelo melancólico ou o grito sussurrado lamuriosamente por ele buscam inscrever a falta (desejo) no Outro. Como mero resquício da falta de desejo do Outro, o sujeito melancólico está jogado no limbo do desamparo. Embora o melancólico não ouse aturdir bravamente o Outro, e o tom monocórdico de seu discurso circular pareça expressar o desejo de se distanciar do mundo, o que ele busca de forma quase muda é ferir profundamente a carne intacta desse Outro. Sem sucesso, infla seu mundo interno com lamúrias e ataques ao eu, o que acaba por desbotar texturas e cores do mundo externo.

O tédio penetra os contornos do mundo. O melancólico está imerso em sua alma deserta. A intimidade expandida não traduz a riqueza de uma diversidade de componentes internos. A voz do solilóquio também é acromática, sem relevos, concavidades ou inclinações. Um mantra inaudível, que aponta para um vazio, é exalado pela sua boca; um som que parece exprimir o estado moribundo de seus afetos.

Tal mantra impenetrável, porém, são apenas sombras de luzes que incidem sobre monumentos de ódio e agressividade. A severidade sádica superegoica tece os ideais do eu sob um prisma perfeito ao qual seria impossível chegar. O sujeito é lançado nos abismos de sua impotência. Assiste aos seus sucessos e fracassos imaginários, mas do banco da plateia. Ser ator da própria vida é pôr em risco o ideal, que, mantido inerte, preserva um estado imaginariamente perfeito. Enaltecer os recantos do pensamento, tecendo críticas ferozes ao eu ou às imperfeições desprezíveis do mundo, satisfaz à demanda de atacar essa instância egoica sem tocar nos terrores da destruição.

O precipício como horizonte não acalenta o espírito do homem moderno, esse ser titubeante; é a visão desse abismo que o relança às malhas do eu narcísico. Consumido pelo remorso imaginário, o melancólico elucubra sua culpa em relação à ausência de desejo do Outro e está abandonado à própria sorte. Colecionador fantasmático de erros, deformações ou pequenas imperfeições egoicas, atormenta-se na tentativa de descobrir como provocou o espanto ou a indiferença do Outro, culpando-se de forma quase compulsiva. Considerando-se responsável pela falta de amor do Outro, o sujeito oscila entre a raiva que ameaça destruir colericamente todos os limites do mundo e o ódio de si, que o preserva do terror.

Como já lembrou Walter Benjamin, o cão simboliza a melancolia (Albertinus *apud* Benjamin, 1928c/2011, p. 158-9), de modo que não é fortuita a escolha de Maria Rita Kehl (2009) para o título de seu livro sobre depressão que enreda a obra de Walter Benjamin com a psicanálise. Em *O tempo e o cão*, a autora procura recuperar o discurso psicanalítico para a clínica das depressões, que ficou confinada ao campo da psiquiatria.

A depressão é muito diferente da melancolia, afirma Kehl, e é importante não confundi-las "nem imaginar que a diferença entre uma e outra seja de grau, sendo a melancolia uma forma mais grave de depressão" (Kehl, 2009, p. 21). Para ela, a depressão pode ser alocada no quadro das neuroses, ao passo que a melancolia poderia habitar um território mais próximo das psicoses. Nessa circunscrição das depressões, Kehl as vê como uma escolha, no sentido freudiano do termo, ou seja, trata-se de uma "escolha das neuroses", feita quando "o pai imaginário se apresenta como rival da criança, no segundo tempo do atravessamento do complexo de Édipo" (p. 15).

Fédida (1999) também considera que a depressão não faz parte dos quadros clínicos clássicos da psicanálise. Associando-a às patologias *borderline*, considera que o interesse pela depressão teria se iniciado nos anos 1950; a popularidade veio com diagnósticos do setor médico, que governam a vida moderna e tornam a prescrição de psicotrópicos usual.

É possível ver a depressão, tal como pensada pelo psicanalista francês, de modo quase literal, isto é, ela seria, do ponto de vista de uma topografia psíquica, o contrário da elevação. Trata-se de uma organização narcísica do vazio, que sorve as energias para a imobilidade, até que elas se concentrem mais uma vez para a passagem ao ato. Certo estado inerte alastra-se por todos os membros, e as cores que marcam a existência resumem-se a um tom acinzentado. O paradoxo é que a superfície desse vale inerte encobre uma violenta agitação. Essa desídia é a defesa que se ergue ante a brutalidade irrefreável de buracos aniquiladores. Por isso é arriscado revigorar o ânimo do deprimido; tomado de força repentina, o deprimido reúne coragem para armar ciladas contra seu eu, seja na forma de suicídio, seja como destruição daquilo que lhe é caro.

Fédida (1999) identifica nos casos depressivos "inscrições das variadas formas de carência" de um "duplo do espelho de origem" (p. 12). O suporte especular, capaz de sustentar a violência psíquica primordial das pulsões e dos estímulos sensórios, foi estilhaçado. Os cacos não integram qualquer imagem que neles se reflita, e dos estilhaços não é possível extrair nenhuma simbolização da ausência. Por isso, não é demais afirmar que a morte ou a ausência impõe a quebra de toda a realidade, que só existe quando partilhada. Se o idioma compartilhado com um Outro concedia legitimidade à trama fantasmática que atravessava os corpos envolvidos na linguagem, consolidando gestos e falas trocadas, com a morte ou a ausência do Outro parte do mundo perde consistência. Estremecida, é a própria realidade que perde um pedaço e se torna amputada. Com a mutilação do mundo, por sua vez, o sujeito perde apoio e tateia buscando esteios que o enlacem a um espaço. Nesse sentido, o sujeito que deixa de ver seus gestos e suas palavras reverberarem no meio que acolheria sua expressão deixa de perceber a vibração com que sabia medir seus tons de voz e amplitude de gestos e, assim, deixa de se reconhecer no espaço do mundo. Daí se pode concluir que a depressão é uma espécie de clamor para que o tempo alinhave fissuras abissais da linguagem.

A presença do ausente não assume as formas exatas da falta, sendo antes uma imagem desfocada, na visão do depressivo. A área lodosa na qual hiberna corresponde aos primórdios do estado de sono, em que se inaugura a face negativa da vida anímica. Por isso, Fédida (1999) argumenta que, na experiência melancólica, o desenrolar do tempo depende da reverberação de um não tempo.

> As autoacusações mortíferas, nas quais o doente sofre e se queixa, assemelham-se a um luto interminável – insone – ou ainda à tentativa encarniçada de exumar a infância que o homem carrega em si. Nessas condições, não poderia nos escapar que o agir melancólico – frequentemente concebido como paradoxalmente inexistente – encontra-se envolvido no tempo de uma culpabilidade, que representa a atuação persecutória do ausente. Após a cura do acesso melancólico, vemos se instalar um longo período depressivo tratado na análise. A imobilidade corporal do paciente designa [...] a presença invasora e envolvente da ausência (Fédida, 1999, p. 22).

Na visão de Fédida (1999), assim, a depressão se insere numa perspectiva defensiva contra a melancolia e a mania. Embora enfatize essa distinção, o autor torna a mostrar a aproximação entre melancolia, tal como compreendida por Freud, e depressão quando diz que "a depressão pode ao mesmo tempo ser comparada (ou mesmo assimilada) a um trabalho de luto e ser concebida como uma organização narcísica primária protetora de um luto e defensiva contra um luto" (p. 23).

Constatada a morte do objeto, a depressão opera como mumificação do cadáver, reconhecendo e renegando, por meio dessa operação, a perda do objeto. É interessante que Fédida (1999) pense o luto como o "acontecimento do estranho no coração do familiar, do que é *heimlich*, e diz respeito à inquietante intimidade do segredo" (p. 27). Ou seja, no luto, aquilo que cerca o sujeito com tonalidades íntimas rompe-se e dissolve laços temporais; os objetos perdem sua naturalidade e adquirem estranheza:

> Como se o familiar – feito de um entrelaçamento de gestos e de falas que pertencem a um pensar e habitar, ligando numa relação temporal seres, coisas e lugares – se distendesse de repente e se quebrasse, para liberar o que escondia em si: a fascinação de si na morte do outro. As falas e os gestos não pegam mais: eles se arrastam, definham, alongam-se numa distância que trazem em si próprios. Eles caem sobre sua própria lassidão, desistem de serem captados pelo pensamento do defunto. [...] O que pesa sobre a casa é o vazio que aí se abre, mas o cadáver ainda mora lá. A vida se torna lenta e surda, e todos se sentem impelidos a voltar ao cadáver. A imobilidade

> suscitada pelo morto é correlativa a uma espera cinestésica do cadáver (pensar tê-lo visto mexer-se). [...] E na experiência de um luto, o olhar forma um espaço especular pelo qual se compreende o reforço dos limites protetores do si (Fédida, 1999, p. 27).

Em sua curta definição da depressão, escreve:

> Aquilo que chamamos de depressão define-se por uma posição econômica que diz respeito a uma organização narcísica do vazio (segundo uma determinação própria à inalterabilidade tópica da psique), que se assemelha a uma "simulação" da morte para se proteger da morte (p. 39).

Daniel Delouya (2010) também faz a radiografia da depressão nos dias atuais. Desde Melanie Klein não é possível ignorar que o primeiro momento de perda do objeto se situa na separação entre mãe e bebê, que coincide com a integração do eu. Nesse quadro estão a posição depressiva de Melanie Klein, o estádio do espelho de Lacan ou o estado de preocupação de Winnicott. O conflito instaura-se ante a perda do objeto amado – a mãe – e a integração do eu. A agressividade inerente a essa experiência e o sentimento de perda unido à impossibilidade de restauração do objeto marcam a depressão. Superar esse momento depende de alguma espécie de respaldo externo dado pelo próprio objeto e pelo meio no qual a criança está situada. É o momento de renúncia de um modelo narcísico para a constituição de um objeto externo e de uma imagem do eu que se desconecte do sujeito.

Delouya resgata "Inibição, sintoma e angústia" de Freud (1926/1996) para lembrar que a angústia se conecta à situação traumática originária, que lança o recém-nascido em sua condição de desamparo (*Hilflosigkeit*). Esse termo cumpre uma função extremamente importante na obra freudiana ao se entrelaçar à notória transformação que a obra sofreu após a introdução da ideia de pulsão de morte, em 1919. Nesse momento, uma lâmina defensiva passa a subsistir no psiquismo, enquanto desejo e prazer tornam-se secundários e "depressão, dor e angústia passam a constituir os três grandes sistemas dessa matriz defensiva" (Delouya, 2010, p. 50). Delouya traça um panorama que resume essa perspectiva:

> Na primeira teoria sobre a angústia (1895-1916), ele [Freud] supunha que esse estado decorria da transformação da libido e de sua descarga em forma de angústia quando o acesso ao objeto, ou à representação, se encontrava barrado (recalque). Na segunda teoria, quando se questiona sobre a angústia do real, descobre nela os indícios de um sinal e/ou de uma reativação automática de uma expectativa ansiosa – uma preparação – ante o perigo. Se a

> primeira teoria associava o transbordamento angustiante com a ausência do objeto de satisfação, ou sua perda na fantasia, na segunda, a angústia sinal, ao imitar e repetir o ataque ansioso, desperta a fuga perante a ameaça do perigo real que está prestes a se efetivar, ou o recalcamento da representação do desejo. Trata-se aqui de um traço mnêmico, cicatriz/lembrança de situação traumática – mecanismo que visa a evitar o desenvolvimento da angústia. Freud examina, então, situações reais de desenvolvimento da angústia em face do perigo, da perda e da ausência do objeto de amor. Encontra o traço comum que as une num estado de desamparo, associado com uma situação paradigmática: o nascimento (p. 50).

Com a profícua contribuição dos estudos de Karl Abraham, Delouya (2010) assinala a diferença entre a angústia e a depressão, que abrigam dentro de si "vestígios do desamparo infantil". O traço distintivo entre elas está no fato de que o medo se associa à angústia, e a perda, à depressão. Se com uma (angústia) estamos diante de um fato ameaçador ainda inexistente, com a outra (depressão) lidamos com um fato já consumado. Suas motivações inconscientes distanciam-se no tempo – "a angústia se endereça ao futuro, enquanto a depressão se refere ao passado". Essa última afirmação dá respaldo à seguinte formulação: "A perda é para a depressão o que o perigo é para a angústia" (p. 51).

Por isso, continua Delouya (2010), "a depressão não seria a reação ativa (como na angústia), mas a consequência, o depois – a prostração decorrente do trauma" (p. 52). A noção de desamparo está intimamente implicada na noção de depressão (ou melancolia), pois o desamparo é fisgado *nachträglich* pela perda. Daí segue a conclusão de Delouya: "A depressão refere-se, portanto, não a uma perda do objeto, como totalidade perceptivelmente configurada, mas à perda de um espaço de gozo", sendo a "reivindicação" (p. 52) pela restituição de uma união mítica de origem com o corpo materno, o que aloca o narcisismo e, em especial, o narcisismo primário sobre o estado depressivo.

Essas formulações de Delouya (2010) indicam precisamente o caminho a ser percorrido daqui por diante. Trabalharemos com a hipótese de que a perda de uma ordem patriarcal tradicional na sociedade austro-húngara, ou a perda dessa figura simbólica paterna naquele contexto, traz consigo o trauma originário do desamparo e arma defesas narcísicas de caráter melancólico.

Embora traga consequências férteis para o panorama atual, não seguiremos a linha desbravada por Kehl, que vê na melancolia ou na depressão uma forma de escolha objetal, no sentido freudiano dado a essa ideia, mas tomaremos de empréstimo a ideia de Karl Abraham, segundo a qual "o afeto depressivo está presente, tanto quanto a angústia, em todas as formas da neurose e da psicose" (Abraham, 1965 *apud* Delouya, 2010, p. 38). O desafio é descobrir como, e por qual razão, a melancolia se sobrepõe nesses espíritos modernos da sociedade austro-húngara na virada do século XIX para o XX.

A melancolia de Hofmannsthal

Se o modelo da *Poética* é, de acordo com Aristóteles, a tragédia *Édipo-rei*, de Sófocles, a *Origem do drama trágico alemão*, de Walter Benjamin, toma por paradigma o *Hamlet* de Shakespeare. O príncipe Hamlet é reconhecido por ele como modelo do príncipe melancólico (Benjamin, 1928c/2011, p. 165-6).

Freud (1900/1996) não discorda dessa ideia[2]. O paralelo entre a visão benjaminiana do príncipe e a perspectiva

---

2 Um belo artigo de Elisa Maria de Ulhôa Cintra trata da melancolia em *Hamlet*. A autora diz: "Hamlet realiza algo comparável ao trabalho de destruição do Eu atual que assistimos em todos os pacientes deprimidos (sendo ainda mais dramática na melancolia); a violenta depreciação da mãe, estendida a si próprio, sobretudo em sua dimensão "carnal", é um verdadeiro trabalho melancólico de depreciação da vida e da capacidade de procriação. O deslizamento da abjeção materna para todos, por meio de uma referência generalizante à *carne*, culmina no lamento de que "esta carne" possa ter chegado a tal ponto de degradação. Isto é, toda a carne, sujeita à sensualidade, torna-se podre e tende a se degenerar cada vez mais; todas as imagens de fecundidade e concepção (ligadas, no texto, à ideia de vir a ter *sementes*) ficam alinhadas à ideia de apodrecer, tornar-se indecente e aviltante; a capacidade de gerar torna-se degradante, descender é degradar-se. Em contrapartida, há uma extrema valorização da virgindade e uma idealização da forma de amor pré-genital, que se faz acompanhar de imagens da parte superior do corpo, principalmente da face, da troca apaixonada de olhares, sorrisos e palavras, das carícias que incidem sobre o rosto. É a novela amorosa que se desenrola ao redor da zona erógena da boca, transbordando então para os olhos e a parte superior do corpo, solar,

freudiana de *Hamlet* revela precisamente os males espirituais causados pela modernidade, bem explicitados em "Mal-estar na civilização". A própria concepção da psicanálise, mostra Freud ao falar precisamente a respeito de *Hamlet* na "Interpretação dos sonhos", só é possível a partir da modernidade, na qual há o recalque.

Para Freud (1900/1906), o *Hamlet* de Shakespeare (1601/1999) tem suas raízes no mesmo solo que *Édipo-rei*. A culpa por suas decisões está em ambos: os heróis trágicos também a carregam, ainda que suas decisões já estivessem traçadas pelas linhas do destino. Como esclarece Vernant:

> A culpabilidade é o produto das decisões e dos atos dos indivíduos ou uma maldição que pesa sobre alguns de nós e talvez sobre todos, justificada do ponto de vista divino, mas absolutamente incompreensível do nosso? E quem faz com que, seja o que for que o homem faça, se escolheu tal coisa, será sempre culpado e, se escolheu outra, será culpado também: os deuses se divertem turvando os

---

apolínea, elevada. Quando entram em ação as terríveis potências infernais das regiões baixas ocorre uma verdadeira revolução desta primeira ordem, que chamo de narcisista e assexual para diferenciá-la do momento seguinte, quando as forças telúricas e ctônicas entram em jogo" (Ulhôa Cintra, 2001, p. 32). Essa passagem indica como os ideais universais com suas características de perfeição foram reduzidos a questões de ordem privada e afetiva. O *éthos* dos cidadãos da *pólis* ou da *urbes* foi transformado e reduzido a uma dramaticidade particular aprisionante. O diálogo intrincado e dialético com um Outro que retira o interlocutor de seu lugar original, passa a ser um solilóquio estéril e torturante.

> caminhos. De toda forma, os dados estão lançados. Esta é a questão que a tragédia coloca. É sobre isto que ela interroga (Vernant, 1999, p. 366).

Assim, a questão trazida por Freud a partir do Édipo é a própria origem de tal culpabilidade na vida anímica do sujeito. Seu complexo de Édipo rastreia o momento de entrada na civilização, o que denota o começo do sentimento de responsabilidade. Entretanto, o que distancia a tragédia antiga da moderna é exatamente o ponto que marca a diferença espiritual dessas duas épocas: o avanço secular do recalcamento na modernidade, cujo efeito é a transposição da dramaticidade externa, em atos, para outra, que se propaga na interioridade do sujeito.

Essa diferença não é difícil de ser compreendida. Enquanto o homem da Antiguidade clássica só é homem na medida em que está inserido na *pólis* e tem sua existência reconhecida pela sua participação na vida pública da cidade, o homem moderno legitima sua existência pela sua capacidade de pensar, ou seja, pela *res-cogita* cartesiana.

Na perspectiva de Freud,

> [...] no *Oedipus*, a fantasia infantil imaginária que subjaz ao texto é abertamente exposta e realizada, como o seria num sonho. Em *Hamlet* ela permanece recalcada; e – tal como no caso de uma neurose – só ficamos cientes de

> sua existência através de suas consequências inibidoras (Freud, 1900/1996, p. 291)[3].

São claras as coincidências entre os dramas austro-húngaros, como os dramas neobarrocos de Hugo von Hofmannsthal ou de Franz Grillparzer[4], e aqueles tratados por Walter Benjamin em *Origem do drama trágico alemão*; basta considerar trabalhos de estudiosos como Marcus Twellmann (2004), Daniel Weidner (2010) ou Sigrid Weigel (2010) para identificar as coincidências.

Aqui, nos debruçaremos sobre *Édipo e a esfinge*, de Hugo von Hofmannsthal (1906/2012), transpondo certas análises benjaminianas do drama barroco, bem como as considerações feitas por Freud sobre *Hamlet*. Vale dizer que relações entre Freud e Hofmannsthal não são descobertas novas;

---

3 Nos trechos citados de Freud, mantive quase sempre a tradução da *Edição standard brasileira das obras completas* (Rio de Janeiro: Imago, 1996).

4 Claudio Magris mostra como a influência da tradição literária faz parte dessa *Weltanschauung* austro-húngara, sendo ela condicionada por uma "pessimista passividade", expressa numa perene "*Reue der Tat*" [arrependimento do agir]. Essas características tornam-se visíveis nas mãos do dramaturgo Franz Grillparzer, que deixa transparecer o "*páthos* da *mediocritas*", derivada da alienação política que implicava o "sacrifício de si". Abdicando de todo individualismo dinâmico, o que se obtinha em troca era a paz segura e o sentido de uma harmonia religiosa. A expansão da individualidade ocorria unicamente na esfera da fantasia e do prazer, na esfera musical, ou seja, unicamente na esfera da alma. O plano ético-político emergia sob a forma de um filho fiel e obediente. Como diz Magris: "Grillparzer encarna e transfigura tudo isso em múltiplos planos e não apenas sob aquele histórico-político; todos os seus personagens tendem com patética melancolia à imperial virtude do não agir, à sabedoria estática" (Magris, 2009, p. 113-4).

Bernd Urban (1978), por exemplo, compila algumas delas explicitadas pelo próprio poeta-dramaturgo e por comentadores de sua obra.

A versão de *Édipo-Rei* escrita por Hofmannsthal em 1906 exige que as tintas barrocas sejam sobrecarregadas, e as marcas psicológicas do príncipe, infladas. A distância do modelo trágico se dá na medida em que estamos aqui delineando as sombras dos acontecimentos desdobrados na peça de Sófocles; nessas sombras, a principal característica de Édipo é uma total e completa cegueira diante da realidade. Se a tragédia sofocliana deixa a subjetividade no limbo e ilumina o desdobrar das ações do herói, o Édipo de Hofmannsthal é vítima do mais absoluto acaso, quando suas escolhas não são refletidas no mundo. Diante desse espelho opaco, resta ao herói do drama a reclusão em seus sonhos, devaneios e fantasias cheios de culpas e paixões.

A peça dispõe de quase todos os componentes da tragédia de Sófocles, mas se delineia como seu avesso e, até o fim do último ato, Édipo está longe de descobrir que acaba de se casar com sua mãe e que a morte de seu pai se deve ao crime praticado pelas suas mãos. Essa espécie de "estudo psicológico" realizado por Hofmannsthal coloca o personagem de Édipo no lugar de um santo, o fulgor de sua auréola é romanticamente construído no anseio da massa em ver o lugar do pai (Laio, morto) rapidamente ocupado por outro governante. Insuportável, a falta anunciada joga essa massa de cidadãos numa busca frenética por um substituto e a figura idealizada de Édipo aparece misteriosamente para confluir com o desejo geral de proteção e alento. A função cumprida por Édipo diante da falta sentida pelo povo é a mesma que Jocasta cumpre para seu filho. Concentrando poderes também enigmáticos, ela emerge numa imagem alegórica envolta por uma aura, portando véus sobre um carro conduzido por seis corcéis.

Essa aura procurada pelo povo na figura de Édipo ou por Édipo na figura de sua mãe não existe, porém, em lugar algum. Ela renasce do desespero provocado pelo profundo desamparo com o qual o homem moderno se vê confrontado. Sua forma sobrepõe-se desajeitadamente ao objeto, como se fosse uma prótese. O que perdura nesse drama é o fio que marca a mudança anímica da modernidade: a culpa interna sentida pelo sujeito ou, em termos psicanalíticos, a instauração do supereu.

O drama de Shakespeare, de 1601, assim como o de Hofmannsthal, de 1906, revelam as raízes modernas no caráter do herói, que rumina pensamentos e hesita diante de seus intentos. Na visão de Goethe, Hamlet "está amarelecido, com a palidez do pensamento" (Goethe *apud* Freud, 1900/1996, p. 291). Para Freud, entretanto, as ações de vingança perante o traidor, aguardadas pelo público do começo ao fim da peça, são impedidas por outra razão: vingar-se do homem que matou seu pai e assumiu o posto de rei junto com a rainha, sua mãe, é extremamente difícil na medida em que revela e realiza exatamente seus próprios desejos infantis recalcados de parricídio e incesto. Assim, o ódio que deveria impeli-lo à vingança torna-se martírio, e suas autorrecriminações devem-se a escrúpulos de consciência, que o igualam ao homem vil do qual deveria se vingar.

É nesse ponto que o drama vienense de Hofmannsthal acirra as características do barroco. Se Hamlet titubeia e não realiza seus desejos por culpas fantasiosas, o Édipo de Hofmannsthal não hesita em levar seus anseios a cabo, conduzido, porém, por instintos e dramas infantis. Daí a frase categórica proferida pela esfinge quando Édipo a encontra: "Você sonhou, criança" (Hofmannsthal, 1906/2012, p. 661). Esse homem-criança cambaleia pela escuridão da vida, sem experiência alguma (nem com outras mulheres, como fica claro no diálogo de Édipo com a esfinge), até chegar aos braços de sua mãe, exatamente como aquela criança que acorda no meio da madrugada, assustada com um sonho ruim. Ao buscar o amparo da mãe, todavia, o Édipo de Hofmannsthal realiza o pesadelo do qual buscava escapar: o incesto e o parricídio.

São, assim, duas as diferenças marcantes que separam *Édipo e a esfinge*, *Hamlet* e *Édipo-rei*, a saber: cegueira e ação. Se o Édipo sofocliano realiza cegamente seus desejos para depois se defrontar com os horrores que cometeu, tomando consciência de seus atos, e se Hamlet está impedido de agir, pressentindo o horror a que estaria condenado caso seguisse seus impulsos, o Édipo de Hofmannsthal age conforme seus desejos, esquivando-se também do doloroso caminho percorrido pelo herói trágico em sua dura busca pela verdade.

Sua vida é uma mentira infantil, sem as perdas inerentes à existência de um homem adulto.

É fértil seguir algumas reflexões freudianas sobre *Hamlet*, para depois recobrar certas ponderações acerca do drama de Hofmannsthal. Embora Freud situe suas considerações sobre *Hamlet* nas explicações sobre sonhos e sintomas, não podemos deixar de notar que a descrição sobre os embates anímicos vividos pelo príncipe ocorre após a perda de um objeto amado: o pai. Trilhando esse caminho, temos que considerar aqui o texto freudiano *Luto e melancolia* como eixo de análise dos embates espirituais do herói Hamlet. Lembrando que a palavra *Trauerspiel* significa, ao pé da letra, "drama lutuoso"[5], podemos afirmar que o luto é também aquilo que define o gênero das peças barrocas. Pode-se perguntar, nesse contexto, se não seria o caso de colocar em dúvida se o que Hamlet desenvolve é uma melancolia, ou se seus sofrimentos fazem parte do curso natural de um luto pela perda do ente amado. Ainda que haja razões para se pensar no luto devido à perda do pai, um tom melancólico aparece em diferentes passagens do discurso de Hamlet na peça, como o do trecho a seguir:

> Mas eu,
> Idiota inerte, alma de lodo,
> Vivo na lua, insensível a minha própria causa,

[5] Cf. Walter Benjamin (1928c/2011), nota de rodapé do tradutor, p. 121.

E não sei fazer nada, mesmo por um rei
Cuja propriedade e vida tão preciosa
Foram arrancadas numa conspiração maldita.
Sou então um covarde? Quem me chama canalha?
Me arrebenta a cabeça, me puxa pelo nariz,
E me enfia a mentira pela goela até o fundo dos pulmões?
Hein, quem me faz isso?
Pelas chagas de Cristo, eu o mereço!
Pois devo ter fisgado de pomba, sem o fel
Que torna o insulto amargo,
Ou já teria alimentado todos os abutres destes céus
Com as vísceras desse cão.
Ah, vilão obsceno e sanguinário!
Perverso, depravado, traiçoeiro, cínico, canalha!
Ó vingança!
Mas que asno eu sou! Bela proeza a minha.
Eu, filho querido de um pai assassinado,
Intimado à vingança pelo céu e o inferno,
Fico aqui, como uma marafona,
Desafogando minha alma com palavras,
Me satisfazendo com insultos; e; como uma meretriz;
Ou uma lavadeira! (Shakespeare, 1601/1999, p. 59-60).

De acordo com a psicanálise freudiana (Freud, 1917/1996), a melancolia pode ser equiparada ao estado de luto a partir de vários aspectos, com a diferença de que no melancólico o sofrimento persiste no tempo, além de haver uma diminuição da autoestima e expressões de recriminação dirigidas ao eu. Daí ser possível a Freud afirmar: "no luto, é o mundo que se torna pobre e vazio; na melancolia, é o próprio eu" (p. 251). O melancólico deprecia seu eu e se envilece, considerando-se digno de punição. Seus queixumes e lamentos são afrontas impiedosas ao eu, não por um motivo específico, mas por algo difuso que se estende a tempos remotos. Ao delírio de inferioridade moral se juntam martírios obsessivos que provocam insônia ou recusa a todo tipo de alimento.

O curioso é que a depreciação que o melancólico faz de seu eu como um ser mesquinho, invejoso, egoísta, ignóbil, desonesto e dependente não denota vergonha, mas, ao contrário, ele profere seus ataques em alto e bom som, encontrando satisfação em comunicar aos demais o desmascaramento de si mesmo.

Para Freud, o que está em ação no melancólico é um eu dividido, do qual emerge uma parte crítica que ataca e outra golpeada por ser culpada. Tal divisão entre essas duas instâncias inaugurou a segunda tópica freudiana, com a subdivisão entre id, eu e supereu. Mas há que se destacar aqui um ponto importante para a caracterização da melancolia:

> Se se ouvir pacientemente as muitas e variadas autoacusações de um melancólico, não se poderá evitar, no fim, a impressão de que frequentemente as mais violentas delas

> dificilmente se aplicam ao próprio paciente, mas que, com ligeiras modificações, se ajustam realmente a outrem, a alguém que o paciente ama, amou ou deveria amar. Toda vez que se examinam os fatos, essa conjectura é confirmada. É assim que encontramos a chave do quadro clínico: percebemos que as autorrecriminações são recriminações feitas a um objeto amado, que foram deslocadas desse objeto para o ego do próprio paciente (Freud, 1917/1996, p. 253-4).

Desse modo, as maçantes lamúrias dos melancólicos contra si mesmos mostram um sentido oposto; indicam que eles foram desconsiderados pelo ente amado ou sofreram uma grande injustiça por parte dele. Fruto do desamparo, a ferocidade é uma resposta à não correspondência do Outro diante das demandas primitivas do eu. Dessa incongruência entre os anseios do eu e as manifestações do outro restam estilhaços de uma imagem que precisaria ser restaurada simbolicamente pelo pai. Sem este, o sujeito incorpora o objeto, preservando-se e, ao mesmo tempo, mantendo tal objeto intacto. Essa suposta coincidência narcísica entre sujeito e objeto remete às violentas imagens de incorporação canibalesca, tão bem representadas na metapsicologia kleiniana justamente no momento em que o luto do desmame parece se impor ao sujeito.

Como foi aludido acima, não é raro encontrar pensamentos obsessivos frequentes em muitos melancólicos. Como mostra Melman (1999), o sintoma obsessivo traduz a patologia da racionalidade. Esta, por sua vez, é a característica que define mais precisamente a época moderna. O príncipe prestes a sucumbir com o peso de sua "coroa de papel" (Benjamin, 1928c/2011, p. 128) não é capaz de admitir "a inconsistência no Outro, que o faz sofrer ainda mais, quando ele a pressente refletida em si mesmo" (Kehl, 1999, p. 81). O que o obsessivo proclama em seus tormentos é muito bem traduzido por Maria Rita Kehl: "Assim não dá, denuncia o obsessivo, este mundo não é sério. Como é que eu posso acreditar numa instância superior, se ela precisa de mim para se sustentar?". O esforço mental do obsessivo destina-se a evitar o assassinato do pai ou não ter que separar o pai (real) da Lei (simbolizar o pai), ou, em outras palavras, "para não ter que ocupar seu lugar entre os irmãos parricidas, que fizeram valer seu desejo e a seguir instauraram o pai simbólico, para proteger-se da própria barbárie, do próprio desamparo" (Kehl, 1999, p. 81).

Assim, o que define tanto a melancolia como a neurose obsessiva é a suspensão do ataque ao objeto. Os traços obsessivos no melancólico indicam a ambivalência entre amor e ódio em relação ao pai morto e as inúmeras batalhas anímicas travadas em torno do objeto. No caso do príncipe, tais batalhas rodeiam o trono ocupado antes pelo pai. Enquanto uma parte da energia psíquica do príncipe procura separar a libido do objeto – a herança do trono –, lutando contra as exigências inerentes ao posto, a outra briga para que a posição da libido permaneça fiel a ele, contra o assédio do desejo.

A ambivalência é constitucional e pertence ao recalcado, mas, se o ódio concentra-se no eu, atingindo-o como alvo, e o amor liberto dirige-se ao objeto, isento de ameaças, talvez estejamos lidando com casos de melancolia. Pois no caso do luto, o que se observa é um eu compelido a desistir do objeto, reconhecendo sua morte e depositando em si a força para prosseguir adiante. No entanto, ele só será capaz de fazer isso no momento em que reconhecer a ambivalência de sua libido diante de tal objeto. Se o ódio despertado por sua ausência ou o alívio sentido por ela são inadmissíveis no âmbito da consciência, esse objeto tende a ser deglutido, e os ataques que derivariam do ódio ou da alegria consequentes da perda do objeto deslocam-se para o eu, que tem incorporado exatamente o alvo original para o qual esses fatores estariam destinados. Freud resume assim a ideia da me lancolia:

> Existem, num dado momento, uma escolha objetal, uma ligação da libido a uma pessoa particular; então, devido a uma real desconsideração ou desapontamento proveniente da pessoa amada, a relação objetal foi destroçada. O resultado não foi o normal – uma retirada da libido desse objeto e um deslocamento da mesma para um novo –, mas algo diferente, para cuja ocorrência várias condições parecem ser necessárias. [...] A libido livre não [...] deslocada para outro objeto [...] foi retirada para o eu.

> Ali [...] estabeleceu uma *identificação* do eu com o objeto abandonado. Assim a sombra do objeto caiu sobre o eu, e este pôde, daí por diante, ser julgado por um agente especial, como se fosse um objeto, o objeto abandonado (Freud, 1917/1996, p. 254-5).

A melancolia é, em suma, resultado de um investimento narcísico – advindo de uma identificação narcísica, como todas – e tênue no objeto, que é perdido. O objeto perdido representa uma *regressão* de um tipo de escolha objetal para o narcisismo original. A conclusão de Freud é de que "a tendência a adoecer de melancolia reside na predominância do tipo narcisista da escolha objetal" (Freud, 1917/1996, p. 255).

Retornemos, então, ao drama *Édipo e a esfinge* para formular a seguinte pergunta: qual seria o problema do Édipo de Hofmannsthal? Essa pergunta é necessária uma vez que a defesa contra a perda do objeto supostamente não se configuraria, já que do começo ao fim da peça não há perda alguma na trajetória do herói. Os pais postiços são preservados, Laio, o pai verdadeiro, é morto, mas Édipo não descobre que ele era seu pai e nenhum afeto se liga, portanto, ao evento. Estamos num ponto em que a cegueira parece até mesmo valer a pena – ela permite a realização de impulsos infantis sem a dor da proibição e da responsabilidade capaz de implicar o sujeito com seus próprios atos.

O que temos, porém, nesse enredo construído pelo poeta-dramaturgo vienense é o que Maria Rita Kehl (2009) definiu como "escolha precoce do futuro depressivo", que, segundo ela, se retira do campo da rivalidade fálica. Ou seja, "em vez de disputar o falo com o pai (e perder para ele...), o depressivo teria preferido recuar, permanecendo sob o abrigo da proteção materna" (p. 15). Ao escolher a condição de castrado, o neurótico não deixa de simbolizar a castração; ele cria para si, com o recuo do enfrentamento, uma defesa capenga. Prefere a condição infantil, encarando previamente a derrota ou o segundo lugar.

No Édipo de Hofmannsthal, vemos justamente um homem que foge daquele que supõe ser seu pai para não ter de enfrentá-lo. O resultado, porém, é a catástrofe, pois, sem simbolizar a própria agressão e rivalidade do enfrentamento, Édipo recorre ao ato, e no encontro com seu pai verdadeiro só existe a violência ainda cega – ou seja, o que temos é a inscrição violenta no corpo daquele que não o desejou, que não reconhecia sua falta perante o filho. Impotente por ter assumido sua castração antes mesmo de se defrontar com ela como resultado da rivalidade fálica, o sujeito depressivo aniquila seu desejo antes de testar seus recursos para alcançá-lo. Para Kehl (2009),

> [...] a desesperança no melancólico [...] tem a ver com o fato de o Outro, em sua primeira versão imaginária (materna), não ter conferido ao recém-nascido um lugar

> em seu desejo. O melancólico ficou preso em um tempo morto, um tempo em que o Outro deveria ter comparecido, mas não compareceu (p. 21).

Essa é de fato a configuração na peça, pois Jocasta, cooptada pelo receio do marido de que Édipo fosse roubar o próprio lugar, anuiu em se desfazer do próprio filho. Os efeitos dessas duas máculas – abandono da mãe e falta de desejo do pai – aparecem violentamente, mas de forma apenas inconsciente.

Talvez não seja, por conseguinte, tão casual a opinião de Claudio Magris (2009) sobre as primeiras obras de Hofmannsthal, que seriam, segundo ele, a personificação de um espírito aristocrático que busca reencontrar a harmonia perdida do universo. Sim, na peça de Hofmannsthal penetramos a esfera onírica na qual se realizam desejos sem os riscos e perdas da vida desperta. Por isso, na visão de Magris, as obras do primeiro Hofmannsthal se revestem de introspecção e a unidade fraturada é recoberta pelo fluir de sensações e pelo trepidar psicológico sensual e sutil. Nesse momento de criação precoce[6], Hofmannsthal "sofre a crise do liberalismo austríaco, e a consequente fuga no individual, em um sonho desenraizado e longe da vida". Seus primeiros personagens são fluidos, contemplativos, reflexivos. Suas vidas "se dissolvem como

[6] Hugo von Hofmannsthal foi um menino prodígio; aos dezesseis começou a escrever poemas amplamente reconhecidos por pessoas como Arthur Schnitzer e Stefan Zweig, entre outros.

água entre os dedos". Como um lema aplicável a outras obras do autor, a fala do personagem Andrea, de *Gestern*, declara: "Esqueça o incompreensível, aquilo que foi: o ontem mente e apenas o hoje é verdadeiro". O acesso à felicidade pelo esquecimento apela para a arte eternizada na tradição. Esse "reino de pura e incontaminada beleza" é buscado não nas regras da moral, mas na cultura plástica sensual e agradável, "que encontra no teatro sua mais típica e barroca expressão". Nos primeiros dramas líricos de Hofmannsthal, a crise austríaca se reveste "de um plano irreal e fora da história" e seu colorido abstrato e religioso lhes confere um ar metafísico (Magris, 2009, p. 236-8).

Uma questão se impõe de modo incontornável no interior dessa beleza eterna: o fetichismo. No *II Seminario Internacional Politicas de la Memória*, ocorrido em Buenos Aires, Jorge Grespan procurou aproximar a ideia de alegoria, trabalhada nas análises de Walter Benjamin do drama barroco alemão, e a de fetiche, presente sobretudo no trabalho das *Passagens* e em suas análises sobre Baudelaire.

Sabemos que a alegoria benjaminiana substitui o símbolo nos dramas do barroco quando os objetos aparecem nas peças destituídos de seu valor intrínseco, perdendo seu lugar simbólico. No vácuo deixado pelo símbolo, Benjamin observa a construção de alegorias que cumprem a função de restabelecer o elo perdido entre as diferentes coisas do mundo. Nesse contexto, a alegoria indica um paralelo com o fetiche na medida em que ambos cumprem a função de substituir o símbolo perdido, antes inerente ao objeto.

O conceito de fetiche benjaminiano está certamente pautado nas ideias de Marx, resgatadas no trabalho das *Passagens*. A lógica do capital é a mesma usada nos jogos de azar do período feudal: prevalece o acaso, que reina nas especulações da bolsa de valores. Promessas de ganhos fáceis e a falta de percepção sobre suas consequências em relação ao todo levam Benjamin ao estudo dos conceitos marxistas de alienação e fetiche. Marx descreve o mundo moderno como aquele no qual "o conselho do banqueiro [é] mais importante que o do sacerdote" (Grespan, 2010, p. 2). Sendo a mercadoria "apenas o invólucro material do trabalho despendido nela" (p. 3), o modo como se apresenta esconde justamente as mediações que tornariam as determinações sociais do trabalho visíveis. Como produtos desenraizados, as mercadorias assumem uma forma mágica, arbitrária e desconectada do contexto em que estão expostas. Esta passagem da obra marxista destacada por Walter Benjamin no monumental trabalho das *Passagens* expressa tal ideia:

> Uma mercadoria parece ser à primeira vista uma coisa óbvia, trivial. Sua análise mostra que ela é uma coisa complicada, cheia de sutilezas metafísicas e argúcias teológicas. Enquanto valor de uso, não há nada de mítico nela... A forma da madeira é modificada quando se faz uma mesa com ela; não obstante, a mesa continua sendo madeira, uma coisa sensível e comum. Porém, tão logo ela se apresenta como mercadoria, torna-se uma coisa

> sensível suprassensível. Não só se coloca com suas pernas sobre o chão, mas se põe de cabeça para baixo em relação a todas as outras mercadorias e inventa maluquices em sua cabeça de madeira que são mais estranhas do que se começasse repentinamente a dançar (Marx, 1928 *apud* Benjamin, 1982/2006, p. 231).

Como mostra detalhadamente a obra de Karl Marx (1928 *apud* Walter Benjamin, 1982-2006), o dinheiro não é um signo abstrato inventado pelos homens, mas expressa antes o resultado escamoteado do movimento das mercadorias. Nesse engodo oferecido pelo dinheiro como mero signo há, porém, ao mesmo tempo, um indício de algo real – ele aponta para a forma reificada das relações humanas no interior do capitalismo. Mercadoria e dinheiro são o índex de uma forma social específica de trabalho. Entre essas mercadorias estão a consciência (*Gewissen*) e a honra, artigos negociados entre a classe política e os capitalistas corruptos estudados por Benjamin na "Paris do Segundo Império em Baudelaire".

O liberalismo da época, seu reflexo na sociedade de então e o drama aqui representado entram como parte do contexto austro-húngaro no fim do século XIX e começo do XX. Como vimos, o diagnóstico de Magris (2009) sobre o estilo do primeiro Hofmannsthal é de que ele "sofre a crise do liberalismo austríaco", derivando daí uma espécie de "fuga no individual, em um sonho desenraizado e longe da vida" (p. 236). É esse ponto que deve apontar para algo além dos problemas encontrados no período barroco, estudado por Benjamin.

Ao retomar a ideia marxista de que o valor é uma espécie de "hieróglifo social", cujo "mistério" a ser desvendado se torna mais agudo no caso do dinheiro, Grespan mostra a "conexão mística", prevista por Marx na sociedade capitalista, que se interliga pelo dinheiro e se apossa da mão de obra e dos produtos, frutos do trabalho. É nesse universo que vale mais o conselho do banqueiro que o do sacerdote, e a religião tradicional é substituída pela religião do capital, que dispõe dos próprios signos, mistérios e conexões místicas.

É possível reconhecer, assim, além do caráter barroco, um elemento romântico na peça de Hofmannsthal, que leva, autor e personagens, para um refúgio nostálgico nas tramas da Antiguidade, deixando de lado as problemáticas urgentes de seu tempo. Sem aludir ao cenário no qual está situado, Hofmannsthal age como a descrição feita por Maria Rita Kehl (2009) do melancólico, evitando o enfrentamento com o pai ou a ordem estabelecida. Como o Édipo da peça, que corre inconsciente para os braços da mãe e não enfrenta diretamente suas responsabilidades ou seus desejos, realizando-os apenas cegamente pelo ato violento e irremediável, Hofmannsthal apresenta uma peça na qual o herói volta ao seio do passado e às promessas da Antiguidade, mas acaba, justamente com isso, mostrando as feridas de sua sociedade, que alimenta um modelo melancólico de existência. Nesse sentido, ao se esquivar do enfrentamento, Hofmannsthal aponta para o lugar onde deveria haver alguma espécie de denúncia.

Daí desponta uma face fetichista na peça do dramaturgo vienense: ela busca esconder as lacunas do presente e torna-se mítica e enigmática, mas, justamente ao operar dessa forma, acaba por denunciar, como o faz a própria mercadoria, o que está em jogo em sua construção. Se a mercadoria aponta para as relações de trabalho e a economia capitalista, a obra de Hofmannsthal aparece como um modo específico de funcionamento social e psíquico de determinada época e lugar: o Império Austro-Húngaro na virada do século.

Essa natureza fetichista da mercadoria ou da peça esconde um conflito com o orgânico, que aparece apenas camuflado pelo *sex appeal* do inorgânico. A reificação do mundo se transveste em cenário fantasmagórico onde tudo é substituível, pois o lema é que nada deve faltar. É neste ponto que a ideia marxista de fetiche da mercadoria se cruza com a ideia freudiana do fetiche como substituto para o pênis. Como diz Freud (1927/1996) em "Fetichismo", não se trata de um pênis qualquer, mas "um pênis específico e muito especial, que foi extremamente importante na primeira infância, mas posteriormente perdido". Ele é claro ao dizer que esse pênis "normalmente deveria ter sido abandonado; o fetiche, porém, se destina exatamente a preservá-lo da extinção". Nessa formulação, "o fetiche é um substituto do pênis da mulher (da mãe) em que o menininho outrora acreditou e que não deseja abandonar" (p. 155). Há uma clara recusa do menino em se apropriar da percepção da falta. O sentido de escamotear essa percepção deve-se ao raciocínio inconsciente da criança de que, se sua mãe, que supostamente detém muito mais força e poder do que ele, perdeu o pênis – foi castrada –, a chance de que o próprio pênis esteja em perigo não parece nada pequena. Contra isso se ergue o fetiche em substituição da falta evidenciada.

Justamente este é o lugar de Jocasta na peça de Hofmannsthal – um lugar não castrado, no qual a aura é depositada de modo fetichista sobre seu corpo sob a forma de véus e beleza. Em sua insana luta contra a falta, Édipo se joga em uma paixão cega pela própria mãe, mas seu amor é claramente narcísico, e o objeto de seu desejo está no lugar de uma prótese capaz de estancar os sangramentos que poderiam advir de seu desejo.

É curioso que, no próprio texto "Fetichismo", Freud transponha essa cena infantil para um exemplo correspondente na vida adulta, dizendo que "um homem adulto talvez possa experimentar um pânico[7] semelhante, quando se eleva o clamor de que o Trono e o Altar correm perigo e consequências ilógicas semelhantes decorrerão disso" (Freud, 1927/1996, p. 156). É exatamente nesse cenário que nos encontramos nesta pesquisa: uma ameaça do trono real, que lança os sujeitos em defesas dos tipos aqui já descritos.

---

7 Trataremos do pânico na Parte II deste livro. Nele, o terror não é simples ameaça, tornando-se evidência irrecusável.

Mas Freud (1927/1996) vai mais longe, e as coincidências entre os interesses desta pesquisa e os pontos do texto de Hofmannsthal ampliam-se ainda mais. Estabelecendo a diferença entre a vicissitude da *ideia* e a do *afeto*, Freud reserva a palavra *Verdrängung* [recalque] para o segundo (afeto), sendo *Verleugnung* [rejeição] a palavra alemã correta para a vicissitude da *ideia* – a representação (ideia) da mãe sem pênis. Ou seja, o fetiche condensa a percepção da falta e sua enérgica ação de recusa (*Verleugnung*) dessa percepção e, por isso, a criança sabe, e ao mesmo tempo não sabe, que a mãe é um ser destituído de pênis. Essa prótese que se aloca no lugar do pênis, em substituição do órgão, recebe um investimento desproporcional, pois sua integridade parece estar continuamente ameaçada, e sua restituição e sua atenção pretendem dar conta de preservar essa "coisa" intacta. Misto de triunfo sobre a ameaça de castração e proteção contra ela, estamos tratando do momento da "interrupção da memória na amnésia traumática" (p. 157) e da última impressão retida como fetiche, antes que a estranha e traumática cena se apoderasse da percepção com suas demandas psíquicas.

Prova de que a visão da castração materna pode ser psiquicamente análoga à experiência de perda do pai, interesse primordial deste trabalho, é dada pelo próprio Freud neste mesmo texto:

> Na análise de dois jovens aprendi que ambos – um quando tinha dois anos de idade, e o outro, quando contava

> dez – não haviam conseguido tomar conhecimento da morte do querido pai, haviam-na "escotomizado", e, contudo, nenhum deles desenvolvera uma psicose. Desse modo, um fragmento de realidade, indubitavelmente importante, fora rejeitado pelo ego, tal como o fato desagradável da castração feminina é rejeitado nos fetichistas. Também comecei a suspeitar que ocorrências semelhantes na infância de maneira alguma são raras, e acreditei ter sido culpado de um erro em minha caracterização da neurose e da psicose. É verdade que havia uma saída para a dificuldade. Contudo, a pesquisa posterior conduziu-me a outra solução para a contradição. Tornou-se evidente que os dois jovens não haviam "escotomizado" a morte dos pais mais do que um fetichista escotomiza a castração feminina. Fora apenas uma determinada corrente em sua vida mental que não reconhecera a morte daqueles; havia outra corrente que se dava plena conta desse fato. A atitude que se ajustava ao desejo e a atitude que se ajustava à realidade existiam lado a lado (p. 158).

Como um colecionador de relíquias, o sujeito melancólico procura impedir a ausência do objeto e simultaneamente relembrá-la. É nesse sentido que Fédida (1999) compara o valor da relíquia para o melancólico com o fetiche – ambos tamponam a falta anunciada. Em razão do temor da morte, declarada pela modernidade liberal, a monarquia austro-húngara é desenhada como uma espécie de relicário, diante do qual os infindáveis costumes são obsessivamente perseguidos como forma de negar e evitar uma perda que já ocorreu.

O frágil soberano

Sem que tenha deliberadamente essa intenção, a peça de Hofmannsthal alude a aspectos reais da corte austro-húngara – por um lado, o personagem Édipo ocupa o que seria o lugar da princesa Sissi, mulher do rei Francisco José I, na corte real austro-húngara, que mergulha ingenuamente nas densas águas da ordem monárquica e só depois percebe a dificuldade de expirar a liberdade prometida fora dela. Por outro lado, o Édipo de Hofmannsthal também traz aspectos do próprio rei Francisco José I em sua posição sempre infantil, na qual desempenha um lugar filial análogo ao do personagem. Seguindo todos os conselhos da mãe, a arquiduquesa Sofia, Francisco José I reitera sua fragilidade.

O imperador da Áustria (1848-1916) e rei da Hungria (1867-1916) ocupou o Palácio de Schönbrunn do dia 18 de agosto de 1830 ao dia 21 de novembro de 1916, sendo considerado o último governante influente da dinastia dos Habsburgo. Assumiu o poder do trono imperial da Áustria aos dezoito anos, durante os movimentos revolucionários (1848) do Reino da Hungria e da unificação italiana, após seu tio Ferdinando I ter renunciado ao cargo e seu pai tê-lo recusado. Sob influência do príncipe Karl Philipp de Schwarzenberg, dirigiu um governo absolutista e centralizador até 1852, quando a Áustria foi derrotada pelo Exército francês e pelo Reino de Sardenha (batalha de Solferino)[8]. Sem prestígio e alvo de desconfianças, Francisco José I se viu obrigado a fazer certas concessões e adotou uma política liberal parlamentar. Como parte dessa tentativa de apagar a mácula deixada em sua imagem e reerguer a abalada integridade monárquica, o imperador teve que se casar. Na tradição dos casamentos arranjados, em agosto de 1853 Francisco José I foi apresentado à irmã mais velha de Sissi, mas foi esta quem conquistou seu coração e veio a ser sua esposa. O casamento, realizado em 24 de abril de 1854, foi considerado o maior acontecimento social do século XIX.

A imperadora Elisabeth da Áustria-Hungria, mais conhecida como Sissi, casou-se ainda criança e inexperiente, mostrando-se inábil com as artimanhas necessárias à vida na corte. Com suas aulas diárias de línguas estrangeiras e história, Elisabeth descobriu o mundo republicano e os encantos das diferenças culturais. Esse ímpeto republicano não condizia com o lugar que ocupava. Para ela, a monarquia era

---

8 Friedrich Engels explicou a batalha de Solferino num texto curto para o *Das Volk*, n. 10, 9 jul. 1859. Disponível em: <http://www.mlwerke.de/me/me13/me13_410.htm>. Acesso em: 24 set. 2016.

"um esplendoroso esqueleto do passado" (Hamann, 1997)[9]. Não se absteve de discussões políticas e criticou duramente a aristocracia e seus excessos, chegando inclusive a estabelecer uma relação íntima com o revolucionário húngaro Graf Gyula Andrássy. Consciência da classe à qual pertencia era algo que se mantinha apartado de sua vida. Esse modo iconoclasta não agradava de forma alguma o rei, que farejava por todos os cantos o abalo da legitimidade de seu poder herdado. Pouco convencional, a rainha exerceu grande influência sobre o imperador e sofreu as dores por ser uma mulher extemporânea.

Como registrou na entrada do dia 18 de novembro de 1884 em seu diário o diplomata Graf Alexander Hübner: "É fato que ninguém mais acredita na rainha e eu não sei se ela acredita em si mesma" (1884 *apud* Hamann, 1997). Ocupando um lugar profundamente desarmônico com seus ideiais, desconfortável com o peso de seu título, Sissi procurava se conformar. Sua beleza e a tentativa de esculpi-la foram formas de se afirmar como protagonista da própria vida. Considerada "a mais bela rainha da Europa" (Hamann, 1997), Sissi não era apenas uma linda mulher pela dádiva divina, mas estabelecia para si uma rotina propícia a manter essa característica sempre em dia. Praticava exercícios

[9] *Elisabeth Kaiserin wider Willen*, de Brigitte Hamann, foi lido em versão digital, com variação de páginas conforme a letra e a abertura de página no computador. Não foi possível, assim, assinalar as páginas citadas. Doravante, a ausência da página da citação remete a leituras em modelos semelhantes; os endereços eletrônicos constam na bibliografia.

diários e foi a primeira amazona da Europa. Seu sonho, porém, era ser uma poetisa reconhecida. Mas suas poesias não alcançam seu desejo – são pouco vibrantes e refletem apenas o claustro de seu espírito desolado. Fornecem, por outro lado, um rico testemunho de uma mulher educada que vivia na corte no século XIX.

No palácio de Schönbrunn, o estilo de vida austero do imperador se mesclava a uma etiqueta estrita e cerimônias glamorosas. Como previu Walter Benjamin, alegóricas ostentações servem de apoio para um príncipe melancólico, que não pode evitar seu mergulho profundo nas incertezas meditativas:

> A afinidade entre luto e ostentação, tão bem documentada nas construções linguísticas do Barroco, tem [...] [na meditação profunda, que conduz ao pensamento grave] uma das suas raízes; e o mesmo se passa com o alheamento (*Versunkenheit*), limite do qual se abrem, como um jogo, estas grandes constelações da crônica do mundo. Vale a pena cair nessa contemplação absorta, que mais não seja pelos significados que ela certamente permite decifrar nessas constelações; mas a sua repetição sem fim estimula o desânimo vital do temperamento melancólico a consolidar o seu desolado domínio (Benjamin, 1928c/2011, p. 145).

Desvitalizado dos afetos, o príncipe se apoiava em muletas luxuosas que o apartavam ainda mais da natureza e do próprio corpo. Citando Pascal, Walter Benjamin reconhece que a alegria do príncipe barroco coincide com o esquecimento, que o faz muitas vezes desviar-se de si para buscar distrações que acalmem o fervor de sua memória. Vãos divertimentos ou infinitas obrigações substituem e escondem suas misérias, e ao monarca são oferecidos prazeres e jogos que o reboquem do vazio.

Na opinião de Hamann (1997), "o sóbrio e obediente 'funcionário' imperador Francisco José I e a heterodoxa, altamente inteligente imperatriz Elisabeth, perdida em fantasias, formam juntos algo como 'mais e menos', 'dia e noite': opostos e mutuamente condicionados um pelo outro, um se torna o infortúnio do outro", retratando "uma tragédia privada no topo de um império em ruínas no *fin-de-siècle*".

A promessa e o compromisso assumidos pela mulher aristocrática ao aceitar um rei como seu esposo são os mesmos que os do imperador ao herdar o trono – no século XIX, tanto o casamento como o poder monárquico sofrem abalos significativos. Daí Elisabeth escrever: "O casamento é uma instituição absurda. Aos quinze anos uma criança é vendida e assume uma promessa cujo sentido não compreende e, então, se arrepende por trinta anos ou mais e não pode mais resolver [o assunto]" (Hamann, 1997).

São exatamente essas inconsistências do poder e dos lugares da corte que aparecem tanto na peça de Hugo von Hofmannsthal (1906), anteriormente tratada, como em outras da época. Representando, como já foi dito, o anverso da tragédia de Sófocles, o que temos em *Édipo e a esfinge* é um rei que praticou a barbárie contra o próprio filho ao se desfazer dele, uma mãe arrependida de ter compactuado com essa escolha, um povo amedrontado com a possibilidade de não mais ser governado e subjugado pelo poder absoluto – após a morte de Laio –, um príncipe movido por suas paixões infantis e particulares na ascensão ao trono e, finalmente, uma mulher que tem enorme poder, ainda que não saiba a força que ele é capaz de exercer na conjuntura social e política.

Essa figura caricatural do príncipe dos dramas barrocos e os problemas supraexpostos não são tão distantes da verdadeira penumbra que envolve a casa dos Habsburgo. Designado ao poder, Francisco José I teve que subir ao trono após a recusa de seu pai em fazê-lo. Nesse lugar em que cada ação reverbera para um espectro social amplo e delicado, Francisco José I joga como uma criança mimada e desolada diante da variedade infinita de brinquedos que se apresentam diante de seus olhos. As mulheres têm uma enorme influência sobre ele – tanto sua mãe como Sissi –, mas efetivamente não têm o poder da ação política numa sociedade de valores patriarcais. Brigitte Hamann (1997) cita as queixas de Francisco José I: "Meu tempo absorvido entre o amor e os negócios usuais também me atormenta aqui (em Munique)". Segundo a autora, após alguns dias do retorno do rei de Munique, aonde teria ido por razões políticas e familiares, chega a notícia de que a frota franco-inglesa havia saído do mar Negro a fim de intervir contra o ameaçador poder crescente do Império Czarista. Diante disso, a bolsa de Viena reage com pânico, mas a ação austríaca neste contexto ainda não estava clara. O rei havia deixado a um de seus fiéis e queridos escudeiros a tarefa de tomar decisões em relação às ações czaristas e, sem consciência da medida dos reais acontecimentos, caiu numa doença profunda.

Sempre foi público o fato de o rei de 23 anos de idade sentir suas faculdades extenuadas pelas exigências no ramo da política. Sem conceito nem meta para conseguir assumir as medidas políticas necessárias, cambaleava indeciso entre o reino czarista e o poder ocidental. Essa vacilação, a fraqueza de seu espírito no âmbito da política, seus dramas pessoais em relação a Sissi embaralhados aos assuntos públicos e sua paranoia são os aspectos que refletem a frágil legitimidade de seu poder. Suas inconsequentes medidas autoritárias, seus procedimentos relapsos, suas incertezas e seu esnobismo exacerbado buscam deixar incertezas na sombra. O reflexo real de sua imagem aparece quando Francisco José I está diante das peças barrocas encenadas na corte. Um diplomata russo resume a opinião corrente sobre o rei:

> Desde algum tempo ele é denominado não mais como "o rei", mas cada vez mais frequentemente como "o jovem senhor". Alguns chegam a declarar: "Isso é uma criança". Realmente ele pensa em seu casamento mais do que em todo o resto, ele escreve para sua noiva longas e frequentes cartas e, enquanto Buol [o ministro do

> exterior, Karl Ferdinand Graf von Buol-Schauenstein] assina infames protocolos, o rei está em suas caçadas campestres, podendo ser visto frequentemente à noite no circo (Hamann, 1997).

Seu interesse pelo circo e pelos espetáculos cômicos parece ser menos casual do que se poderia supor. Benjamin notou o vínculo estreito entre o sádico e o cômico – ou entre o príncipe e o bobo da corte. Segundo o filósofo, "o cômico – melhor, o puro divertimento – é o reverso obrigatório do luto, que espreita aqui e ali como o forro de um vestido na bainha ou na gola. O seu representante está ligado ao luto". E logo adiante:

> Raramente, talvez nunca, a estética especulativa procurou encontrar explicação para o fato de a comicidade mais estrita confinar com o horror. Quem é que nunca viu crianças a rir em situações que põem os cabelos em pé aos adultos? O que importa ler no intriguista é aquilo que faz o sádico oscilar entre a infantilidade que ri e a seriedade adulta que horroriza (Benjamin, 1928c/2011, p. 130).

Ele continua: "O divertimento cruel e sádico é tão original como a brincadeira inofensiva, nas origens eles andam juntos". O conteúdo infantil recalcado, que retorna sob forma de horror, é tema da psicanálise quando esta aborda o inconsciente na figura do duplo. O bobo da corte ou os fantasmas e espíritos que se apresentam nos dramas trágicos tocam o terrível e o grotesco, que assombram quando vestem o traje do duplo. A faceta demoníaca desses personagens foi identificada por Walter Benjamin na figura do intriguista, que preserva um "contato vital com o terreno de experiências oniricamente profundas"[10] (Benjamin, 1928c/2011, p. 130). São os espectros, bonecos ou palhaços circenses que dão forma às angústias, incertezas e conflitos do príncipe e de membros da corte. Ao encarnar os conflitos psíquicos do príncipe, o bobo ou o palhaço circense, causa incômodo nos outros integrantes da peça (Benjamin, 1928c/2011, p. 127). Ele vai assumindo feições do próprio diabo, remetendo ao que Freud considerou como *unheimlich*.

Amargurado com a falência do pai, que recusa o trono e se mostra um objeto impotente e odioso, e com a suscetibilidade dos símbolos de poder, o príncipe melancólico do Danúbio Azul recolhe-se no narcísico universo íntimo dos sentimentos e ataca o próprio eu, como fazem os outros príncipes das peças barrocas. Como vimos, tal ataque ocorre, na visão freudiana, quando o ódio sádico e prazeroso dirigido ao objeto que o desiludiu (no caso de Francisco José I, o pai

[10] Há um exemplo sugestivo em nota de rodapé na *Interpretação dos sonhos*. Freud (1900/2012, p. 134) resgata o exemplo de uma interpretação dada por Aristrando ao sonho de Alexandre da Macedônia. No sonho há um sátiro, que brincava e dançava em cima de seu escudo. Por meio da divisão de palavras, Aristrando sugeriu que a cidade deveria ser ocupada definitivamente por Alexandre, o que ele realizou. É interessante notar a presença dos mesmos personagens do drama barroco, mas neste caso o sonho se converte em ação, deixando de ocupar impasses de teor interno e privado.

covarde) não são admissíveis na estrutura superegoica do sujeito. Uma culpa pelos inaceitáveis ataques ao objeto retorna sob forma de punição sádica – agora masoquista – e também prazerosa – o prazer de castigar o próprio eu contra os "maus pensamentos" dirigidos ao objeto. Ou seja, a satisfação sádica diante do objeto permanece, mas une-se a ela o alívio da culpa, uma vez que os ataques se dão não mais contra o objeto, mas contra o próprio eu.

Na melancolia, o perigo imaginário, mas sempre à espreita, de que haja uma revanche do objeto atacado se une à culpa pelo ódio em relação ao objeto amado, e os golpes voltados para o eu mostram a face sádica da melancolia (da parte que ataca) e outra masoquista (da parte atacada). Nessa configuração, o duplo assombra e simultaneamente alegra por ressituar e reconfigurar o objeto em sua posição. Foco de prazer e ódio intensos, o ressurgimento do objeto perdido na figura do duplo dissipa a ilusão de controle desses afetos, antes confinados à parcela do eu. É justamente essa duplicidade da figura do mártir e do tirano que se encontra espelhada no bobo da corte dos dramas trágicos do Barroco.

Em resumo, os palhaços e bobos da corte são reflexos reluzentes do espírito melancólico do príncipe, assumindo feições aparentemente avessas ao lugar daquele que ocupa o poder soberano. O próprio príncipe gostaria de questionar a legitimidade de seu trono, talvez rir do lugar em que foi colocado, fazer chacotas em relação aos postos de poder da corte. Entretanto, suas dúvidas e questionamentos não são admitidos em relação a esses lugares de poder e seu ataque dirige-se ao eu, que precisamente ameaça proferir suas indagações diante das convenções que sente ser compelido a seguir, sem que qualquer tipo de restrição se manifeste. Ao citar uma passagem de Salmasius, Benjamin ilustra como fantoches, bonecos, brincadeiras de crianças e bobos da corte se enredam aos objetos sacrílegos do príncipe e do reinado:

> São eles que tratam as cabeças dos reis como se fossem bolas, que brincam com as coroas como as crianças com a roda, que veem os cetros dos príncipes como bastões de bobos, e que têm mais respeito pelos símbolos da soberana magistratura do que teriam por estafermos. O próprio aspecto físico dos atores, sobretudo do rei muito ornamentado, podia assemelhar-se à rigidez do fantoche (Benjamin, 1928c/2011, p. 128).

Frayze-Pereira (2010a) mostra que o tema do palhaço ou de figuras análogas – ciganos, saltimbancos, exilados, circenses – é recorrente nas pinturas modernas. Ele é a paródia do burguês na medida em que se transveste com maquiagens, roupas e gestos estudados. Se suscita o riso é porque ocupa o lugar do duplo, e a plateia, identificada com seu avesso disfarçado, esquece-se de si, ao mesmo tempo que rememora as ciladas que a enlaçam na vida.

Resgatando Baudelaire, Frayze-Pereira mostra a face trágica dos *clowns* representada por diferentes artistas. Em "O velho saltimbanco", Baudelaire (1996 *apud* Frayze-Pereira, 2010a) contrasta o colorido de uma feira circense com a ruína humana encarnada por um palhaço. Numa estrofe de "A musa venal", o desalento e o aspecto roto desse personagem se tornam bastante nítidos: "[...] saltimbanco em jejum, exibir teus encantos/E teu riso molhado de invisíveis prantos/ Para desopilar o fígado do povo" (Baudelaire, 1857/1985, p. 127). Não é coincidência que a "musa venal" apareça no mesmo poema que o bufão – ambos são rechaçados e simultaneamente imprescindíveis na modernidade. Se antes o *clown* despertava o riso ao encarnar a sombra do príncipe, no século XIX e começo do XX sua gasta maquiagem vai se desfazendo e ele não é mais capaz de esconder sua fisionomia trágica. O *clown* torna-se "uma figura de fantasia que se origina da necessidade de ultrapassar o real e o natural, negando o racional e o consciente" (Frayze-Pereira, 2010a, p. 214). O autor mostra que nos traços dessa figura é possível reconhecer as feições de Cristo. Da sobreposição do *clown* à imagem de Cristo sobrevém a representação de um *clown* que "recebe o atributo da santidade, e o Cristo, a marca de um personagem de circo" (p. 216).

Cristo e príncipe como *clown* denotam a crise imposta pela secularização do Estado, inaugurada com a Reforma. Sobreposto à imagem de Cristo, fica evidente que o *clown* aparece como o filho de um pai (Deus) emudecido, fracassado, derrotado, em suma, morto. Não é difícil perceber que o *clown* trágico também representa o próprio homem moderno, cuja existência errante e desamparada não pode ser mais escondida nem mesmo pela maquiagem ou pelo traje divertido.

Dandismo: entre a convenção e o tédio

Vale ainda referir a ingênua e bajuladora análise do Império Austro-Húngaro feita por Marcel Brion (1991), para lembrar que, procurando camuflar um espírito desolado, a burguesia e a aristocracia da *Belle Époque* vienense trazem um quê de dandismo:

> Viver acima de suas posses, sacrificar muita coisa pela aparência, não tanto pelo gosto da ostentação fútil, mas pela ambição ingênua de fazer "bela figura", participando, assim, mesmo de longe, da *grandeza* da corte e dos príncipes, poderia ser um defeito dos vienenses, se eles não procurassem negar a própria pobreza com muita coragem, muita alegria, muita elegância e, até mesmo, com muito *dandismo* (Brion, 1991, p. 47).

Diferentemente do príncipe, que mergulha na melancolia e deixa seu eu submerso, o eu do dândi flutua grandioso por entre as nuvens, de onde vislumbra, porém, paisagens entediantes. Se este é um modelo espiritual comum nas altas rodas vienenses, vejamos mais de perto o que é o dândi.

Em *O pintor da vida moderna*, Baudelaire (1863/2010) analisa as fisionomias pintadas por Constantin Guys e caracteriza o dândi como aquele homem rico e dedicado ao ócio que rastreia a felicidade. Criado no luxo, sua profissão resume-se a preservar a elegância e situar-se à margem da lei – ainda que erga, para isso, suas próprias leis: cultivar o belo na própria aparência e satisfazer suas paixões de sentir e pensar. Dedica-se ao amor, reduto daqueles que podem usufruir do ócio por serem dotados de dinheiro e terem a possibilidade de transformar suas fantasias em realidade.

O dândi, entretanto, não é um excêntrico que visa apenas ao amor e à beleza de seu corpo. A simplicidade é o meio pelo qual se expressa e se distingue no interior de certas conveniências sociais, acima de tudo pela originalidade de seus gestos e cada um dos detalhes que compõem sua existência. Sua aparente indiferença preserva-o de manifestações passionais indevidas e de deixar transparecer seus sofrimentos. O sorriso displicente é o que predomina em sua feição. Jamais um dândi pode ser vulgar, preservando sua elegância quase como uma religião, o que implica um paradoxo: por um lado, possui a "quintessência de caráter" e um "entendimento sutil de todo o mecanismo moral deste mundo" (Baudelaire, 1863/2010, p. 28), por outro, é afeito à insensibilidade. O dândi não é um burguês, tampouco um aristocrata. Trata-se, segundo Baudelaire, "do último rasgo de heroísmo nas decadências" (Baudelaire, 1863/2010, p. 66). Soberbo, mas cheio de melancolia, seu ar frio o encobre com uma aura inatingível, quase imaterial. Seus gestos dedicados à vaidade armam uma luta contra o "arrastar-se [...] trôpego dos dias [...]" nos quais "o tédio, taciturno exílio da vontade, assume as proporções da própria eternidade" (Baudelaire, 1857/1985, p. 293).

Mas é D'Aurevilly (1843/2009) quem se dedica a traçar uma radiografia de tal figura, tendo como modelo Brummell, o dândi por excelência. Para o autor, sua principal característica é a vaidade, que não é compreendida em sentido pejorativo, mas antes como uma qualidade por meio da qual se conquista uma série de outras qualidades. O dandismo é acima de tudo fruto de uma sociedade muito antiga e civilizada na qual imperam as tediosas convenções em detrimento da comédia e do humor. Nas palavras de D'Aurevilly, "a maneira de ser que chamamos dandismo [...] provém desse estado de luta sem fim entre a convenção e o tédio" (p. 130).

Assim, o que define o dândi, que se aloca entre as convenções e o tédio, é sua capacidade de surpreender, brincando com as regras e simultaneamente respeitando-as. O jogo com as regras e as convenções serve-se de graça e leveza, que perfuram o ar pesado de espíritos pusilânimes. Sua solene impertinência desloca os embolorados hábitos sociais. Seus gracejos ácidos e suaves, sua ironia perspicaz e sua autoridade privada mobilizam os costumes engessados.

Não é difícil reconhecer a semelhança entre o dândi e a caracterização do melancólico feita por Freud (1917/1996) em "Luto e melancolia". A "predominância do tipo narcisista da escolha objetal" também aparece no dandismo, que, no entanto, infla o eu para não sucumbir. O melancólico desenhado pelas linhas freudianas é o avesso do dândi, que reage defensivamente à ameaça de emersão da bílis negra através de sua máscara. Assim, se o melancólico deprecia seu eu, o dândi o enaltece; se aquele se envilece, este está pronto para exaltar suas melhores qualidades. Os martírios obsessivos e cheios de culpa do melancólico são substituídos, no dândi, pela obsessão com os detalhes da bela aparência e os modos de se apresentar em sociedade, esculpidos com minuciosidade.

Na visão de D'Aurevilly, as maneiras de Brummel só poderiam assumir a expressão máxima do dandismo em solo inglês. Interessante notar a coincidência: *Hamlet*, modelo do príncipe melancólico do drama barroco, saiu da pena do *poeta nacional* da Inglaterra. Não seria difícil supor em Hamlet a sombra de Brummel, ou, dito de outro modo, superfícies opostas sob uma base comum, que nasce na modernidade. Sobre os costumes ingleses, que moldaram tanto o dandismo de Brummel como os impasses de Hamlet, diz D'Aurevilly (1843/2009):

> Por mais que as sociedades se mantenham firmes, por mais que as aristocracias se fechem a tudo que não seja a opinião aceita, um dia o Capricho se insurge e avança por entre esses agrupamentos que pareciam impenetráveis, mas que estavam *minados pelo tédio*. Foi assim que, de

> um lado, a Frivolidade, num povo caracterizado por uma postura rígida e por um militarismo rude, e, de outro, a Imaginação, a exigir seu direito diante de uma lei moral demasiadamente estreita para ser verdadeira, produziram um tipo de expressão, uma ciência de maneiras e de atitudes, impossível alhures, de que Brummell foi a expressão acabada e que nunca mais será igualada (p. 140).

Já vimos como esse mundo das aparências permeia as maneiras dos vienenses. Por isso, o dandismo é quase parte do modo de vida de cada burguês ou aristocrata que habita aquele território. Diferentemente da Inglaterra, com sua economia a todo vapor, e da França, com sua agitação irrefreável, Viena era uma cidade propícia para que seus cidadãos gozassem da dança, das óperas, do teatro, dos cafés e dos salões. Entretanto, se muitos vienenses tendem a certo dandismo, este estilo aparece de maneira mais sóbria do que as descritas por Baudelaire ou D'Aurevilly. O tom irreverente é substituído pelo anseio de integração, e os trejeitos insubordinados são revestidos pelos bons e conhecidos modos.

Arnheim, personagem de *O homem sem qualidades*, de Robert Musil (1930-43/1989), é um bom exemplo do dândi que ronda os círculos austríacos. Seus modos são graves, ponderados, pouco afeitos a ousadas manifestações. Seus pensamentos anseiam a audácia da inventividade, mas se contêm pelas detalhadas explicações sensatas e racionais.

Seus gestos são articulados, agradáveis e combinam muito bem com a vestimenta, clara e muito bem escolhida. Em sua lábia no trato com as mulheres não transparece nenhuma forma de malícia, e a delicadeza impera e abranda o fogo do desejo. O fato de ser judeu dá a ele um ar misterioso e especial. Bem-sucedido no ramo dos negócios e extremamente culto, torna-se foco da atenção de todos, que buscam defini-lo, sem sucesso. Sua função nos salões não é meramente divertir os outros com maneiras agradáveis, mas ele assume esse lugar com a promessa de empreender boas ações para os demais. Os salões organizados por Arnheim e Diotima não podem se permitir a futilidade do encontro meramente social, e ambos inventam um fim elevado que justifique seus anseios amorosos e sociais: celebrar o aniversário de Francisco José I, que governa aquela arruinada monarquia. Diante da constante lembrança que assombra e anuncia o "fim derradeiro", os vienenses gozam o momento presente com uma alegria inocente, ingênua e quase infantil, usufruindo, sem excessos, os prazeres que a vida lhes propicia a cada instante.

Saltando no tempo, também é interessante lembrar a versão do escritor vienense Arthur Schnitzler (1918/1988) para o famoso dândi Casanova. Fanfarrão, fiel à espalhafatosa moda italiana, o Casanova do escritor austríaco aparece em frangalhos nesse romance publicado no final da Primeira Guerra Mundial, tempo de incertezas, valores abalados e questionamentos agudos. *O retorno de Casanova* reúne as aventuras do protagonista ao escapar das celas de chumbo de Veneza. Contadas por todos os cantos do mundo, inclusive em cortes reais, castelos aristocráticos, mesas burguesas e casas de má reputação, suas antigas peripécias no campo amoroso ofuscam as causas que o teriam conduzido à prisão. Nessa versão decadente e precária do personagem, em torno do qual "a aura tanto interna como externa" (Schnitzler, 1918/1988, p. 8) se esvai quase por completo, Schnitzler sinaliza a derrocada de modelos antigos e a entrada de tempos novos e incertos.

Ao contrário do personagem Diotima, de Musil, a jovem reverenciada pelo ancião Casanova, cuja fama não correspondia mais à decrepitude de seu corpo, já "não tinha em alto conceito príncipes mundanos, nem as instituições do Estado" (Schnitzler, 1918/1988, p. 32). Sabia que o mundo era governado pelo egoísmo e pela sede de poder. Surpreso com a audácia intelectual da moça, Casanova admite para si nunca ter conhecido tamanha liberdade de pensamento nas mulheres[11]. Seu desejo intenso pela jovem Marcolina contrasta com a repulsa que a garota deixa transparecer diante dos olhares ousados do velho. Fora dos jogos de poder e sedução, Casanova recusa o convite feito por Celsi para apostar partidas com ele, considerando que não pode pretender medir forças com o jovem por uma simples razão, que expressa num tom de "príncipe destronado": sua fama

11 Aqui não é difícil pensar como o lugar das mulheres também se embaralha quando a própria ordem patriarcal é colocada em xeque após as arbitrariedades da Primeira Guerra Mundial.

não lhe garantiu nada além de um lugar de mendigo (p. 38). A decadência do príncipe equivale àquela do conquistador. As armadilhas dos jogos de sedução ou dos jogos de azar comparam-se ao ardil empregado pelo príncipe em suas decisões diárias. Perdedor em todos os sentidos, como os príncipes que participavam da guerra, Casanova não pode ser sustentado pelo narcisismo como os demais dândis aqui evocados. Se na juventude sofreu a tragédia de ter sido expulso de sua cidade natal por ter ido longe demais em suas ousadias com as mulheres e com polêmicas em geral, agora era uma farsa que se travestia de outro homem para atingir seu alvo – a jovem e bela Marcolina[12].

Aqui, a máxima marxista anteriormente citada, sobre a repetição da história, se transporta a outros cenários, e mais uma vez o que era tragédia – as consequências trágicas do galanteio – torna-se farsa – o corpo arruinado que se vale de falsa identidade para realizar o desejo. É o que se comprova numa pequena passagem do romance, na qual o narrador comenta o longo solilóquio de Casanova diante dos anfitriões: "Tinha-se mais a impressão de se estar ouvindo um sentimental comediante do amor do que um perigoso sedutor e aventureiro" (Schnitzler, 1918/1988, p. 91).

O caráter farsesco do dândi Casanova revela-se nessa frase. Esse tom bufão de Casanova existe também em todos

[12] Casanova percebe seus limitados recursos de sedução e, para obter sua amada, entra no quarto dela na madrugada, como costumava fazer seu amante e, disfarçado, a seduz como se fosse o jovem rapaz amado pela moça.

os ditadores que tiveram de apelar para a força quando já não eram mais enlevados pelo poder e elã da aura – o mistério. Após a queda da monarquia francesa, é no registro da farsa, do engodo, da maquiagem que o poder dos governantes se mantém. Após os terrores da Grande Guerra, porém, o melancólico espírito já não pode esconder as fraturas do poder, e a maquiagem que o sustentava se desfaz para dar lugar a uma imagem repugnante.

3.

O DECLÍNIO DA IMAGO PATERNA: A SUBLIMAÇÃO E A ESCRITA PSICANALÍTICA

Na opinião de Freud, a verdade é que a mulher nada ganha pelo estudo e que, no todo, a sorte delas não há de melhorar com isso. Acresce que as mulheres não podem alcançar a realização do homem, na sublimação da sexualidade.

(Atas da Sociedade Psicanalítica de Viena, 1907)

O lugar da cultura na psicanálise

Sabemos que a obra freudiana rompe alicerces fundamentais da modernidade. A ênfase dada às pulsões, fantasias, clivagem do sujeito, sonhos e ao mal-estar promovido pela civilização navega na contracorrente do *establishment* e do positivismo lógico das ciências modernas. De outro ângulo, assim como vários cidadãos vienenses sublimam paixões e misérias humanas, transformando o que é vil e baixo em algo grandioso e elevado, a clínica freudiana é orientada pelo conceito de sublimação, que assume características conservadoras na psicanálise freudiana, semelhantes às que foram apresentadas na atmosfera vienense de modo mais amplo. O conceito de sublimação é, por conseguinte, o que mais claramente expressa esse elo com o *status quo* de sua época, reconciliando a dimensão trágica inerente às experiências arrebatadoras das pulsões com as demandas sociais em torno das quais estas se expressam.

Este é o primeiro ponto nodal deste livro. Antes de seguirmos adiante, a afirmação de que o conceito de sublimação serve de guia para a psicanálise freudiana merece maiores esclarecimentos. Lembremo-nos, então, de que a metapsicologia freudiana é oficialmente inaugurada pela *Interpretação dos sonhos*, considerada pelo pai da psicanálise o paradigma para a compreensão da lógica psíquica. No livro, tornam-se claras as espécies de manobras psíquicas feitas para satisfazer duas instâncias antagônicas, que buscam tipos de prazeres contrários – o consciente e o inconsciente. Esse tema, mais do que mastigado entre os psicanalistas, pode ser sintetizado do seguinte modo: o conteúdo inconsciente, inadmissível para a instância consciente, é persistente em sua exigência de se manifestar e, de outro lado, a censura implacável da consciência insiste em mantê-lo oculto. Como solução desse embate entre forças opostas, os conteúdos do inconsciente aparecem camuflados na trama onírica, satisfazendo parcialmente ambas as instâncias psíquicas. Esse disfarce ocorre, de modo geral, sob a forma de condensação ou de deslocamento.

O clássico sonho da injeção de Irma mostra claramente o trabalho de condensação (Parente, 2014a): na figura de Irma concentram-se inúmeras mulheres, da filha à esposa de Freud, passando por outra criança e uma instigante mulher que ele deseja ter como paciente no lugar de Irma. No trabalho de condensação há uma construção de figuras compostas, conjunção de palavras e imagens, nomes ou lugares. Condensar significa, por conseguinte, reunir elementos aparentemente sem qualquer vínculo nítido para a lógica consciente, de modo que os anseios inconscientes possam se manifestar sem afetar as restrições impostas pela outra instância psíquica.

No deslocamento, por sua vez, percebemos que os elementos que ganham foco no conteúdo manifesto do sonho perdem sua importância nos pensamentos ocultos que o formaram. Assim, os pensamentos oníricos distanciam-se de forma evidente do conteúdo dos sonhos, e ambos – conteúdo manifesto dos sonhos e pensamentos oníricos – aparentemente caminham em direções em que não há encontro. Só na decomposição de um sonho é possível notar que um elemento de grande intensidade na trama onírica tem uma dimensão irrelevante para os pensamentos oníricos, e vice-versa. Segundo Freud (1900/2012), parece ser evidente quais elementos dos pensamentos do sonho têm mais alto valor psíquico. Na formação de um sonho, contudo, tais elementos essenciais, cobertos de grande interesse, são reposicionados e ganham valor irrisório se contrastados com o lugar dado a outros componentes cujo pequeno valor é claro nos pensamentos do sonho.

Em suma, na encenação onírica opera uma força psíquica de modo a desalojar os elementos atrelados a um alto valor psíquico e, por outro lado, por meio da sobredeterminação, conceder intensidade aos elementos de baixo valor psíquico. Nas palavras de Freud, "ocorrem *uma transferência e deslocamento de intensidade psíquica* no processo de formação do sonho, e é como resultado destes que se verifica a diferença entre o texto do conteúdo do sonho e o dos pensamentos do sonho" (1900/2012, p. 564). O que é alcançado figurativamente, tanto pelo processo de deslocamento como pelo processo de condensação, é um conteúdo que não mais se assemelha ao núcleo dos pensamentos do sonho; estes figuram de forma distorcida e tecem de maneira camuflada a trama do desejo inconsciente.

Ora, essa mesma lógica opera nos sintomas psíquicos, na transferência com o analista – ou com outras pessoas –, nos atos falhos e na sublimação. A formação de compromisso, esmiuçada por Freud ao abordar o tema dos sintomas, nada mais é do que esse mesmo raciocínio dos sonhos aplicado ao outro tema. Da mesma forma como, nos sonhos, os alvos das pulsões são deslocados, nos sintomas há desvios de modo a satisfazer parcialmente as duas instâncias psíquicas, que trabalham de maneira antagônica. A condensação se vale da sobredeterminação dos sintomas, mesclando conflitos do passado aos enredos do presente, e a intensidade afetiva ligada às cenas remotas passa a participar do cenário atual.

Quase como um resto diurno, o analista evoca inscrições mnêmicas, ativando afetos apagados na vida do paciente. Esses afetos infantis, cujos alvos provavelmente eram traços de figuras parentais, são transpostos para a imagem do psicanalista. Por isso, a transferência não deixa de ser uma manobra psíquica análoga ao deslocamento onírico. Por outro lado, o analista representa uma mescla de imagens ou traços de figuras do passado infantil do paciente, suscitando diferentes lembranças e afetos de seu repertório psíquico, o que também demonstra a engrenagem da condensação operando na transferência.

Grosso modo, a sublimação é outro conceito que pode ser definido como uma forma de realizar pulsões sexuais ou agressivas de maneira deslocada. Em "Três ensaios sobre a teoria da sexualidade", Freud (1905b/1996) estabelece feições para o conceito de sublimação. Para ele, o processo sublimatório significa redirecionar os objetivos diretos de satisfação da pulsão sexual para finalidades de alcance cultural; a peculiaridade da sublimação reside nisso. Na metapsicologia freudiana, a sublimação aparece como forma conciliadora entre os apelos incessantes de satisfação das pulsões e as exigências civilizatórias. Assim, expressões artísticas e culturais são territórios privilegiados nos quais as pulsões escoam satisfatoriamente tanto entre as instâncias psíquicas como nos vínculos entre estas e o universo cultural. O conflito psíquico é apaziguado por essa solução de compromisso, diferentemente do que ocorre em relação aos sintomas, isto é, enquanto estes formam conexões infrutíferas e repetitivas, a sublimação estabelece um laço feliz entre as instâncias psíquicas e o mundo externo. Não por acaso, portanto, Freud profere o seguinte nas suas "Cinco lições de psicanálise":

> Uma vez restituído à atividade mental consciente aquilo que fora recalcado [...] o conflito psíquico que desse modo se originara e que o doente quis evitar, alcança, orientado pelo médico, uma solução mais feliz do que a oferecida pelo recalque. Há várias dessas soluções para rematar satisfatoriamente conflito e neurose, as quais, em determinados casos, podem combinar-se entre si. Ou a personalidade do doente se convence de que repelira sem razão o desejo e consente em aceitá-lo total ou parcialmente, ou este mesmo desejo é dirigido para um alvo irrepreensível e mais elevado (o que se chama "sublimação" do desejo), ou, finalmente, reconhece como justa a repulsa (Freud, 1910a/1996, p. 42).

Não é preciso muito esforço para perceber como a sublimação se destaca dentre os possíveis resultados do trabalho psicanalítico. Enquanto as duas outras opções bem-sucedidas do tratamento se restringem a aceitar a censura inconsciente, agora vertida em consciente, como uma limitação inexorável e, no outro caso, admitir na consciência a ideia censurada, sem grandes conflitos, a sublimação tem a vantagem de atender a elementos narcísicos e, ao mesmo tempo, revertê-los em realidade dotada de valor social. A máxima *Wo es war, soll ich werden* tem na sublimação a vantagem de enriquecer os alcances do eu ao dotá-lo de novos e múltiplos interesses que já se vinculam pouco com as amarras do desejo original, ao mesmo tempo que guardam com ele relações íntimas, ou melhor: não deixam de ser sua própria expressão. Diversas são as passagens na obra freudiana que ilustram essa ideia, como a seguinte, encontrada em "O futuro de uma ilusão":

> Um tipo diferente de satisfação é concedido aos participantes de uma unidade cultural pela arte, embora, via de regra, ela permaneça inacessível às massas, que se acham empenhadas num trabalho exaustivo, além de não terem desfrutado de qualquer educação pessoal. Como já descobrimos há muito tempo, a arte oferece satisfações substitutivas para as mais antigas e mais profundamente sentidas renúncias culturais, e, por esse motivo, ela serve, como nenhuma outra coisa, para reconciliar o homem com os sacrifícios que tem que fazer em benefício da civilização. Por outro lado, as criações da arte elevam seus sentimentos de identificação, de que toda unidade

> cultural carece tanto, proporcionando uma ocasião para a partilha de experiências emocionais altamente valorizadas. E quando essas criações retratam as realizações de sua cultura específica e lhe trazem à mente os ideais dela de maneira impressiva, contribuem também para sua satisfação narcísica (Freud, 1927/2012, p. 979-80).

Lembremo-nos de que o caráter perverso e polimorfo das moções sexuais infantis, e as sucessivas e contundentes censuras às quais elas são expostas, resultam em sentimentos de repugnância, vergonha e moralidade. Esses sentimentos tornam-se entraves para a satisfação da libido e exigem da criança a substituição dos alvos sexuais por outros aceitos na linguagem e na moralidade que permeiam a cultura. Em outras palavras: o supereu e o recalcamento são expressos nesses sentimentos morais e ensejam a abertura de vias alternativas para a satisfação parcial da libido. Guardadas as significativas diferenças já apontadas, tanto sintomas como sublimação são saídas possíveis para a satisfação pulsional.

Tais pontos não são naturalmente tão simples quanto podem soar. Mesmo que nessa breve elucidação esquemática já seja possível notar algum compromisso do conceito de sublimação com a cultura, ele tem raízes ainda mais profundas que precisam ser analisadas. Vista como uma solução feliz por ser uma *alternativa ao recalque*, paradoxalmente a sublimação não pode ser compreendida *sem a teoria do recalque*.

Esse ponto não é o principal a denotar paradoxos do conceito freudiano; cumpre, ainda, grifar que o recalque é um conceito basilar da psicanálise freudiana, mas só se torna coerente no interior da ótica edípica. Para entender isso não é necessário resgatar toda a trama edípica freudiana, esmiuçada exaustivamente na literatura psicanalítica. Basta lembrar que a angústia de castração e a lei que barra o incesto dão lugar ao supereu – ou ideal de ego. Ora, nesse simples ponto torna-se visível como a sublimação não está livre do recalque. São as identificações infantis com figuras parentais que desenham o supereu – ou ideal de ego –, delineiam o perfil da escolha objetal e dão forma aos sintomas ou à sublimação. Assim, não estamos fora das amarras da autoridade paterna e da lei que recalca os desejos infantis para pensar a sublimação. A figura do pai como representante da lei é condição *sine qua non* para a entrada do sujeito na cultura. Sem a lei paterna, que interdita os desejos sexuais e agressivos das crianças, estamos no reino das psicoses ou de atos bárbaros intratáveis pela psicanálise freudiana. Mais: pela ótica freudiana, sem complexo de Édipo não há investimento objetal – só narcísico – e, por conseguinte, não há lugar para o fenômeno transferencial – condição de analisabilidade –, que supõe o investimento objetal no analista, essencial para o tratamento psicanalítico.

No clássico *caso Dora*, lembrado justamente pela descoberta da transferência na psicanálise, a capacidade de a paciente *sublimar* certos traços ligados ao passado aparece como maneira de impulsionar o processo psicanalítico:

> O que são as transferências? [...] toda uma série de experiências psíquicas prévias é revivida, não como algo passado, mas como um vínculo atual com a pessoa do médico. Algumas dessas transferências em nada se diferenciam de seu modelo, no tocante ao conteúdo, senão por essa substituição. São, portanto, para prosseguir na metáfora, simples reimpressões, reedições inalteradas. Outras se fazem com mais arte: passam por uma moderação de seu conteúdo, uma *sublimação*, como costumo dizer, podendo até tornar-se conscientes ao se apoiarem em alguma particularidade real habilmente aproveitada da pessoa ou das circunstâncias do médico. São, portanto, edições revistas, e não mais reimpressões (Freud, 1905a/1996, p. 423-4).

Se a sublimação é até mesmo alimento para a transferência, ela não foge à regra do recalque e, sendo este conceito intrincado ao poder patriarcal, a sublimação depende da castração edípica.

É notável como a constituição subjetiva de qualquer neurótico depende da autoridade do pai. Em "Esboço de psicanálise" (1940/1996), esse aspecto se torna muito claro. Freud lembra que, após o freio imposto pela Lei paterna, que barra o incesto, as pulsões são impelidas a uma satisfação indireta, podendo se tornar dessexualizadas, o que significa "que muitos dos bens altamente valorizados de nossa civilização foram adquiridos à custa da sexualidade e através da restrição das forças motivadoras sexuais" (p. 214). Já em seu clássico "Totem e tabu" (1913/1996) fica patente como, para Freud, o processo civilizatório depende do complexo de Édipo. Sem se esquecer de que cultura e civilização são uma única e mesma coisa para Freud, a conclusão a que se chega é a de que sem a lei paterna não haveria civilização. Isso fica claro no seguinte trecho:

> Mais de um século antes do surgimento da psicanálise, o filósofo francês Diderot deu testemunho da importância do complexo de Édipo, ao expressar a diferença entre os mundos primitivo e civilizado nesta frase: "*Si le petit sauvage était abandonné à lui même, qu'il conservât toute son imbécilité, et qu'il réunît au peu de raison de l'enfant au berceau la violence des passions de l'homme de trente ans, il tordrait le col à son père et coucherait avec sa mère*"[1]. Aventuro-me a dizer que, se a psicanálise não pudesse gabar-se de mais nenhuma realização além da descoberta do complexo de Édipo recalcado, só isso já lhe daria direito a ser incluída entre as preciosas novas aquisições da humanidade (Freud, 1913/1996, p. 259).

[1] Tradução livre: "Se o pequeno selvagem fosse abandonado a si próprio, ainda que conservasse toda a sua imbecilidade e que reunisse ao pouco de razão da criança de berço a violência das paixões do homem de trinta anos, estrangularia o pai e se deitaria com a mãe".

A *autoridade do pai em questão*

A cultura não é algo de somenos. Ela é a malha simbólica em que a vida se tece no tempo e no espaço. Se a civilização depende da Lei paterna que recalca o incesto e as manifestações culturais mais elevadas ocorrem por meio do processo sublimatório, não é viável pensar a cultura sem a ordem patriarcal. Por outro lado, é curioso que tanta ênfase tenha sido dada à lei paterna justamente quando começa a existir uma desconfiança das autoridades patriarcais que representam o poder na Viena de Freud.

A Revolução Francesa esfacelou a rigidez dos valores tradicionais e estremeceu as figuras representantes da autoridade. Depois do protestantismo e do advento dos valores iluministas, se dá a perda da verdade, antes inabalável, que sustentava toda a ordem hierárquica vigente. Até mesmo os valores iluministas são postos em xeque quando os liberais chegam ao exercício do poder. Longe de ser ingênuo, Freud percebe os paradoxos de sua época, mas, ainda que sua crítica seja extremamente aguda, ele continua sendo um vienense inveterado.

Em sua Viena, porém, é indiscutível que as figuras da monarquia estivessem estremecidas, e os preceitos da Igreja, abalados. As promessas de políticos liberais já haviam sido parcialmente descumpridas e não despertam mais a confiança do povo. Por fim, o pai da família burguesa é alguém que igualmente se mostra suscetível aos perigos do mundo. De todo modo, é inegável que a sociedade ainda se mantinha sustentada pela grande imagem de um pai[2], que assumia formas diversas a depender do contexto.

Diferentes vozes ilustram o exercício da força patriarcal na época[3]. Natural de Praga, cidade integrada ao Império Austro-Húngaro, Franz Kafka é um célebre exemplo de que a força paterna ainda estremecia os lares da época. Em sua *Carta ao pai* (1919/2013), o autor ilumina o poder tirânico que cada gesto de seu pai expressava. Chega a considerar que "toda a minha atividade de escritor tratava de ti [do pai], nela eu apenas me queixava do que não podia me queixar junto ao teu peito" (p. 69). A figura do "gigante", que oprimia o pequeno Kafka pela "simples materialidade do [seu] [...] corpo" (p. 27) e pelas palavras bradadas, que logo se transformavam em "mandamento divino" (p. 32), é aterradora e inclemente.

Em *Franz Kafka, a propósito do décimo aniversário de sua morte*, Walter Benjamin destaca a importância do pai na obra do autor tcheco. Explorando o sistema burocrático e jurídico

---

2 O modo como a autoridade paterna se configura na Alemanha pré-guerra ganha um retrato memorável no filme *A fita branca*, de Michael Haneke (2009) Ordens, leis e regras estabelecidas pelos homens numa pequena aldeia alemã escondem terrores macabros e os acirram de forma destruidora na comunidade representada.

3 É evidente que os exemplos apontados são relatos, o que indica que estamos trabalhando com o âmbito da realidade psíquica. Em Kafka esse aspecto é bastante nítido. Por outro lado, pela reunião desses vários exemplos, é necessário admitir que eles se fundamentam em índices de realidade externa.

da modernidade, Kafka dá voz aos enigmas indecifráveis deixados pelos pais: "O pai é a figura que pune. A culpa o atrai, como atrai os funcionários da Justiça. Há muitos indícios de que o mundo dos funcionários e o mundo dos pais são idênticos para Kafka" (Benjamin, 1934a/1994, p. 139).

Elias Canetti (1977/1990), que em 1913 se desloca repentinamente de uma cidadezinha da Bulgária para Viena e é obrigado a aprender a língua alemã em poucos dias para não ter que cursar novamente, na escola, a série na qual estava antes de sua mudança, bem poderia ser um contraexemplo à regra. Sua mãe espirituosa, inteligente, vivaz e autoritária mostra como essas qualidades são móveis e podem ser assumidas pela mulher. Entretanto, se ela tem esse papel diante do filho, isso só ocorre após a morte do jovem marido. Canetti, ainda menino, tem que assumir o posto de pai, simplesmente por ser homem. Como se seu corpo franzino concentrasse as mais elevadas capacidades cognitivas e emocionais, a mãe cria expectativas imensas, e o menino se vê impelido a fazer jus ao seu lugar de homem da casa.

Em diversas passagens de *Última valsa em Viena*, George Clare (1980) também destaca a importância do papel do pai como autoridade na cultura vienense. O longo trecho transcrito a seguir traz os sutis hábitos do pai burguês:

> Ludwig [...] foi pai numa época feliz e compensadora para os pais, quando eles e seus desejos eram obedecidos imediatamente, quando eram o foco central da existência

da família e suas ordens nunca eram ignoradas. Ninguém jamais ouvira falar em direitos da criança ou da mulher. Todos os mimos eram para o pai e não para os filhos. O lema universal da família era: o melhor é para papai! Ele ganhava as melhores fatias de carne, as pontas de aspargos, e tinha o direito de tirar uma soneca depois do almoço, sem ser perturbado, com os pés nos ombros de um dos filhos. [...] Todas as noites, quando o doutor Ludwig se recolhia, tinha de haver em cima de sua mesinha de cabeceira um bolo de chocolate fresco [...]. No dia seguinte, quando o bolo já não estava mais tão fresco, as crianças podiam comer um pedaço do que havia sobrado, enquanto Annitschek já estava debruçada no forno quente, assando uma nova delícia de chocolate para aquela noite. [...] Meu próprio pai, filho de Ludwig, dava mostras de aceitar esse "direito divino" dos pais. Segundo ele, havia pais que iam muito mais longe. Eu nunca me cansei da história que ele me contou a respeito do marido de tia Tália [...]. Esse cavalheiro se deliciava em levar os filhos àquela excelente confeitaria existente em frente ao apartamento de minha avó [...], agrupava os filhos em volta dele e pedia café com creme batido, dois ou três bolos, ou outra coisa qualquer que estivesse com vontade de comer. Papai Teller tomava seu café e comia os bolos, e depois [...] acendia o charuto. Durante todo esse tempo as crianças ficavam sentadas em volta da mesa, sem terem nem um copo de limonada para dividir entre si. A única

> festa permitida a eles era entrar na confeitaria. E eles sabiam muito bem [...] que seu papel limitava-se a observar. Depois de bater gentilmente no estômago protuberante, Herr Teller levantava a mão direita, apontava o dedo para o filho mais velho, Erwin, e pronunciava as palavras imortais: "Está vendo, meu caro rapaz, um dia, quando você for pai, também vai poder comer tantos bolos quanto quiser numa confeitaria" (Clare, 1980, p. 26-8)[4].

Ao longo da narrativa de *Última valsa em Viena*, Clare coloca em evidência uma constante e gradual decadência do poder paterno nas sucessivas gerações, até que um desânimo total em relação aos superiores domine por completo os espíritos dos austríacos. Mas já vimos que a força que se mantinha mesclada ao poder patriarcal não se restringe aos lares burgueses. Um ser magnânimo, protetor e, ao mesmo tempo, amedrontador encontra-se nos mais altos postos de poder do Império Austro-Húngaro.

Brion também é generoso ao descrever cenas em que autoridades da corte se manifestam de forma paternal. Cito apenas uma passagem de *Viena antes de Mozart e Schubbert*,

---

4 Essa passagem curiosa faz lembrar uma saborosa anedota escrita de passagem por Melanie Klein – também vienense – que ilustra a mesma ideia. Em seu texto "Nosso mundo adulto e suas raízes na infância", lemos: "Enquanto em tempos passados a criança era frequentemente vítima da atitude disciplinadora dos pais, atualmente os pais podem se tornar vítimas de sua prole. Há uma velha piada sobre um homem que nunca chegou a provar peito de frango porque quando era criança seus pais comiam o peito e quando se tornou adulto este prato era dado aos filhos" (Klein, 1959/1991, p. 291).

que ilustra bem como a mentalidade da região era condescendente e respeitosa diante de seu grande pai:

> Os vienenses não eram um povo político, não exigiam associar-se à discussão e à solução dos problemas que interessavam a vida do império. No conjunto, sua posição ideológica era, mais ou menos, a seguinte: Deus, na sua providência, nos dá soberanos dotados de todas as qualidades necessárias para bem nos governar. Precisamos, apenas, imitar as crianças, que devem respeitar os pais e, como os soberanos são nossos pais, há que se lhes obedecer, aceitando suas decisões como as melhores para o bem do país. Da mesma forma que o catolicismo praticado por quase todos os vienenses desaguava num quietismo que anulava a inquietação espiritual, a monarquia também baseava-se num quietismo político. Pouco inclinado a reivindicar direitos apenas teóricos e abstratos, desejoso, antes de tudo, de viver bem, em paz e com conforto, o vienense não tinha, a não ser raramente, a alma de um rebelde. Não rejeitava certo conformismo, que limitava sua filosofia social a um "viver bem e deixar viver", não se preocupando com discussões sobre sistemas políticos (Brion, 1991, p. 16-7).

Além da conhecida relação entre o pai e as outras autoridades sociais mencionadas no *Rascunho N*, de 31 de maio de 1897, há uma pequena passagem de uma nota de rodapé extensa na qual Freud escreve:

> Realmente, todo o conteúdo rebelde do sonho, com sua *lèse majesté* e seu desprezo pelas altas autoridades, remontava à rebeldia contra meu pai. Um príncipe é conhecido como o pai de seu país; o pai é a mais velha, a primeira e, para os filhos, a única autoridade, e de seu poder autocrático evoluíram as outras autoridades sociais no curso da história da civilização humana exceto em que o "matriarcado" exige uma restrição dessa assertiva (Freud, 1900/2012, p. 249).

Que tal revolta só possa aparecer em sonhos ou sublimada nas artes é o que vamos paulatinamente analisar ao longo deste trabalho. Também é preciso pensar que, se o pai de família e o príncipe, pai do povo, são equivalentes, a rebeldia ergue-se tanto diante de um como perante o outro.

Há ainda um exemplo que merece ser citado aqui. Como vimos, a lógica onírica, desvendada por Freud, é modelo para compreender um conjunto de manobras psíquicas nas mais diferentes situações. Não há por que duvidar que o raciocínio psicanalítico se aplique ainda ao processo de escrita, o que, aliás, é atestado pelo próprio Freud em diversos trabalhos, como na análise da *Gradiva* (1907/1996), de Jensen, ou em "Escritores criativos e devaneio" (1908/1996). Sua opinião sobre a obra de Schnitzler também sugere que o processo de escrita tem uma relação estreita com o modo como se forma a trama onírica.

De maneira simples, basta lembrar que uma obra escrita obedece à lógica da sublimação, que, como vimos, guarda peculiaridades mas não deixa de obedecer às regras inerentes às outras manifestações psíquicas. Sendo assim, não haveria razão para não interpretar o próprio processo de escrita da psicanálise realizado por Freud. Além de tudo, chama atenção de qualquer psicanalista o fato de Freud ter utilizado a metáfora a ser aqui analisada no momento preciso em que concede ao leitor todas as ferramentas necessárias para decifrar as distorções psíquicas que camuflam o conteúdo latente. Isto é, aplicada a outro contexto, Freud traz uma reveladora metáfora sobre sua época e deixa o leitor com a faca e o queijo nas mãos para analisá-la.

Como em psicanálise nada é arbitrário e se trata apenas de desvendar as razões psíquicas que levam o sujeito a manifestar seus conflitos de um modo ou de outro, não será imprudente ler o aspecto latente desse trecho da "Interpretação dos sonhos", que aparece de forma manifesta como explicação de toda a trama onírica, também como um diagnóstico de seu próprio tempo. Cito Freud:

> O estado de coisas é como o que se instaurava após uma grande revolução numa das repúblicas da Antiguidade ou da Renascença. As famílias nobres e poderosas que antes haviam dominado o cenário eram mandadas para o exílio e todos os altos postos eram ocupados por recém-chegados.

> Apenas os membros mais empobrecidos e impotentes das famílias derrotadas ou seus dependentes distantes tinham permissão de permanecer na cidade e, mesmo assim, não desfrutavam de plenos direitos civis e eram encarados com desconfiança (Freud, 1900/2012, p. 834).

Chama atenção que essa imagem não aluda à situação social e histórica semelhante na qual Freud estava imerso. Diante de circunstâncias sociais concretas muito próximas à dessa imagem, Freud continua erguendo as balizas da psicanálise na autoridade do pai. Se ele percebe o esmorecimento da ordem hierárquica patriarcal, suas consequências concentram-se apenas de forma metafórica nessas entrelinhas da "Interpretação dos sonhos", quase obedecendo às representações involuntárias.

Longe de dar destaque a uma imagem esfacelada do pai, a pedra angular da psicanálise – o recalque – depende da lei imposta por ele. Quando morto, o pai sobrevive intacto na vida anímica do sujeito, mantendo a ordem e os imperativos da lei. São inúmeros os trechos que podem ser extraídos da obra freudiana em que a referência ao pai aparece como emblema de poder, autoridade e força de que depende a sanidade psíquica. A própria clínica das neuroses e sua metapsicologia estão pautadas na interdição do incesto, na angústia de castração, na culpa pelo desejo de parricídio e, portanto, no complexo de Édipo, cujo drama principal decorre da autoridade do pai.

Da mesma forma como a arte de Gustav Klimt, que analisaremos adiante, vê no feminino o sinal dos novos tempos, Lacan (1938/2003) reconhece a superação do universo masculino pelo feminino como a marca deixada pelo século XIX. Na visão do psicanalista francês, tanto as neuroses da modernidade como o próprio advento da psicanálise acontecem em decorrência do declínio social da imago paterna.

Já vimos que, embora a credibilidade no poder encarnado por autoridades políticas já estivesse dissolvida no século XIX, estas surpreendentemente ainda regiam o imaginário geral, sob forma de um ideal a ser resgatado ou reconstruído. Ou seja, o golpe da guilhotina francesa, que atinge a imagem imaculada da tradição, acende automaticamente uma vontade de restaurá-la, seja juntando seus estilhaços, seja atacando-a para criar utopias que cumpram função análoga à da velha ordem.

Freud não foge desse grupo, como atesta Lacan:

> O sublime acaso da genialidade talvez não explique, por si só, que tenha sido em Viena – centro, na época, de um Estado que era o *melting-pot* das mais diversas formas familiares [...] – que um filho do patriarcado judaico imaginou o complexo de Édipo. Como quer que seja, foram as formas de neuroses predominantes no fim do século passado que revelaram que elas eram intimamente dependentes das condições da família. [...] Nossa experiência leva-nos a apontar sua determinação principal

> na personalidade do pai, sempre de algum modo carente, ausente, humilhada, dividida ou postiça. *É essa carência que, de acordo com nossa concepção do Édipo, vem estancar tanto o ímpeto instintivo quanto a dialética das sublimações* (Lacan, 1938/2003, p. 67, grifo nosso).

O fato de Lacan estabelecer uma relação intrínseca entre o complexo de Édipo e a sublimação não é algo desprezível. Ainda que o psicanalista francês demonstre alguma abertura ao dizer "não estamos entre os que se afligem com um pretenso afrouxamento dos laços de família", suas análises sobre o abrandamento do poder paterno não podem ser consideradas otimistas. Assim, se o declínio da imago paterna é lamentável, isso se deve em primeiro lugar ao fato de seus efeitos na configuração psíquica se relacionarem com uma perturbação na capacidade de sublimação. E, em segundo lugar, não parece que Lacan reconheça algo que possa substituir de forma satisfatória – em termos psíquicos – a sublimação. Por isso, a última frase da citação acima ainda merece explicações.

Para Lacan, "a estrutura mesma do drama edipiano designa o pai como dando à função de sublimação sua forma mais eminente, por ser a mais pura" (Lacan, 1938/2003, p. 61). As formas que alcançam maior perfeição no ideal do eu são estabelecidas pela força da imago paterna, que polariza a diferença entre um ideal viril no menino e outro de pureza na menina. Com a derrocada da imago paterna, a "energia de sublimação de sua direção criadora" é desviada para a "reclusão num ideal qualquer de integridade narcísica" (p. 62), já que a ameaça deixa de estar ligada aos dramas concernentes ao complexo de Édipo – angústia de castração, ciúmes, disputa amorosa etc. – para se ligar a questões de esfacelamento da própria imagem de integridade física do sujeito.

Na visão lacaniana, o resultado da morte simbólica do pai é a desilusão em relação à continuidade inabalável dos alicerces que sustentam e alimentam a cultura. Por ser causa do recalque, a imago paterna exerce uma força quase insuperável no imaginário do sujeito, somente suplantada pelas vias da sublimação. Se individualmente o drama edípico pode atuar de forma nefasta, seus resultados sociais seguem em outra direção. O imenso patrimônio cultural, para Lacan, também resulta da estrutura edípica, sendo capaz de restabelecer os danos psíquicos do drama edípico individual. Crises e conflitos impelem o sujeito a transgredir a lei imposta pela figura paterna no mesmo passo em que ele reedita seu elo com a tradição da cultura. É o movimento subversivo e crítico que se intensifica com a derrocada da imago paterna, inaugurando a modernidade. Do ponto de vista lacaniano, a sublimação é uma forma bem-sucedida de "materializar da maneira mais humana o conflito do homem com sua angústia mais arcaica" (Lacan, 1938/2003, p. 66), oferecendo-lhe a oportunidade de enfrentar e vencer as figuras que o subjugaram em tempos de desamparo e vida frágil.

Seria necessário, porém, examinar o que Lacan considera como parte do processo sublimatório. Este é um tema bastante vasto e controverso na psicanálise lacaniana, e não seria o caso de adentrar os meandros dessa discussão. No texto do qual constam as ideias aqui trabalhadas, porém, Lacan dá algumas pistas sobre o caminho que pretende percorrer para abordar o tema, ao afirmar que "o limite da realidade do objeto na psicose, o ponto de reversão da sublimação, parece-nos dado precisamente pelo momento que marca para nós a aura da realização edipiana, qual seja, a ereção do objeto que se produz, segundo nossa fórmula, na luz do espanto" (Lacan, 1938/2003, p. 69). Esse momento edípico reproduzido pela sublimação é tomado como algo constante na psicanálise lacaniana. Trata-se de uma fase fértil do delírio em que "os objetos, transformados por uma estranheza inefável, revelam-se como choques, enigmas, significações" (p. 69). Ao converter o objeto em algo estranho, o conformismo do sujeito desaba e a máscara narcísica que marcava sua relação com a realidade cai.

Se Lacan tem razão sobre a decadência da figura do pai no século XIX, parte de sua leitura sobre a sublimação freudiana é anacrônica ou incongruente com o pensamento do pai da psicanálise. Tal aproximação entre o objeto, fruto da sublimação, e aquele que existe nos delírios psicóticos, é mais condizente com o conceito de *Unheimliche*, como veremos mais adiante. Esse aspecto foi inclusive tema do psicanalista francês em seus *Seminários*, Livro 7 e Livro 10.

Sublimação e sua carga subversiva

Todas essas controvérsias sobre a sublimação no interior da própria obra freudiana levam-nos a uma única certeza, mais do que conhecida: Freud, por razões que podem ser apenas especuladas, não dedicou um estudo metapsicológico ao tema da sublimação. Se o fez, este foi queimado. A razão disso é polêmica. Strachey (1969/1996) lembra que dos doze *Artigos sobre metapsicologia*, apenas sete foram publicados. Alguns deles ocuparam linhas nas cartas trocadas com Abraham, Ferenczi e Jones, mas provavelmente o destino de tais artigos foi a destruição. Os tópicos de cinco deles são conhecidos, mas apenas deduz-se que a sublimação também integrava a coletânea. Não é difícil supor que Freud considerasse insuficientes seus escritos metapsicológicos não publicados, e mais ainda aquele sobre a sublimação, cuja menção nem mesmo aparece nas cartas enviadas aos pares.

Levanto aqui mais algumas hipóteses, a serem analisadas no interior do próprio método psicanalítico freudiano, que podem justificar sua resistência a escrever detidamente sobre o tema.

- **Hipótese 1:** ainda que Freud não tenha seguido esse viés de pensamento, tudo indica que o processo sublimatório tem relações íntimas com a psicose. A leitura lacaniana é sensível a esse aspecto, mas ainda é necessário que esta hipótese seja averiguada seguindo uma leitura psicanalítica dos próprios textos de Freud[5]. De qualquer modo, se esta premissa fosse aceita por Freud, os alicerces da psicanálise – principalmente o recalque apoiado no complexo de Édipo e a analisabilidade pautada na transferência – precisariam ser inteiramente reformulados.

- **Hipótese 2:** tal empreitada não foi enfrentada por Freud por razões pessoais – que não serão inteiramente trabalhadas aqui – e devido ao seu vínculo estreito com a cultura de seu tempo e aos entraves que isso comporta.

Embora Freud não esclareça, em nenhum de seus fragmentados escritos metapsicológicos sobre o tema da sublimação, o que ela exatamente seja, a hipótese a ser aqui analisada, seguindo um modelo absolutamente coerente com todo o restante da metapsicologia freudiana, é a de que artistas ou cientistas, assim como os psicóticos, mergulham em processos alucinatórios durante os estados de vigília e trazem roteiros lancinantes para a vida desperta. Na sublimação, porém, esses conteúdos alucinatórios não perdem totalmente seu elo com o sistema de pensamento, e aquilo que é desordenado e quase irreal passa a ganhar materialidade e forma definida.

[5] Uma leitura psicanalítica dos textos de Freud implica ler o que nesses textos também aparece de forma latente.

Voltemos mais uma vez aos sonhos para averiguar essa questão. Lembre-se de que o trabalho dos sonhos acontece em função da realização de um desejo inconsciente. Para Freud, no princípio da vida o aparelho psíquico reunia todos os seus esforços a fim de manter-se livre de estímulos. Descarregava, dessa forma, qualquer excitação sensorial por uma via motora. O desenvolvimento posterior do aparelho, decorrente das exigências da vida, altera a permanente força interna de excitação por meio de uma intervenção externa.

O melhor exemplo para elucidar essa ideia é a fome do bebê, que chora devido à incidência da excitação interna ligada à necessidade. Diante dessa manifestação – o choro – advém um auxílio externo, que aplaca o estímulo interno. Junto do leite que apazigua a fome, há também uma série de outros elementos que integram esse momento de satisfação. A voz da mãe, seu cheiro ou calor fazem as primeiras inscrições psíquicas e inauguram a história do sujeito.

Na reincidência da necessidade – fome –, emergirá imediatamente uma moção psíquica que buscará investir na própria percepção daqueles traços impressos, restabelecendo alucinatoriamente a situação da satisfação original. Tal moção é o que a psicanálise reconhece como desejo, e o ressurgimento da percepção satisfatória é a própria realização do desejo, sendo o caminho mais curto para tal realização o investimento na restauração da percepção. Denominado "vivência de satisfação", esse processo resume a tentativa do aparelho psíquico de reproduzir de forma alucinatória a percepção vinculada à satisfação da necessidade. Por conseguinte, trata-se de uma "percepção específica, cuja imagem mnêmica fica associada, daí por diante, ao traço mnêmico da excitação produzida pela necessidade" (Freud, 1900/2012, p. 594).

Insuficiente diante das exigências implacáveis do corpo, a alucinação, essa atividade primitiva de pensamento, transforma-se em atividade secundária em nome da satisfação advinda do mundo exterior.

Essa sinuosa atividade de pensamento que vai da imagem mnêmica até a identidade perceptiva estabelecida pelo mundo exterior torna-se, de qualquer modo, um percurso indireto para a realização de desejo. Daís ser o sonho uma espécie de "ressurgimento da vida anímica infantil já suplantada" (Freud, 1900/2012, p. 596). Regressão temporal que reconduz a libido a um narcisismo primitivo, e o eu, a um estágio original correlativo de satisfação alucinatória.

Quando o sujeito está acordado, os processos de pensamento substituem rapidamente a figurabilidade onírica, na qual o sistema perceptivo comanda a formação dos sonhos, vertendo pensamentos em imagens concretas, cheias de cores e formas. No estado de vigília, movimentos e enredos tresloucados da noite são abandonados, e retoma-se com vigor o processo de pensamento concatenado por meio de palavras. Há, porém, uma exceção a essa regra: os casos de psicose. Enquanto as rédeas da censura estão soltas no estado de sono, a motilidade está inoperante, impedindo que o sujeito siga caminhos labirínticos em meio às nuvens que cobrem a noite. Nos casos de psicose, essa combinação entre falta de censura e regressão à alucinação predomina até mesmo nos estados de vigília, o que leva o sujeito a percorrer trilhas insólitas.

As manobras psíquicas da sublimação são muito próximas das de um delírio alucinatório, com a diferença de que o sujeito tem recursos para freá-las a tempo de convertê-las em obra científica, artística ou em alguma manifestação criativa mais sutil no âmbito do trabalho ou do lazer. Chegar à conclusão de que existe uma relação entre a sublimação e as psicoses não parece ser nada extraordinário.

O que chama atenção, então, continua sendo o fato de que a sublimação tenha assumido feições mais amenas no interior da metapsicologia freudiana, mantendo-se lado a lado com a lógica social vigente. É certo que, em algumas passagens, Freud aproximou a sublimação de aspectos perversos e vis, que supostamente subverteriam a ordem. Nos "Três ensaios sobre a teoria da sexualidade", esse vínculo entre perversão e sublimação já está presente, mas ele é expresso de forma mais clara e sucinta em "O interesse pela psicanálise", em que lemos:

> E a psicanálise pode também demonstrar que preciosas contribuições para a formação do caráter são realizadas por esses instintos associais e perversos na criança, se não forem submetidos ao recalque, e sim desviados de

> seus objetivos originais para outros mais valiosos, através do processo conhecido como "sublimação". Nossas mais elevadas virtudes desenvolveram-se, como formações reativas e sublimações, de nossas piores disposições. A educação deve escrupulosamente abster-se de soterrar essas preciosas fontes de ação e restringir-se a incentivar os processos pelos quais essas energias são conduzidas ao longo de trilhas seguras. Tudo o que podemos esperar a título de profilaxia das neuroses no indivíduo se encontra nas mãos de uma educação psicanaliticamente esclarecida (Freud, 1913a/2012, p. 343).

Assim considerada, a sublimação é um conceito bastante revolucionário, quase rompendo com a visão de que ela compactuaria com a ordem vigente. Fica claro que o sumo da sublimação são instintos associais e perversos, ressuscitados no sistema perceptivo de forma alucinatória. A palavra "desvio", no lugar de "deslocamento", passa a fazer certo sentido, e abandonamos o reino do recalque. Logo, seria necessário nesta parte do texto perguntar o que exatamente há neste conceito para que persistamos na consideração de que ele guarda uma face conservadora.

Vamos por partes. Já vimos que, nos casos de psicose, há uma regressão da energia psíquica para territórios primitivos, análoga àquela que ocorre no estado de sono. Entretanto, enquanto neste caso a motilidade está impedida, nas psicoses a alucinação pode ser vertida em ação. Também já explicamos como o processo sublimatório tem sua seiva alucinatória retirada do sistema perceptivo, que resgata o modo de funcionamento primitivo da vida anímica. Da composição da alucinação resgatada com o sistema de pensamento resulta, por exemplo, uma obra de arte. Entretanto, não se pode esquecer que a forma pela qual conteúdos alucinatórios, perversos e associais se expressam socialmente depende de escolhas, em que certos valores são privilegiados e realçados em detrimento de outros, simplesmente esquecidos ou rechaçados. A questão a ser verificada está, então, restrita a esta forma de dar vazão a tais conteúdos. Também se deve observar que os termos "associal" e "perverso" não são a-históricos e ganham conotações específicas no interior de um ou outro contexto.

Mas devemos retroceder mais uma vez à obra mestra da psicanálise para descobrir o que está em jogo na seleção de elementos como partes constitutivas do processo sublimatório. É visível a ênfase dada aos restos diurnos para os enlaces oníricos explorados na *Interpretação dos sonhos*. Um conteúdo aparentemente irrelevante do dia, geralmente um pequeno fragmento de pensamentos involuntários, é capaz de sugar os traços mnemônicos adormecidos até então. Ressuscitadas, essas marcas do passado mesclam-se com os restos do presente, formando a trama onírica. Embora a atenção especial atribuída aos restos diurnos seja indiscutível, na metapsicologia essas sobras aparecem vinculadas quase exclusivamente com o sistema endopsíquico, isto é, se reduzem a ativá-lo ou excitar mnemonicamente aspectos arcaicos. O minúsculo fragmento de realidade externa sob forma de pensamento involuntário, não raro banhado de tons insurgentes diante daquilo que se apresenta no mundo, é instantaneamente suprimido, posto de lado, esquecido ou recalcado, reaparecendo apenas nos sonhos. Ao abordar esse conteúdo externo que ganha envergadura nas noites de sono, Freud se refugia no mundo estritamente mental, aplacando o impulso contestador suscitado pela mescla entre a parcela real e os conteúdos inconscientes que aparecem involuntariamente na vida de vigília.

Essa ideia pode se tornar mais nítida com um exemplo. Evoquemos a clássica imagem trabalhada por Freud na própria "Interpretação dos sonhos": o ataque ao pai, que andava calmamente pelas ruas de Viena com seu chapéu no Shabat. Na análise feita por Freud, destacam-se a queda da fortaleza que seu pai representaria em suas fantasias e sua decepção ao constatar a fragilidade da grande figura. Tal viés é absolutamente legítimo, mas a força revolucionária dos pensamentos involuntários é atenuada quando se acentuam apenas os dramas psíquicos e infantis. A verdade inerente àquilo que suscitou a chama do passado também precisaria ser levada em conta: o antissemitismo austríaco ou a idealização da força paterna numa sociedade patriarcal, por exemplo.

Transpondo esse raciocínio onírico para a sublimação, é notório que na criação há uma face contestadora da ordem estabelecida. A própria obra de Freud traz essa marca subversiva, que foi capaz de mudar o curso da história do pensamento. Entretanto, na medida em que esse aspecto se transveste com roupagens que atenuam o golpe dirigido à ordem social, chega-se ao impasse identificado pelo próprio Freud (1930a/1996) em "O mal-estar na civilização", tão bem sintetizado na famosa frase de Walter Benjamin "Todo documento de cultura é ao mesmo tempo um documento de barbárie" – ou na ideia de que a sublimação é remédio para os males civilizatórios e simultaneamente veneno que enfeitiçará a própria solução.

Nesse sentido, não surpreende que exista um aspecto nefasto da sublimação, reconhecido pelo próprio Freud em algumas passagens, como esta, na última das "Cinco lições de psicanálise":

> Não devemos deixar de contemplar também o terceiro dos possíveis desenlaces do tratamento psicanalítico. Certa parte dos desejos libidinais recalcados faz jus à satisfação direta e deve alcançá-la na vida. As exigências da sociedade tornam o viver dificílimo para a maioria das criaturas humanas, forçando-as com isso a se afastarem da realidade e dando origem às neuroses, sem que o excesso de coerção sexual traga maiores benefícios à coletividade. Não devemos ensoberbecer-nos tanto, a ponto de perder completamente de vista nossa natureza animal, nem esquecer tampouco que a felicidade individual não deve ser negada pela civilização. A plasticidade dos componentes

> sexuais, manifesta na capacidade de sublimarem-se, pode ser uma grande tentação a conquistarmos maiores frutos para a sociedade por intermédio da sublimação contínua e cada vez mais intensa. Mas assim como não contamos transformar em trabalho senão parte do calor empregado em nossas máquinas, de igual modo não devemos esforçar-nos em desviar a totalidade da energia do instinto sexual da sua finalidade própria. Nem o conseguiríamos. E se o cerceamento da sexualidade for exagerado, trará consigo todos os danos duma exploração abusiva (Freud, 1910a/1996, p. 64).

Em suma, é verdade que os sintomas histéricos ou obsessivos dizem muito do desejo de um sujeito, mas não é menos importante a verdade legítima e contestadora dos valores da sociedade expressa por tais sintomas. Embora Freud reconheça a crítica social inerente aos sintomas psíquicos, o modo como a metapsicologia está articulada ao conceito de sublimação desconsidera tal aspecto. Assim, será ainda necessário destrinchar a forma como Freud oculta essa camada sócio-histórica, o que faremos no último capítulo desta primeira parte. Antes, verificaremos certas nuanças do caráter sublimatório e patriarcal de toda a sociedade regida por Francisco José I.

4.

A subversão pelo feminino: Gustav Klimt

Supondo que a verdade seja uma mulher – não seria bem fundada a suspeita de que todos os filósofos, na medida em que foram dogmáticos, entenderam pouco de mulheres? De que a terrível seriedade, a desajeitada insistência com que até agora se aproximaram da verdade, foram meios inábeis e impróprios para conquistar uma dama?

(Friedrich Nietzsche)

As figuras representantes da autoridade sempre foram tradicionalmente masculinas. Deus, encarnado em seu filho – homem – Jesus[1], os reis das monarquias (absoluta ou esclarecida) ou o pai da vida familiar burguesa são as imagens mais evidentes de que o poder, a força e a autoridade estão claramente ao lado dos homens. Anteriormente inabalável, a imagem estremecida de autoridades patriarcais

---

1 Nesse arsenal não é necessário retroceder à óbvia e repetida imagem de Eva, figurando como responsável pelo paraíso perdido. Seu reiterado retrato como a sedutora para os caminhos do mal, porém, certamente imprimiu marcas ao longo da história do ocidente.

torna-se incontornável após a Revolução Francesa, as sucessivas guerras napoleônicas, as crises e os abalos econômicos, o abuso perdulário dos poderosos durante o Congresso de Viena, a tentativa forçada por Metternich de manter a antiga ordem e a revolução de 1848.

O achincalhe feito por Robespierre aos rígidos valores tradicionais torna as lutas políticas incertas, cheias de intrigas e jogos de poder. Tal estremecimento da imagem das autoridades iniciado pela Revolução Francesa é irrevogável, desabando definitivamente após a Primeira Grande Guerra. Com o advento da Segunda Grande Guerra, a credibilidade no poder exercido pela figura soberana já estava completamente minguada. Zweig o expressa da seguinte maneira:

> O nosso mundo de 1930 não dispunha mais da credulidade infantil e ingênua de 1914. Naquele tempo o povo ainda confiava incondicionalmente em suas autoridades; ninguém na Áustria teria ousado pensar que o venerado pai da pátria, o imperador Francisco José I, tivesse convocado seu povo para a luta aos oitenta e quatro anos sem extrema necessidade, que exigiria o sacrifício de sangue caso o inimigo malvado e traiçoeiro não ameaçasse a paz do Reich. Os alemães, por sua parte, haviam lido os telegramas de seu imperador ao czar, em que lutava pela paz; um enorme respeito pelos "de cima", ministros e diplomatas, com sua opinião e sua honradez, ainda animava o homem simples. E a guerra só poderia ter acontecido

> contra a vontade dos estadistas; eles não poderiam ter culpa, ninguém no país tinha a menor culpa. [...] Em 1939, porém, essa crença quase religiosa na honradez ou pelo menos na capacidade do próprio governo já desaparecera em toda a Europa. [...] No fundo, em 1939 não se respeitavam os estadistas, e ninguém confiaria seu destino a eles (p. 273).

Mergulhado em ruínas, o homem moderno – antes de 1914 – flana suavemente adormecido na superfície de um "alegre apocalipse" (Stefano, 2006, p. 8) e assiste impassível à vulnerabilidade do poder monárquico e dos lugares fixos da aristocracia. Em Viena, a dinastia dos Habsburgo ainda ocupa os postos tradicionais de poder, entretanto, o imperador não está mais tranquilamente sentado em um trono intacto e irremovível. A sensação diante de todo esse abalo, porém, não é a da prometida liberdade, igualdade ou fraternidade, como pregava o *slogan* iluminista. O que se observa, ao contrário, é um profundo medo do desamparo provocado pela perda da tutela de um grande e confiante condutor.

Ainda que de forma obscura, dúvidas e questões – antes sutis ou irrelevantes – passam a imperar na mente dos austríacos e a atormentar seu espírito. Essa angústia gera duas espécies de reações: uma delas é a raiva por essa figura de poder e força ter se revelado frágil e vulnerável. Nesse caso, ataques virulentos se dirigem intensamente contra ela, buscando revidar a traição cometida pelo líder por não ter correspondido aos anseios de alento, cuidado e zelo que seus filhos tão obsequiosos esperavam. Fruto da decepção do filho ferido e abandonado, essa reação é a menos desesperada. A outra, com efeitos sociais mais temerários, resulta da agonia de tentar restaurar tal figura. Combatendo tudo o que pareça ameaçá-la, buscam nostalgicamente o paraíso perdido. Em suma, o desamparo e a desilusão do homem moderno compelem-no a reiteradamente desdenhar ou negar o passado no qual estavam amparados e a que tão fielmente acreditavam ou a restabelecer a ordem perdida, atacando tudo quanto dela possa destoar. Outro ponto comumente observado nesse cenário é o anseio por encontrar outras respostas definitivas para uma nova vida[2].

A imagem da mulher livre é um dos elementos que ameaçam a restauração da ordem já perdida, mas ainda intensamente ansiada por alguns. Associada aos perigos inerentes à modernidade, a solução parece ser golpeá-la, sem piedade. Esse mecanismo de defesa visa combater a imagem que supostamente ameaça a ordem, mas tal defesa, convertida em sintoma, traz para o palco o que busca manter nos bastidores. Um exemplo dado por Zizek (2011) para explicar a ideia de ideologia marxista, lida com lentes da psicanálise, merece ser citado:

---

2 Enquanto a raiva ajuda o processo de luto ao atacar o objeto, a tentativa incansável de restabelecê-lo após sua perda incorporando-o no eu aponta para uma característica melancólica.

> As figuras de sexualidade que retrata como ameaça que deve ser controlada – como a Mulher, cuja sexualidade descontrolada é uma ameaça à ordem masculina – são mistificações fantasmáticas. O que esse discurso "reprime" é antes (entre outras coisas) sua contaminação pelo que tenta controlar – digamos, o modo como o sacrifício da sexualidade sexualiza essa mesma atividade controladora. Está claro, então, que a sexualidade não é "invisível", mas controlada e regulada. O que é "invisível" é a sexualização desse mesmo trabalho de controle: não o objeto fugidio que tentamos controlar, mas o modo de participação dentro dele (p. 90-1).

Mas, se o controle busca velar perigos e desejos considerados impróprios, a exaltação do feminino também não é um simples reconhecimento de suas qualidades; trata-se antes de uma reação daquilo que seria um filho decepcionado, atacando vingativamente o pai impotente ao colocar como imagem da força e do elevado precisamente o avesso de sua moeda: a mulher. Ela se torna, então, promessa de uma nova ordem.

Klimt concede voz ao feminino e pode ser considerado, como veremos mais adiante, um modelo de arte realizado pelas vias sublimatórias e cujo resultado se insere no que Walter Benjamin classificou como arte aurática. Filho do modernismo, que tem por característica a ruptura com a tradição, o pintor vienense Gustav Klimt pôde, ao exaltar a mulher e vê-la sob um novo prisma, não apenas subverter as pinturas de figuras femininas inspiradas nos modelos clássicos, mas também subverter a ordem burguesa estabelecida, colocando em xeque o poder patriarcal.

A *mulher, a moda e os salões*

Tratar do feminino no interior desse contexto é pensar o que fica à sombra da ordem patriarcal preponderante e como esses segmentos à margem se mostram ante a crise de tal sistema. Vimos que Sissi, a arquiduquesa Sofia, Diotima ou Marcolina não são tão frágeis como quer fazer crer certa ideologia sexista. Num campo apartado da influência direta nos destinos da política, essas mulheres do século XIX cuidam dos detalhes da vida íntima. Não é difícil reconhecer que esse universo privado, no qual se destacam as aparências, é tradicionalmente feminino. O uso da maquiagem e de adereços, o esforço para atenuar as marcas da idade, o cultivo da gesticulação, o apreço pela moda e pela decoração, os jogos enganosos de sedução são apenas alguns sinais de que as aparências ocupam lugar de destaque no imaginário das mulheres.

É importante dizer que não só as mulheres se preocupavam com as aparências. Vida íntima e aparência, como vimos, são atributos valiosos na sociedade vienense, na qual Freud circulava. Também os homens estavam enredados nesse universo e se viam oprimidos com o abismo entre seus anseios mais íntimos e a imagem que tinham de transparecer aos outros. Ulrich, personagem de Musil em *O homem sem qualidades*, é um exemplo que ilustra muito bem essa divisão entre a aparência e seus desejos mais secretos (Musil, 1930-43/1989, p. 205). Embora a fama de superficialidade tenha recaído sobre as mulheres, o mal abrangia toda uma sociedade. Não se trata propriamente de uma característica gratuita, mas são questões muito mais intricadas, como pretendemos demonstrar neste estudo.

Nada mais coerente com esse mundo das superfícies[3] do que o território da moda ou dos jogos de sedução. Proust – assim como Balzac –, celebra-o em seus personagens, que ganham feições específicas por meio de suas indumentárias. Os exemplos são infindáveis. As moças que suscitam a fértil imaginação do jovem Marcel com seus trajes descontraídos de praia no volume "À sombra das raparigas em flor" (1918/1998) ou os diferentes modelos de chambres usados por Odette são só breves recortes do lugar que a moda ocupa na obra desse escritor. Mais incisivo é o exemplo da cena em que Marcel busca informações sobre a *toilette* da sra. de Germantes a fim de mandar fazer *toilettes* do mesmo gênero para agradar sua amada prisioneira Albertine. Esta, que explora seu amante com toda a sorte de pedidos,

---

3 O termo "superfície" não está empregado em sentido pejorativo, como se a moda fosse algo necessariamente superficial. A superfície é simplesmente a face superior de algo que se percebe.

havia insinuado qual vestido fazia parte de seu rol de objetos de desejo, descrevendo-o detalhadamente: "[...] seu vestido era todo vermelho, os sapatos vermelhos, a senhora estava fabulosa, lembrava uma grande flor de sangue, de um rubi em chamas" (Proust, 1918/1998, p. 35). A passagem em que Marcel interpela a sra. de Guermantes com perguntas sobre tal vestido vale uma citação:

> A duquesa, restituindo à fisionomia cansada a radiosa expressão que tinha a princesa de Laumes, quando, outrora, Swann lhe dirigia galanteios, olhou rindo, rindo, com um ar zombeteiro, interrogativo e encantado, para o sr. de Bréaute, que àquela hora estava sempre lá [...]. A duquesa parecia dizer: "Que tem ele [referindo-se a Marcel], estará louco?" E voltando-se para mim com ar carinhoso: "Nunca imaginei que pudesse lembrar um rubi em chamas ou uma flor de sangue, mas me recordo, de fato, que tive um vestido vermelho: era de cetim vermelho como se usava então. Uma moça pode, em rigor, usá-lo, mas você me tinha dito que sua amiguinha não saía à noite. É um vestido de grande *toilette*, não se pode pôr para visitas (p. 34-5).

Essas linhas revelam uma série de sutilezas atreladas às preocupações com a moda. De início, devemos nos lembrar de que Marcel foi à reunião exclusivamente para saber os detalhes do vestido da sra. de Guermantes, pois estava mais inclinado a permanecer em casa junto de sua amada. O local em que um vestido deve ou não ser usado ou o modo como expressa seu forjado desprezo – pois ela demonstra, à sua revelia, certa satisfação – por alguém que pretende imitar seu modo de vestir-se são apenas pequenos indícios do espaço ocupado pela moda no imaginário da *Belle Époque*. O mais importante, porém, é ressaltado pelo próprio narrador: embora a princesa se lembrasse do evento citado pelos detalhes de sua roupa, esquecera-se de algo infinitamente mais relevante. Na mesma ocasião em que portava a roupa, estava presente sua rival, a sra. de Chaussepierre, cujo marido destronara o duque de Guermantes da presidência do jóquei. Quando Marcel faz menção ao fato, fica nítido que suas lembranças eram mais fidedignas e embrenhadas aos cuidados de si do que a questões e tendências políticas. Mas os detalhes de sua roupa e o assunto sobre seu guarda-roupa não se esgotam ao trecho exposto. Continuam a ocupar as páginas de Proust, incluindo estampas, cheiros e tecidos de chambres e outras cores e modelos de vestidos.

Walter Benjamin reconhece na moda o lugar das mulheres no século XIX. Nesse ponto, o texto de Gilda de Mello e Souza é esclarecedor. Diz ela:

> Tendo a moda como único meio lícito de expressão, a mulher atirou-se à descoberta de sua individualidade, inquieta, a cada momento insatisfeita, refazendo por si o

> próprio corpo, aumentando exageradamente os quadris, comprimindo a cintura, violando o movimento natural dos cabelos. Procurou em si – já que não lhe sobrava outro recurso – a busca do seu ser, a pesquisa atenta de sua alma. E aos poucos, como o artista que não se submete à natureza, impôs à figura real uma forma fictícia, reunindo os traços esparsos numa concordância necessária (Souza, 1987, p. 100).

Condenadas aos cuidados da vida privada e consideradas inferiores aos homens em matéria de inteligência e capacidades para a vida pública, as mulheres dedicavam-se a enaltecer suas virtudes físicas e a enfeitar suas características naturais. Por isso, o universo da moda é, para o estudo de mulheres do século XIX, paralelo às telas de pintura, à música e ao teatro. Do mesmo modo como a fotografia recusa o tempo que se esvai, a pintura, a paisagem que se dilui, a música, a desordem do tempo, e o teatro, as circunstâncias corriqueiras da vida, a moda também luta contra a faceta inexorável da morte. "A moda nunca foi outra coisa senão a paródia do cadáver colorido" (Benjamin, 1982/2006, p. 102). Por roçar permanentemente a morte, a solução é a mudança vertiginosa dos estilos, que transforma qualquer peça abandonada em um objeto agradável. Se operam como disfarces, os trajes da moda relegam a morte aos cantos que permanecem na penumbra, destacando incessantemente a novidade. Um paradoxo, porém, fura essa lógica: na tentativa incansável de camuflar a morte, a moda acaba por anunciá-la em cada um dos objetos que promove. Os corpos que trajam vestidos e adereços são marcados pelo tempo, que transcorre sem piedade. Em suma, aquilo que se torna "fora de moda" denuncia tanto a passagem do tempo quanto o novo acessório evidencia a tentativa desenfreada de recusá-la.

Entusiasmados, alguns autores vislumbram na moda traços que marcam a modernidade. Em 1863, Baudelaire já publicara *O pintor da vida moderna*. Nesse pequeno estudo sobre a obra de Constantin Guys, Baudelaire procura identificar o trabalho deste pintor com aquilo que se espera da arte moderna. Alguns tópicos destacam os princípios da modernidade, entre eles a mulher, a maquiagem, as pompas e as solenidades. As mulheres são enaltecidas pelo poeta, ainda que de forma extremamente conservadora e sexista. Alvo de admiração, objeto de prazer, causa de dores, as mulheres são tratadas por Baudelaire com uma mescla de reverência e desprezo. Ora tolas e sem conteúdo, ora divinas, as mulheres inspiram artistas e movem o mundo. A sua aparência, porém, é o que verdadeiramente importa. O fascínio que provocam e o mistério que exalam estão concentrados em sua imagem, que é composta não por sua natureza, mas pelos artifícios que a ela se mesclam – enfeites, maquiagem, musselinas, sedas e paetês, joias que envolvem seus pescoços e braços ou pendem de suas orelhas. Nessa perspectiva, Baudelaire escreve o seguinte sobre a moda:

> A moda deve, pois, ser considerada como um sintoma do gosto ideal que sobrenada no cérebro humano por sobre tudo o que a vida natural aí acumula de grosseiro, de terrestre e de imundo, como uma deformação sublime da natureza, ou melhor, como uma tentativa permanente e continuada de reforma da natureza (Baudelaire, 1863/2010, p. 71).

Zweig caminha em outra direção e se lembra com amargor de que na *Belle Époque* era "perfeitamente permitido fazer intervenções artificiais no cabelo, peito ou outras partes do corpo, para enganar e adaptar a mulher ao ideal geral de beleza. Quanto mais uma mulher precisasse passar por dama, tanto menos deviam reconhecer suas formas naturais" (Zweig, 1999, p. 97).

Compara esses dias de moral vitoriana à década de 1940 e considera infinitamente mais proveitosa e interessante a liberdade das mulheres, que deixam de ser reféns de suas vestes. Em seus escritos, a própria função das mulheres na sociedade parece ser análoga à de uma peça estendida no cabide: guardadas, não têm o poder de decisão, mas são escolhidas por um sujeito que as deseja. Objetos exuberantes ou simplesmente atraentes, conservam uma face insólita se são assaltadas por situações que as despem de seus hábitos e costumes. Por isso, para Du Camp (*apud* Benjamin, 1982/2006, p. 104), "a moda é a procura sempre vã, muitas vezes ridícula, às vezes perigosa, de uma beleza superior ideal", cuja marca é a de "sugerir um corpo que jamais conhecerá a nudez total" (p. 106).

Em *O homem sem qualidades*, Musil também observa a densidade que gira em torno da *toilette* feminina:

> Naquele tempo, as mulheres usavam vestidos fechados do pescoço aos tornozelos, [...]. Naquele tempo, a transparente franqueza de expor-se despido pareceria retorno ao animalesco mesmo para pessoas menos preconceituosas, que não tivessem falso pudor ao avaliarem o corpo nu; não por causa da nudez, mas por estar-se renunciando ao poder erótico civilizado das roupas. Sim, naquele tempo se poderia dizer que isso seria descer até abaixo do nível animal; pois um bom cavalo de raça de três anos, ou um galgo ágil, são muito mais expressivos em sua nudez do que um corpo humano jamais poderia ser. Em compensação, nunca poderão usar roupas; têm apenas uma pele, e naquele tempo as pessoas ainda tinham muitas peles. Com o vestido longo, babados, partes bufantes, pregas, armações, rendas, tinham criado uma superfície cinco vezes maior que a original, formando um cálice ricamente pregueado, de difícil acesso e carregado de tensão erótica, ocultando em seu interior aquele esbelto animal alvo que se deixava procurar, terrivelmente desejável. Era o comportamento predeterminado que a própria natureza emprega quando faz suas criaturas encararem pelos ou esguicharem nuvens de líquido negro para, com amor e

> terror, excitar até a sublime loucura os fatos corriqueiros que estão realmente em questão (Musil, 1930-43/1989, p. 201).

Zweig igualmente fornece detalhes sobre a indumentária feminina. Em *O mundo que eu vi* descreve a "atmosfera salubre e sufocante, repassada de um bafo perfumado" (Zweig, 1999, p. 95) da Viena *fin-de-siècle*. Para ele, uma moral pérfida revela-se precisamente na moda da época. Os trajes laboriosos, pouco higiênicos e estranhos afrontam qualquer detalhe da natureza:

> Apertada como uma vespa na cintura por um espartilho de barbatana de peixe, as saias por sua vez infladas num sino gigantesco, o pescoço fechado até junto do queixo, os pés cobertos até os dedos, o cabelo erguido em incontáveis cachinhos e tranças e roscas sob a torre majestosa do chapéu, as mãos mesmo no verão mais escaldante metidas em luvas, essa "dama", hoje criatura histórica, apesar do perfume que a rodeava como uma nuvem, apesar das joias com que estava carregada e das mais caras rendas, babados e pregas, parece uma criatura infeliz, lamentavelmente desamparada. Ao primeiro olhar percebe-se que uma mulher escudada atrás de tal roupagem como um cavaleiro em sua armadura, não pode mais mover-se livre, graciosa e impetuosa, que nessa roupa cada movimento, cada gesto e toda a sua postura tinham de ser artificiais

> e até contrários à natureza. O mero ato de vestir e despir aquela roupa de "dama" – sem falar na educação social – era um procedimento meticuloso impossível sem a ajuda de outra pessoa. Primeiro era preciso fechar incontáveis ganchinhos atrás até o pescoço, o espartilho era amarrado com toda a força da criada disponível, o longo cabelo – quero lembrar aos jovens que há trinta anos, exceto meia dúzia de universitárias russas, toda mulher na Europa era capaz de soltar a cabeleira até os quadris – era penteado pela cabelereira que vinha diariamente, com uma legião de grampos, fitas e pentes, além do auxílio da tesoura de queimar e dos rolos, era enrolado, ajeitado, escovado, penteado, empilhado antes de vestirem essa dama com as cascas de cebola de anáguas, camisolas, casacos e casaquinhos erguendo muros ao seu redor até desaparecer totalmente o último resquício de suas formas femininas e pessoais. [...] No fundo, com suas regras intencionais, essa moda apenas servia obedientemente à tendência moral generalizada do tempo, cuja preocupação principal era encobrir e ocultar (p. 96-7).

Zweig (1999, p. 97) não deixa de apontar que "essa sábia moral esquecia inteiramente que, quando se fecha a porta ao diabo, ele em geral força entrada pela chaminé ou pela porta dos fundos".

Assim, se a indumentária serve para ocultar a natureza, acaba justamente por incitar à fantasia. Schnitzler é o maior exemplo de que a moral restritiva em relação aos apelos da carne e das pulsões conduz os desejos precisamente para aquilo que é proibido. Como mostram seus diários comentados por Peter Gay em *O século de Schnitzler*, o escritor dedica grande parte de seu tempo e pensamento aos jogos de sedução e aos prazeres do corpo, chegando a anotar em suas confidências pessoais o número de orgasmos atingidos com uma ou outra mulher. Seu cotidiano é quase subjugado a esses melindres amorosos de caráter erótico, permeados de cenas de ciúmes e sexo sedento.

Enquanto sua literatura é uma ode às mulheres e reflete novos prismas do clássico *Madame Bovary*, de Gustave Flaubert, como a Albertine de *Breve romance de sonho*, a Marcolina de *O retorno de Casanova* ou a Beate de *A senhora Beate e seu filho*, sua vida pessoal não está isenta da misoginia vienense. Suas desilusões são consoladas por pensamentos preconceituosos e desfavoráveis às mulheres de forma geral. Sua sensibilidade literária, que transveste as figuras femininas de complexidade e intensidade psicológica, contrasta com a rudeza de suas opiniões pessoais a respeito das donzelas de sua vida. Marcados por tons sexistas, seus escritos particulares esbravejam de forma perniciosa contra cada decisão ou gesto das mulheres que não se mostram condescendentes com seus anseios.

Tal postura não é naturalmente exceção. A situação da mulher no século XIX pode começar a ser entendida em *O século de Schnitzler* (2002), de Peter Gay. Embora ele atenue a regra geral de subordinação da mulher aos prazeres e vontades do homem, usando alguns exemplos que contestam essa visão, não se pode negar que aquilo que prevalece como ideologia na era vitoriana é a inferioridade do sexo feminino. A defesa de sua necessária renúncia aos prazeres sexuais, a ausência de participação na vida pública e a restrição da capacidade de pensar livremente são vistas como garantia de manutenção da boa sociedade. Os exemplos lembrados por Peter Gay das diferentes teorias que versam sobre os prazeres da mulher no século XIX denotam que o problema não era algo menor na sociedade burguesa.

Nem é preciso ir longe e aludir à fóbica filosofia de Otto Weininger, cuja obra *Sexo e caráter* parece uma expressão defensiva neurótica contra a suscetibilidade de suas tentações sexuais. Krafft-Ebing, outro desses polêmicos teóricos, escreve em *Psychopathia Sexualis*: "Se ela [a mulher] tiver um desenvolvimento mental normal e for bem-educada, seu desejo sexual será reduzido". Para ele, caso as mulheres não fossem passivas ou, mais, submissas, "o mundo inteiro seria um bordel e o casamento e a família seriam impensáveis" (Krafft-Ebing, 1890 *apud* Gay, 2009, p. 104).

Adolf Loos, um dos primeiros arquitetos europeus a considerar que o ornamento deve ser banido das construções modernistas, é outro personagem a bradar contra as pequenas ousadias da mulher do século XIX. Seu princípio da pureza discreta e uniforme na arquitetura não se restringe a projetos urbanísticos ou a construções arquitetônicas isoladas, mas torna-se tarefa programática a ser perseguida e executada em diferentes segmentos da cultura e uma doutrina filosófica a ser defendida. Uma das áreas da cultura que ele discute é a moda. Para pensá-la, traça inúmeras analogias entre roupas e fachadas de casas. Segundo ele, assim como a arquitetura vienense do século XIX – sobretudo a miscelânea estilística da Ringstrasse –, as vestimentas decorativas decaíram nos países avançados após a Revolução Francesa. Vestir-se de forma apropriada significa, para Loos, não imitar ou surrupiar uma classe social à qual não se pertence e, além disso, excluir qualquer sinal de inutilidade adicionado à indumentária. A discrição e a austeridade são seus lemas; qualquer tipo de ornamento torna-se aversivo.

Em seu infatigável combate contra qualquer espécie de adorno, cuja expressão máxima está em seu ensaio *Ornamento e crime*, a mulher se torna alvo fácil. Concordando com Flügel, que em 1930 publica *The Psychology of Clothes*, ele argumenta que na modernidade o homem sabiamente renunciou aos excessos inúteis de sua indumentária, ao passo que, no ato de se embelezar, a mulher retrocedeu ao patamar dos primitivos[4]. Alegando que em

---

[4] Diz Loos (1908 *apud* Foster, 2006, p. 71): "No útero, o embrião humano passa por vários estágios evolucionários do reino animal. Quando o homem nasce, suas impressões sensórias são como as de um cachorrinho recém-nascido. Sua infância o conduz por todas as metamorfoses da história humana. Aos dois anos de idade ele vê com os olhos de um Papuan, aos quatro com aqueles do velho Teuton, aos seis com aqueles de Sócrates, aos oito com aqueles de Voltaire...". Aos olhos de Loos, os Papuan são selvagens assim como o são as crianças. Eles matam seus inimigos e os

épocas passadas os homens também se vestiam de forma colorida e ricamente adornada, apresenta o direito dos homens a usar roupas mais simples e discretas como sucesso de luta intensa. Em "Damenmode", afirma que os homens tiveram de brigar pela licença de usar calças. Enquanto a economia e a discrição passaram a fazer parte dos critérios de escolha das peças masculinas, as mulheres aprimoraram seu gosto pelo supérfluo. A moda feminina, pouco orientada pela simplicidade e adepta dos infindáveis adereços e babados, condena a mulher a uma posição pré-civilizatória.

Apoiado nas ideias de Flügel, Loos considera que os homens renunciaram ao ornamento por serem mais propensos a sacrifícios narcísicos que as mulheres. Menos infantis, os homens são considerados pelo arquiteto vienense seres dotados de uma "consciência mais rígida" (Loos, 1908 *apud* Foster, 2006, p. 71), o que supostamente facilitaria a ação de abdicar do meramente agradável. Para ele, a responsabilidade da subordinação feminina em relação ao homem não é apenas uma falta da mulher, mas uma espécie de truque usado por ela. "Se o homem tivesse permanecido uma

---

comem. Mas se o homem civilizado – que, para Loos, se traduz pelo homem moderno – mata alguém e o come, pode ser considerado criminoso ou degenerado. Essas ideias expostas em *Ornamento e crime* vinculam-se a os ornamentos na medida em que estes são análogos a formas retrógradas de vida, incompatíveis com o modelo de modernidade compreendido por Loos. As tatuagens dos Papuan são exemplos de que decorar a pele é algo antagônico aos moldes invocados por Loos. A pele e a roupa denotam, assim como a arquitetura, o nível de civilização de uma determinada cultura. Ornar o corpo, seja por meio de tatuagens, seja por meio de roupas supérfluas ou adornos é, na visão de Loos, um retrocesso no mundo moderno.

besta", Loos (1908 *apud* Foster, 2006, p. 71) escreve, "então o amor em seu coração seria despertado uma vez por ano [i. e. quando a fêmea estivesse no cio]". Após grande sacrifício, a sexualidade humana se restringiu e o amor passou a ser viável a qualquer momento e a qualquer hora. Os truques de sedução explorados pela mulher são formas de apelo para que haja um retrocesso a uma sexualidade mais primitiva. Enfeites e vestimentas provocantes fazem da mulher um enigma para o homem, que passa a ter o desejo de desvendá-lo. A vestimenta ornamental torna-se mais que trapaça; ela estimula a perversão ou transforma a sexualidade em algo absolutamente artificial, repleto de "aberrações aterrorizantes e escândalos depravados" (p. 72).

Krafft-Ebing e Loos são apenas alguns exemplos de um sintoma social bem maior que a mera restrição sexual da mulher no interior da vida social. Até a suposta luta de poder entre os diferentes gêneros é pouco para explicar os ataques fervorosos contra a liberdade feminina.

As mulheres que se prestam a soltar as rédeas não estão nas altas rodas, como a Therese de *Crônica de uma vida de mulher*, de Schnitzler. Atrizes, operárias e prostitutas formam um diversificado mundo paralelo para os homens da burguesia vitoriana. Zweig descreve minuciosamente esse elenco:

> Naquele tempo as calçadas estavam tão repletas de mulheres vendidas que era mais difícil esquivar-se delas do que achá-las. Havia ainda as inúmeras "casas fechadas",

as casas noturnas, os cabarés, os salões de dança com suas bailarinas e cantoras, os bares com suas meninas. A mercadoria feminina era ofertada a qualquer preço e a toda hora, e na verdade custava tão pouco tempo e esforço conseguir uma mulher para um quarto de hora, uma hora ou uma noite, quanto um maço de cigarros ou um jornal. [...] Esse gigantesco exército da prostituição [...] era dividido em espécies diferentes. A artilharia correspondia em geral na prostituição àquele grupo que ocupava certas ruas da cidade como seu campo de ação. Era em geral naqueles locais onde antigamente, na Idade Média, ficavam o cadafalso, um leprosário ou um cemitério, onde se refugiavam os perseguidos, os carrascos e outros desprezados pela sociedade, portanto zonas onde a burguesia há séculos preferia não residir. Lá as autoridades liberavam algumas ruelas para o mercado do amor. A cavalaria ou infantaria correspondia à prostituição ambulante, as incontáveis mocinhas venais que procuravam clientes nas ruas. [...]; dia e noite até o amanhecer elas arrastavam pelas ruas, também com neve e chuva, uma elegância falsa comprada com grandes dificuldades, sempre forçadas a um sorriso sedutor para cada passante no rosto cansado e já mal maquilado. [...] Mas nem essas multidões bastavam para o consumo permanente. Muitos queriam tudo ainda mais cômodo e discreto do que sair caçando na rua esses morcegos esvoaçantes ou tristes aves-do-paraíso. Queriam amor mais aconchegante: com luz e calor, música e

> dança, e uma aparência de luxo. Para esses clientes havia casas fechadas, os bordéis (Zweig, 1999, p. 111-2).

Não é porque estamos no reino da libertinagem e do amor pago que as máscaras simplesmente caem ao chão. Os jogos de sedução estão por todos os lados. O dinheiro dispendido com os infortúnios do amor serve para camuflar a vergonha de anseios tão intensos e primários. No livro das *Passagens*, Walter Benjamin (1982/2006, p. 533) esclarece a "função dialética do dinheiro na prostituição": o dinheiro compra o prazer, mas torna-se simultaneamente expressão e solução para a vergonha. Embora o amor da prostituta seja obviamente venal, a vergonha do cliente não pode ser simplesmente dissipada após o pagamento pelo serviço. O amante cobre cem vezes o preço de tabela para sua amada a fim de esconder seu constrangimento relativo às suas carências e aos seus caprichos eróticos. O dinheiro torna-se a atadura social para as feridas da vergonha que infiltram as paredes da sociedade.

Exemplos dessa ideia benjaminiana podem ser encontrados em várias partes da obra proustiana. Embora o sr. de Charlus seja gigolô de Morel, os jogos de amor não estão ausentes. Quanto mais os anseios do cafetão aumentam, tanto mais a vergonha permeia suas exageradas fantasias. A humilhação está presente nos dois lados: Charlus, que ama desesperadamente o jovem músico, promove-o e presenteia-o sem que qualquer espécie de retribuição sentimental genuína venha a se manifestar, e o outro, que se vê obrigado a atender às suplicas de um velho por quem sente asco. No volume *O tempo redescoberto*, as proezas sexuais do sr. de Charlus mostram as sutilezas atreladas ao sexo comprado nos bordéis. A própria relação entre Marcel e Albertine obedece a essa lógica. Saint-Loup e sua loucura por Rachel também sinalizam a dinâmica entre o dinheiro e o amor comprado, mostrando o jogo de aparências em algo que supostamente seria simples questão de comércio: comprar e vender. A relevância da aparência em casos de amor comprado torna-se ainda mais evidente no trecho encontrado por Benjamin na obra de Oldenburg:

> Em muitas dessas pensões era a regra, à hora do jantar – do qual podiam participar estranhos, com reserva antecipada –, comparecerem algumas *cocottes*. Elas se viam na obrigação de assumirem a aparência de moças de boa família e, de fato, não deixavam cair a máscara tão cedo; ao contrário, cercavam-se de uma interminável embalagem de bom comportamento e laços familiares, que era para ser retirada por meio de um complexo jogo de intrigas, o que, afinal, elevava seu preço. Nestas situações, naturalmente, expressa-se menos o recato da época do que seu fanatismo pelas máscaras (Benjamin, 1982/2006, p. 534).

Ou seja, as meretrizes deveriam se portar e se vestir como mulheres da sociedade para que esses homens as desejassem.

Odette, o amor de Swann na obra *Em busca do tempo perdido*, é o exemplo mais claro de que as mundanas tinham que se servir do coquetismo.

Essas mulheres da vida disfarçadas cumpriam o mesmo papel de intelectuais e artistas, que geralmente eram convidados aos salões com a expectativa de que fossem oferecer atrativos ou espetáculos aos homens importantes que lá estivessem. Não sem razão, Baudelaire coloca poetas e artistas lado a lado com as prostitutas – no mercado, seu valor era bastante semelhante.

Também não é difícil reconhecer a importância dos salões organizados pelas damas no período aqui estudado. Como sombras da vida pública, esses lugares de intimidade se alastram conforme o sol imponente da cidade vai se pondo em sua melancolia pública. A burguesia veste os trajes e modos da nobreza; quando, porém, se vê impossibilitada de alcançar o olimpo, mostra desdém e orgulho. Avessos da vida pública, os salões esquentam as conversas e são motivos de disputa, inveja e ciúme. Esse espaço íntimo é alimentado por convidados de prestígio, eventos musicais especiais, discussões estimulantes, personalidades excêntricas, conversas inteligentes, vestimentas incrementadas. Avaliados com rigor, a decoração e os hábitos dos anfitriões não passam incólumes ao crivo dos convivas. A paisagem dos salões funciona como uma espécie de grande palco no qual os atores desempenham seus papéis. Os nobres apelavam para o passado e reinventavam sua importância no presente, e a burguesia, por sua vez, precisava criar meios de se inserir na história oficial, que se escrevia naquele momento. O hábito dos salões no século XIX segue paralelamente aos eventos oficiais da vida pública e gera o burburinho necessário para revestir compromissos políticos com a graça da qual seriam simplesmente destituídos. Empenhadas em tornar o ambiente privado requintado e interessante para os convidados, as mulheres burguesas ou aquelas que têm o título da nobreza ornam suas casas ou palácios com o que consideram ser essencial aos espíritos lapidados que lutam para reunir.

A vida privada, os elos sociais, o traquejo nas relações, a habilidade de tornar o espaço da casa agradável e belo[5] estão

[5] No cenário parisiense *fin-de-siècle*, descrito por Marcel Proust, objetos de decoração e a aparência do lar da burguesia ascendente também ganham destaque. Em Viena, temos uma descrição bastante curiosa sobre o tema, que contrasta visivelmente com aquela observada nas imagens construídas na obra proustiana. Na descrição de Marcel Brion (1991) da casa onde nasceu Franz Grillparzer, é possível notar o caráter farsesco já descrito aqui e que rondava a vida social vienense: "Grillparzer nasceu em 15 de janeiro de 1791, numa casa elegante e triste do Bauernmarkt, cheia de vestíbulos intermináveis, que acabavam não se sabe onde, de cômodos imensos quase sem móveis, pois seus pais viviam constantemente com problemas financeiros. Em sua autobiografia, traçou um quadro comovente dessa moradia de outrora, negligenciada, quase abandonada, cujo esplendor ia se apagando aos poucos, até chegar à ruína lamentável. "Durante os dias mais longos do verão", escreve ele, "somente lá pelo meio-dia alguns raios de sol entravam no escritório do meu pai, e nós, as crianças, contemplávamos, com encantamento, esse pobre rastro luminoso sobre o assoalho. A própria disposição dos cômodos tinha algo de assombroso. Ao lado da cozinha, ficava o depósito de lenha, tão grande que poderia conter uma casa inteira; só se podia entrar nele com uma lâmpada que mal iluminava as paredes. Nada nos impedia de imaginar que esse lugar era habitado por bandidos, ciganos, até fantasmas. A essas causas imaginárias, acrescentava-se outra, muito real, que era a prodigiosa quantidade de ratos que ali fervilhava,

entre as maiores preocupações das anfitriãs dos disputados salões. Se a condição financeira, porém, não permite as mais altas extravagâncias, as damas dedicam-se a convencer os outros de que aquilo que oferecem foi uma escolha de acordo com o que consideram ser o melhor, e tentam, dessa maneira, lançar modas e gostos inusitados. O maior exemplo desse método pode ser encontrado no salão da sra. Verdurin, outro personagem a compor a obra de Proust. Sendo o que se pode denominar "nova rica", essa senhora dedica-se a converter seu salão em uma atmosfera desejada. Trabalha com afinco para suscitar inveja naqueles que não figuram entre os convidados. Os meios pelos quais consegue essa proeza, porém, são sutis e exigem a acuidade proustiana na análise psicológica. Ela desdenha o que lamenta não conseguir obter e enaltece suas medíocres conquistas. Um decadente nobre, que consta da lista de seus convidados, torna-se uma figura ilustre e admirável. Seus defeitos são arduamente camuflados, ou mesmo apagados, e suas qualidades, repetidamente rememoradas.

A Paris retratada na obra proustiana é o centro dos mais disputados salões, uma vez que a moda, a riqueza, o pensamento e a sofisticação concentram-se nessa cidade. Já Viena reúne uma elite cultural e econômica muito peculiar.

---

penetrando, muitas vezes, até a cozinha". A fachada principesca, admirada da rua, escondia tudo o que podia existir de tristeza, penúria e desordem no lar do advogado Wenzel Grillparzer, mas transmitia a ilusão de uma abundância e um luxo que, na realidade, a família estava longe de usufruir (Brion, 1991, p. 47).

Enquanto em outras capitais europeias a elite se frequentava com parcimônia e sem intimidade, em Viena os salões e os cafés estavam repletos dos mais diversos personagens das classes privilegiadas, diferentes esferas que formavam uma miscelânea em que cada uma está profundamente amarrada à outra. Ali os cafés têm lugar privilegiado e atraem todo tipo de gente e conversas. Eric R. Kandel resgata uma bela anedota contada na autobiografia da crítica de arte Berta Zuckerkandl. Ao visitar Viena, Rodin foi convidado por Berta para uma *Jause*, isto é, uma típica tarde vienense de cafés e bolos com Gustav Klimt:

> Klimt e Rodin estavam sentados ao lado de duas marcantes belas jovens – Rodin contemplando-as de forma encantada... Alfred Grünfeld [o antigo pianista da corte do imperador Wilhelm I da Alemanha, agora morando em Viena] sentado ao piano na grande sala desenhada, cujas portas duplas estavam escancaradas. Klimt dirigiu-se a ele e pediu: "Por favor, toque Schubert para nós". E Grünfeld, seu cigarro em sua boca, tocou idílicos tons que flutuaram e penetraram no ar com a fumaça de seu cigarro. Rodin inclinou-se para Klimt e disse: "Eu nunca havia experimentado uma atmosfera como esta – seu trágico e magnífico afresco de Beethoven; sua inesquecível exposição no templo; e agora esse jardim, essas mulheres, essa música... e em torno disso toda a alegria, felicidade infantil... Qual a razão para tudo isso?" E Klimt

> calmamente acenou sua bela cabeça e respondeu com uma única palavra: "Áustria" (Zuckerkandl, 1939 *apud* Kandel, 2012, p. XIII).

Na efervescência de salões e cafés, era possível esbarrar com profissionais liberais, homens de negócios, artistas, literatos, aristocratas, jornalistas e intelectuais. Por outro lado, a distância necessária para que a contundência da crítica pudesse se manifestar nos meios pensantes simplesmente se vê suprimida, e aquilo a que se assistia era uma alegre convivência entre esses diferentes estratos sociais. Alijada do poder político, a burguesia liberal não reivindicava seus direitos. Completamente embrenhada com a aristocracia, interpretava como condescendência dos poderosos os lugares que havia duramente conquistado. A nobreza e a realeza davam em troca a honra de seu convívio e a alegria de viver em harmonia. Jornalistas, intelectuais e artistas também frequentavam a culta burguesia local, sempre informada e afoita para prestigiar as novidades culturais, o que obviamente tolhia a contundência opositiva dos espíritos insurgentes.

Essa mescla pode ser sintetizada no maior exemplo de salão vienense, dado por Robert Musil em *O homem sem qualidades*. Diotima, esposa de um burocrata e apaixonada por Arnheim, o judeu culto e ousado, espécie de dândi, já aludido anteriormente, ganha fama na história pela sua capacidade de organizar um salão que reúne objetivos sociais e políticos, mesclando o supérfluo ao elevado. Suas reuniões têm o pretexto de celebrar o aniversário do reinado de setenta anos de Francisco José I por meio de uma grande ação política. Aliada ao conde de Leinsdorf, praticamente convoca seus convidados a comparecerem em sua casa para juntos discutirem o que será a Ação Paralela. Tal iniciativa, embora extremamente grandiosa, é completamente vaga e incerta. O tom patriótico que perpassa os discursos cede lugar a incertezas constantes e contradições sem respostas.

Seu salão representa a oportunidade feminina de conquistar espaço público e expressar a inteligência cultivada na vida privada. Mas o que move Diotima são ambições mais miúdas do que as que convencionalmente deixa transparecer. Ávida por ascender socialmente e por atrair seu novo amor, Paul Arheim, empenha-se em promover serões inteligentes e agradáveis. Deslumbrada com suas conquistas ao conseguir reunir intelectuais, aristocratas e burgueses, concede asas ao seu lar e descobre suas qualidades como mulher.

Modernismo: art nouveau *e Secessão*

Estimulados pelo polo que Viena representava na Europa do século XIX, pesquisadores do século XX identificaram de forma quase unânime o feminino como o aspecto inovador das obras de Klimt. Ilona Sármány-Parsons (2012) defende que eles se precipitaram: tal visão integra uma concepção clássica sobre a Viena moderna, estabelecida sobretudo pela pesquisa de Schorske ainda na década de 1960[6], que deixou de observar um contexto mais amplo. Tivessem dirigido seus olhos para outras capitais europeias, como Praga, Budapeste ou Varsóvia, observariam que a mulher ou o feminino não é tema exclusivo do pintor vienense, mas assunto recorrente nas pinturas da época, em vários países da Europa central e do Leste Europeu.

No entanto, ainda que Sármány-Parsons reveja essas posições, ela reconhece que Klimt foge, nas pinturas de mulheres, da misoginia, diferentemente de muitos de seus contemporâneos. Com a ressalva de que considerar Klimt o "psicólogo das mulheres" é limitar demais o que dele se possa pensar, Sármány-Parsons acaba por admitir que elas ocupam lugar de destaque na obra do artista. Também concorda que ele pinta mulheres de forma peculiar, integrando-as à natureza e ligando-as ao erotismo.

Assumindo o risco de cair no clichê já denunciado por Sármany-Parsons, insistiremos em alguns pontos levantados pela crítica tradicional sobre a obra de Klimt, atrelando-a ao feminino como forma subversiva de tratar seu próprio

6 Para Schorske (1988), é nítida a marca barroca na obra klimtiana, o que denota afinidades com o que vimos anteriormente a propósito do drama neobarroco representado pelas obras de Hugo von Hofmannsthal e outros. Diz Schorske: "Nenhuma delas refletia uma fácil vitória da luz sobre as trevas. Em 'filosofia', Klimt se revelou ainda filho de uma cultura teatral. Ele nos apresenta o mundo como se estivéssemos vendo do fundo da plateia, um *theatrum mundi* na tradição barroca" (p. 219).

meio. Aqui concordamos com Eva di Stefano (2006), que vê na obra de Klimt "a superioridade erótica da mulher", bem como a ideia de uma fêmea "metamórfica, esquiva e eterna" (p. 16), características que subvertem a misoginia de Otto Weininger, autor da obra pseudo-filosófica *Sexo e caráter*, cuja ideia principal é a inferioridade da mulher.

Klimt é o pintor que despe a Viena aparentemente irreverente de seus hábitos mais prezados e costumes mais arraigados. Alçando a mulher ao lugar de desbravadora de um novo mundo, ele não está sozinho. Como bem lembra Leonardo Munk,

> [...] a crítica à razão burguesa presente em Freud e Schnitzler viria a encontrar uma natural parceria na defesa dos "ideais femininos" preconizados pela arte vienense como um todo. Profundamente arraigados numa visão de mundo patriarcal, os valores da burguesia se opunham de maneira inflexível aos ideais estéticos e "femininos" da modernidade vienense. A restauração de uma comunidade sob o signo do feminino foi o desejo que norteou os artistas vienenses por volta de 1900. Nestes, as interrogações, utopias e angústias inspiradas pela reflexão a respeito da redistribuição dos papéis dos sexos na modernidade, expressavam-se através do anseio por uma retomada do matriarcado pré-histórico (Munk, 2008, p. 15).

Gustav Klimt pertence sem dúvida à camada mais irreverente da metrópole austro-húngara, afiliado que era a movimentos modernistas que, em sua definição, questionavam a tradição.

O modernismo pode ser resumido pelos seguintes aspectos, segundo um dos críticos e historiadores da arte mais renomados dos últimos tempos, Giulio Carlo Argan (1992): 1) a iniciativa de fazer uma arte atrelada ao presente, sem se render aos ditames estilísticos, conteúdos ou modelos clássicos; 2) a diminuição da distâncias entre aquilo que pode ser considerado arte "maior" e as outras formas de expressão tradicionalmente colocadas em segundo plano, como vestuário, decoração ou construção civil convencional; 3) a expansão da arte para uma função decorativa; 4) a tentativa de fixar um estilo propriamente *europeu* ou *internacional*; 5) o empenho em destacar certa *espiritualidade* em contraposição ao industrialismo vigente.

Tais categorias gerais estipuladas por Argan coincidem com diversas análises feitas por outros críticos. Em *O modernismo*, Peter Gay (2009) também procura extrair aquilo que se mantém em meio ao mar de diferenças que compõe o modernismo. Segundo o autor, "o fascínio pela heresia, que impulsionava suas ações a confrontar as sensibilidades convencionais" e "o compromisso com um exame cerrado de si mesmos" (p. 20) são atributos que invariavelmente se observam nas diferentes manifestações vanguardistas.

Como explica Gay, a atração modernista pela heresia é evidente no poeta que transpõe temas obscenos para métricas tradicionais, no arquiteto que extrai qualquer indício ornamental de seus projetos, no compositor que ignora as regras tradicionais da harmonia e do contraponto, no pintor que exibe seu rascunho como obra acabada. Percorrer novas trilhas une-se ao "gosto pelo puro gesto de insubordinação bem-sucedida contra a autoridade vigente" (Gay, 2009, p. 20). Criar era vencer a oposição ou a tradição, mas também era algo mais:

> Certa vez, Picasso definiu a arte moderna como uma soma de destruições. Mas as motivações dos artistas abstratos mostram que essa definição é incompleta, por mais feliz que possa parecer. [...] Kandinsky, Malevich e Mondrian [por exemplo] estavam decididos a construir e mostrar uma concepção de mundo religiosa, que ajudaria a reparar as perdas espirituais geradas pela cultura materialista em que eram obrigados a viver (p. 149).

Filhos rebeldes, os modernistas muitas vezes eram vistos como delinquentes ou baderneiros que não mereciam maior atenção. Os porta-vozes da cultura tradicional, por sua vez, agiam como pais obsoletos que não compreendem o que anima o espírito da juventude. Embora a recusa das autoridades em reconhecer como obra a criação desses modernistas alimentasse ainda mais o prazer dos provocadores, eles almejavam acima de tudo tocá-las, ainda que o preço para isso fosse instaurar uma discórdia indelével. Contudo, ao ser analisada de perto, essa exasperada batalha revela cruzamentos sutis entre posições aparentemente antagônicas.

A arte acadêmica era um dos principais alvos das vanguardas. As instituições que a representavam também estavam na mira modernista, e as armas contra elas eram implacáveis. Mas o arauto dessa cultura rechaçada pelos insurgentes era o "filisteu". Considerado representante do espírito obtuso da sociedade, o burguês era motivo de chacota ou alvo de ataques mais contundentes. O que, no entanto, deve-se ter em mente é que, "apesar de todas essas poses de provocação, por estranho que parecesse, os artistas modernistas sonhavam em conseguir um espaço nas paredes dos mesmos museus a que queriam atear fogo" (Gay, 2009, p. 29). E, se finalmente tiveram êxito em suas empreitadas, foi graças ao reconhecimento dessa mesma classe burguesa.

Outro ponto de discórdia era a religião. Entretanto, para substituí-la, esses soldados armados contra a fé religiosa não se abstinham de propor um novo dogma: a religião da arte. Sob o lema da *l'art pour l'art*, os modernistas pensavam que chegara a vez de a arte reger os caminhos de uma sociedade mais livre e feliz. O tom pregador típico daqueles que proferem "verdades definitivas" leva Gay a concluir: "Ao recordar a retórica que muitos modernistas se permitiam, nos deparamos com declarações de um extremismo que rivalizava com o tom da linguagem conservadora" (p. 29). O alcance dessa preconização com pretensões universalistas, contudo, foi irrelevante, pois os tratados não atingiam a grande massa e, dessa forma, os artistas concentravam-se mais em suas injúrias do que em seus panfletos propedêuticos.

A efervescência modernista acontecia num clima que oscilava entre o entusiasmo eufórico e a resistência aborrecida. O gosto, a percepção e os valores estéticos – obviamente com implicações de ordem ética – foram transformados a todo vapor até a Primeira Guerra Mundial. Nos regimes totalitários que se seguiram, os movimentos vanguardistas foram praticamente extintos. Em 1945, a chama insurgente reacende com vigor, e empalidece nos anos 1960.

Para Peter Gay (2009, p. 45), nem todas as inovações artísticas eram dignas de sucesso ou sobrevivência. Ainda assim, lembra que o modernismo inaugurou uma "libertação psicológica", uma ousadia para "levar a sério suas [dos artistas] fantasias de insubordinação" e "encarar com indiferença os cânones que por tantos séculos haviam ditado os temas e as técnicas":

> Em 1890, o escritor Frances Pierre Loti, em uma passagem ilustrativa, fez o elogio de sua fé vanguardista, "muito distante da resignação de meus antepassados". A concordância subserviente – a passividade, a obsequiosidade, o respeito pela autoridade – só fazia parte do vocabulário da vanguarda para ser denunciada. [...] O citadíssimo lema de Ezra Pound, *Make it new!*, estava implícito em todos os programas dos rebeldes, que podiam variar no

> detalhamento das propostas, mas eram unânimes em pregar a libertação do peso do passado (p. 62).

Diante desse embate acirrado entre a nova e a velha cultura, o que se deve hoje reconhecer é que "a despeito da aparente frivolidade, eles sabiam o que estavam atacando. A despeito dos exageros, eles eram sérios" (Gay, 2009, p. 28). Isto é, os rígidos critérios sustentados pela cultura tradicional não eram mais dignos de confiança para determinar o que era válido ou não na sociedade moderna. Os filhos modernos tomaram as rédeas das mãos de seus pais e desbravaram com estilo caminhos inusitados.

Também Octavio Paz (1984) buscou circunscrever as características próprias do modernismo. É notável sua perspicácia ao destacar o paradoxo que constitui os movimentos modernistas. Em *Os filhos do barro*, o crítico literário mexicano mostra como a poesia modernista e as vanguardas artísticas se consolidam por meio de uma *tradição da ruptura*. De um movimento artístico ao outro, o que se verifica são interrupções incessantes, que esboçam um eterno recomeço. Aquilo que se estabelece como regra – ou tradição da modernidade –, no entanto, não é o que cada um desses diferentes movimentos singularmente promete como caminho prospectivo para uma utopia definitiva, mas a repetição incessante dessas insurreições. Como roteiros para utopias, esses novos caminhos assumem o compromisso de trazer respostas para os impasses da modernidade.

Ainda que admitam que a provisoriedade ou a falta de lei seja precisamente a regra, não escapam da ilusão de reunir e enumerar seus postulados em seus manifestos. Tais axiomas são erguidos como crítica a um movimento predecessor ou contemporâneo, e essas contestações do movimento anterior pelo subsequente é a única marca que se reitera na modernidade. Daí a expressão *tradição da ruptura* cunhada por ele.

Vale lembrar que a forma como o tempo é simbolizado por aqueles que o vivem obedece aos anseios e valores de uma época. Paz (1984) observa que nas sociedades primitivas há um arquétipo instaurado no passado que serve como modelo para o presente e o futuro. Trata-se de um "passado imemorial" que atravessa histórias particulares e reina incólume nas lendas sobre as origens. Nas palavras do autor:

> Como um manancial, este passado de passados flui continuamente, desemboca no presente e, confundido com ele, é a única atualidade que realmente conta. A vida social não é histórica, mas ritual; não é feita de mudanças sucessivas, mas consiste na repetição rítmica do passado intemporal. O passado é um arquétipo, e o presente deve se ajustar a esse modelo imutável; além do que, esse passado está sempre presente, já que retorna no rito e na festa. Assim, tanto por ser um modelo continuamente imitado quanto porque o rito o atualiza periodicamente, o passado defende a sociedade da mudança (p. 27).

Impermeável às transformações, esse passado é cíclico e ganha sopros de vida no presente. Essa ideia é essencialmente contrária à noção moderna de tempo. Ser moderno é carregar a mudança no tempo, anunciar reviravoltas com a passagem das horas, soterrar o passado e anunciar o novo. Não há reconciliação com o passado, mas uma recusa incessante ou sua transfiguração em favor das causas atuais. Ao contrário das sociedades primitivas que veem com maus olhos as variações entre os diferentes tempos, considerando-as imperfeições ou quedas, os modernos as exaltam e lhes concedem lugar de destaque.

Talvez o paralelo entre as diferentes percepções do tempo revele algo ainda mais sutil, pois somente quando a imagem do tempo passa a ser transfigurada é que se inaugura a consciência da tradição. Enquanto a tradição predominava como forma de vida que sustentava o presente e anunciava os caminhos do futuro, os modelos arcaicos permaneciam íntegros e não eram nem mesmo interrogados. Os povos tradicionalistas não enxergam suas tradições, mas as reencarnam de forma natural. Quando os modernistas percebem a tradição, isso significa que já sabem tacitamente que são diferentes dela, o que os leva a questioná-la ou até mesmo a negá-la. Assim, a "crítica da tradição se inicia como consciência de pertencer a uma tradição" (Paz, 1984, p. 26). O que é inédito, portanto, é essa consciência da história. E, com o advento da história, há inevitavelmente uma reflexão sobre o modo como ela pode ou não ser conduzida.

Assim, se antes a tradição se caracterizava por aquilo que a nova geração herdava da sua antecessora – tanto em termos de posses como de costumes e valores –, pela permanência dos lugares ocupados ao longo do tempo, pela transmissão de histórias e lendas e pela estabilidade de hierarquias, na modernidade se instaura um ciclo de rupturas e insurreições permanentes. Formar uma tradição pela destruição que une o presente ao passado, recusar a continuidade entre as gerações que se sucedem e, não só isso, mas precisamente romper sem cessar com aquilo que se estabeleceu anteriormente, é o que confere estabilidade à modernidade. Diante de tal contradição, Paz levanta as seguintes questões: "Se o tradicional é, por excelência, o antigo, como pode o moderno ser tradicional?". E: "Se a tradição significa continuidade do passado no presente, como se pode falar de uma tradição sem passado e que consiste na exaltação daquilo que o nega: a pura atualidade?" (Paz, 1984, p. 17). A modernidade desaloja a tradição reinante para, em seguida, ceder lugar a uma *nova tradição*, que será tão efêmera quanto sua antecessora. O hoje deixa de ser filho obediente do ontem para se tornar um rebento rebelde e transgressor. Inaugurar uma tradição é meta no modernismo, ainda que a falência desse projeto esteja invariavelmente no horizonte.

Herdeiro da escola de Frankfurt, Peter Bürger considera que as teorias e as categorias estéticas não são atemporais, mas formuladas historicamente. Em *Teoria da vanguarda*, Bürger (1974/2008) retoma o conceito marxista de ideologia para analisar a instituição artística modernista. Examina a pretensão de validade das teorias estéticas das vanguardas, estabelecendo interfaces entre as análises marxistas sobre o trabalho e a religião e aquelas que desenvolve acerca do universo artístico. Sua hermenêutica materialista-dialética, tecida como crítica da ideologia, revela as contradições entre construções intelectuais e práticas sociais. Na introdução da *Crítica da filosofia do direito de Hegel*, Marx (1843 *apud* Bürger, 1974/2008) revela que na faceta falsa de um constructo ideacional existe simultaneamente um caráter de verdade, isto é, a verdade também está contida na mentira armada ideologicamente. Ao produzirem a religião – que, na visão marxista, nada mais é que a transposição do mundo material para um além livre das mazelas terrenas –, o Estado e a sociedade sinalizam a existência da miséria social, no mesmo passo em que procuram escondê-la. Ademais, a realidade insuficiente, projetada e invertida num cenário ideal acaba por reverter a pobreza real em um problema ainda mais acirrado, já que o impulso que deveria transformá-la passa a ser consumido com os rituais de fé. Em outras palavras: o consolo adquirido pelos preceitos religiosos ameniza a angústia diante dos problemas reais, e o alvo de uma ação transformadora se torna desfocado.

Contrapondo-se a Lúkacs e Adorno[7], Peter Bürger (1974/2008) resgata concepções marcuseanas, segundo as

---

[7] Não convém expor aqui os detalhes desse confronto. Por isso, remeto o leitor ao segundo capítulo de *Teoria da vanguarda* (Bürger, 1974/2008).

quais a arte, na sociedade burguesa, seria o meio através do qual o receptor individual consegue satisfazer idealmente necessidades oprimidas no interior do sistema. Entretanto, ao mesmo tempo que, fruindo da arte, ele se recupera dos choques inerentes ao capitalismo, experimentando-se como sujeito, tal experiência permanece dissociada da práxis cotidiana e não produz consequências concretas em sua vida[8]. Para Bürger, portanto, a função específica da arte na sociedade burguesa é justamente neutralizar a crítica. Satisfazendo as necessidades bloqueadas pela sociedade capitalista, a arte acaba por alimentar tal sistema, já que se mantém desintegrada da práxis cotidiana.

Essa, aliás, é a ideologia que sustenta a instituição arte. Tal ideologia assume o *status* de arte autônoma e designa o modo de função do subsistema social arte: sua (relativa) autonomia perante as pretensões sociais de uso. Se a categoria de autonomia da arte escancara a história que a compele a esse lugar, ela concomitantemente dissimula os meandros de tal história. São essas contrariedades que, aos olhos de Bürger, devem ser esclarecidas na análise feita sobre o lugar da arte na sociedade burguesa. A maior delas está concentrada no aforismo benjaminiano: "Não existe jamais um documento de cultura que não seja ao mesmo tempo um documento

[8] Trata-se, em suma, do que hoje tem sido analisado por meio do termo cunhado por Peter Sloterdick, e adotado por outros filósofos contemporâneos: a "razão cínica". O sujeito, por meio da arte, consegue tomar distância do sistema e olhá-lo de maneira crítica, mas isso se reverte em alimentar ainda mais o próprio sistema criticado.

de barbárie". Não se trata de condenar a cultura, que não se reduz apenas a erguer tal denúncia, mas a ideia é reconhecer, no testemunho deixado por ela, o anverso de seu brilho aparente. Obras de arte concentram faces paradoxais ou, em termos mais amplos elucidados por Freud em "O mal-estar na civilização": o processo civilizatório não pode ser pensado sem que a opressão inerente a ele seja considerada.

Contudo, é necessário destacar que o *status* de autonomia da arte na sociedade burguesa sinaliza a precariedade do sistema como um todo. Isso se evidencia quando a autonomia da arte se torna suscetível nas instâncias sociais ao procurar romper a distância entre as obras e a práxis vital. Assim, o que passa a mover as vanguardas é a própria *tensão* entre os limites institucionais da arte e os possíveis conteúdos políticos das obras.

Como se observa, a tentativa dos vanguardistas de trazer a arte de volta ao processo da vida é um projeto bastante contraditório, já que sua relativa liberdade é a condição de possibilidade da formulação de uma crítica da realidade. Uma arte integrada à práxis vital abdicaria da distância necessária para que a crítica pudesse ser articulada. O fato de a arte ser desgarrada da práxis vital inerente à sociedade burguesa é o que norteia o próprio conteúdo das obras, sob forma de uma autocrítica. Desse modo, as vanguardas recusam determinações essenciais para a arte autônoma descolada da práxis vital, mas sua crítica poética está fundada em sua condição de ser apartada da realidade cotidiana.

Seguindo a análise feita por Marx, Bürger (1974/2008) considera que a crítica da ideologia somente ocorre quando há uma autocrítica no interior de um subsistema social[9]. Com os movimentos históricos de vanguarda, o subsistema social da arte entra precisamente no estágio da autocrítica. A instituição arte e o lugar que ela ocupa no desenvolvimento da sociedade burguesa são os alvos da crítica vanguardista. Ao se armar contra o aparelho produtor e distribuidor de arte, as vanguardas miram tanto as ideias que se tornam consagradas no interior da instituição arte como a conformação da percepção no interior desses moldes cristalizados. O *status* de arte autônoma que lhe é concedido na sociedade burguesa é a zona de atrito, que tanto define a arte burguesa como a ameaça constantemente. O paradoxo da arte autônoma[10] reside justamente nessa liberdade total para se expressar e criticar o sistema e no alcance de tal crítica permanecer confinado no interior de um sistema inofensivo. Ainda pior:

9 Ao contrário da crítica imanente feita pelos cristãos ao paganismo ou do protestantismo ao cristianismo, para Marx a autocrítica implica uma distância diante das próprias ideias religiosas, que digladiam entre si. Trata-se mais fundamentalmente de uma crítica à própria instituição da religião. Assim como a burguesia possibilitou que um olhar distante em relação à religião fosse inaugurado, o surgimento do proletariado é condição para que haja a autocrítica da sociedade burguesa. É ele que inaugura a possibilidade de reconhecer o liberalismo como ideologia.

10 *Autonomia* (αὐτονομία) etimologicamente *autonomos* (αὐτόνομος), de αὐτο - *auto*- "de si mesmo" + *nomos* (νόμος) "lei", "normas". Quando reunidos em uma palavra, os termos significam "aquele que estabelece suas próprias leis". Isto é, neste contexto as artes estavam desincumbidas das leis impostas desde fora, como são aquelas dos pais em relação às crianças.

a arte autônoma não deixa de alimentar de forma drástica o próprio modelo criticado ao dar vazão ao espírito crítico, mesmo que inoperante. Ou seja, a autonomia da arte traz poucas consequências para o sistema capitalista. A autocrítica está centrada nessa impotência da arte no interior do sistema que lhe foi conferido na sociedade de consumo. Sem fôlego, o poder crítico da arte autônoma morre sempre no meio de sua travessia.

O *art nouveau* – ou *Jugendstil* – não foge a essas regras. Considerado um movimento pouco revolucionário por vários autores[11], é um dos primeiros movimentos modernistas, do qual Klimt é, senão um de seus precursores, um de seus principais protagonistas. O movimento guarda certo

[11] Argan, Gay e Schorske destacam uma faceta conservadora no *art nouveau*. Schorske (1988), o mais enfático nesse sentido, diz o seguinte: "Esse movimento estético, evidentemente, não foi uma criação austríaca, e seus protagonistas austríacos, tanto na poesia como na pintura, inspiraram-se em seus predecessores franceses, ingleses e belgas. Os austríacos prontamente captaram a sensibilidade langorosa de um Baudelaire ou de um Paul Bourget, mas não alcançaram a sensualidade dolorosa e autodilaceradora dos decadentes franceses, nem a sua visão da beleza cruel do cenário urbano. Os pré-rafaelitas ingleses inspiraram o movimento *art nouveau* (com o nome de Secessão) na Áustria *fin-de-siècle*, mas nem a sua espiritualidade pseudomedieval nem o seu forte impulso reformista social penetraram nos discípulos austríacos. Em suma, os estetas austríacos não estavam alienados da sua sociedade, como suas almas irmãs na França, nem se engajavam nela, como na Inglaterra. Eles careciam do amargo espírito antiburguês dos franceses e do caloroso impulso meliorista dos ingleses. Nem *dégagés* nem *engagés*, os estetas austríacos estavam alienados, não da sua classe, mas com ela, de uma sociedade que frustrou suas expectativas e renegou seus valores. Dessa forma, o jardim da beleza da jovem Áustria era um retiro dos *beati possidentes*, um jardim estranhamente suspenso entre a realidade e a utopia. Ele expressava o autodeleite dos esteticamente refinados e a falta de autoconfiança dos socialmente inúteis" (Schorske, 1988, p. 285-286).

otimismo em relação aos desenlaces da sociedade burguesa no fim do século XIX. Sua ambição não é modesta, tampouco seu alcance. Com o plano de espalhar a arte da superfície aos interstícios da sociedade, os artistas penetram vários segmentos em que o belo pode se sobrepor ao meramente útil e funcional. Apelam para o simbolismo, como faziam os românticos anteriormente. Com esse programa, logo caem no gosto popular e são cooptados pelo sistema capitalista, que passa a unir criatividade e objetos industrializados. O *art nouveau* começa a ser adotado como fórmula em algumas capitais e logo se expande para os interiores e vários lugares da Europa e Estados Unidos. Suas diferentes versões não alteram sua essência. Como esclarece Argan (1992, p. 199-202),

> [...] independentemente das variações de tempo e espaço, o *art nouveau* tem certas características constantes: 1) a temática naturalista (flores e animais); 2) a utilização de motivos icônicos e estilísticos, e até tipológicos, derivados da arte japonesa; 3) a morfologia: arabescos lineares e cromáticos; preferência pelos ritmos baseados na curva e suas variantes (espiral, voluta etc.), e, na cor, pelos tons frios, pálidos, transparentes, assonantes, formados por zonas planas ou eivadas, irisadas, esfumadas; 4) a recusa da proporção e do equilíbrio simétrico, e a busca de ritmos "musicais", com acentuados desenvolvimentos na altura ou na largura e andamentos geralmente ondulados e sinuosos;

5) o propósito evidente e constante de comunicar por empatia um sentido de agilidade, elasticidade, leveza, juventude e otimismo.

A criação e a liberdade expressiva denotam seu profundo enraizamento nos movimentos de vanguarda. A menção recorrente a ideias como as de juventude (*Die Jungen* ou a cena romana retomada pelos artistas da Secessão), primavera ou floração está intimamente ligada ao valor que a ideia de novidade novo exerce na cultura capitalista. Assim, unem-se seus projetos econômicos de lucro às criações dos artistas.

Nas cidades, seu lema é criar um ambiente agradável, belo e leve, que suprima a opressão das fábricas e da correria da vida moderna. O ornamento sobrepõe-se ao objeto utilitário e funcional em diferentes âmbitos: da moda à engenharia, do adorno feminino ou decorativo à arquitetura. Rapidamente se difunde e transforma o gosto burguês, até se tornar fetiche a ser consumido vorazmente.

Para Ruskin (*apud* Argan, 1922, p. 202), por exemplo, a poética da arquitetura residia no ornamento, pois sem ele o valor espiritual estava suprimido da obra. O que Argan, como bom marxista, percebe é que aos poucos não é mais o ornamento que se aloja no objeto útil; o enfeite é que determina o objeto, que se torna um subterfúgio para a aplicação do belo. Dessa forma, a ideologia do belo mascara os entraves e a pobreza da era industrial. Para Argan:

> Na imagem do mundo traçada pelo *art nouveau* não há nada que revele uma clara consciência da problemática social inerente ao desenvolvimento industrial. Parece, pelo contrário, que se pretende dissimular a dramática condição de sujeição ao capital, de aviltamento econômico e moral, de desesperadora "alienação" da nova classe trabalhadora, protagonista do progresso tecnológico. O *art nouveau* é ornamentação urbana: mas o entusiasmo pela nova "primavera", que invade os centros dos negócios e os bairros residenciais das cidades com adornos florais e trepadeiras, interrompe-se ao se iniciar o subúrbio das fábricas e dos intermináveis guetos da habitação operária (1992, p. 202).

Como os diversos movimentos modernistas, a Secessão, liderada pela figura de Klimt adota os mesmos pilares do Art Nouveau, apresentando também uma forma de resistência a uma tradição acadêmica que impunha sua autoridade profundamente contestável. Mas o embate entre tradição e novidade é ainda mais sutil e começa no próprio lar dos Klimt. Ernst Klimt, longe de pertencer à classe burguesa, com a qual o filho estabeleceria relações estreitas, era um conhecido gravador, integrando a classe de artesãos. Empenhou-se na educação dos filhos, conduzindo-os na mesma direção trilhada por ele: a de artesão-artista. Inicialmente, Klimt se rendeu ao velho hábito de se tornar aprendiz do próprio progenitor, mas, em seguida, enfrentou o moderno desafio de seguir uma formação profissional. Seu ingresso na Escola de Artes e Ofícios – uma extensão pedagógica do Museu da Arte e Indústria, inaugurada em 1868 –, aos catorze anos, trouxe-lhe a vantagem de dispor muito cedo de grande habilidade técnica, virtuosismo em desenhos e vasta erudição em história da arte.

A fama de Gustav Klimt, alcançada precocemente, deveu-se sobretudo às pinturas de novos empreendimentos urbanos na cidade de Viena. Atendendo às demandas da burguesia na reconstrução da Ringstrasse, realizava com maestria as diferentes encomendas recebidas na época. Suas pinturas históricas nascem esplendorosas no Burgtheater e no Museu de História da Arte. Em homenagem ao deus grego do teatro, Dionísio, Klimt pinta em 1887 a imponente escadaria do estabelecimento com suas imagens alegóricas, sobrepondo-as a representações modernas. Cidadão da metrópole teatral, Klimt retrata-se na própria pintura como um membro da plateia, que também inclui seus auxiliares – o irmão e Franz Matsch – e figuras da elite vienense. Seu sucesso condizia com a estrutura social à qual passou a pertencer e representar de forma privilegiada em seus trabalhos. Entretanto, no mesmo passo em que a visibilidade de sua produção aumenta, a hegemonia liberal decai e enfrenta sérios problemas políticos, que se mantêm asfixiados pelo seu *entourage*.

Também é importante lembrar que, em meados dos anos 1890, o espírito artístico insurgente próprio do modernismo desponta com a arte de Viena. A *Künstlergenossenschaft* [cooperativa de artistas], grupo de artistas no interior do qual se destaca o segmento *die Jungen* [Os jovens], navega na contramão dos preceitos acadêmicos, implodindo os limites impostos pelos seus modelos de pintura. Inspirados pela produção das grandes capitais, os artistas vienenses observam os estilos em voga. A coincidência entre eles limita-se ao combate contra moldes antigos para a construção de novos alicerces capazes de sustentar o que seria o homem moderno.

Embora o prestígio de Klimt, jovem mestre da velha escola, já estivesse disseminado entre as diferentes rodas, o artista não se acomodou e logo se engajou na revolta dos *Jungen* nas artes visuais, assumindo um lugar de destaque. Seu envolvimento com as questões novas da arte encarnou um projeto específico, como já aludido, denominado Secessão.

No primeiro número da revista *Ver Sacrum* [Primavera sagrada], publicado em 1898, o grupo de artistas de Viena esclarece que não segue na esteira dos demais países europeus, cujo objetivo era armar batalhas. Digladiar com diferentes movimentos artísticos em arenas repletas de espectadores, como ocorria em Paris, não era seu foco.

> O primeiro traço destacado do credo secessionista era a afirmação do rompimento com seus pais. Marx observou certa vez que, quando os homens estão prestes a fazer uma revolução, eles se fortalecem agindo como se estivessem

> restaurando um passado desaparecido. A Secessão definiu-se não como um mero *salon dês réfuses*, mas como uma nova *secessio plebis* romana, onde os plebeus, repudiando desafiadoramente o mau governo dos patrícios, retiravam-se da república. Simultaneamente, a Secessão proclamava sua função regeneradora, dando à sua revista o nome de *Ver Sacrum* (Primavera sagrada). O título se baseava num ritual romano de consagração dos jovens em épocas de perigo nacional. Enquanto em Roma os mais velhos entregavam seus filhos a uma missão divina para salvar a sociedade, em Viena os jovens se entregavam à missão de salvar a cultura das mãos dos mais velhos (Schorske, 1988, p. 207).

Fica claro que, se não havia embate entre os diferentes movimentos artísticos, não desaparece um espírito claramente irredutível em sua revolta contra o poder vigente. A briga não era fraterna; mais próximo da imagem do clássico freudiano "Totem e Tabu", o impulso de insurreição dirige-se simbolicamente ao que no texto de Freud seria o *pai primevo* da horda pré-civilizatória. O movimento secessionista tem o lema de pertencer ao presente e atender ao espírito novo, fugindo das convenções e da tranquilidade mortífera que pairava por Viena.

Os secessionistas não lutavam sozinhos. Schorske alerta que desde os anos 1870 essa "revolta edípica coletiva generalizada" havia se alastrado pela classe média austríaca. Já no fim dos anos 1870, *die Jungen* [Os jovens] – espíritos insurgentes em todos os campos – apareceram como um novo partido de esquerda. Também subversivos no campo literário, o grupo *Jung-Wien* enfrentou na década de 1890 uma postura moralista predominante na literatura novecentista, construindo personagens que abalavam a cultura das aparências e dos bons costumes. Denunciam, assim, tanto a realidade sociológica como a verdade psicológica, que permaneciam ocultas. O próprio Schorske, que não é psicanalista, mas historiador, reconhece os dramas edípicos vividos pela criança reapresentados nesse movimento insurgente das artes, liderado por Klimt. Diz ele:

> Ele [Klimt], da mesma forma, enfrentou um período de transição histórica com uma exigência imperiosa daquilo que Heinz Kohut chamou de "um reembaralhamento do eu". Com outros intelectuais da sua classe e geração, Klimt partilhou de uma crise da cultura, caracterizada por uma combinação ambígua entre revolta edípica coletiva e busca narcisista de um novo eu. O movimento de Secessão na arte moderna – equivalente austríaco do *art nouveau* –, cujo líder foi reconhecidamente Klimt, expressou a busca confusa de uma nova orientação de vida na forma visual (Schorske, 1988, p. 203).

O cartaz que anuncia a primeira exposição do movimento reafirma essa ideia. O embate entre as gerações está simbolicamente ilustrado pela imagem mitológica de

Teseu lutando contra o Minotauro. Reza a antiga lenda que um touro emergiu do mar Egeu perto de Creta, enviado pelo deus do mar, Poseidon. Minos[12], filho do rei Asterion, suplicara à Poseidon para que este enviasse um sinal de legitimidade ao seu poder, após sua ascensão ao trono ter sido contestada. Poseidon atenderia prontamente ao pedido, com a condição de que o touro fosse sacrificado em sua homenagem, logo após sua aparição. Diante da beleza do touro branco, porém, Minos optou por escondê-lo entre os demais de seu rebanho e ofertou ao deus um animal inferior. Sua desonestidade ascendeu a ira do deus dos mares, que transformou o bicho em uma fera perigosa. O castigo não se reduzia a isso. Poseidon, não satisfeito com esses pequenos infortúnios de Minos, enche Pasifáe (mulher de Minos) de impulsos sexuais pelo animal selvagem, e da relação entre ela e a besta nasce o Minotauro, que aterroriza a ilha de Creta, atacando a população. O povo, por sua vez, permanece confinado em seus lares.

Longe das posteriores versões ibéricas e viris feitas por Picasso do mesmo Minotauro, a escolha klimteana de tal simbolismo mitológico em 1897 suscita várias questões.

[12] A tarefa de humanizar o totem é uma tarefa sublimatória, como fica claro na carta 144 de Freud a Fliess, enviada em 4 de julho 1901. Diz Freud: "Já leu que os ingleses escavaram um velho palácio em Creta (*Knossos*), o qual declaram ser o autêntico labirinto de Minos? Zeus parece ter sido originalmente um touro. Parece [...] que o nosso próprio velho Deus, antes de passar pela sublimação incentivada pelos persas, era também adorado como um touro. Isso suscita toda sorte de pensamentos, que ainda não estão em tempo de serem colocados no papel" (Masson, 1986, p. 446).

Devemos lembrar que este é o ano no qual Karl Lueger chega ao poder. A legitimidade de tal conquista é inicialmente colocada em xeque pelo rei Francisco José I, que se vê obrigado a ratificar o cargo de prefeito conquistado por Lueger pelo voto. Como o alcance das propostas liberais não incluía camponeses, artesãos, operários urbanos nem os povos eslavos, esse segmento da massa passa a reivindicar participação política e se organiza para esse fim. Logo o êxito dessa parcela radical se manifesta. Em 1895, Viena tinha representação significativa da parcela social-cristã, e em 1897 Lueger assume seu posto como representante da capital austríaca. Viena converte-se em uma cidade reacionária por culpa do conservadorismo dos poderosos e de seu pavor de enxergar o avesso de suas belas e maquiadas feições.

A impotência suscitada pela derrota dos liberais escancarava a fragilidade e a falsidade dos valores dessa classe. Ao contrário do que gostavam de acreditar, a moral e a ideologia difundidas pela *haute bourgeoisie* vienense era impregnada de valores vitorianos com todas as repressões e mesquinharias próprias do perfil. A lei ordenava os direitos individuais, com a condição de que eles se colocassem a serviço da estabilidade social. Os prazeres do corpo eram permitidos, contanto que estivessem submetidos aos poderes da mente. A esse propósito, Peter Gay extrai uma parte reveladora de uma carta que Freud envia em 1883 à sua querida Martha Bernays, comentando o relato que a noiva fizera sobre os operários ruidosos que visitavam uma feira em Hamburgo:

> Pode-se demonstrar [...] que o "povo" é bastante diferente de nós na forma como julga, acredita, espera e trabalha. Existe uma psicologia do homem comum que difere sobremaneira da nossa. A "ralé" [...] dá asas a seus sentimentos com uma espontaneidade e agudeza que os burgueses instruídos aprenderam a controlar. Por que motivo nós, burgueses, não nos embriagamos? [...] Porque o descrédito e o desconforto de uma ressaca nos traz maior sofrimento do que o prazer da bebida. Por que não nos apaixonamos por uma pessoa nova a cada mês? Porque cada separação estraçalha uma parte de nosso coração (Gay, 2002, p. 48).

Na visão de Gay, o texto desvela que os alicerces do caráter burguês são a proibição e a consequente abnegação de impulsos. O freio severo das paixões tem nos adjetivos "sofisticado", "lapidado" e "refinado" suas justificativas ideológicas. Ao contrário dos rústicos camponeses e operários, e mesmo dos lascivos aristocratas, a burguesia moderna "é, de todas as outras classes, a que mais completamente sublima seus impulsos básicos, muitas vezes lamentando fazê-lo, sobretudo no século XIX" (2009, p. 48).

Diante desse cenário pouco confiável, a solução parece ser refugiar-se, como fazem os cidadãos de Creta por medo do monstro mitológico terrível, representado na obra de Klimt. Aliás, como esclarece Baümer (1986), esse é exatamente um dos principais objetivos de Klimt e dos demais artistas da Secessão: a arte como um refúgio contra as pressões da vida moderna e a Casa da Secessão, construída entre 1897/98 como local de exposição e produção dos artistas, estão em harmonia com esse ideal.

Mas a simbologia mitológica e suas analogias com o presente vienense não param por aí. No mito, Egeu envia Androgeu, filho de Minos e Pasífae, para enfrentar a besta. Entretanto, o jovem acaba vencido pelo animal, e Minos, inconformado, declara guerra contra Atenas. Sua vitória rende-lhe o direito de cobrar uma taxa da cidade a cada nove anos. Tal pagamento ocorria por meio do envio para Creta de sete rapazes e sete moças atenienses, que eram lançados no labirinto em que estava preso o Minotauro. Os jovens das duas primeiras remessas foram devorados pelo animal, mas, na terceira, Teseu intercedeu, entrando no lugar de um dos jovens enviados. Apaixonada por Teseu, a bela Ariadne, filha do poderoso Minos, ajudou-o a sair do engenhoso labirinto por meio de solução bastante simples: um novelo de lã desenrolado por ele desde seu ingresso o conduziria pelo caminho certo na saída. Ariadne seguraria o fio na entrada e esperaria pelo amado. Teseu avançou em direção ao monstro e de um só golpe matou-o e libertou os jovens presos.

É preciso mais uma vez lembrar que Klimt já era um artista maduro quando fundou e liderou a Secessão. Por isso, não seria estranho pensar que tal monstro justamente representa a configuração política do momento, que deveria ser combatida pelo artista para libertar as novas gerações. Nessa empreitada mitológica, Teseu não está sozinho e conta com a ajuda de alguém do sexo feminino – Ariadne. Como será explorado adiante, Klimt também vê no gênero feminino a saída do enrosco político de sua época. É interessante que, no cartaz, Palas Atenas observa toda a cena como se vigiasse a situação preocupante na qual se encontram esses personagens. Desaprovando a voracidade da fera, Palas Atenas preza a civilização, que no entanto precisa ser recuperada ou reconstruída, pois o cenário que se apresenta está longe de ter relações com os lemas prezados pela deusa.

Gustav Klimt – Cartaz para a primeira exposição da Secessão – Litografia. *Teseu e o Minotauro* (1898).

Embora essa hipótese levante questões dramáticas da época, as declarações feitas pela revista que representa a Secessão parecem seguir um rumo mais ameno. O texto inaugural da revista, escrito por Max Burckhard & Hermann Bahr (1898), deixa claro seu alvo: os valores burgueses, predominantes na época. A burguesia reacionária limita o gosto, a sensibilidade, a percepção e as ideias da sociedade. Tudo o que escapa ao previsível é rechaçado por meio de uma crítica pretensamente rigorosa. Por isso, a arma da luta contra os costumes burgueses é simplesmente o não esmorecimento diante de risadas maledicentes. Não se acanhar nem ter medo do ridículo é o tom atrevido desses artistas que lembram que "em Viena, o revolucionário que quer alcançar algo precisa não temer se tornar risível" (Buckhard & Bahr, 1898, p. 10).

As mulheres de Klimt

Se a luta é contra as autoridades, diferentemente das vanguardas francesas ou italianas que brigavam entre si, trata-se de fundar uma nova civilização. É nessa onda de uma nova civilização moderna que entra a mulher klimteana. Já no trabalho de 1891 para o novo Museu de História da Arte, Klimt insere uma série de figuras femininas que simbolizam diferentes períodos da história. Para representar o berço da cultura ocidental, traz pela segunda vez a figura de Palas Atenas. Protetora da pólis grega, Palas Atenas é a deusa da guerra, da civilização, da sabedoria, da estratégia, das artes, da justiça. Cultuada por todos os cantos da Grécia Antiga, chegou a ser reverenciada nas colônias gregas da Ásia Menor e da Península Ibérica, atingindo devotos no norte da África. Entre os mais temíveis deuses do Olimpo, nasceu da cabeça de Zeus, todo poderoso. Sua imagem é associada à função civilizatória da cultura e das artes e, por tal razão, aparece atrelada a diferentes regimes ou governos políticos, visando à legitimação de seus alicerces. Nerét analisa do seguinte modo a escolha de Klimt pela deusa grega da Antiguidade:

> Uma vez que um dos seus grandes temas do fim do século é o domínio da mulher sobre o homem, nessa verdadeira "batalha dos sexos" que então se desenrola nos salões aveludados e ricamente decorados que são frequentados assiduamente por artistas e intelectuais, a primeira super-mulher a servir de arquétipo e a aparecer na galeria de Klimt, insensível, armada, triunfante e tendo o homem – talvez mesmo a humanidade – em seu poder é Palas Atenas de 1898 (Néret, 2006, p. 20).

No início, apostando suas fichas no seio de sua pátria supostamente civilizada, Klimt extrai da imagem da deusa a oportunidade de homenagear a cultura da Áustria moderna da qual faz parte. Sua imponente, poderosa e serena Palas Atenas, pintada no Museu de História da Arte em 1891, assegura a estabilidade e a ordem civilizada do local. Aos poucos, desiludido e cético diante dos rumos tomados pela política e pela sociedade, vê nesta mesma deusa a chance de mostrar a verdade aos poderosos e reunir outros fundamentos para a reconstrução de valores civilizados.

Em 1898, sua nova versão de *Palas Atenas* não exibe mais os ares da vitória. Ergue determinada *Nuda Veritas*. A própria pintura *Nuda Veritas*, de 1899, traz, em versão ampliada, a mesma figura que se vê na mão de Palas Atenas. Nela vemos uma mulher jovem que carrega, impassível, um espelho voltado para o espectador. Uma passagem extraída de Schiller é mais um dos elementos que compõem a obra. Lemos: "Se não podes agradar a todos pelos teus atos e pela tua arte, agrade a poucos. Agradar a muitos é perigoso". Nesse pequeno trecho, vemos que Klimt não está disposto a se render ao gosto comum, se o preço for a renúncia de suas convicções. Sua arte não se acomoda às conveniências de classes e aos interesses gerais.

Gustav Klimt – *Palas Atenas* (1898).

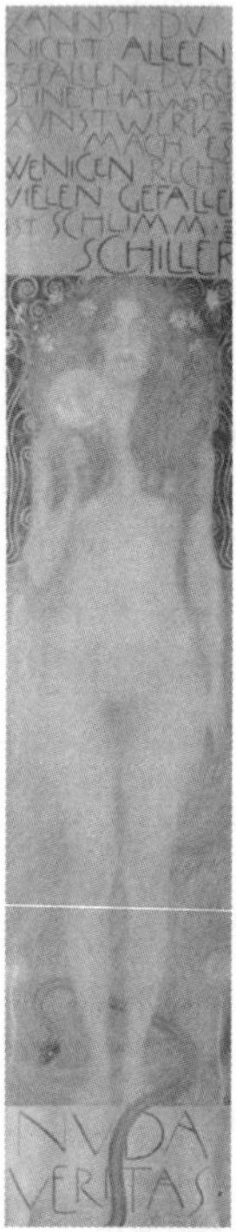

Gustav Klimt –
Nuda Veritas (1899).

Gustav Klimt –
Nuda Veritas (1898).

Klimt converte *Palas Atenas* em sua mensageira e na testemunha das desgraças de seu tempo. O apelo para que a verdade seja escancarada sem rodeios está representado na imagem dessa figura do sexo feminino. *Nuda Veritas*, inteiramente exposta, deixa entrever sua face humana pelas suas curvas e traços. Junto da verdade, Palas Atenas deixa de ser símbolo de uma sabedoria ordenadora, para se tornar "a sensual portadora do espelho do homem moderno".

A utopia klimteana, porém, não parece se aproximar da guerra, como poderia sugerir sua escolha por essa deusa. Ao contrário: Néret atribui uma "visão conciliadora e otimista" (Néret, 2006, p. 7) a ele. De fato, em muitas pinturas é possível pensar que Klimt segue numa linha muito próxima da utopia marcusiana, exposta em seu clássico *Eros e civilização*, ao dar vazão ao princípio de prazer sem freios e por meio da arte sublimatória. Há quase uma espécie de naturismo em Klimt, não de todo ingênuo, mas resistente e armado contra uma sociedade baseada na falsidade. Sem ser adepto da guerra executada pelos poderes militares do exército, Klimt separa claramente suas armas.

Judite é o emblema que as representa. Personagem do Antigo Testamento, encoraja o povo oprimido de Israel a resistir diante da grande potência assíria, comandada por Holofones. A exuberante *Judite* e seu poder de sedução depõem as armas do inimigo. Seus enfeites, suas roupas, seu perfume, sua maquiagem e suas palavras são seus instrumentos de batalha. A vaidade é a fraqueza do oponente, que se deixa conduzir pela conversa que o compraz. Cativo pelos olhos de Judite e extasiado pelo seu perfume, Holofones perde a razão e pensa no prazer que pode obter ao seu lado. Ela, porém, não perde seu povo de vista e executa seu plano sem piedade do tirano que a corteja.

Gustav Klimt – *Judite* (1901).

Ora, aqui não estamos em território insurgente contra o poder, semelhante ao antes exposto pelo cartaz de Teseu e o Minotauro? No caso de Judite, contudo, sua luta se dá por meio de recursos sutis, graciosos, sedutores e voluptuosos. Klimt não é um pintor menor, decorativo e simplesmente agradável, como alguns defendem. Seu poder beligerante está reunido em torno de atributos comumente identificados como futilidades femininas.

Todos esses símbolos e mitos presentes em suas obras evocam também impulsos sexuais e mortíferos. Sexo e morte mesclam-se em seus infindáveis desenhos e pinturas. *Sangue de peixe* e *Peixes dourados*, por exemplo, celebram o prazer orgástico que devolve os corpos femininos a lugares próximos de situações intrauterinas, cheias de água e vida, sem qualquer desamparo. Nesse sentido, essas mesmas obras ligam-se profundamente com a morte, e o sentido já analisado por Freud daquilo que se conhece sob o nome de narcisismo ganha forma e colorido vibrante pelas mãos do artista.

Essas figuras aquáticas nadam livremente, sem qualquer impedimento. Os cabelos tornam-se espécies de algas, e o corpo funde-se com a natureza oceânica. O sentimento oceânico, criticado por Freud, é exaltado nessas obras do pintor vienense. Essas mulheres, que à primeira vista transbordam êxtase, estão também bastante à vontade com um amor cuja conotação é mais primitiva do que pode parecer à primeira vista. Entre elas ainda não há lei, e uma harmonia as integra suavemente. A água que contorna seus corpos e as separa é a mesma que as aproxima de forma fluida e flexível. Elas seduzem pela autossuficiência que transmitem. Enquanto Freud perfura esse ar da *belle indifférence*, encontrando ali os sintomas próprios da histeria, Klimt é capturado por ele e penetra essa atmosfera quase intangível por meio de seu pincel. Assim, o mergulho que se vê nas figuras é um submergir de Klimt nos seios e veias dessas mulheres e seus sonhos eróticos renunciados no interior da sociedade hipócrita na qual vivem. Enquanto Freud escuta os lapsos das suaves vozes que a ele se dirigem e identifica sintomas nas declarações de amor transferenciais, Klimt transpõe para o plano da tela os sonhos mais secretos das moças que dele se aproximam. São imagens oníricas, imagens de desejo.

Não só a harmonia integra a obra de Klimt. Não podemos nos esquecer do episódio histórico sobre a encomenda feita a Klimt para a Universidade de Viena. Antes de chegar a ele, é preciso lembrar-se de que o entusiasmo iluminista já havia sido desmistificado por Klimt em suas leituras teóricas, que incluíam obras de Nietzsche e Schopenhauer, além de sua experiência concreta como cidadão austríaco. O "triunfo da luz sobre as trevas" ou o "poder da razão" não o convenciam mais após suas aventuras filosóficas e as vitórias tenebrosas no campo da política. Klimt já era um notável depois de seus traços terem sido impressos em alguns monumentos da Ringstrasse, mas em 1898 o ar insurgente, próprio de qualquer modernista, sobressai em suas produções. Sendo líder na Secessão, suas pinturas assumiram feições ambíguas e provocativas, que acenderam polêmicas em torno de sua obra.

Em 1894, o Ministério da Cultura convida Klimt para mais uma obra pública. A encomenda consistia em quatro pinturas para forro que cercariam o painel central do salão nobre da universidade, pintado por Franz Matsch. Klimt seria responsável pela realização de três delas, que representariam a Filosofia, a Medicina e a Jurisprudência. Após um conflituoso acordo, em 1898 a comissão de docentes e o Ministério da Cultura deram o aval para que Klimt iniciasse sua obra. Os figurões impuseram limites às expressões do artista, que não se rendeu, mas teve um preço alto a pagar.

Ao apresentar as pinturas da *Filosofia* e da *Medicina*, entre 1900 e 1901, 87 docentes assinam uma petição em protesto contra o trabalho, exigindo que o Ministério da Cultura o barrasse. Tal crise denota como a arte moderna é capaz de tocar a política. A ousadia de Kimt ao aproximar a *Filosofia* de figuras tenebrosas, trazendo a face obscura atrelada àquilo que essencialmente estaria ao lado das luzes, foi paga com o boicote de suas aspirações.

O caso estendeu-se para a política, que passou não só a atacar o conjunto de sua obra, mas também a bani-la e boicotá-la. Propostas para trabalhos públicos cessaram, e a revista *Ver Sacrum* foi confiscada por trazer desenhos da *Medicina*, que ofendiam a moral pública. Ainda que o presidente da Secessão tenha processado e obtido vitória em sua causa contra a proibição da revista, havia se instaurado um clima de tensão difícil de ser diluído. Schorske relata o decurso da história:

> Quando Klimt foi escolhido para uma cátedra na Academia de Belas-Artes, o Ministério, contra todas as expectativas, não confirmou a indicação. Ao mesmo tempo, Friedrich Jodl, o principal adversário de Klimt na universidade, foi indicado para uma nova cadeira de estética na Universidade Técnica de Viena. O discurso inaugural de Jodl pode ser lido como um grito de vitória sobre Klimt e a Secessão. Ele atacou as tendências artísticas modernas pelo seu subjetivismo e uso de formas micênicas e outras modalidades primitivas. Defendeu a necessidade de uma crítica científica, para devolver o espírito objetivo à arte.

> Por fim, Jodl reafirmou o passado como uma única escola adequada para o crítico e o artista (Schorske, 1988, p. 234).

Sabemos da ironia lançada por Nietzsche aos filósofos sérios e empenhados na tarefa de encontrar *a beleza da verdade*. Seus caminhos retos e eficazes não conseguem topar com aquilo que, por natureza, é fugidio, leve e solto, por isso Nietzsche identifica as mulheres e o feminino com a verdade. Esta não representa o universal, mas "supondo que a verdade seja a mulher" (Nietzsche, 1886/2005, p. 7), podemos aproximá-la da leveza, da arte, da graça, da sedução, do mistério, das sinuosidades do pensamento e da beleza. A este respeito, Giacoia Jr. assim se expressa:

> A vocação dos filósofos para os grandes sistemas seria uma bizarra tentativa de violência à verdade, com o propósito de encerrá-la, pressurosamente e com toda segurança, nas invencíveis fortalezas dogmáticas que para ela construíram, aqueles majestosos castelos metafísicos, a que hoje damos o nome de *sistemas*. Porém, de acordo com Nietzsche, é justamente desse modo que *não* se deve tratar uma mulher (2002, p. 11).

Quanto mais os filósofos fiéis aos preceitos iluministas da modernidade se esforçam para apreender a verdade, mais esta lhes escapa por entre os dedos. Sobre o feminino e as mulheres, Benjamin aproxima-se de Nietzsche, como esclarece Muricy (1999, p. 88):

> Benjamin não explicita o que seria [...][uma]cultura da mulher [...] Como conversam entre si, as mulheres que não perderam a alma no mundo das palavras masculinas? *Como Safo e suas amigas conversavam entre si?*, pergunta-se Benjamin. A tagarelice feminina, as palavras ao léu que esvoaçam sem peso, testemunha que as mulheres não apostam em palavras, que não deixam que elas lhes roubem a alma. Mulheres não se deixam impressionar pelo assunto, pelo que é comunicado, mas levam a sério o prazer lúdico da conversa. Estão fora do círculo obsessivo das significações e dos embates dialéticos das conversas masculinas. A linguagem das mulheres é a das palavras ainda não aprisionadas no sentido, nas abstrações da lógica. É a linguagem arcaica do passado, da infância, não burilada pelos requintes da dialética: A *linguagem das mulheres manteve-se rudimentar.* É a linguagem do silêncio de onde brotam as possibilidades de uma linguagem não instrumental.

É essa a face feminina que guia cada vez mais arduamente as produções do artista vienense. Aos conceitos lógicos e universais se contrapõem atribuições do pensamento humano que foram simplesmente renegadas e soterradas: a faceirice, o mistério, a sedução e a bela aparência.

Suas mulheres lânguidas, volúveis e sensíveis contrastam com a figura débil do homem, que deveria representar a lei em sua obra *Jurisprudência*. Irônico, Klimt retrata a suscetibilidade do homem com as avarezas da sociedade e a força das mulheres com as inconstâncias próprias do espírito humano. Uma grande mãe é a única a consolar esse mortal, que se rende humildemente aos seus acolhedores braços. A lei tão enaltecida pela Áustria liberal recebe feições frágeis e impotentes.

É importante lembrar que essa versão da *Jurisprudência* nasce após toda a confusão ter sido armada e sua primeira composição ter sido inteiramente modificada. Como explica Schorske:

> A figura da Justiça foi inicialmente concebida de modo vivo e ativo, brandindo sua espada ao cortar o ar, para aparar a ameaça de um sombrio polvo de males e crimes aos pés. Nessa versão, Klimt nitidamente idealizava a Justiça, tratando-a com as pinceladas enérgicas e luminosas de uma mulher-em-branco de Whistler. A ambientação espacial também difere da presente em *Filosofia* e *Medicina*; ao invés da atmosfera pesada e viscosa desta última, a *Jurisprudência* tem um ar brilhante e leve. Assim, Klimt originalmente via a Justiça livre das ambiguidades da *Filosofia* e da *Medicina* (1988, p. 237).

Quando ainda estava empenhado em transpor sua ira para o painel *Jurisprudência*, Klimt obteve a chance de realizar um mural que também seria um marco em sua carreira. Trata-se de um friso em homenagem a Beethoven, que havia transposto a "Ode à alegria" de Schiller para a *Nona sinfonia*. Essa oportunidade profissional também restaurou sua capacidade de acreditar nos poderes da arte: quase uma utopia, a arte recebe a carga de transformar a desolação do mundo moderno. A obra foi realizada por ocasião da exposição de uma estátua contemporânea de Beethoven em Viena que havia sido esculpida pelo renomado artista de Leipzig, Max Klinger. Os artistas da Secessão concluíram que ela merecia um invólucro: o edifício da Secessão, que seria transformado em templo. Equivalente moderno do sentimento religioso, a exaltação da estátua afastava as agruras da vida moderna. Schorske lembra que "o catálogo da mostra falava do "anseio por uma tarefa grandiosa" por parte da Secessão [...]: "o desenvolvimento deliberado do espaço interno [*Innenraum*]". A mostra de Beethoven foi, de fato, uma *Gesamtkunstwerk* de interioridade estetizada" (Schorske, 1988, p. 244).

É possível pensar, por conseguinte, que, se Klimt acatou o desafio de realizar sua *Jurisprudência* como afronta à cultura e à lei, seu friso de Beethoven foi a possibilidade de recompor seus elos com a arte, colocando-a como solução para os problemas próprios da modernidade. Tal poder da arte só se realiza no espaço da intimidade. Depois de ter pintado o símbolo da sociedade na qual vivia – o teatro – e ter se rendido aos galanteios, solenidades e convenções dos salões, que deviam sua existência ao princípio de ver e ser visto, Klimt entrega-se cada vez mais intensamente aos princípios da Secessão e constrói um refúgio no qual as pessoas abandonam seus disfarces e se entregam a intensas experiências de amor e prazer. Se os salões, cheios de soberba, são estudados pelos anfitriões para impressionar seus frequentadores e esnobar os que deles não participam, o *atelier* de Klimt é um convite para que essas máscaras sejam abandonadas. As modelos que o frequentam circulam nuas e à vontade, deixando-se ser observadas em seus gestos mais íntimos. Sem o tecido capaz de indicar a classe social a qual pertencem, Klimt exalta o corpo e o espírito dessas mulheres.

Rompendo o vínculo com as figuras que ocupam o poder, Klimt descobre o poder revolucionário e subversivo do espaço privado. A beleza e o sublime emergem de seu refúgio, e os resultados não permanecem confinados ao mundo da intimidade, mas se alastram pelo mundo. É o que acontece com seus retratos de mulheres encomendados pelos mecenas da época. Nesses retratos, elas quase sempre trajam vestidos ornamentados. Amante da estilista Emilie Flöge, Klimt está longe de ser indiferente à moda. Mas, se moda significa estar dentro do que é agradável e pode ser facilmente difundido, Klimt consegue com ela provocar incômodo ou curiosidade. Suas roupas soltas navegam na contracorrente do talhe predominante dos corpetes e espartilhos. O colorido dos tecidos também foge do tom sóbrio convencional. São roupas tingidas com brilho ou cores extravagantes, que pendem dos corpos sem que qualquer tipo de armadura as sustente.

Além disso, as estampas que as preenchem vêm de culturas orientais e pouco conhecidas pela burguesia local.

Henry Van de Velde foi um dos envolvidos na criação de um "Vestido de Arte" (*Art Dress*) para tirar as amarras do espartilho que apertavam as mulheres. Para Van de Velde, a moda não estava abaixo da arquitetura ou da arte, mas tinha o mesmo estatuto das tradicionais criações. Tal pensamento era absolutamente coerente com os princípios da Secessão. No primeiro número da revista *Ver Sacrum*, o texto de Burckhard & Bahr (1898) esclarece os objetivos do movimento e a certa altura apresenta um suposto interlocutor pronto a resistir aos argumentos levantados até ali. O diálogo fictício transcorre do seguinte modo:

> Então, alguém pode alegar: para que, afinal, eu precisaria dos artistas? Eu não aprecio pinturas. Então, poderíamos lhe responder: se você não gosta de pinturas, podemos muito bem enfeitar suas paredes com tapetes agradáveis. Talvez você adorasse tomar seu vinho em um copo artisticamente moldado: dirija-se ao nosso encontro, que modelaremos a forma dos copos nos quais se beberá o vinho. Ou você preferiria uma agradável joia, um raro tecido para presentear sua noiva ou amante? Então manifeste-se, procure por isso uma única vez e nós lhe provaremos que você foi apresentado a um novo mundo e é parte dessas coisas, cuja beleza você não pode imaginar e cuja doçura você nunca provou (Burckhard & Bahr, 1898, p. 6-7).

Era natural que Gustav Klimt se engajasse com as ideias de Henry Van de Velde sobre as roupas das mulheres. Em 1907 ele concebeu alguns modelos, que foram costurados pela Schwestern Flöge, *atelier* que sua amante mantinha junto de suas outras duas irmãs. Embora essas estampas estejam desenhadas sobretudo nas roupas que vestem suas musas, podem também ser encontradas nos quadros de paisagens – estas se tornam espécies de tecidos ornamentados enredados à natureza. Assim, a roupa não está presa ao corpo, mas é modelo para o mundo e até mesmo para a percepção da natureza. O artifício sobrepõe-se ao natural, e são os detalhes do feminino que atravessam os lares rumo ao exterior.

Se, como afirma Gilda de Mello e Souza (1987), as mulheres se expressam por meio da moda e esta se torna uma forma de linguagem, o idioma inaugurado por Klimt é extremamente revolucionário. Hal Foster (2006, p. 56), em "A proper subject", analisa a obra de Loos, arquiteto que integra o mesmo movimento vienense de Klimt. Ele argumenta que os modernistas – sendo obviamente Loos um deles – são sobretudo críticos da linguagem da própria prática ou disciplina. O sentido da expressão "crítico da linguagem" é pensado aqui de acordo com a filosofia de Wittgenstein, outro vienense, ou até mesmo de Schoenberg, que compôs suas músicas como crítica ao sistema tonal, linguagem musical predominante. Um aspecto importante para designar o modernista como crítico é a relação intrínseca entre estética e ética. Não é difícil reconhecer nas inusitadas criações de

Klimt e Flöge essas características no âmbito miúdo da vida social privada. Os vestidos criados por esse casal e sobretudo aqueles representados nas pinturas de Klimt colocam em xeque todo o *éthos* vigente, chegando a deslocar a mulher de seu lugar de penduricalho do homem. A própria amada de Klimt é tratada como companheira de trabalho e criação e está longe de ser o bibelô ou a servente do amante.

Seguindo a máxima benjaminiana de que "o eterno [...] é antes um drapeado de vestido do que uma ideia" (Benjamin, 1982/2006, p. 107), Klimt dedica-se a cultivar não só as dobras das roupas, como também cada um dos elementos que as compõem, eternizando esses modelos e seu enfrentamento histórico em relação aos valores da sociedade vienense em suas belas pinturas. Sem desdenhar das mulheres, reconhece que a moda tem uma "extraordinária capacidade de antecipação" e um "contato muito mais constante, muito mais precoce com as coisas vindouras graças ao faro incomparável que o coletivo feminino possui para o que nos reserva no futuro" (p. 102).

Voltemos ao debate em torno das vanguardas modernistas para ver mais de perto como Klimt se coloca naquele quadro. É possível perceber no próprio fluxo modernista uma ambivalência entre restaurar a ordem estabelecida por meio da construção de um arsenal que possa defendê-la de qualquer assalto inesperado, e apostar de forma otimista e utópica em um sistema inédito, recusando impiedosamente tudo aquilo que remeta ao passado. Tal ambivalência torna-se evidente nos escritos de teóricos do modernismo, apresentados anteriormente. Sem invalidar a potência inovadora dos diferentes movimentos modernistas[13], é curioso observar como eles se estabelecem numa alternância compulsivamente repetida – e, portanto, sintomática – entre destruição e promessa utópica de uma nova ordem[14], seja ela formada pelo restabelecimento da velha, seja ela composta sob forma de contraposição à tradição.

Ainda que seja considerado um movimento mais brando pelos teóricos do modernismo, o *art nouveau* resguarda essa característica de romper com a tradição e simultaneamente reescrever um programa para o futuro. Klimt encaixa-se nessa agenda. Seguindo com uma singularidade irreverente as proposições do *art nouveau*, suas pinturas atacam o conservadorismo burguês e seu otimismo em restabelecer a ordem perdida por meio do capital e da tecnologia. Suas mulheres mostram a força de que os homens são destituídos.

Como vimos, o poder feminino representado por Klimt concentra-se tanto no amor como na destruição. A mulher é

---

13 Se é verdade que as incessantes rupturas e os incansáveis escritos de manifestos propositivos no campo das artes são um sintoma social, não é menos verdade que a potência criativa desses movimentos deve ser amplamente reconhecida. Ou seja, reconhecer o sintoma repetitivo não implica necessariamente a invalidação dessas manifestações. Ao contrário, elas trazem precisamente uma forma de responder aos novos anseios e angústias da sociedade moderna, inovando as formas de lidar com as situações inéditas com as quais se veem obrigadas a lidar.

14 Não é o caso de simplesmente invalidar utopias e críticas, mas a repetição obsessiva entre uma e outra forma de ataque e reprogramação de uma nova ordem não pode passar desapercebida aos olhos do psicanalista, que reconhece na compulsão à repetição o sinal de sintoma psíquico.

portadora da vida, e seu ventre, exposto em diferentes obras do artista, lembra que é ela quem carrega o novo ser até que ele ganhe a luz. O tom insurgente do artista mostra-se precisamente no modo como representa essas mulheres, ora fatais e enigmáticas, ora devastadoras e maléficas. Sedentas de amor ou melancólicas, elas se sustentam em seus adornos e em suas indumentárias. A intensidade do desespero suscitado pelas questões modernas está em cada um dos traços representados pelo pintor, mas é amainada pela beleza, que acompanha a miséria humana. O desejo aparece escancarado em bocas semiabertas, mas o ouro contorna aquilo que poderia se tornar simplesmente vulgar ou pornográfico. Ternas, suas mulheres guardam na carne nua a potência do amor sensual.

Ao contrário de Oskar Kokoschka, que penetra os interstícios da aparente segurança e dos refinados modos vienenses e reconhece as faces do pânico, da ansiedade e do horror, representando-as em suas obras sem amenizá-las[15], Klimt põe em xeque os pudores hipócritas da era vitoriana de maneira extremamente sublime e bela. É curioso expor o contraste não apenas de um pintor com outro – como também faremos, mais tarde e em detalhe, com Klimt e Schiele –, mas também comparar o teor dos esboços klimteanos com aquele que aparece em suas obras finais.

---

15 Oskar Kokoschka escreve: "As pessoas vivem na segurança, mesmo assim, elas estão todas cheias de medo. Eu percebo isso através de seus refinados modos de viver, ainda derivado do barroco. Eu as pinto em sua ansiedade e em seu pânico" (Kokoschka *apud* Stefano, 2006, p. 14).

Em *Schubert ao piano*, é bastante significativa a discrepância entre o estudo para a obra e a pintura final. Enquanto na primeira versão a moça postada atrás do piano tem uma face disforme e tenebrosa, na versão final ela ganha um ar melancólico e conformado. Se o estudo é rico pela intensidade, o resultado final ganha em sobriedade, beleza e delicadeza, levando Hermann Bahr a emitir o seguinte juízo: "Esse silêncio, essa amabilidade, esse esplendor na modéstia burguesa, essa é a nossa Áustria" (Bahr, 1900 *apud* Stefano, 2006, p. 8). Tal transformação evidentemente poderia ser considerada uma imperfeição própria da improvisação dos rascunhos, superada na obra final. Tendo a supor, porém, que essa metamorfose não é tão casual assim. Diante do pesadelo do desamparo e do terror que pairava entre os espíritos da Viena *fin-de-siècle*, o enlevado conformismo melancólico que aparece na tela final era o solo que encobria as fissuras deixadas pelos sucessivos terremotos.

Gustav Klimt – Esboço de *Schubert ao piano* (1945).

Gustav Klimt – *Schubert ao piano* (1945).

Esquecidos em seus cadernos, também há milhares de desenhos de observação que servem como estudo para as obras. Era difundida a fama de Klimt por reunir em seu *atelier* dezenas de modelos nuas, que ali ficavam à vontade enquanto ele as desenhava ou pintava compulsivamente. Com poses diversas, elas revelavam sua mais secreta intimidade para o olhar cirúrgico de Klimt. O resultado de tais estudos eram imagens de mulheres que escancaravam seus órgãos genitais, cenas de penetração sexual e gestos masturbatórios.

Em suas pinturas, porém, esse despudor passa por uma fina e minuciosa peneira, ganhando véus de beleza, colorido e ouro que encobrem as partes obscenas. Além disso, as mulheres comuns observadas por Klimt em seu estúdio são muitas vezes transfiguradas em ícones mitológicos, o que as transpõe para um nível elevado e inacessível. É o que se observa, por exemplo, em *Danaë* (1907). Enquanto o estudo parece ser resultado da observação de uma mulher nua comum, deitada de pernas para cima, a pintura traz como referência o encontro sexual mítico entre Zeus – trasmudado em chuva de ouro – e a princesa refém. A chuva dourada que transborda gozosa e fértil da pintura cumpre a função de aludir à sexualidade ao mesmo tempo que a oculta, seja por encobrir concreta e detalhadamente a imagem da própria vagina, nítida no estudo com lábios e pelos pubianos, seja porque o contexto mítico coloca tal mulher em outro patamar.

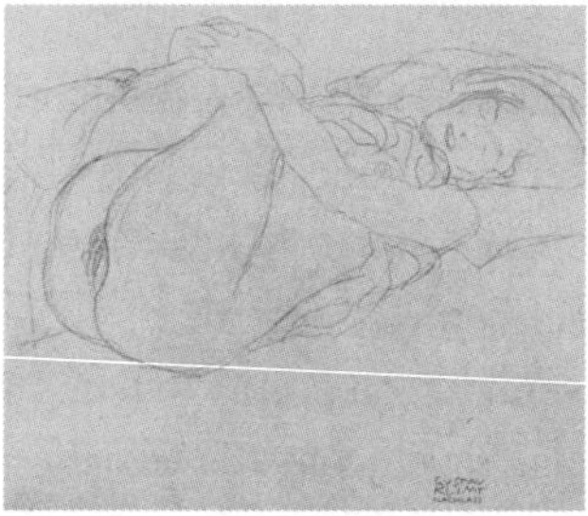

Gustav Klimt – Esboço para *Danaë* (1907-1908).

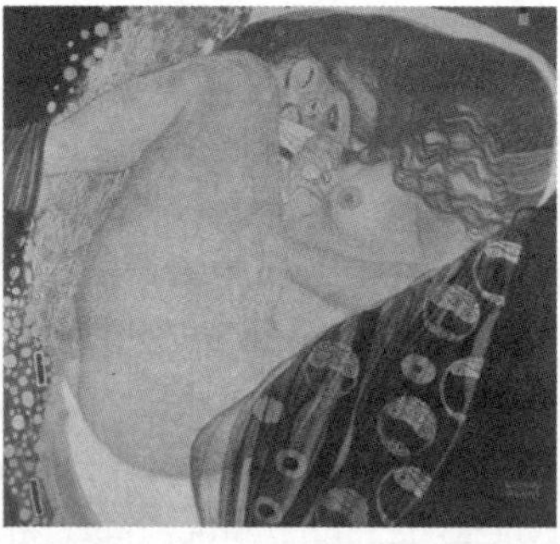

Gustav Klimt – *Danaë* (1907-1908).

Na bela análise de *O nascimento de Vênus*, de Botticelli, feita por Frayze-Pereira (2010a), o autor explica por que essa obra pode ser considerada moderna. A imagem da exuberante Vênus no quadro do pintor renascentista destoa inteiramente da terrível imagem poética de seu nascimento descrita por Hesíodo. Muito longe da bela cena representada por Botticelli, o nascimento da deusa do amor na *Teogonia* decorre da castração do pai, feita por Cronos com sua foice dentada. Do pênis, lançado ao mar, jorra uma espuma, e é dela que sai Afrodite. A imagem de Botticelli não é, portanto, condizente com o nascimento da deusa, mas sim com sua chegada a Chipre (Kerenyi, 1980 *apud* Frayze-Pereira, 2010a, p. 136). Já nascida como uma pérola em sua concha, a Afrodite de Botticelli é moderna precisamente ao encobrir a *revelação sinistra* do ato inaugural e simultaneamente aludir ao horror que o compõe. O belo na modernidade, segundo Trías (1982 *apud* Frayze-Pereira, 2010a), é composto, assim, por uma "revelação fugidia e instantânea, uma aparência de algo resplandecente que tem por suporte um fundo tenebroso" (Frayze-Pereira, 2010a, p. 136). Transfigurada em Madona, como ironiza Frayze-Pereira, ou em "alma cristã emergida do batismo" (p. 136), a terrível e obscena origem de Afrodite torna-se motivo de vergonha e passa a ser um segredo.

Essa dialética entre o segredo e o obsceno é analisada por Frayze-Pereira numa perspectiva foucaultiana. Nesse ponto, gostaríamos de conduzir a discussão por outra via, que nos interessa particularmente aqui. Exaustivamente citado, o texto de Walter Benjamin, *A obra de arte na era de sua reprodutibilidade técnica*, identifica o fim da arte moderna aurática a partir do advento de tecnologias capazes de reproduzir infinitamente e em diferentes contextos a obra, antes única e irreprodutível. Dito de outro modo: o texto de Walter Benjamin é tomado como principal referência para abordar o declínio da aura nas artes, provocado pelas novidades tecnológicas que transformam radicalmente os modos tradicionais de percepção. Essa visão é limitada e está claro, para grande parte dos comentadores da obra de Walter Benjamin, que a aura e seu declínio se relacionam com a passagem daquilo que era sagrado na tradição para o profano moderno. Veremos esse tópico em detalhes quando tratarmos do Romantismo alemão.

Nesse ponto, é preciso definir a aura na filosofia benjaminiana. Como lembra Palhares (2006), "o termo 'aura' somente recebe significado filosófico pelas mãos de Walter Benjamin" (p. 13). Do grego *aúra*, a palavra se transforma em *aura* no latim e depois se confunde vulgarmente ao latino *aureum* (ouro), que significa *auréola*. Seu significado, que era sopro, ar, brisa, vapor, assume aquela forma circular dourada em torno da cabeça de imagens sagradas. Simbolicamente, tanto uma como outra (*aura* e *auréola*) conferem teor sagrado ou sobrenatural a uma figura. Nas palavras de Palhares: "A aura designa a luz em torno da cabeça dos seres solares, quer dizer, dotados de luz divina; esta luz é nimbo para a cabeça, auréola para o corpo [...] A luz é sempre um signo divino de sacralização" (2006, p. 9).

Ainda que o conceito tenha características específicas na obra do filósofo, é possível reconhecer certa elasticidade que perpassa a ideia de acordo com os diferentes contextos nos quais ela é mencionada. Geralmente ela aparece atrelada à contemplação de obras de arte, que passam a ocupar o lugar antes concedido ao culto de um símbolo sagrado. Em poucas palavras, seguindo o raciocínio de Benjamin, é possível dizer que contemplar uma obra de arte moderna equivale ao ritual religioso seguido em eras pré-modernas. E, nessa perspectiva, o que faz uma obra de arte ser análoga a um ícone sagrado é seu caráter único e irreprodutível. A materialidade concreta da obra representa, entre outras coisas, a captura do instante de criação do artista e vincula-se ao momento em que sua genialidade se manifestou na realização de algo sublime. Aqui a própria criação é considerada sublime, na medida em que os procedimentos para a realização de uma obra de arte reúnem regras ordinárias de trabalho e, ao mesmo tempo, outras que fogem inexplicavelmente de tais normas, transcendendo a racionalidade comum. Como se refere ao inexprimível e está longe das regras racionais tipicamente humanas, a obra de arte liga-se a uma genialidade que aproxima o homem das divindades e, por isso, a apreciação das obras de arte torna-se comparável ao culto religioso.

Para Benjamin, a aura emana desse enigma inexplicável que envolve o objeto como se este estivesse encoberto por um véu translúcido. Um adereço ou um invólucro ornamental encravado no objeto é o que pode iludir o olhar, como se existisse esse véu a envolver a coisa. Tal véu cria uma distância intransponível ao interditar o desvelamento total do objeto e armar um jogo dialético entre a revelação e o ocultamento. O sujeito enreda-se nessa espécie de armadilha, visando se aproximar daquilo que está fora de seu alcance. Eis o efeito da aura: esconder e ao mesmo tempo mostrar aquilo que está envolvendo. Aqui os elementos que a caracterizam estão muito próximos daqueles levantados por Frayze-Pereira em sua análise da Vênus de Botticelli como símbolo da modernidade. A análise do autor ousou erguer o véu contido na obra, e por trás dele constatou-se a presença do horror, do grotesco, do obsceno ou do inquietante. Logo, é o segredo que mantém vivo o mistério da obra, tornando-a atraente e fugidia, o que fisga o olhar de quem a contempla, e é este o papel que cumpre a aura.

Na análise das obras de Klimt também é possível notar a presença de tal véu, que encobre as partes obscenas da mulher comum, convertendo-a em *Danaë* ou outras figuras femininas míticas. Essas obras de vanguarda ganham películas de ouro ou coloridos intensos e cumprem a função de um objeto sagrado, como havia em rituais religiosos do passado. Duas considerações feitas por Benjamin em *O conceito de crítica de arte no Romantismo alemão* mostram como ele mesmo enredava o simbólico (aurático) a arabescos. Diz ele:

> A expressão "forma simbólica"[16] significa duas coisas distintas: ela indica, primeiramente, a ligação com os vários conceitos que recobrem o absoluto poético, sobretudo com a mitologia. O arabesco, por exemplo, é uma forma simbólica que alude a um conteúdo mitológico. [...] Em segundo lugar, ela é a expressão do puro absoluto poético na forma (1919/2002, p. 100-1).

Quando a obra é coberta pela aura, considerada aqui em sua forma ornamentada e mítica, o alcance do objeto se dá indiretamente, por meio de desvios e, ainda assim, jamais haverá sua captura total e completa. Por outro lado, se o véu é removido, o que temos é uma espécie de choque diante da imagem, que exige abandonar certas categorias de compreensão já existentes para compor outras capazes de articular o impacto provocado pela obra. Veremos como esta cobertura ornamentada e mítica, presente na obra de Gustav Klimt, é removida em outras obras de vanguarda, como aquelas de Egon Schiele, analisadas mais adiante.

O leitor de Benjamin encontra com frequência uma alusão ao belo na arte aurática, que supostamente se concentraria entre o véu que esconde o objeto e sua essência,

---

16 É importante destacar a observação feita por Adorno (2012, p. 207) em uma carta endereçada a Walter Benjamin, na qual aura e símbolo aparecem no mesmo lugar: "Não me admira que tenhamos aqui uma base comum; não me admira, visto que seu livro sobre o Barroco traçou a distinção entre alegoria e símbolo (aurático, em sua nova terminologia)".

definida como inominável ou inexprimível. Nesse sentido, o invólucro não seria um simples acessório descartável. Paradoxalmente, é o véu da aparência que concede beleza à essência. Na experiência expressiva ou contemplativa da arte aurática, o segredo de um esplendor não pode ser descoberto pelo simples levantamento do véu, que teria como consequência a própria destruição do objeto encoberto por ele[17]. Por isso, é possível afirmar que o segredo é parte inexorável do belo; ele fixa a aparência e o sem expressão em um enigma capaz de refletir parcialmente a ideia da coisa.

Em suma, a definição da aura está nessa distância imposta pelo véu, que encobre e simultaneamente alude ao belo essencial, reluzido na aparência da obra. Também há uma dialética do próximo e do distante que define a aura, além da unicidade e da inacessibilidade que seu efeito causa na obra. Esses elementos reunidos transformam a arte aurática num símbolo de uma experiência possível do impossível.

Freud e Klimt

O capítulo dedicado a Klimt em *Viena fin-de-siècle*, de Schroske, começa com a seguinte comparação:

[17] A arte contemporânea efetuou exatamente esta destruição, o que teve como efeito a instituição de outros critérios de gosto e até mesmo de outros critérios que definem o que é ou não arte.

> Apesar de suas diferenças de fama e fortuna, Freud e Klimt tinham muito em comum. Ambos colocaram uma crise pessoal de meia-idade a serviço de uma reorientação radical do seu trabalho profissional. Ambos rejeitaram resolutamente o realismo fisicista em que tinham sido criados. Ambos soltaram as amarras biológicas e anatômicas dos campos que escolheram: respectivamente, psicologia e arte. Procurando um caminho para sair dos escombros de uma concepção substancialista da realidade, ambos mergulharam no eu e seguiram num *voyage intérieur*. Quando trouxeram a público os resultados de suas explorações do mundo do instinto, encontraram, em graus variados, a resistência de dois setores: a ortodoxia acadêmica liberal-racionalista e os antissemitas. Frente a essa hostilidade, Freud e Klimt retiraram-se da cena pública, ao abrigo de um círculo pequeno mas fiel, para preservar o novo terreno que tinham conquistado (Schorske, 1988, p. 201).

Em carta enviada a Walter Benjamin, Adorno também expressa certos cruzamentos aqui explorados ao perguntar: "Não seria essa psicanálise [freudiana], interpretadora de sonhos, essa psicanálise que desperta, que se aparta expressa e polemicamente do hipnotismo [...], ela própria parte do *art nouveau*, com a qual coincide no tempo?" (Adorno, 2012, p. 188).

Além desses instigantes paralelos entre os dois cidadãos vienenses, outros podem ser articulados. Salta aos olhos, por exemplo, o modo pouco habitual como demonstram abertura face à sexualidade. Se o conservadorismo de Freud se mostra em sua visão patriarcal da sociedade, não podemos nos esquecer, por outro lado, de como sua teoria da sexualidade desestabiliza bases tradicionais da época. A sexualidade bissexual, polimorfa e infantil rompe com todas as convenções e traz à cena aspectos tenebrosos aos olhos da mentalidade moderna, tão moralista e controlada. Gustav Klimt, por sua vez, representa desejos pulsionais e fantasmas de destruição encarnados na figura banida da mulher sensual e voluptuosa.

Outro tópico comparável entre ambos diz respeito ao que Klimt faz com suas modelos e ao que Freud fará com suas pacientes histéricas. Ambos deixam que as mulheres se expressem livremente, seja por meio de gestos – Klimt –, seja por meio de palavras – Freud –, e os fantasmas que antes as atormentavam passam a ganhar estatuto legítimo de existência. Nas pinturas de Klimt, essas mulheres comuns e seus desejos ganham belos traços, contornos, coloridos, ouro, um lugar na história mítica. O olhar do artista testemunha a intimidade feminina, sem repudiá-la ou abafá-la. Freud também escuta suas pacientes histéricas sem qualquer espécie de recriminação, acolhendo suas secretas confidências. Ao inserir esses fantasmas proferidos em suas interpretações e aceitá-los como peças de uma trama a ser tecida de forma minuciosa e cuidadosa, Freud empresta instrumentos para que o enredo de uma história descontínua e irregular nos diferentes tempos ganhe nexos e certa coerência. Tal processo, realizado por ambos, implica retirar dos porões partes inaceitáveis da cultura e conceder-lhes um novo lugar.

É evidente que algumas obras de Klimt podem ter causado certo efeito de estranhamento ou espanto – as imagens feitas para a universidade são provas disso. Em grande parte de sua obra, o belo ainda serve como anteparo para os terrores do mundo, e nisso está mais um paralelo entre ambos. Ao agredir os meios esclarecidos com suas pinturas sombrias feitas exclusivamente para a Universidade de Viena, Klimt anda de mãos dadas com Freud, que não atenua seu golpe contra valores filisteus. A psicanálise toca em zonas que batem de frente com o otimismo iluminista. Desbrava o inferno da alma humana, embora acredite, como Klimt, que o demônio que a guia possa ser domado pelas pontes da sublimação. Assim, é o modo como esse embate aparece que deve ser destacado.

Depositando um véu sobre o que é vil, o processo sublimatório cumpre o esforço de ajustar antagonismos descobertos aos valores instituídos. Tanto o estilo freudiano de escrita da psicanálise como aquele adotado por Klimt em sua arte seguem essa linha, ou seja, não se entregam facilmente às normas instituídas, ao mesmo tempo que mitigam a potência da denúncia social inerente à criação. Em seu *Il mito absburgico nella letteratura autriaca moderna*, diz Magris (2009, p. 15, grifo meu):

> O termo mito, que por si só indica uma alteração e uma deformação da realidade em função de um desejo de dela extrair sua pretensa verdade essencial, seu hipotético conteúdo meta-histórico, que não reassume seu significado mais verdadeiro, adquire neste caso uma particular ascensão. O mito habsburgo não é somente um simples processo de transformação do real, própria de cada atividade poética, mas é a completa substituição de uma realidade sócio-histórica por outra fictícia e ilusória, é a *sublimação* de uma sociedade concreta em um pitoresco, seguro e ordinário mundo de fábulas.

Freud certamente não é o que se pode chamar de conservador. Ao contrário, o abalo que suas formulações causam na cultura provoca estremecimentos nela ainda hoje. De outra perspectiva, todavia, ele se mantém fiel a alguns hábitos vienenses, mostrando-se retrógrado perante as novidades que invertem o *establishment*. Poderoso denunciador da cultura, o inconsciente é resguardado de embates disjuntivos, e os elos agregadores com valores sociais são, em certa medida, preservados.

Assim como Freud, Klimt segue esse caminho irreverente, mas seguro. Seu grupo definitivamente destoa do ranço arcaico acadêmico. Suas imagens distanciam-se dos moldes clássicos e anódinos. Tal insurgência, contudo, é comedida e não se atreve a fazer rupturas severas na ordem estabelecida. Ao contrário, Stefano mostra nexos íntimos entre a Secessão e a cultura oficial vienense, principalmente ao relatar detalhes sobre a primeira exposição feita pelo grupo:

> A abertura da primeira exposição da Secessão em 23 de março de 1898, no pavilhão da Sociedade de Horticultura, foi esplendorosa, muito oficial, e mesmo honrada pela presença do velho imperador Francisco José I, que, embora nunca tivesse alimentado fortes paixões estéticas, ainda considerava um de seus deveres apadrinhar a arte e incentivar novas descobertas, enquanto estas se mantivessem dentro dos limites da decência. [...] mesmo que se rebelassem contra o poder acadêmico, esses jovens artistas vienenses definitivamente nunca foram nem *maldits* (marginais), nem "boêmios" e nem cultivavam hábitos irritantes antiburgueses. Pelo contrário, eles respeitavam convenções. O velho imperador só poderia ter sido surpreendido, embora por certo estivesse secretamente satisfeito, quando viu que os jovens artistas eram liderados por um pintor de oitenta anos de idade, Rudolf von Alt, que, como presidente honorário, homenageou todos os presentes. "Sou realmente muito velho, Sua Majestade, mas eu me sinto jovem o suficiente para começar de novo desde o início" (Stefano, 2006, p. 53-4).

Do lado freudiano, o vértice de tal faceta fica explícito com seu repúdio ao movimento surrealista e seu apreço pelas obras clássicas. É bastante conhecida a forte marca da psicanálise no manifesto surrealista de André Breton. Freud, contudo, não reconheceu nas artes visuais modernistas, e menos ainda no movimento surrealista, a expressão de algo que pudesse se aproximar da psicanálise, detendo-se em análises de artistas do Renascimento. Não foi à toa que Freud recusou a *estranheza* das obras de artes visuais modernas, principalmente surrealistas – ao contrário do que fez com a literatura, ou seja, com as palavras bem articuladas. Hal Foster reconhece três aspectos que foram motivos de desentendimentos entre Freud e Breton, um dos quais pode ser destacado nas próprias palavras do autor:

> [Freud e Breton] também divergiam sobre questões da arte, tanto em sua especificidade (o gosto de Freud era conservador) como no essencial. A arte não era um projeto de dessublimação para Freud, mas um processo de sublimação, uma negociação das renúncias instintivas, e não uma transgressão de proibições culturais. A posição de Breton não era completamente oposta neste caso, mas oscilava entre dois extremos: por um lado, a sublimação o atraía, mas era cauteloso em relação ao seu aspecto passivo, e, por outro lado, a transgressão o atraía, ainda que se mostrasse cauteloso em relação ao seu aspecto destrutivo (Foster, 2008, p. 29-30).

A resistência de Freud em relação aos surrealistas pode ser compreendida de forma mais complexa: seu espírito revolucionário não se desfez inteiramente de seus laços iluministas. Logo, aceitar o inconsciente como guia da cultura pode ter se mostrado, para ele, algo muito arriscado. Para Freud, trata-se de reconhecer o inconsciente não para servir aos seus ditames, como podem sugerir alguns dos preceitos defendidos pelo surrealismo, mas para domá-lo. A divergência entre o reconhecimento da *estranheza* por Freud nos sintomas psíquicos ou nos sonhos e sua exaltação pelos surrealistas pode dar uma das pistas sobre as razões pelas quais Freud não deu vazão ao seu conceito de *Unheimliche* na totalidade de sua obra.

O efeito de *choque* suscitado por algumas obras de vanguarda, como as de surrealistas ou dadaístas, é justamente o que Klimt procura atenuar na relação do espectador com sua obra. Se seus rascunhos preservam a capacidade de provocar tal efeito, suas pinturas douram o impacto por meio de belas superfícies. Esse modo de agir coloca a genialidade de Freud e de Klimt lado a lado com uma vertente também comum ao cidadão da elite vienense, ou seja, ambos procediam como este ao atenuarem os ataques às estruturas públicas, depositando maquiagens ou curativos sobre as feridas sociais, que eram mestres em detectar.

É interessante refletir sobre as observações feitas por Freud em um de seus últimos textos, denominado "Construções em análise" (1937a/1996). Nele, Freud procura responder críticas feitas à psicanálise. O paciente abandona suas repressões ao recordar experiências e impulsos afetivos por elas invocados. Sintomas e inibições são substitutos de conteúdos inconscientes, pescados nos relatos de sonhos, na "associação livre", em atos falhos e repetições que emergem na transferência. Essas manifestações são a matéria-prima com a qual o analista trabalha. O analisando é incentivado a recordar aquilo que foi recalcado, e a interpretação vale para esse fim. Por outro lado, existem partes inacessíveis à memória, e o analista – à maneira do arqueólogo – completa lapsos da narrativa do paciente por meio de construções ficcionais com valor de realidade[18].

Fica claro como do processo de análise resulta uma narrativa mais entrelaçada dos elementos que constituem a subjetividade. Em "A interpretação dos sonhos" já temos indícios de que a psicanálise trabalha para ancorar partes desintegradas, formando um discurso mais coeso. Em outras palavras, os fragmentos inconscientes são conectados aos conteúdos conscientes, e disso resulta uma compreensão mais abrangente da realidade psíquica. O trabalho com os resquícios anímicos denota a intenção de desvendar aspectos soterrados ou cerzir farrapos do tecido anímico. Roma antiga e Pompeia vasculhadas pelos etnólogos até que o passado, apenas insinuante, ganhe a cena e seja reconstruído, são as imagens que correspondem à psicanálise

[18] A realidade psíquica não corresponde evidentemente à realidade factual. Seu valor de verdade obedece às ordens do inconsciente, que têm nas pulsões seu estatuto de confirmação dos eventos relatados ou simplesmente fantasiados.

freudiana. Por tal razão, é possível afirmar que, embora toda a psicanálise freudiana tenha sido tecida em torno do que é estrangeiro – o inconsciente –, a tentativa feita por Freud foi iluminar, por meio de representações, aspectos sufocados, apaziguando deste modo a faceta tenebrosa que o compõe. Diferentemente do efeito causado pelo *estranhamento*, que opera pelo desajuste de porções assentadas, as interpretações freudianas visam acomodar peças desalinhadas ou restaurar destroços remanescentes.

As metáforas freudianas de Roma e Pompeia ligam-se ao pensamento de Walter Benjamin, que recolhe ruínas em Paris, Berlim ou Moscou, realocando-as na história. Contudo, é precisamente por meio do *olhar surrealista* (Benjamin, 1986/2006, p. 51) – do qual Freud foge – que Benjamin pensa ser possível conferir novo lugar aos escombros soterrados, entrevistos em meio às construções modernas das cidades. O recalcitrante personagem do *flâneur* que atravessa as cidades não segue sua corrente contínua e desenfreada, sua pressa incessante. Seu ritmo navega na contramão do fluxo comum, obedecendo à lógica onírica. Seu vagar pelas ruas perfura com o olhar alegórico as brumas familiares que recobrem a terra natal, recuperando "o olhar do homem que se sente ali como um *estranho*" (p. 47).

Muitos estudos[19] já foram dedicados ao método surrealista de Walter Benjamin. Em tais pesquisas, é claramente

[19] Gatti (2009), Bretas (2008), Fürnkäs (1988), Löwy (2002).

possível notar a importância atribuída aos sonhos pelo filósofo e a existência de cruzamentos com o modelo freudiano, apresentado na "Interpretação dos sonhos". Entretanto, enquanto Walter Benjamin preserva sem concessões a face disruptiva das manifestações oníricas, Freud a pretere. Ideias freudianas nesse sentido aparecem principalmente em seu texto de 1919, *Das Unheimliche* (Freud, 1919b). Choques e rupturas fazem parte do pensamento acerca do estranho-familiar, que será o tema central da segunda parte deste livro. Antes de chegar a ele, será necessário detalhar o romantismo, mostrando como a sublimação e a estratégia de cobrir com um anteparo o poder disruptivo da arte, tornando-a aurática, nasce no período romântico.

5.

Romantismo: exaltação do mundo interno

O Eu-originário é o absoluto.

(Friedrich Schlegel)

O esforço de dotar os objetos de uma aura, perdida após o desencantamento do mundo, remonta ao Romantismo – movimento datado do fim do século XVIII. Ainda que se possa dizer que "Freud não é fundamentalmente romântico, pois não compartilha das pretensões harmonizadoras e totalizantes que marcaram fortemente tal estilo" (Loureiro, 2002, p. 16-7), como conclui Loureiro após seu admirável trabalho *O carvalho e o pinheiro, Freud e o estilo romântico*, defendemos que o conceito freudiano de sublimação ainda se enquadra em parâmetros românticos conciliadores, mesmo que tenha sido elaborado nos primórdios do século XX.

Resgatemos, aqui, algumas particularidades do Romantismo alemão, de modo a relacioná-lo, portanto, com a restauração da aura. Sabemos que o movimento romântico flertou com a Revolução Francesa e simultaneamente anteviu os perigos inerentes à troca da tradição pelas novidades trazidas pelo Iluminismo por meio da arte e de reflexões românticas sobre estética. Derrubados os pilares religiosos que sustentavam a tradicional ordem do clero e da corte, eles são então substituídos pela estética romântica, que enaltece paradoxos e resgata a face noturna da existência, antes abolida pelos preceitos iluministas revolucionários.

A aura em torno da arte não é a substituição do ritual religioso, mas já está presente no estilo barroco de arte religiosa, que enaltece a forma estilística em detrimento de seu papel ritualístico. O efeito perceptivo provocado pela arte barroca é extasiante. Com tamanho poder estético e exacerbação das formas e cores, o tema religioso se perde, sendo relegado ao segundo plano. Porém, é a ascensão da sociedade burguesa que consagra a gênese do processo de autonomia da arte. Ali, como vimos, a arte aurática ganha destaque, pois sua beleza é cultuada ao impor uma *distância* em relação ao espectador, por mais *próxima* que ela esteja dele. São as instituições e locais de culto à arte da era burguesa que estimulam profundamente esse paradoxo entre *distância* e *proximidade*. Além disso, a *unicidade* devida à autenticidade e originalidade da obra também garante que a aura a envolva. Ao contrário da recepção coletiva nas catedrais medievais, o mergulho singular do espectador na peça única só pode se dar com o advento da burguesia, pois é neste período que a arte se torna independente da práxis social, inserindo-se nos museus.

Devemos nos lembrar de que a estética como disciplina filosófica surge apenas no século XVIII, com Baumgarten. Ao retomar os autores clássicos da estética moderna – Kant e Schiller, por exemplo –, Bürger lembra que o *juízo estético* kantiano parte do desligamento da arte da práxis vital. O juízo estético define-se precisamente como desinteressado, ou seja, descolado do repertório que avaliza outras formas de juízo, necessariamente ligadas à práxis vital. Apartada dos interesses e necessidades que movem a sociedade, a arte, na visão kantiana, resguarda a liberdade. Schiller, por sua vez, parte da autonomia da arte como sua condição de fomento à humanidade. Sua independência em relação aos propósitos imediatos que movem os homens permite que ela se dedique a cultivar e a integrar a face humana dos seres. Para Schiller (1793/1967 *apud* Bürger, 2008), por um lado as "classes mais inferiores e mais numerosas" estão imbuídas da satisfação mais imediata de seus impulsos; e, por outro, as "classes civilizadas" (p. 97) dirigem-se à ação moral mais engessada, por não terem uma formação intelectual condizente com esse caminho mais livre da arte. A arte, portanto, teria a função de unir essas duas "metades" do homem que foram divididas. Dentro da sociedade da divisão do trabalho, a arte resgata a totalidade das capacidades humanas separadas nas diferentes esferas de atividade. Negando toda e qualquer intervenção efetiva na realidade, a arte é capaz de restaurar a unidade do homem. Há, porém, uma ressalva, feita por Bürger (2008, p. 101), que denuncia o caráter ideológico dessas filosofias estéticas:

> No entanto, o que essa categoria [autonomia da arte] não consegue abarcar é que esse desligamento da arte do contexto da práxis vital representa um processo histórico, vale dizer, socialmente condicionado. E nisso, justamente, consiste a não verdade da categoria, o momento da deformação, que é próprio de toda ideologia – contanto que se use esse conceito no sentido da crítica da ideologia do jovem Marx. A categoria da autonomia não permite compreender o seu objeto como um que se tornou histórico. Na sociedade burguesa, a relativa dissociação da obra de arte em face da práxis vital se transforma, assim, na (falsa) representação da total independência da obra de arte em relação à sociedade. A autonomia é, por conseguinte, uma categoria ideológica no sentido estrito da palavra, que congrega um momento de verdade (descolamento da arte da práxis vital) e um momento de não verdade (hipostasiar esse estado de coisas, produzido historicamente, como "essência" da arte).

Em síntese, a aura está ligada, para Bürger, ao momento em que a arte ganha autonomia e cumpre um determinado lugar ideológico na sociedade burguesa. Esse momento é coroado com as instituições que acolhem as obras, como museus ou instituições acadêmicas que julgam e consagram (ou não) valor às peças artísticas. No interior desse cenário apresentado por Bürger, a queda da aura é associada à ruptura da ideologia romântica da *l'art pour l'art* e ao advento das vanguardas artísticas, que colocam precisamente essas instituições em xeque por meio de suas intervenções[1].

Diversamente do que propõe Bürger, pode-se admitir que muitos movimentos de vanguarda são neorromânticos e reiteram a ideologia da *l'art pour l'art* e a importância das instituições de arte. Para nos restringirmos apenas ao objetivo de nosso estudo, podemos citar como exemplo a nítida influência romântica nos trabalhos vanguardistas de Gustav Klimt e a edificação de um templo artístico do grupo, que também reafirma a tendência romântica em vez de questioná-la.

A psicanálise também sofre o impacto de anseios românticos. Thomas Mann aponta para o flerte com o lado "demoníaco da natureza", explorando uma paixão em relação aos "domínios noturnos da alma" (Mann, 1970 *apud* Loureiro, 2002, p. 35), que denota seu lado antirracionalista, combatente de ideias mecanicistas e materialistas do século XIX. Ainda que não seja dominante em toda a psicanálise freudiana, que está de mãos dadas com o espírito das Luzes, essa inclinação para as profundezas obscuras do espírito e do mundo se faz presente.

1 Os resultados aos quais chegaremos não são antagônicos aos de Bürger, mas diferem deles parcialmente. Se é verdade que é possível reconhecer a perda da aura em obras da vanguarda, também é certo que todo o conjunto da vanguarda histórica não pode ser reunido sob o título de arte pós-aurática. De outro lado, não há como hesitar em incluir os movimentos detidamente analisados tanto por Walter Benjamin como por Peter Bürger – o dadaísmo e o surrealismo – dentro desse quadro.

Estudiosos como Ines Loureiro ou Ricardo Andrade já apontaram certas semelhanças e diferenças entre psicanálise e Romantismo. Examinaremos especificamente as íntimas semelhanças existentes entre o Romantismo alemão e o conceito de sublimação, que assume uma forma conciliadora na metapsicologia freudiana.

Restauração romântica

Definir o Romantismo não é tarefa simples. Loureiro mostra como é o paradoxo que melhor define o movimento – ou justamente não o encerra numa forma unívoca de explicação. Para Michel Löwy & Robert Sayre (1993), trata-se de um "enigma indecifrável, verdadeiro quebra-cabeça chinês", que desafia qualquer tentativa de classificação, incapaz de apreender sua pluralidade e "seu caráter fabulosamente contraditório". O Romantismo é "a um só tempo (ou ora) revolucionário e contrarrevolucionário, cosmopolita e nacionalista, realista e fantástico, restitucionista e utopista, democrático e aristocrático, republicano e monarquista, vermelho e branco, místico e sensual" (p. 11). Essas contradições não se restringem ao "movimento romântico" como um todo, mas aparecem na vida e na obra de um único e mesmo autor – Novalis bem que tentou estabelecer uma demarcação para o campo, ao dizer: "Ao dar um sentido elevado ao comum, ao dar ao usual uma aparência misteriosa, ao conhecido a nobreza do desconhecido, ao fugaz uma aparência de eterno, assim é que eu os romantizo" (Novalis, 1978 *apud* Safranski, 2010a, p. 17).

Foi em torno dos irmãos Schlegel que orbitaram as manifestações românticas dos anos 1800, concentradas principalmente na revista *Athenäum*. Sacudidos pela Revolução Francesa, os irmãos Schlegel, Tieck, Novalis e Schleiermacher fizeram da política um objeto de entusiasmo. Mas isso durou pouco. Quando o Império de Napoleão acenou para a Europa como saldo deixado pela Revolução Francesa, Schlegel recuou, e seu interesse pela política secular esmoreceu. Voltando seus olhos aos céus, ele passa a apostar nas ciências e nas artes:

> Poesia e não política foi, em essência, também seu [de Friedrich Schlegel] texto sobre a "Cristandade". Ali encontra-se aliás um pensamento político que será bastante característico para o Romantismo da fase seguinte. Trata-se da tese segundo a qual o "sentimento pelo sagrado seca", o egoísmo se torna tão forte no homem que um Estado baseado nesse egoísmo não poderá se manter a longo prazo; ele se encontrará em permanente revolução, discórdia e violência. Disso resulta que o Estado não pode estar apenas fundamentado na terra; ele também tem de estar ligado ao céu. "Que o verdadeiro observador veja calmo e à vontade os novos tempos que sacodem o Estado. Não lhe parece com Sísifo aquele que abala o

> Estado? Ele acaba de encontrar o auge do equilíbrio e logo a pesada carga rola do outro lado, para baixo. Ela jamais ficará em cima, se uma atração não a deixa flutuar lá, em direção ao céu. Todos os seus alicerces são fracos demais quando o Estado de vocês conserva a tendência em relação à terra; mas liguem-no às alturas do céu por meio de uma grande ânsia, dêem-lhe uma relação com o universo, e terão nele uma mola incansável, e seus esforços serão amplamente recompensados." (Safranski, 2010a, p. 160).

Safranski diz que "a euforia revolucionária e republicana do começo se transforma, em Novalis como também mais tarde em Schlegel, em ideias que veem na religião uma fonte de ordem" (2010a, p. 161). Depois das consequências vividas pelo estremecimento do antigo poder monárquico, provocado pelas forças revolucionárias de 1789, os românticos passam a idealizá-lo e a elevá-lo, envolvendo-o numa atmosfera mítica cujo resgate se daria por meio de uma harmônica convivência entre os povos. Na visão deles, tal harmonia havia sido preservada pelo poder católico de posse dos Habsburgo; seu império era o reduto que traria o reencantamento do mundo após a Revolução Francesa. Eles eram preferíveis à Prússia por conservarem a ideia de um reino que atravessava fronteiras, sem a paixão nacionalista. Não foi por acaso que o congresso que reabilitaria o poder monárquico aconteceu em Viena. Metternich funda o jornal *Österreichischer Beobachter* [O Observador

Austríaco] em Viena e nomeia ninguém menos que Friedrich Schlegel como seu redator-chefe. Não é fortuita, portanto, a citação de Novalis feita por Walter Benjamin em *O conceito de crítica de arte no Romantismo alemão*:

> "Visto que na animação superior o espírito é ao mesmo tempo o mais eficaz, os efeitos do espírito são reflexões; a reflexão, no entanto, segundo sua essência, é formante, a bela ou perfeita reflexão está ligada portanto à animação superior, assim também a expressão do cidadão torna-se na proximidade do rei a expressão da superior abundância de força contida, expressão das comoções mais vivazes, dominadas pela atenciosa clareza de consciência." Aqui trata-se apenas de substituir o cidadão pela obra de arte, e o rei pelo absoluto da arte, para se encontrar dito da maneira mais clara como, segundo a visão do primeiro Romantismo, a força formadora da reflexão marca a forma da obra (Benjamin, 1919/2002, p. 80-1, grifo do original).

Não é a política, então, o foco principal na tentativa de devolver ao mundo desencantado sua aura perdida. Mais do que a busca de legitimidade do *Ancien Régime* por meio dos preceitos da religião católica, os românticos vislumbram o reino dos céus no campo da estética. A salvação não está nem no paraíso nem na coroa monárquica, mas em algum lugar misterioso entre o futuro e o passado. Nostálgico e revolucionário, o espírito romântico almeja um novo mundo no resgate artístico do popular ancestral.

Em "Édipo, Freud e nós", André Green (1994) mostra essa face secular da salvação presente na ideia de sublimação freudiana. Segundo ele, Freud "quer abraçar com os olhos a vida e o mundo, o passado e o presente, num afresco digno da Capela Sistina, mas onde a religião foi substituída pela Arte e pela Ciência" (p. 59). Essa distância do olhar que abraça o mundo e o harmoniza como numa composição pictórica, deixando a carne despedaçada fora das formas estéticas das figuras representadas, só pode aparecer pelas vias sublimatórias. Por isso, para Freud, "a obra será monumental ou não será", isto é, a sublimação compactua com as partes elevadas da cultura e converte pulsões agressivas e sexuais em material admirável e valorizado socialmente. Percebendo que "essa visão deve ser uma espécie de sequela do Romantismo – duplo em Freud" (p. 59), Green não avança na tentativa de esclarecer os motivos de sua dedução. Seria necessário aprofundar esse tema pelo viés metapsicológico, que teria no pressuposto da dualidade pulsional o maior entrave para a ideia aqui defendida, qual seja: a de que a sublimação pudesse se apresentar por meio de forças conciliatórias do conflito ou restauradoras de feridas.

Hans Loewald (1988), em *Sublimation: inquiries into theoretical psychoanalysis*, é claro quando diz que, na sublimação, Freud abdica da dualidade pulsional (ego-sexualidade) em favor da unidade e da amplitude do conceito de libido, procurando restaurar a unidade básica entre sexualidade e espiritualidade[2]. Quando se trata da dualidade referente às pulsões de vida e morte, o narcisismo reúne a libido objetal e a tendência a voltar ao estado inorgânico na matriz mãe--criança, sempre presente na vida psíquica. Sublimação, nesta visão, envolve uma recriação interna voltada para essa matriz, na qual se torna possível reconciliar elementos polarizados. Isso, segundo Loewald, "ocupa uma parte decisiva no domínio da realidade" e culmina, na melhor das hipóteses, na celebração (Loewald, 1988, p. 22). Trata-se de um elemento "maníaco" – luz ofuscante da sombra melancólica – que aparece no processo sublimatório como afirmação da unidade, psiquicamente celebrada. Loewald enfatiza esse processo reconciliatório da sublimação presente na teoria freudiana. Segundo Coelho Jr. & Sigler (2009, p. 231), a visão de Loewald é de que

> [...] não há uma realidade externa já dada, que o sujeito irá descobrir, mas a construção e reconstrução de realidades mais e menos discriminadas do sujeito, a partir da unicidade narcísica original da criança com a mãe. Não há uma realidade, mas várias, porque ela e o ego não podem ser considerados em separado. Eles se desdobram conjuntamente em sucessivos estágios de *integração ego--realidade*. Em níveis precoces, o ego está imerso em um solo primordial, em total indiferenciação e fluidez com

2 Aprofundaremos esse ponto adiante.

a realidade. Essa realidade materna, com seu apelo engolfante, coexiste ao ego dotado de tendências à síntese.

Por razões históricas óbvias, o pensamento romântico está menos alinhavado ao léxico científico e secular, depositando ainda suas expectativas reconciliatórias nos preceitos religiosos. Num discurso escrito por ocasião do domínio napoleônico da Europa continental, Novalis, temendo a dissolução da Europa cristã, trata do "ressecamento do sentido sagrado" (Novalis, 1978-87 *apud* Safranski, 2010a, p. 117) e das razões pelas quais isso teria se dado. Seu objetivo é renovar o sagrado numa comunidade universal e espiritual, como queria Erasmo de Roterdã. Para Novalis, sem deuses, os fantasmas vagam sem direção. Vasculhando cantos em busca da chave perdida que dava acesso ao misterioso, os românticos não almejam a transparência iluminista. Sombras espelhadas da razão se alastram por todos os lados, mas são logo eliminadas pelo candeeiro positivista das ciências. Os românticos sabem que o lado noturno da alma, esquecido pela Revolução Francesa, é implacável, por isso açoitá-lo não parece ser a solução dos problemas da existência e do mundo – os demônios reivindicam reconhecimento ainda maior quando há a tentativa de eliminá-los pelo esclarecimento. A estética romântica cria lugares para abarcá-los e domesticá-los pela beleza.

Em seus estudos sobre Romantismo e psicanálise freudiana, Ricardo Andrade lembra que a noção de inconsciente nasce no Romantismo, sempre associada ao sonho e ao oculto. As diversas referências a autores românticos na obra de Freud – Schubert, Hoffmann, Goethe, Schiller ou Schelling – denunciam seu interesse por assuntos "estreitamente ligados às tradições do ocultismo e do misticismo românticos, tais como a possessão demoníaca, a feitiçaria etc." (Andrade, 1990 *apud* Loureiro, 2002, p. 57). Seu materialismo radical, tomado de seu contato com Brücke, não elimina a aceitação da teoria dos períodos de Fliess, cujo caráter monista remete aos aspectos místicos e reconciliatórios do Romantismo.

Nem psicanálise nem Romantismo supõe que a restauração de conflitos e feridas possa ser efetivamente alcançada. Essa restauração é tarefa permanente e aparece como cicatriz de uma ferida já exposta. O problema tanto de uma como de outra é que o anseio pelos cuidados com a ferida exposta deixa de lado as causas materiais que a teriam provocado. Freud e os românticos assumem muito rápido compromissos com a cultura, voltando-se à realização de anseios secretos que não sejam antagônicos às elevadas formas estéticas criadas pela cultura ocidental. É a intensificação do mundo subjetivo aliada à cultura. Nessa maneira positiva, o processo sublimatório, até mais do que o Romantismo, desvincula-se das implicações políticas inerentes aos símbolos que permeiam a cultura.

Vimos que essa busca por restituir a harmonia perdida implica admissão da fratura inexorável do simbólico. Só a forma alegórica será capaz de recuperar ruínas, restos, farrapos da cultura. Do abalo de certo simbolismo tradicional nasce a valorização da alegoria nas formas de representar o mundo. Já assinalamos como Walter Benjamin percebe a importância da alegoria nos dramas do Barroco alemão, que abdicam muito claramente do símbolo. Se no símbolo há uma eterna reiteração da tradição, que se repete no tempo e no espaço, na alegoria existe sempre um elemento surpresa, que nasce da ruptura com a tradição. Nela, os objetos estão mortos e isolados, pois deixam de compor o contexto ao qual pertenciam de forma quase natural. Enquanto as manifestações simbólicas permitem eternizar o sentido unívoco e verdadeiro da coisa viva, as alegorias captam a eternidade da coisa em sua efemeridade. Por isso, é da ruína mundana, capturada pelo artista, que brotam as alegorias, cuja finalidade é salvar os objetos.

Desprovidos da clareza de Walter Benjamin, os românticos estão às voltas com a diferenciação entre alegoria e símbolo. Esse imbróglio persiste ainda no fim do século XIX, quando a revista vienense *Ver Sacrum* publica novamente o texto de Ricarda Huch no volume dedicado a Klimt. Huch recupera um desafio proposto por Goethe a Schiller: "Se você puder diferenciar conceitualmente entre o tratamento simbólico e o alegórico, então você é seu benfeitor, já que muita coisa remexe essas cinzas" (Huch, 1898, p. 7). Não há notícias sobre a resposta dada por Schiller, mas os primeiros românticos, Tieck e Solger, chegaram à seguinte conclusão:

> A mística é o ponto onde filosofia, religião e poesia se tocam. A alegoria baseia-se no impulso consciente da mística e o símbolo, no impulso inconsciente. "Ambos têm seus limites", diz Solger com algumas palavras, "onde a alegoria é um mero jogo no entendimento e o símbolo torna-se imitação da Natureza" (Huch, 1898, p. 7).

É clara a ambição romântica de reunir, em um único caldeirão, os produtos da alta cultura e certo misticismo, visando restituir o lugar simbólico já perdido. Seguindo os passos dos primeiros românticos, Huch afirma: "Para os materialistas, o mundo é, para os espiritualistas o mundo significa algo; para os românticos – artistas ou idealistas – ele é e significa ao mesmo tempo, pelo menos como eles gostariam de ter essa convicção interna consciente" (Huch, 1898, p. 8). Com essa imagem, fica patente como a religião romântica prevê selar *aqui e agora* a alma do homem com a de Deus. Trata-se de uma busca alegórica pelo infinito nos limites concretos do mundo, sendo o *eu* o portal que se abre para o incondicional. Seguindo o legado de Fichte, o *eu* se torna matéria *princeps* do Romantismo alemão. Por isso, Walter Benjamin cita Friedrich Schlegel, lembrando que "não quer nos parecer de modo algum evidente que nós [...] devemos ser infinitos e, ao mesmo tempo, devamos confessar que o Eu, como depositário de tudo, não poderia em absoluto ser outra coisa que o infinito" (Schlegel, 1801-04 *apud* Benjamin, 1919/2002, p. 41-2). Ou seja, sem os pilares da tradição, o homem se apoia naquilo que lhe resta como campo confiável de conhecimento: o próprio eu.

> "O espírito romântico parece fantasiar sobre si mesmo", diz Schlegel sobre o *Sternbald* de Tieck, e ele o faz não apenas nas obras de arte do primeiro Romantismo como, ainda que de maneira mais rígida e abstrata, também, e principalmente, no pensamento do primeiro Romantismo. [...] Nas *Lições Windischmann*, Schlegel formula esse princípio, conhecido por ele de longa data, com as palavras: "A faculdade da atividade que volta sobre si mesma, a capacidade de ser o Eu do Eu, é o pensar. Este pensamento não tem nenhum outro objeto senão nós mesmos" (Benjamin, 1919/2002, p. 27-8, grifos do original).

O *eu* na filosofia fichteana começa pela busca do fundamento último de nosso pensar ou pela busca da "verdadeira origem do sistema da razão" (Santoro, 2007, p. 72). O problema filosófico ao qual Fichte se dedica não é intrínseco à lógica, mas se concentra na validade da lógica como princípio capaz de estabelecer todas as regras que compõem o sistema da razão. Inegavelmente herdeiro de Kant, Fichte retoma a pergunta sobre as condições *a priori* de possibilidade de nosso conhecimento do mundo. Mais especificamente: sua investigação rastreia o fundamento último que justifica a estrutura *a priori* da razão, apenas reconhecida por Kant, que não se atreveu a desvendá-la. Esse continente que abriga um princípio pré-lógico, a partir do qual a própria lógica se desdobraria, é perseguido na *Doutrina da ciência*.

Com o intuito de desvendar de que material ele é composto, Fichte caminha nos interstícios da lógica, interessado na parte orgânica do pensamento que antecede os preceitos que a compõem. Esse alvo perseguido por Fichte traz um conteúdo intuitivo primário do conhecimento, e o filósofo enfrenta o desafio de transpor esse significado inerente ao espírito em uma gramática que se aproxime intimamente da certeza imediata do princípio. Seu percurso filosófico localiza-se no limiar do paradoxo, já que escava a aparelhagem gramatical da racionalidade buscando encontrar aquilo que subjaz o discurso, ou seja, buscando a pantanosa base pré-reflexiva ou pré-discursiva que a sustenta. Por isso, diz Santoro, Fichte caminha "ao avesso", partindo "do dito em direção ao silenciado". Trata-se de sustentar o absurdo de dizer o indizível da racionalidade, "autoconsciência pura e livre, geratriz da própria atividade racional" (Santoro, 2007, p. 85).

Foi justamente com o "limite indizível da racionalidade" e com a "modesta insuficiência" diante de "dizer o indizível" que Freud e Fichte não se conformaram. Ambos, porém, seguem caminhos diversos – Freud empresta a lógica racional às aparentes incongruências do universo irracional, enquanto Fichte descreve detalhadamente o limiar entre razão e intuição. Com a exigência de conciliar a imediatez do conhecimento apodítico do *eu* com a mediação necessária à lógica que a ele se segue, Fichte escreve a *Doutrina da ciência*.

Ali, a autoconsciência não é passível de representação, e o acesso ao eu é imediato a si mesmo, isto é, sendo, o eu sabe num único ato de si mesmo. Não se trata de um saber reflexivo mediado pelo pensamento, mas de intuição que opera na unidade entre sujeito e objeto. No registro da razão, orquestrada por Kant, o saber de si se transfigura em saber de um mero objeto. Diferente da visão kantiana, a capacidade imediata de apreensão inerente à autoconsciência, proposta por Fichte, apreende o campo lógico dentro de si de maneira global e num "único olhar".

Esse empenho de Fichte se justifica uma vez que, desgastada, a lógica passa a operar de forma mecânica, sem que sua validade seja posta em xeque. Partindo de Kant, Fichte o trai ao revelar precisamente os limites da razão. De acordo com Santoro, a questão do *eu* na Primeira Crítica kantiana enfrenta a seguinte problemática: "Empiricamente, temos uma certeza da determinação do eu em detrimento de sua incondicionalidade. Analiticamente, temos uma certeza desta incondicionalidade em detrimento da determinação do próprio eu". Esse "dualismo crítico kantiano", alerta Santoro (2007, p. 76), "enfrenta uma difícil separação dos aspectos lógico e empírico da ipseidade, visto que a unidade do sujeito pensante deve estar também, de alguma forma, condicionada à unidade do sujeito concreto". O problema repete-se na *Dialética transcendental* e assume a forma de um paralogismo, tido como "mero produto ilusório do ideal da razão". No fundo, tal impasse reflete "a impossibilidade, dentro dos limites determinados da experiência humana finita, de conhecer o sujeito que subjaz e perfaz toda experiência possível" (p. 76).

Em suma, a aporia reside na "contraposição entre a necessidade lógica de remissão de todas as categorias do pensamento ao eu que pensa e a impossibilidade lógica ou empírica de tematizar esse eu pensante como objeto a ser conhecido pela própria razão" (p. 76). Com Kant, estaríamos reduzidos a uma aproximação do eu fenomênico, que se mostra empírica e circunstancialmente. O eu transcendental, como consciência-de-si, confinada ao âmbito da coisa-em-si, só é vislumbrado pela lógica do pensar como consciência-de-um-outro, isto é, o eu se torna objeto que se apresenta ao "olhar invisível". É precisamente este *eu* obscuro na obra de Kant, e polo do qual emana o pensamento puro e simultaneamente se coloca como corporeidade empírica do ser pensante, que impõe a exigência de respostas mais precisas. Pois, "como é possível [...] este divórcio irreconciliável na experiência do eu, ora sinônimo de um eu concreto no mundo dos fenômenos, ora antônimo de qualquer concretude no 'paraíso lógico' das ideias transcendentais?" (p. 76). Ainda que considere a questão paralogismo ou antinomia, isto é, admita o engodo, considerando-o inerente às operações ensaiadas pela razão, a resposta dada por Kant ao impasse acerca do *eu* é insuficiente aos olhos de Fichte.

A "unidade da apercepção transcendental", tida como alicerce do saber sistemático, sofrerá os efeitos da incisão cirúrgica fichteana até que a razão prática e a razão teórica sejam unificadas, diluindo a dicotomia entre sujeito do juízo e sujeito judicante. Em vez da velha fórmula sobre a "condição de possibilidade da experiência", teremos, então, a "experiência da condição de possibilidade", capaz de iluminar a aposição entre razão prática e razão teórica. Isso porque esse fundamento monolítico bipartido em sujeito e objeto do conhecer não pode ser visto como dois recipientes incomunicáveis no interior de uma mesma reserva. Na perspectiva fichteana, trata-se antes de uma construção ativa, a tal ponto que o pensar é um agir que revela a autodeterminação livre do eu. Se qualquer saber só se configura como tal por meio de um saber-de-si, é necessário admitir que no saber-de-si está alocada a própria essência da ipseidade. É daí que se deduz que

> [...] o pôr do eu por si mesmo é a sua atividade pura. O eu é e, em virtude de seu mero ser, põe seu ser. Ele é ao mesmo tempo o agente e o produto da ação; ativo e aquilo que é produzido pela atividade; ação e feito são um e o mesmo (Fichte, 1794/1980, p. 46).

O pôr-se como eu e saber-se como eu representam a mesma presença fundamental. Daí Walter Benjamin sublinhar que, quando o Eu põe a si mesmo na tese absoluta, nasce a reflexão, à qual Schlegel, nas *Lições Windischmann*, atribuiu um sentido totalmente fichteano, de "duplicação interna" no Eu (Benjamin, 1919/2002, p. 32).

> Desde que se começou a falar de uma crítica da razão, de um conhecimento da razão, como conhecida, e tornou-se tarefa da razão conhecer em primeiro lugar a si mesma, e somente a partir disso deduzir como pode conhecer algo fora de si mesma, deveria ter-se tornado claro que essa razão, para apreender-se e captar-se, não poderia fazê-lo em algo derivado, que não tem seu fundamento em si mesmo, como o conceito, mas teria de fazê-lo no único imediato, na intuição; que, portanto, se de agora em diante só se deve chamar de filosofia o conhecimento da própria razão por si mesma, a filosofia não pode absolutamente ser um conhecimento por conceitos, mas tem de ser um conhecimento por intuição (Fichte, 1794 *apud* Santoro, 2007, p. 84).

Sabemos que o velho Freud não se contentou com o vago caráter do conceito de intuição. Observando com estranheza certa coerência nas manifestações sintomáticas difusas de seus pacientes, que apontavam para uma espécie de *não-eu* no interior do próprio *eu*, Freud precisou ir além. Com sua lanterna iluminista atravessou entulhos e escombros que impediam a passagem através das fronteiras desse *eu* e iluminou os arcaicos sustentáculos dessa entidade identitária, muitas vezes antagônicos a ela. Nesse subsolo se acumulavam fiapos, pó, ruínas do *mundo infantil*, que se consolidavam como se fossem uma massa viscosa. Percebeu logo que, se essa sujeira acumulada ao longo do tempo se juntasse à umidade do presente, formava-se uma espécie de pântano absorvente, e esse acúmulo de resíduos escorria para fora sorrateiramente, tão logo uma fresta fosse aberta. Somente fendas alcançam essa matéria quase esquecida na penumbra, e o trabalho psicanalítico freudiano incide sobre essa massa ainda inerte, mas viva, orgânica. O *material infantil* com o qual são construídas as paredes do *não-eu* não pertence a algum lugar recôndito do passado. São conteúdos eróticos e violentos, amornados ou banidos pelo processo civilizatório. Sexualidade sem função e sem órgãos específicos, o *corpo infantil*, emaranhado no corpo do adulto, é insubordinado, sem princípios nem idade. Passional, a *sexualidade infantil* viva embaralha-se no presente maduro do sujeito, sob formas diversas. A escuta da *faceta infantil* é uma escuta em sintonia com esses escombros apagados por meio dos quais rumores difusos ganham volume e intensidade. Ao nomeá-los, o paciente concede forma à massa que se mantinha asfixiada.

Esse método permitiu o acesso a territórios antes inimagináveis, sendo, por isso, extremamente revolucionário. Querendo compreender seus pacientes e diminuir seus sofrimentos, Freud se aventurou por essas terras ainda virgens e acabou encontrando nas causas dos sintomas o *mundo* ou o *Outro*. Ou seja, são resquícios do processo civilizatório que se encontram nesse espaço quase insondável. Esse processo civilizatório acontece justamente quando parcelas do *eu-id* – *eu* infantil ainda não integrado e, portanto, emaranhado ao *id* – são soterradas, arrancadas ou banidas. Quando se faz referência ao inconsciente, há uma alusão simultânea a um determinado mundo cultural e social, que não acolhe partes específicas da vida anímica do sujeito. Falar desses lugares significa, portanto, denunciar ou reiterar os limites da cultura e da sociedade.

Aqui é que a sublimação entra com certo viés conservador: ao pensar no processo sublimatório como aquele que satisfaz as pulsões e, ao mesmo tempo, reafirma os pilares e valores da cultura, obtendo seu reconhecimento, Freud abdica, num certo sentido, do questionamento desses limites socioculturais, tornando-se mais conservador do que os românticos que, de acordo com Löwy & Sayre (1993), caminham no limiar entre formas subversivas e formas restauradoras de um passado perdido. Em "O eu e o isso", Freud sinaliza o caminho monista que será seguido por Loewald e outros psicanalistas do ego, mostrando como o processo sublimatório não é pensado a partir da materialidade que o teria impulsionado, permanecendo confinado aos mecanismos intrapsíquicos:

> A transformação da libido do objeto em libido narcísica, que assim se efetua, obviamente implica um abandono de objetivos sexuais, uma dessexualização – uma espécie de sublimação, portanto. Em verdade, surge a questão, que merece consideração cuidadosa, de saber se este não será o caminho universal à sublimação, se toda sublimação não se efetua na mediação do eu, que

> começa por transformar a libido sexual em narcísica e, depois, talvez, passa a fornecer-lhe outro objetivo (Freud, 1923/1996, p. 43).

O fato de a libido objetal se dessexualizar e retroceder, ativando os traços narcísicos na sublimação, aproxima-a das defesas de caráter melancólico. Como uma defesa contra a falta, a sublimação é um processo que retrai a libido e ativa investimentos narcísicos. Não é difícil reconhecer o tom nostálgico romântico desse mecanismo, que se volta para traços arcaicos da vida anímica (passado) em detrimento da realidade material, exaltando-os e alimentando-os. Esse caráter retroalimentador, apartado dos indícios do real e revigorador dos objetos internos narcísicos, conserva um modelo psíquico defensivo próprio de um determinado contexto sócio-histórico. Vejamos esses aspectos que inflam o ego em detrimento do Real por meio da ideia de gênio romântico e do conceito de nostalgia (*Sehnsucht*) próprios do Romantismo alemão.

Sublimação: tom nostálgico

Num lugar híbrido entre Eros e Tânatos – o do narcisismo primário – a sublimação se rende às exigências do id e simultaneamente atende aos *ideais do supereu*, visando a uma modificação do *eu* capaz de atender a ambos os "setores" – revolucionários e conservadores. Nesse arranjo, o eu obtém controle sobre o id, além de aprofundar suas relações com ele ao se sujeitar a algumas de suas exigências. Identificações cumprem seu papel nesse processo, sendo que "os valores que o eu investiu como seus fins sublimados mais perfeitos reduzem-se às escolhas originais edipianas do isso [id]" (Mijolla-Mellor, 2010, p. 507). A dessexualização do id, contudo, não é inócua para a vida anímica, e é nela que é possível reconhecer uma aproximação mais clara entre a *melancolia* e a *sublimação*: a energia libidinal dessexualizada é obtida da desunião das diferentes pulsões fundidas que se tornam parcialmente livres e móveis, como Eros, ou preservam resquícios intensos da pulsão de morte. Essas *sobras* da pulsão de morte retornam cruelmente para o *eu* com severas demandas do ideal, proporcionais às limitações impostas pelo eu à sua agressividade em direção ao exterior. Como diz Mijolla-Mellor (2010, p. 507):

> Se seguirmos o raciocínio de Freud, poderíamos chegar a pensar que, se a atividade sublimada não for acompanhada de uma dose de agressividade suficiente dirigida ao exterior, o eu encontra-se gravemente ameaçado pelos componentes destrutivos retomados pelo ideal do eu. A clínica confirmaria isso em muitos aspectos. Numerosas inibições intelectuais procedem de mecanismos desta ordem que, se não chegam a manter o sujeito na "cultura pura da pulsão de morte" que caracteriza os melancólicos

(Freud, 1923/1996, p. 69), impõem-lhes um fechamento em uma repetição estéril e sombria.

Há uma contradição no texto de Freud (1923/1996, p. 61), que numa parte afirma: "A libido sublimada 'reteria a finalidade principal de Eros – a de unir e ligar – na medida em que auxilia no sentido de estabelecer a unidade, ou tendência à unidade, que é particularmente característica do ego'" e, em outra, algumas linhas abaixo, diz: "Dessexualizando ou sublimando a libido do id, o ego está trabalhando em oposição aos objetivos de Eros e colocando-se a serviço de impulsos instintuais opostos".

A razão dessa contradição, segundo Mijolla-Mellor, é que "o objetivo do eu na sublimação está de acordo com as aspirações de Eros, mas as consequências imprevistas e involuntárias de sua ação também trabalham a serviço da pulsão de morte" (2010, p. 508). Quando esta aparece desligada, sua periculosidade aumenta, e o controle do eu sobre o id se mostra limitado. Como consequência da desfusão pulsional que permite o trabalho sublimatório, há uma transformação da libido objetal em libido narcísica, o que aciona as pulsões de morte e agressivas. O objeto de tais pulsões se torna o eu, vítima de investidas superegoicas sádicas e cruéis. Implorando pelo amor do supereu – representante da pulsão de morte, derivada do id –, o eu serve de campo de batalha entre Eros e a pulsão de morte. Daí a afirmação da autora: "Trabalhando contra a libido, ou seja, buscando dessexualizá-la e sublimá-la, o eu expõe-se ao risco de maus-tratos, senão de morte. Por isso, ele precisa prestar assistência a si mesmo, enchendo-se de libido e tornando-se, assim, o representante de Eros" (p. 508).

Essa exaltação do mundo interno abre portas para a ideia romântica do *gênio*, cujas propriedades estão pouco respaldadas na razão. Substituto do lugar das já diluídas imagens divinas ou do frágil poder patriarcal exercido por figuras reais, o eu é a entidade a ser agora inflada. Engrandecido ao extremo, o eu se transforma nesse gênio romântico no qual o sujeito busca agora algum apoio. Abdicando da razão para encontrar a audácia do *eu*, Herder, um dos principais representantes do Romantismo alemão, pretende

> [...] escapar desse mau finalismo mediante uma teleologia "orgânica" na qual não há projeção dos fins de uma vontade ou intelecto finito para a natureza, mas uma atividade espontânea que, suprimindo o intervalo entre o plano e sua realização, alcança imediatamente, isto é *instintivamente*, seu fim (Suzuki, 1998, p. 63).

O imponderável é a marca desse *eu*, o que torna o esclarecimento iluminista insuficiente para abarcar o gênio:

> Se a natureza ainda está adormecida e só aos poucos desperta, não é bom sinal se se observa o florescimento prematuro de algumas inclinações mais fortes: ao

> contrário, é preciso esperar que o gênio apareça e mostre "o caminho e a obra da vida futura como em um sonho". Algo exatamente oposto se observou na pedagogia desenvolvida pela Ilustração: "[...] a criança já era agora um grande filósofo, sabia calcular e estava tão bem treinada no uso dos silogismos, das figuras e dos instrumentos, que com frequência conseguia brincar de modo a fazer surgir novos silogismos, novos resultados e aquilo que apelidava de novas descobertas. Fruto, honra e cume do espírito humano! Tudo por intermédio de um jogo mecânico!". O sinal do gênio que se recebe na juventude é como que somente a primeira revelação, que, no entanto, se imprimirá para sempre na memória: "Mesmo a recordação desse sonho, das primeiras imagens da juventude cheia de pressentimentos e pulsação de nossa vida futura, é capaz de nos encantar e rejuvenescer: vemos o Deus em nós, que conosco estava desde cedo, proclamador e profeta do futuro" (Suzuki, 1998, p. 64).

Essa transposição, aqui suposta, da divindade cultivada pela tradição de certas instituições para a ideia de um sujeito cuja expressão de Deus está em seu interior, sob forma do *gênio*, é bem expressa também no seguinte trecho citado por Suzuki: "Com respeito ao mundo moral, *consciência*, com respeito ao mundo intelectual, *gênio* é esse deus interior" (Young *apud* Suzuki, 1998, p. 60). Não é difícil deduzir que, desmoronada a confiabilidade nas entidades que representavam o poder sagrado, o eu aglomera o que antes estava depositado na eminente realeza sacralizada pelo clero.

Evidência maior dessa tese está na ideia de *nostalgia*, difundida pela filosofia romântica. Explorado pelo românticos, o termo alemão *Sehnsucht* carrega significados enigmáticos. Em *Aspectos do romantismo alemão*, Anatol Rosenfeld (2013) lembra que Hegel apontou a ironia como raiz dessa nostalgia romântica (*Sehnsuchtigkeit*). O termo alemão abrange não só o saudosismo do passado, da inocência e integridade perdidas, mas também o anseio por um progresso infinito, por uma nova idade de ouro, superior à passada. É um ar nostálgico que envolve as teias do passado e as nuvens de um futuro ainda incerto, mas saudosamente ansiado. Seligmann-Silva chega a considerar esse aspecto nostálgico um certo chavão para abordar o Romantismo alemão:

> É um chavão, mas não posso deixar de recordar, já que essa noção é central na filosofia da história romântica, que para Novalis, eu cito, "A filosofia é propriamente nostalgia [*Heinweh*] – Desejo [*Trieb*] de estar em casa por toda parte" (W II 675). E ainda, do mesmo autor lemos o que significa para ele este "estar em casa": [...] O projeto romântico deve ser compreendido como um plano de estabelecimento dessa nova "casa": o método da sua construção é uma conseqüência da experiência da revolução (ou seja: da inversão generalizada dos valores e das

> Instituições): dever-se-ia aproximar o que está distante e distanciar o que está próximo demais (Seligmann-Silva, 2002a, p. 3).

Órfãos da rede social que os amparava, os românticos encontram esteio apenas em seu eu. Nostálgicos de um mundo no qual a unidade parecia estar dada, os românticos são impelidos, pelos seus anseios mais íntimos, a reencontrar o sentimento inerente a esse lugar perdido. Enquanto a poesia dos antigos era a da posse, a romântica é saudade e anseio, que titubeia entre recordação e pressentimento. Distantes dos ideais gregos que primavam pela harmonia e pelo equilíbrio perfeitos das forças, os românticos são conscientes da fragmentação interna que os devolve à tarefa de restaurar essa segmentação do mundo, buscando torná-lo uma unidade inarredável sensível e espiritualmente. Essa tentativa não deixa de ser um embuste, pois, depois dos abismos percebidos, é inútil reconstituir o mundo restaurando seus estilhaços. Daí Rosenfeld entrever, nesses espíritos mais audazes na superfície, uma camada mais profunda de fraqueza:

> Nesse saudosismo estético, o indivíduo fixa-se num certo prazer mórbido. Os românticos, de fato, tiraram uma satisfação "voluptuosa" da insatisfação. Pois como na saudade, ambos, indivíduo e coisa, estão ligados, há neste estado solitário certa satisfação, mas ao mesmo tempo nenhum verdadeiro aproximar-se da coisa. Temos aqui

> a alma em solidão consigo mesma, não queremos agir. Trata-se de uma doença e fraqueza do espírito (Rosenfeld, 2013, p. 158).

O que temos por hora é esse espírito melancólico e nostálgico que define o gênio romântico, coincidindo com o conceito freudiano de sublimação, que almeja também o regresso ao narcisismo primário, no qual a unidade parecia estar intacta. Walter Benjamin explorou a noção de melancolia em *Baudelaire, um lírico no auge do capitalismo*. Último poeta moderno embebecido pelos ares melancólicos, que antecederam a classificação freudiana do termo, Baudelaire transforma o próprio desencanto em imagem, desprezando as condições simbólicas do laço social. O Romantismo tardio de Baudelaire aloca-o em um fio de equilibrista entre reencantamento do mundo e enaltecimento do desencanto, provocado pelo insucesso das revoluções. Perdida a aposta que fizera na Revolução Francesa, Baudelaire, militante dos confrontos de 1830 e 1848, viveu a desilusão em relação à ação política. Genialidade embrenha-se a uma bruma de melancolia como condição inexorável da criatura, na qual as ações estão destituídas de sentido.

Nostalgia e melancolia, conectadas a um processo de idealização do passado perdido ou de um futuro longínquo, jamais alcançado, expressam uma recusa de lidar com as evidentes deficiências do presente. Em “Os ideais e a sublimação", Sophie de Mijolla-Mellor procura diferenciar a ideia freudiana de *idealização* do conceito de *sublimação*. Segundo a autora,

> Freud sempre evitou confundir dois processos que, no entanto, parecia relacionar: a idealização e a sublimação. O ideal de eu, enquanto instância separada, não pode concentrar em si o investimento libidinal forçando o eu a sublimar suas pulsões, mas constitui por sua própria existência um chamado à derivação sublimatória (Mijolla-Mellor, 2010, p. 501).

Vale o esforço de perseguir essa distinção para delinear os territórios percorridos pelo gênio romântico e, em seguida, avaliar se a sublimação freudiana se relaciona com essa perspectiva romântica ou se é um processo que pouco tem a ver com ela.

O conceito de idealização aparece em "Psicologia das massas e análise do eu" (Freud, 1921a/1996) como um conceito que se contrapõe à identificação por três razões: 1) enquanto o eu é empobrecido na idealização, na identificação ele introjeta o objeto e suas qualidades, enriquecendo-se; 2) se a idealização pressupõe um objeto externo superinvestido como tal pelo eu, na identificação a perda do objeto é pressuposta com seu restabelecimento no eu quando há justamente a identificação com ele; 3) na idealização, o objeto é posto no lugar do ideal de eu, já na identificação o próprio eu é colocado no lugar do objeto, e não sua instância ideal.

Em sua leitura dos textos de Freud, Mijolla-Mellor considera que a "idealização é uma consequência do fracasso da formação do supereu e do ideal de eu na saída do Édipo" (2010, p. 502). Compelido a desfazer-se de sua libido narcísica em favor de objetos existentes na realidade, o eu que tende a idealizar é fruto de um frágil processo de identificação com os primeiros objetos libidinais. Essa debilidade nas identificações aparece sob forma de impedimento imposto ao eu de expandir para fora de si seu elemento constitutivo mais importante, o *ideal do eu*. Constituída como apropriação de imagens parentais arcaicas, a identificação difere-se da idealização pois, enquanto aquela integra essas imagens ao eu, esta restitui incansavelmente a situação de abandono da infância, na qual o eu era eternamente dependente de uma autoridade inconstante. Mais claramente: na idealização, o que se repete é certa "paralisia nascida da relação entre um ser poderoso e um ser impotente, indefeso" (Freud, 1921a/1996, p. 180), e na identificação há uma introjeção das primeiras figuras parentais. Sem ter sido introjetado pela identificação, o ideal do eu não opera sua função crítica superegoica, que regula a consciência moral e suas ampliações de caráter filosófico, ético e perceptivo. Segundo a psicanalista:

> A alienação ideológica como abandono "sublimado" (para Freud, "dessexualizado") a uma ideia abstrata depende, portanto, do que foi demonstrado pela análise do crime passional: a idealização fez calar a instância crítica, que é assumida por outro, exterior ao eu. A relação muito particular que a idealização estabelece com a realidade é, portanto, análoga àquela que encontramos na encenação perversa. Tudo se passa como se houvesse, para o sujeito, uma obrigação de estar ligado à realidade de uma cena ou de um objeto, em que, para o neurótico, a fantasia da mesma cena seria suficiente. Obrigação que, no discurso do paciente perverso, reproduz a narrativa de uma violência passada em que ele teria sido realmente a vítima (Mijolla-Mellor, 2010, p. 502, grifos do original).

Comparando *idealização* com *encenação perversa*, Mijolla-Mellor considera que a superestimação dos pais é a base do ideal de eu e da idealização, sendo ambos, por seu turno, derivados do eu-ideal. Na *sublimação*, por outro lado, a relação com momentos de reelaboração identificatória é acionada como ocorre em trabalhos de luto, no humor ou na cura psicanalítica. Nas palavras de Mijolla-Mellor, "se o ideal de eu está conforme seu objetivo original (segundo Freud, tornar-se como o pai), é com qualquer espécie de atividade relacionada a esse fim que ele incita o eu, na medida em que essa atividade é suscetível de resgatar uma imagem identificatória valorizada para o eu" (2010, p. 503).

A distinção feita pela psicanalista entre os conceitos freudianos de sublimação e idealização mostra que há também uma introjeção no processo de idealização, na qual identificações inconscientes são emprestadas dos objetos do Édipo, sem que o sujeito as tenha elaborado, ao passo que na sublimação o trabalho ocorre sobre o luto do próprio eu ou, mais precisamente, sobre o *luto do eu-ideal todo poderoso*. Vendo na sublimação um trabalho por meio do qual é possível substituir não só o objeto ideal, como também o eu-ideal, Mijolla-Mellor considera que a "representação sublimada de si é ligada a um projeto preciso e limitado, no qual a própria busca terá o poder de restituir ao eu a imagem ideal que ele perdeu" (Mijolla-Mellor, 2010, p. 503). Tal imagem jamais esquecida seria insubstituível em sua totalidade, já que ela retrataria o próprio eu sob sua forma ideal arcaica ou pré-forma mítica. Essas formas representam a indissolubilidade e indiferenciação entre o objeto e o eu. Para a psicanalista francesa, a sublimação seria a tarefa de o eu reencontrar uma solução de substituição primitivamente inventada.

Vemos claramente que, nessa perspectiva, a sublimação é uma saída mais interessante do processo de identificação do que seria a idealização, considerada um retrocesso em termos de economia psíquica. De maneira concisa: a primeira reconheceria a falta e seria expressão de uma elaboração do luto, enquanto a segunda reinstauraria o lugar infantil de subordinação ao Outro.

Essa distinção feita por Mijolla-Mellor esclarece parte das questões aqui destacadas, mas ainda não responde a alguns problemas apresentados nesta pesquisa. Vimos que há uma exaltação do *eu* e certa *nostalgia* em relação à unidade perdida no Romantismo alemão. Nas descrições conceituais metapsicológicas feitas há pouco, o protagonismo da instância egoica permanece visivelmente destacado, assim como a marca nostálgica do passado indissolúvel arcaico. Não obstante seja possível reconhecer na sublimação certos "desafios lançados aos [...] limites" (Mijolla-Mellor, 2010, p. 504) da realidade, seu processo emana sempre das estruturas intrapsíquicas e reduz quase à irrelevância a materialidade que envolve o processo.

Assim, aportaremos nossas análises justamente nessa materialidade. É hora de se perguntar como efetivamente os pensadores e artistas românticos perseguiam a aura perdida do mundo com o propósito de reerguê-la no presente. Para aterrissar nas margens do mundo sensível e decifrar o modo concreto pelo qual a aura romântica se apõe nos objetos, que se transformam em obra artística, é necessário voltar aos cenários da época para averiguar se a sublimação se alinha ao modelo romântico de criação.

Na galeria de Dresden, W. Schlegel e sua esposa, Karoline, expunham suas reflexões sobre pintura e a definiam como a arte do brilho (*Scheins*) em contraposição à escultura, vista como arte da forma. Arte do brilho, já que luzes e cores são os elementos principais a compô-la, e não meros estímulos secundários da imagem. Esse brilho, constantemente aniquilado ou imperceptível na vida comum, onde só se encontra a materialidade, ganha corpo pelas mãos do pintor que o idealiza[3]. Do fato de que a aparência – o mero fenômeno, como diz Wilhelm – é o aspecto essencial da pintura, segue-se que nela se percebe menos a materialidade do mundo. Nesse contexto, faz sentido que a paisagem seja considerada, pelo casal, o mais alto tema dos quadros ali expostos. O mero fenômeno – a iluminação – ocupa papel principal. Diante das paisagens da galeria de Dresden notam destacadamente as sombrias fantasias de Salvator Rosa, que dá corpo às entranhas[4] do ar e assopra-lhe sua alma no mero fenômeno. Se antes, no Renascimento, o espírito humano era revestido pela natureza, agora a natureza está prenhe de espírito.

Não são apenas as pinturas que ganham destaque entre os românticos. Aliás, entre as diversas formas-de-exposição, o romance é a "forma simbólica suprema" (Benjamin, 1919/2002, p. 101-2) do Romantismo. Nele se interpenetram a autolimitação reflexiva e a autoexpansão. Sua liberdade nunca excede sua forma, que é moldada de maneira orgânica enquanto o próprio conteúdo é trabalhado. Lukács escreve,

---

3 Aqui fica evidente o papel do gênio, capaz de conceder brilho à obra. Na arte contemporânea, valoriza-se o inverso desse modelo, já que, em muitas obras, o que o artista faz é simplesmente dar a ver a materialidade do mundo.

4 A expressão aqui é "*durchleuchteten Luft*", que significa literalmente "ar radiografado". No português, a expressão soa estranha aos ouvidos, de modo que foi substituída no texto por "entranhas do ar".

em *A teoria do romance*, que o "Romantismo da desilusão" procura se pautar justamente no desajuste da alma à realidade, já que aquela "é mais larga e mais vasta do que todos os destinos que a vida pode lhe oferecer" (Lukács, 1962 *apud* Löwy & Sayre, 1993, p. 20-1). Sendo a paisagem mote privilegiado nas pinturas românticas, e o romance, a forma simbólica mais elevada do mesmo movimento, Ludwig Tieck foi extremamente sábio ao escrever o romance pictórico *Franz Sternbald*. Um dos melhores exemplos para ilustrar o simbolismo romântico, o romance de Tieck é citado por Safranski no contexto do "sacramento da arte em oposição à ameaça gerada pela normalidade burguesa". Nessa obra, Tieck procura compensar o "desencanto do sublime artístico pelo pensamento de utilidade burguês" (Safranski, 2010a, p. 181). Retratando o trajeto para Roma de um dos melhores discípulos de Albrecht Dürer, Tieck descreve paisagens reluzentes com acuidade. Huch (1898) esclarece que, em tal simbolismo, não é o corpo transitório que se mostra essencial, mas o espírito que reluz na aparência. Embora a necessidade absoluta do corpo esteja subentendida em qualquer arte, a grandeza do artista consiste na capacidade de dar a ver "o mundo material como um manto transparente para algo eterno" (p. 8).

Trair regularmente o ídolo Dürer é o que garante ao protagonista a originalidade do gênio. A ambientação na Idade Média de Dürer é, para Tieck, "nada além do que um cabide, com o qual ele veste suas invenções" (Huch, 1898, p. 8).

Essa mescla entre tempos ancestrais e o inusitado, que nasce do presente, é o que move alegorias românticas de toda estirpe. Para ilustrar esse aspecto, é interessante resgatar algumas das imagens dessa obra de Tieck, trabalhadas no texto de Huch. Uma delas traz uma igreja, sediada numa aldeia, cujo altar é decorado pela alegre mensagem do nascimento do Senhor. Duas qualidades de luz penetram pelas montanhas: o escuro alvorecer de um pôr do sol que chega a seu ocaso e, mais distante, através das colinas, clamam dois anjos, entre os quais irradia um brilho celestial. O olhar dos pastores em *nostálgico êxtase* está voltado para essa direção, enquanto um jovem mira lamentoso o sol que se depõe no horizonte, como se o alvorecer carregasse consigo toda a alegria de que o mundo seria revestido. Um velho pastor, contudo, toca seu braço, como se quisesse alertá-lo sobre a nova luz que acaba de nascer.

O "anjo", mencionado na imagem simbólica descrita por Tieck, é tema recorrente nas pinturas românticas. Suas asas indicam a presença de uma doce liberdade, e a auréola remete à ideia de uma figura imaculada. Entre o bem e o mal, o anjo transcende o caráter ordinário da vida humana, assim como o gênio. Mensageiros ou escravos de Deus, o anjo e o gênio estão envoltos por um forte brilho capaz de reavivar uma dimensão virtuosa, próxima de Deus. Por outro lado, quando caídos, os anjos se tornam portadores das diatribes do mal, o que corresponderia, num certo sentido, à face sombria dos gênios românticos.

O anjo é figura frequente nos poemas de Baudelaire, aos quais Walter Benjamin dedica seu estudo *Charles Baudelaire, um lírico no auge do capitalismo*. Como na pintura de Tieck, o poema "O rebelde", traz o anjo como mensageiro. Sua fúria atira-o sobre o ateu, exigindo-lhe amor, "Antes que a alma tenhas em ruínas/Teu êxtase reaviva à glória e à luz divinas/Esta é a Volúpia dos encantos celestiais!" (Baudelaire, 1857/1985, p. 467). Sem se render, o ímpio reconhece sua orfandade. Mas é o poema "A perda da auréola" que precisa ser aqui lembrado. Nele, Baudelaire apresenta um anjo – com o qual certamente se identifica – vagando de maneira incerta pela cidade, após perder sua auréola na avenida cheia de pressa, "onde a morte chega a galope de todos os lados ao mesmo tempo". Recuperá-la punha em risco seus ossos. Diante da perda, o anjo considera que "há males que vêm para o bem" (Baudelaire, 1869/1996, p. 217), já que, incógnito, estaria livre para vadiar como simples mortal. Sendo a dignidade causa do tédio, a rebeldia torna-se o melhor remédio.

Em 1655, o pintor barroco Salvator Rosa[5], considerado por Schlegel e Karoline um mestre do movimento romântico, na citada conversa de Dresden, perdeu seu filho Rosalvo – além de vários outros parentes próximos – em virtude de uma praga devastadora que se alastrou por Nápoles. Seu anjo, assim, não é mensagem da luz divina, mas da dor

[5] A análise que se segue está disponível na página do Museu Fitzwilliam dedicada à obra, em <http://www.fitzmuseum.cam.ac.uk/pharos/collection_pages/italy_pages/PD_53_1958/TXT_SE-PD_53_1958.html>.

mortal. A transitoriedade da vida humana era tema recorrente durante o século XVII, mas Salvator Rosa constatou de perto a fragilidade da existência. *L'Umana Fragilita* é a pintura que traz esse drama de forma mais contundente.

Salvator Rosa – *Fragilidade humana* (1656).

Mesmo que seja verdade – como sugerem alguns críticos – que Rosa tente expor nela apenas sua tragédia pessoal, o quadro está intimamente enraizado nos símbolos da tradição. Entre os contrastes de luz, próprio do *chiaroscuro* barroco, é possível entrever a figura da mãe de Rosalvo, que segura a criança. Uma imagem cadavérica alada segura o pulso da criança, representando a condenação à morte. A criança assina a escritura cujo conteúdo diz: "Concepção é pecado, nascimento é dor, morte, uma necessidade". O humano só se define por seu caráter mortal e efêmero, como ilustram as bolhas de sabão feitas pela pequena criança do canto esquerdo do quadro. Os críticos suspeitam que as flores na cabeça da mãe simbolizem o nome de família do pintor – Rosa –, que também não deixam de aludir ao caráter passageiro da vida. Existem alguns símbolos obscuros, como é o obelisco de pedra que fica à esquerda do quadro. Nele se observam emblemas esculpidos, decifrados apenas quando se consulta o *Hierogyphicorum Liber XXXI*, de Piero Valeriano. Tanto a face de uma criança como a do homem velho fazem referências à vida humana. O falcão, logo abaixo do ancião, é um sinal de vitalidade, ainda de acordo com a fonte citada. O curioso é que justamente a imagem que alude à vitalidade é a mais velada, pois aparece apenas sutilmente abaixo da asa do esqueleto que figura no centro. Símbolo do ódio e da morte, o peixe está mais visível, assim como a criatura canina que representa "a violência e a discórdia com que o homem termina seus dias". Existem outros símbolos decifrados por Valeriano, como *Terminus*, clara alusão ao deus romano da Morte.

Essa iluminação em destaque na pintura alegórica e dramática de Salvator Rosa condiz com o espírito do Barroco e contrasta com a de Caspar David Friedrich. Assim como muitos artistas da época, este pintor romântico incorpora a lição barroca, adotando contrastes de luz e sombra e introduzindo o paradoxo de conceder a esses contrates a força e a suavidade da vida e da natureza. Esse jogo de luzes no Romantismo procura conceder iluminação e aura à materialidade opaca do mundo.

Na pintura *Der Wanderer über dem Nebelmeer*, Caspar David abdica da figura do anjo e a aura passa a envolver o homem, elevado ao lugar de gênio. Em lugar quase celestial, esse gênio também é mensageiro de Deus, assim como o era o anjo. Poderoso e solitário, o artista romântico está encarregado de dotar o mundo de poesia.

Caspar David Friedrich – *Viajante sobre o mar de névoa* (1818).

O resgate do anjo aqui não é arbitrário. Jeanne Marie Gagnebin (1997) e Susana Kampff Lages (1998), mostram a importância que essa figura assume na obra de Walter Benjamin, que tem referências claramente talmúdicas, nas quais se encontram lendas sobre a criação dos anjos. A imagem do anjo tece o elo do Romantismo com certas proposições benjaminianas e aponta para as cenas que serão abordadas na segunda parte deste trabalho. Para falar de anjo na obra de Walter Benjamin é necessário, porém, saltar do Romantismo alemão para as vanguardas artísticas, mais especificamente para a obra *Angelus Novus*, do artista suíço Paul Klee, cujas tendências são visivelmente surrealistas e expressionistas.

Löwy extrai as analogias estabelecidas por Walter Benjamin entre Surrealismo e Romantismo Revolucionário no artigo escrito em 1929 pelo filósofo alemão. Visto como manifestação moderna do Romantismo, o Surrealismo é uma espécie de "marxismo gótico", sendo que o termo "gótico" ganha uma conotação romântica. Löwy reconhece nessa expressão

> [...] o fascínio pelo encantamento e pelo maravilhoso, bem como pelos aspectos "enfeitiçados" das sociedades e das culturas pré-modernas. O romance *noir* inglês do século XVIII e alguns românticos alemães do século XIX são referências "góticas" que encontramos no coração da obra de Breton e de Benjamin (Löwy, 2005a, p. 26).

No Surrealismo, o marxismo gótico seria "um materialismo histórico sensível à dimensão mágica das culturas do passado, ao momento 'negro' da revolta, à iluminação que rasga, como um relâmpago, o céu da ação revolucionária" (Löwy, 2005a, p. 26, grifo do original).

Não são raros os autores que consideram a análise benjaminiana do quadro *Angelus Novus* (1920), de Paul Klee, "uma projeção de seus próprios sentimentos e ideias sobre a imagem sutil e despojada do artista alemão" (Löwy, 2005a, p. 88). Se olhada isoladamente, a tese XI de *Sobre o conceito de história*, que faz alusão ao quadro, parece usar a imagem do anjo de Klee apenas como subterfúgio para introduzir algumas ideias filosóficas. No entanto, se o quadro é analisado em conexão com outras pinturas, fica fácil perceber que a interpretação de Benjamin realmente penetra no âmago da obra. Se ele vislumbra no quadro o anjo da história, isso se deve tanto ao título da obra como à imagem e ao estilo do quadro.

Os anjos românticos ainda portavam suas auréolas, mesmo que elas fossem carregadas de certa artificialidade, pesando sobre suas cabeças e impedindo, muitas vezes, a grandeza do voo. O anjo pintado em 1920 por Paul Klee carrega a dor do desamparo, e seu desespero tem a dimensão do medo que sentem as crianças quando perdem seus pais. Olhos estatelados, em busca de referências, a obra de Klee é a imagem do anjo após os horrores da Grande Guerra. Sendo coerente com seu método de análise histórica, Benjamin resgata tal anjo em 1940, quando mais uma vez os terrores do mundo se anunciam implacavelmente. Suas asas são mais uma vez impotentes.

Freud não é afeito a nada que se aproxime do marxismo gótico benjaminiano, sendo resistente aos movimentos de vanguarda. Seu espírito revolucionário não se desfez de seus laços iluministas até a Grande Guerra, e aceitar o inconsciente como guia da cultura não pareceu a ele caminho promissor. Para Freud, até a Primeira Guerra o inconsciente deve ser reconhecido em nome do processo civilizatório, que se finca, para ele, nas veredas sublimatórias, ainda longe dos abalos causados pelo *Unheimliche*.

6.

Um paralelo entre Freud e Goethe: o mito e a sublimação em *As afinidades eletivas*

A consciência, meu caro – retrucou Charlotte –, não é uma arma suficiente, sendo, por vezes, até perigosa para aquele que a maneja.

(Goethe, *As afinidades eletivas*)

Citado à exaustão por Freud, Goethe é figura que simboliza as marcas da cultura alemã na obra freudiana. Inês Loureiro faz observações, em sua resenha sobre três artigos que tratam de algumas relações entre o psicanalista e o escritor (Loureiro, 1997), que consideramos regra daquilo que impulsiona autores contemporâneos a investigarem aproximações entre ambos. Os artigos "Sob o olhar de Goethe", de Daniel Delouya; "Goethe e Freud", de Henrique Honigsztejn e "Mefistófeles no divã", de Sérgio Paulo Rouanet seriam, de acordo com a autora, "prova do fascínio que a formação afetiva e intelectual de Freud continua a exercer sobre analistas e estudiosos da psicanálise"

(Loureiro, 1997, p. 117). Para esse estilo de abordagem do pensamento freudiano, a figura de Goethe ocupa um lugar privilegiado, principalmente em razão das profundas afinidades entre os dois autores.

Em sua tese *Goethe en Freud: afinidades electivas*, Antonio García de la Hoz (1991) chega a considerar que, sem ter lido Goethe, Freud não teria sido capaz de inventar a psicanálise, e esta seria apenas mais uma dentre tantas outras técnicas psicoterapêuticas. Para dimensionar o lugar que Goethe ocupa no imaginário de Freud, vale citar um pequeno exemplo, que se encontra no item sobre sonhos absurdos, do capítulo VI de *A interpretação dos sonhos*. Ali Goethe é colocado no lugar de Fliess, cujo saliente papel na vida intelectual e emocional de Freud não precisa ser aqui repetido. Mais adiante, o lugar em que Fliess se sobrepõe a Goethe no sonho se desdobra para uma explicação sobre figuras oníricas de autoridade, colocadas no lugar do pai. Nas palavras de Freud:

> O Imperador e a Imperatriz (ou o Rei e a Rainha) de fato representam, em geral, os pais do sonhador; e o Príncipe ou Princesa representam a própria pessoa que sonha. Mas a mesma alta autoridade é atribuída tanto aos grandes homens quanto ao Imperador, e por essa razão, Goethe, por exemplo, aparece como um símbolo paterno em alguns sonhos (Freud, 1900/2012, p. 285).

As possíveis e infindáveis interfaces entre esses dois autores não delineiam, contudo, o mote deste trabalho; sem contestar sua pertinência, dedicamos esta parte da pesquisa aos estreitos limites de análises já estabelecidos por Walter Benjamin, isto é, tentaremos demonstrar que o romance *As afinidades eletivas* pode ser considerado um exemplo de expressão máxima daquilo que Freud pensaria como resultado de um processo sublimatório bem-sucedido. Essa afirmação, quase banal – na medida em que parece ser uma obviedade que o processo sublimatório empreendido por Goethe seja satisfatório –, só pode ser verificada quando se toma como base a crítica *As afinidades eletivas de Goethe*, de Benjamin (1922/2009).

Sublimação: um sintoma?

No discurso de Freud para recebimento do prêmio Goethe, encontramos algo revelador:

> Quando a psicanálise se põe a serviço da biografia, tem naturalmente o direito de não ser tratada com mais rudeza do que essa última. Ela pode fornecer certas informações às quais não é possível chegar por outros meios, logrando assim demonstrar novos fios vinculadores na "obra-prima do tecelão", disseminados entre os dotes artísticos, as experiências e as obras de um artista. Visto ser uma das

> principais funções de nosso pensamento dominar psiquicamente o material do mundo externo, parece-me que agradecimentos são devidos à psicanálise se, quando aplicada a um grande homem, ela contribui para a compreensão de sua grande realização. Omito, entretanto, que no caso de Goethe não avançamos muito longe, porque Goethe, como poeta, não foi apenas um grande revelador de si mesmo, mas também, a despeito da abundância de registros autobiográficos, um cuidadoso ocultador de si mesmo. Aqui, não podemos deixar de pensar nas palavras de Mefistófeles: *Das Beste, was du wissen kannst/Darfst du den Buben doch nicht sagen* [*O melhor que você pode saber/ Não deves contar aos meninos*] (Freud, 1930b/1996, p. 217).

Esse lado secreto do aclamado autor alemão, muito bem observado por Freud, é a principal matéria com a qual Walter Benjamin trabalhará em seu ensaio crítico sobre *As afinidades eletivas*. Benjamin enfatizará a característica mítica e secreta do estilo goethiano, que, aliás, é o traço distintivo entre o classicismo de Goethe e Schiller e o Romantismo de Jena, abordado nos capítulos anteriores. Segundo Schaeffer (1983 *apud* Loureiro, 2002), essa distinção entre Romantismo e Classicismo concentra-se "na questão do acesso ao Ser pela linguagem". Enquanto, na poética do grupo de Jena, o Ser é alcançado pela linguagem poética, isto é, "a linguagem poética instala o homem na plenitude do em *kai pan* [plenitude caótica do Ser], onde coincidem o dizer e o fazer" (Loureiro, 2002, p. 24), para Goethe o Ser encontra-se velado, sendo o véu a própria condição de possibilidade para sua aparição. Como diz Loureiro: "Como símbolo, o véu do Ser mostra e, simultaneamente, esconde". Daí ser possível afirmar que, para Goethe, "o Ser é o fundo secreto das aparências". Nas palavras de Schaeffer: "O olho poético de Goethe contempla o segredo do Ser através do véu do símbolo, enquanto a voz romântica diz o infinito do Ser" (Schaeffer, 1983 *apud* Loureiro, 2002, p. 209).

No texto "Escritores criativos e devaneio", de 1908, Freud está intrigado justamente com esse segredo guardado pelos escritores. Pergunta-se em que fonte bebe o escritor criativo para alcançar os resultados capazes de mover nossos sentimentos mais íntimos. Como um pêndulo, Freud tende ora a uma visão romântica, na qual o misterioso artista é igualado ao gênio, ora a uma perspectiva que busca desidealizar a atividade de criação artística, que passa a ser igualada às brincadeiras das crianças. Nessa segunda tentativa de apreender esse enigma, a ficção literária opera como jogo ou brincadeira [*Spiel*] que oferece a oportunidade de representar[1] desejos e angústias, sem que suas implicações sejam verdadeiramente sentidas. Nas palavras de Freud:

> A linguagem preservou essa relação entre o brincar infantil e a criação poética. Dá [em alemão] o nome de

1 *Spiel* do verbo *spielen* é um termo que também designa a atividade dos atores no palco.

> *Spiel* [peça] às formas literárias que são necessariamente ligadas a objetos tangíveis e que podem ser representadas. Fala em *Lustspiel* ou *Trauerspiel* [comédia e drama: literalmente, brincadeira prazerosa e brincadeira lutuosa], chamando os que realizam a representação de *Schauspieler* [atores: literalmente, jogadores de espetáculo]. A irrealidade do mundo imaginativo do escritor tem, porém, consequências importantes para a técnica de sua arte, pois muita coisa que, se fosse real, não causaria prazer, pode proporcioná-lo como jogo de fantasia, e muitos excitamentos que em si são realmente penosos podem tornar-se uma fonte de prazer para os ouvintes e espectadores na representação da obra de um escritor (Freud, 1908/1996, p. 136).

Para Freud, o escritor é precisamente aquele que é capaz de trazer fantasias inconfessáveis de forma prazerosa para os leitores, ou seja, ele pode nos oferecer a chance de saborear nossas próprias fantasias sem a perturbação de autoacusações ou sentimentos de vergonha. Superar o sentimento de repulsa do leitor e provocar seu deleite, na opinião de Freud, são os resultados visados pela técnica criativa do escritor. Para obter esse efeito, "o escritor suaviza o caráter de seus devaneios egoístas por meio de alterações e disfarces, e nos suborna com o prazer puramente formal, isto é, estético, que nos oferece na apresentação de suas fantasias" (Freud, 1908/1996, p. 142). É considerando afirmações desse gênero que Loureiro admite certa complacência de Freud com o estilo de resolução romanesca (e romântica) goethiana, na medida em que, para ela, "no domínio da ficção, tudo é permitido" (Loureiro, 2002, p. 334).

Cabe questionar aqui precisamente essa dicotomia entre ficção e realidade, palavra e ação, símbolo e real, admitida por Freud já nos primórdios da psicanálise. Ela remonta a temas metapsicológicos decisivos, como a distinção entre a teoria do trauma/sedução e a realidade psíquica (falaremos sobre essa questão mais adiante). O que cabe ainda mais especificamente perguntar é: qual o estilo condizente ou qual é o aspecto estético formal que se alinha com essa distinção psicanalítica, que tem num extremo da metapsicologia a teoria da sublimação – a forma mais bem-sucedida de simbolização – e, no outro, a noção de *acting out* – ou a impossibilidade de simbolizar?

Ainda em "Escritores criativos e devaneio", temos mais uma pista sobre o modo como Freud concebe a simbolização por meio da arte – sublimação. Segundo ele, todos os escritores têm um herói contruído literariamente para se tornar alvo da simpatia do leitor. Tal herói parece estar envolto por uma camada protetora de uma Providência especial. Ela garantiria que o "herói ferido, inconsciente e esvaindo-se em sangue" num dos capítulos se encontre "com certeza" na parte subsequente "cuidadosamente assistido e próximo da recuperação". Essa regra aplica-se de tal maneira que um sentimento de segurança nos acompanharia durante a leitura das perigosas aventuras do herói a ponto de ser possível ao leitor afirmar: "Nada me pode acontecer!". Esse "sinal revelador de invulnerabilidade" revela de imediato, diz Freud, "Sua Majestade o Ego, o herói de todo devaneio e de todas as histórias" (Freud, 1908/1996, p. 139-40).

Em segurança, tanto o leitor como o artista estão subjugados à ideia prévia do autor, que manipula seus objetos de acordo com suas intenções egoicas estabelecidas de antemão. Essa visão freudiana do processo de criação artística é coerente, como veremos nos próximos dois capítulos, com o procedimento goethiano na construção de seu romance *As afinidades eletivas*, mas está longe de abarcar certas produções artísticas modernas e contemporâneas. Nestas, o que impera é o processo de criação com todos os percalços que ele acarreta, sendo a clara distinção entre *símbolo* e *ato* muito mais tênue e menos segura do que pode indicar a afirmação supracitada.

Estamos no campo que trata de questões psicanalíticas concernentes à verdade. Se Freud se propôs a conhecer apenas a verdade do inconsciente – realidade psíquica –, suas descobertas não se restringem ao lado obscuro da mente e invadem territórios socioculturais. Rendendo-se às evidências de suas conquistas teóricas e empíricas no ramo clínico, Freud saltou dos limites solipsistas de um psiquismo encerrado em si mesmo, arriscando ousadas hipóteses em inúmeros ensaios sobre a cultura. E, como ele mesmo ensinou, a verdade, tanto da esfera inconsciente como da esfera social, localiza-se nos restos, desvios, lapsos que escapam ou resistem à simbolização, apontando para um excesso que ainda demanda trabalho perlaborativo.

Dito de maneira mais precisa: se há verdade nos sintomas psíquicos, ela se enuncia nos desvios que apontam tanto para os limites concernentes ao processo subjetivo de simbolização como para os limites concernentes à certa modalidade simbólica de vida social. Se há verdade nos sonhos, esta é despertada pelos restos aparentemente insignificantes do presente – restos diurnos –, que mostram um *agora* ainda não simbolizado, entrelaçado ao recalque. Se há, ainda, verdade nos lapsos, ela emerge nos descaminhos da lógica linguística reinante no consciente e na cultura preponderante, no interior da qual o engano é cometido. Não se deve esquecer, ademais, que o recalque remete invariavelmente a questões desprovidas do trabalho simbólico, tanto no plano psíquico como no social. Estabelecendo uma distinção fina entre o ato – *acting out* – que rearticula defesas psíquicas da ordem da compulsão à repetição e aquele capaz de inaugurar uma saída do campo amornado da simbolização sempre igual, Pierre Fédida conseguiu reconhecer a importância do ato não simbolizado ao dizer:

> O agido do *acting* possui com certeza uma retidão pulsional que diz respeito, em alguma parte do sujeito, a uma verdade de sua "escolha". Diríamos então que o *acting* prefigura – sob uma forma não elaborada e subtraída à simbolização – e antecipa o objeto de um ato livre

> supondo o tempo de sua efetuação. O que chamamos de ato (não mais uma colocação em ato ou um *acting*) concerne um gesto que pode fundar, por ter o poder de romper e separar. A *dynamis* desse ato diz respeito necessariamente a um tempo pulsional, cujas dimensões estão presentes no verbo conjugado, e cujas significações existenciais são as das tensões tímicas da presença (*Tempus* = tender). O próprio ato é ruptura temporal (*kairós*) de decisão por engajamento do projeto: o projeto é tomada do tempo no presente da presença. É assim, portanto, que se pode distinguir o ato do agir do *acting*: o *acting* se joga numa repetição – joga uma repetição – em instância de desvelamento de seu sentido e assim de liberação de seu projeto (Fédida, 1999, p. 35).

Nesse contexto no qual a verdade emerge de modo fugaz – como resto ou desvio – daquilo que resiste ou daquilo que está desprovido do processo simbólico psíquico e/ou cultural, cabe perguntar qual seria o papel da sublimação no interior da metapsicologia freudiana. Melhor dizendo: onde tal verdade se manifesta pela sublimação? Essa questão se impõe na medida em que o processo sublimatório, pensado por Freud, parece não obedecer à regra freudiana que acabamos de explicitar. Ou seja, quando pensa a sublimação, Freud não aponta para esses restos, esses desvios nos quais a verdade aflora. Seria a própria arte, então, um resto ou um desvio, ampliado em sua máxima potência? De qualquer maneira, se para essa hipótese a resposta é afirmativa, ainda remanesce um impasse. Pois, que a obra de arte enuncie a verdade inconsciente do artista, é algo que se admite sem muitos problemas desde a invenção da psicanálise. O que persiste como incógnita na teoria freudiana é o modo como criação e apreciação artísticas se estendem para uma verdade que sinaliza excessos ou sobras inerentes à cultura vigente, como fazem as manifestações psíquicas anteriormente mencionadas (sintomas, lapsos, sonhos). Ou seria a solução sublimatória isenta de restos por ser a solução de compromisso exemplar entre vida anímica e universo cultural? Nesse sentido, sublimação e sintoma seriam equiparáveis ou são manifestações totalmente distintas? Ou, dito de maneira mais clara: a sublimação traz em seu bojo fragmentos impermeáveis à simbolização, como ocorre com sintomas (*acting out*), ou ela abarca simbolicamente os conflitos psíquicos e socioculturais com os quais se propõe a trabalhar?

Não se trata de encontrar respostas decisivas para essas questões. O que está em jogo é muito mais a atenção que se deve dar às sutilezas que separam essas duas esferas – ato e símbolo. Sim, pois o risco que se corre é o de embotar indícios do Real numa ideia totalizante de sublimação, o que muitas vezes ocorreu na própria teoria freudiana. Essa simbolização extrema torna-se ela mesma sintoma, o que já foi assinalado, por exemplo, por Nelson da Silva Jr. (2003), e é a hipótese com a qual trabalhamos nesta investigação: a de que a sublimação, antes da Primeira Grande Guerra, atingia níveis muito elevados, exigindo uma capacidade de renúncia extrema, que acabava convertendo essa solução em sintomas de caráter melancólico.

São os comentários de Marshall Berman (1986) justamente sobre o *Fausto* de Goethe que dão a exata medida da face sintomática de um processo sublimatório exacerbado. Diz o filósofo americano:

> O que leva Fausto a sentir seus triunfos como lixo é que, até esse momento, foram apenas conquistas da vida interior, apenas espiritualidade. Ao longo dos anos, através da meditação e da experimentação, através dos livros e das drogas – ele é um humanista na acepção verdadeira; nada do que é humano lhe é estranho –, ele fez tudo o que pôde para aperfeiçoar sua capacidade de pensar, sentir e ver. Apesar disso, quanto mais sua mente se expandiu, quanto mais aguda se tornou sua sensibilidade, mais ele se isolou e mais pobres se tornaram suas relações com o mundo exterior – suas relações com outras pessoas, com a natureza, até mesmo com suas próprias necessidades e forças ativas. Sua cultura se desenvolveu no sentido de divorciá-lo da totalidade da vida (Berman, 1986, p. 42-3).

Tudo se torna "um grande espetáculo! Sim, mas apenas um espetáculo!". Aqui Fausto ocupa o lugar de um "espectador passivo" e "almeja ter com o mundo uma ligação mais vital, ao mesmo tempo mais erótica e mais ativa". Seus poderes mentais se voltam contra ele e se tornam sua prisão (Berman, 1986, p. 43). O que a experiência espiritual de Fausto prova, portanto, é certo descumprimento das promessas do processo sublimatório, isto é, erotismo e elo vital com o mundo externo e com a vida não podem ser satisfatoriamente experimentados por meio da sublimação, que pretende assegurar esses prazeres sem que o preço da dor inerente a eles seja necessariamente vivido.

Não surpreende, assim, que o novo princípio norteador da vida de Fausto, após a leitura da Bíblia no início do Evangelho Segundo São João, seja "No princípio era Ato"[2], concebido por ele em contraposição ao texto bíblico lido, no qual havia a clara e conhecida sentença "No princípio era o Verbo". Cansado da palavra – representação –, Fausto anseia pela vida em sua plenitude carnal. Que a intensidade da dor e o prazer em sua grandeza sejam alcançados apenas após o pacto com Mefistófeles (diabo), indica justamente como o recalque está não só alinhado, como até mesmo potencializado pelos processos sublimatórios. Como vozes adormecidas do inconsciente, as paixões, o amor, a volúpia e o desejo são despertados por Mefistófeles e renovam as energias embotadas pelo saber sublimado do melancólico professor.

A renúncia à sexualidade e ao erotismo sensível parece ser o preço a pagar para alcançar as alturas da sublimação. Freud ilustra claramente essa visão quando escreve sobre

---

2 O mito freudiano de origem civilizatória também considera que "no princípio era o ato", sendo este o assassinato do pai primevo.

Leonardo da Vinci, que, "devido à sua sede insaciável e incansável de conhecimento, [...] tem sido chamado 'o Fausto italiano'" (Freud, 1910a/1996, p. 83):

> Seus afetos eram controlados e submetidos ao instinto da pesquisa; ele não amava nem odiava, porém se perguntava acerca da origem e do significado daquilo que deveria amar ou odiar. Parecia, assim, forçosamente, indiferente ao bem e ao mal, ao belo e ao horrível. Durante esse trabalho de pesquisa, o amor e o ódio se despiam de suas formas positivas ou negativas e ambos se transformavam apenas em objeto de interesse intelectual. Na verdade, Leonardo não era insensível à paixão; não carecia da centelha sagrada que é direta ou indiretamente a força motora – *il primo motore* – de qualquer atividade humana. Apenas convertera sua paixão em sede de conhecimento; entregava-se, então, à investigação com a persistência, constância e penetração que derivam da paixão e, ao atingir o auge de seu trabalho intelectual, isto é, a aquisição do conhecimento, permitia que o afeto há muito recalcado viesse à tona e transbordasse livremente, como se deixa correr a água represada de um rio, após ter sido utilizada. Quando, ao chegar ao clímax de uma descoberta, podia vislumbrar uma vasta porção de todo o conjunto, ele se deixava dominar pela emoção e, em linguagem exaltada, louvava o esplendor da parte da natureza que estudara ou, em sentido religioso, a grandeza do seu Criador (p. 83).

No texto "Leonardo da Vinci e uma lembrança de sua infância", Freud (1910a/1996) procura sistematizar brevemente sua teoria da sublimação. Segundo ele, a maioria das pessoas é capaz de orientar parte das forças resultantes do instinto sexual para sua atividade profissional. Essa capacidade deve-se à característica de reverter o instinto sexual em sublimação, ou, dito de outra forma, "a capacidade de [o instinto sexual] substituir seu objetivo imediato por outros desprovidos de caráter sexual e que possam ser mais altamente valorizados" (p. 86).

Procurando compreender o espírito investigativo que impera nas crianças, Freud percebe que suas infindáveis perguntas são na verdade uma profunda pesquisa acerca da sexualidade. Com a curiosidade despertada pelo nascimento de um irmão ou pelo que observam na vida de adultos (gravidez, relação entre os pais, a diferença entre os sexos), as crianças visam, com suas investigações, saber de onde vêm os bebês, para que o infortúnio de ter um rival não acometa o pequeno cientista. Após enérgico recalque sexual, finda o período de pesquisa sexual infantil, e dela resultam três diferentes saídas psíquicas: 1) o espírito investigativo acaba por embarcar, junto com o conteúdo sexual, para as armadilhas do recalque. Neste caso, a curiosidade fica inibida e a liberdade da atividade intelectual se retrai, formando uma inibição neurótica; 2) o alcance intelectual resiste ao recalque sexual e as atividades sexuais de pesquisa suprimidas são substituídas por uma preocupação pesquisadora compulsiva, que sexualiza o próprio pensamento e concede a este o colorido próprio do prazer e da ansiedade que envolvem processos sexuais; 3) o espírito investigativo escapa "tanto à inibição do pensamento quanto ao pensamento neurótico compulsivo". Se há neste tipo o recalque sexual, este não relega para o inconsciente os componentes instintivos do desejo sexual. Para Freud, este seria "o mais raro e mais perfeito" caso dentre as três possibilidades consideradas, pois a libido escapa do destino do recalque, sendo sublimada desde cedo em curiosidade propícia à pesquisa que também se torna, até certo ponto, compulsiva e substitutiva da atividade sexual.

Apesar de todas as inibições sexuais atribuídas por Freud a Leonardo, este é considerado um caso do terceiro tipo. Nesse sentido, seus excessos dizem algo sobre ele, mas continuam fazendo parte do processo "mais raro e mais perfeito" de solução de compromisso para conflitos infantis. Fica-se com uma impressão um pouco incômoda de que vestígios, desvios e restos anímicos importam pouco para sinalizar possíveis limites socioculturais quando o caso de sublimação é "bem-sucedido". Basta que haja o reconhecimento social das expressões do artista para que não se coloquem em xeque as barreiras sociais que as impulsionaram.

Seguindo nessa direção crítica sobre o conceito de sublimação, não é necessário remeter o leitor a todos os detalhes da visão de Theodor Adorno (1970/2008) a esse respeito. Salientaremos alguns deles, explicitados pelo filósofo em sua *Teoria estética*, que poderão responder aos problemas supra-apresentados e nos devolverão ao tema a explorar: a análise de Walter Benjamin sobre *As afinidades eletivas* de Goethe e suas relações com o conceito freudiano de sublimação.

Não se deve esquecer de que, para Adorno, a arte autônoma, que nasce no âmago da sociedade burguesa, só pode se configurar como antítese desta. Não sendo imediatamente dedutível de tal sociedade, é comum observar uma suposição generalizada de que ela poderia ser subsumida da teoria psicanalítica da sublimação. O que se infere é algo simples: por meio da teoria freudiana, seria possível alcançar o espaço da representação – inconsciente –, que navegaria na contracorrente daquilo que é estabelecido e aceito socialmente. Não obstante a veracidade dessa tese, a crítica adorniana à noção psicanalítica de sublimação é contundente e reiteradamente lembrada. Adorno considera que a psicanálise "é mais proveitosa no campo psicológico do que na estética" (Adorno, 1970/2008, p. 19). Segundo o filósofo de Frankfurt, Freud – assim como seus contemporâneos – "considera as obras de arte essencialmente como projeções do inconsciente daqueles que as produziram, esquece as categorias formais da hermenêutica dos materiais, transpõe de algum modo o pedantismo de médicos sutis para o objeto mais inadequado: Leonardo ou Baudelaire" (p. 19).

Afinadas com o raciocínio clínico, tratam a arte como tratam diagnósticos psicológicos. Segundo o filósofo, embora as análises sejam afeitas às questões que tangem à sexualidade – o que poderia indicar certa resistência em relação aos valores preponderantes da sociedade burguesa –, o espírito filisteu permanece nelas, que se rendem às modas biográficas. Nessas monografias psicanalíticas, diz Adorno, não se admite a "negatividade da experiência" (1970/2008, p. 19), e seu caráter ficcional é, como nos positivistas[3], extremamente valorizado. Adorno considera que, nas pesquisas psicanalíticas da arte, as obras cumprem função análoga à dos sonhos, existindo, desta forma, única e exclusivamente em função da esfera psíquica, seja para satisfazer os anseios secretos do artista que as realiza, seja para satisfazer os pequenos caprichos proibidos daqueles que delas desfrutam.

Essa aplicação da psicanálise aos conteúdos e formas artísticas conduz o pensamento a fórmulas que pouco dizem sobre as obras de arte. Por isso, Adorno afirma: "A tese psicanalítica de que, por exemplo, a música seria o meio de defesa de uma paranoia ameaçadora, é talvez muito válida no plano clínico, mas nada diz sobre a categoria e o conteúdo de uma única composição estruturada" (1970/2008, p. 19). No sistema de signos absolutamente subjetivo, que aponta para moções pulsionais também subjetivas, as obras de arte são meras manifestações psíquicas, o que reduz seu caráter material, subtrai sua objetividade, seu caráter crítico e, finalmente, sua ideia de verdade.

3 Aqui há possivelmente uma alusão não explícita a filósofos como Wilhem Dilthey, de quem falaremos adiante.

Desnecessário demonstrar hoje a evidência da tese adorniana de que as obras de arte não são apenas reflexo das atividades psíquicas do artista. É preciso levar em conta que, entre vários outros materiais, as moções inconscientes *também* impulsionam o processo de produção artística. O movimento inconsciente penetra a obra de arte através da mediação formal, que deve ser considerada de modo primordial pela crítica de arte.

Pesquisas sobre psicanálise e estética, como aquelas realizadas por João Frayze-Pereira, mostram a face indomável da arte que se relaciona "à dor do inarticulado que, por seu próprio modo de ser, excede toda tentativa de representação" (2010a, p. 38). Lembrando que "o interesse de Freud pela arte relaciona-se à leitura dos significados recalcados e inconscientes", Frayze-Pereira (2010b) também vê certos limites na teoria freudiana da arte, na qual "o trabalho artístico é entendido como uma atividade de expressão sublimada de desejos proibidos". Ele sublinha, ainda, que o artista, por sua vez, "é concebido como um ser talentoso o bastante para transformar os impulsos primitivos, sexuais e agressivos, em formas simbólicas, isto é, culturais". Por isso, na mesma linha pensada pelo filósofo Theodor Adorno, o psicanalista diz:

> Como os sonhos e os jogos de linguagem, o trabalho artístico facilita a expressão, o reconhecimento e a elaboração de sentimentos recalcados, tanto para os artistas quanto para os espectadores que, por sua vez, compartilham

> com os primeiros a mesma insatisfação com as renúncias exigidas pela realidade e, por intermédio da obra, a experiência estética. Assim, o vínculo entre psiquismo e arte pode chegar a ser concebido de um modo tão direto ou imediato que a singularidade da obra é perdida de vista, ao mesmo tempo que o psiquismo passa a ser simplesmente ilustrado pela obra. A partir dessa concepção de arte, duas são as perspectivas analíticas possíveis: privilegia-se o conteúdo, isto é, o motivo na pintura, e compreende-se o enquadramento plástico, conforme a função representativa, como um suporte atrás do qual se desenvolve uma cena inacessível; ou, então, busca-se, escondido sob o objeto representado, uma forma supostamente determinante do imaginário do pintor. Entretanto, através dessas análises, corre-se o risco de identificar efeito estético e efeito narcótico. Se a forma estética é uma espécie de véu destinado a subornar as defesas do destinatário, somos obrigados a admitir, paradoxalmente, que o efeito estético é anestésico. E, nesse sentido, no tocante à ordem social, tal visão da arte é conservadora (Frayze-Pereira, 2010b).

Analogamente, Adorno considera que, nessa concepção da arte como efeito estético anestésico, há um certo culto ao princípio de realidade: o que não se rende a ele é "fuga", tornando a adaptação à realidade *summum bonum*. Nas mãos da psicanálise freudiana, a arte se torna uma forma isenta de conflitos por devolver o sujeito ao princípio de realidade de maneira mais satisfeita e sem grandes alterações. Entretanto, de acordo com a crítica imperdoável do filósofo alemão, "a realidade oferece muitos outros motivos reais para dela se fugir, e mais do que o admite a indignação a respeito da fuga, que é veiculada pela ideologia da harmonia" (Adorno, 1970/2008, p. 20).

É evidente que a imaginação, admitida pela psicanálise, não deixa de ser uma forma de fuga do *status quo*. Ela tem, porém, limites importantes: o artista aparece como aquele capaz de se render livremente a ela, agradando aos demais sujeitos que, de forma sã, estão fincados ao princípio de realidade. Destituída de seu valor efetivo, a arte torna-se, então, brinquedo, deleite, jogo, prazer. O artista ocupa um lugar ambíguo, entre aquele que tem a sorte de não se render totalmente aos ditames do real e o azar de jamais poder ser efetivamente levado a sério neste mundo de adultos. Vista como simples extensão do artista, a obra de arte é, para a psicanálise freudiana e certos seguidores, a insistência infantil de uma fantasia de onipotência materializada. Míope quanto ao caráter de resistência inerente à arte, esta se desvincula de sua tentativa de construir um mundo material melhor.

Adorno reconhece a sabedoria de Freud ao perceber que as obras de arte não são simples realizações imediatas de desejos. Ainda assim, elas se tornam uma maneira de realização socialmente aceita e produtiva dos investimentos da libido, sendo seu valor crítico e sua validade pública rebaixados a quase zero. Transferindo as obras de arte para o plano da imanência psíquica, a teoria freudiana despoja--as da antítese ao não-eu. Em outras palavras: mesmo que o inconsciente (não-eu) seja admitido nas elaborações psicanalíticas sobre as obras de arte, estas estariam a serviço de sua exaltação.

O que fica relegado ao esquecimento é precisamente o olhar para a resistência antitética inerente à obra mediante as causas sociais e materiais determinantes do recalque. Limitando-se a enaltecer as expressões do inconsciente, que também fazem parte da obra, a arte na perspectiva freudiana assume seu valor adaptativo, dado que a obra é capaz de pacificar harmoniosamente os contrários – aquilo que é admitido social e psiquicamente se harmoniza com aquilo que é recalcado. Esse valor subjetivo acima de qualquer validade objetiva da arte acirra sua legitimidade no plano de uma estética hedonista, que recusa a negatividade atinente ao que ultrapassa o existente. É no desejo burguês de que "a arte seja voluptuosa e a vida, ascética" (Adorno, 1970/2008, p. 25) que se tramam os tecidos da sublimação na teoria freudiana.

Voltemos a Walter Benjamin e a Goethe. Seguindo uma linha de pensamento semelhante à crítica adorniana, Börne – citado no ensaio de Benjamin sobre Goethe – é um crítico contumaz do escritor alemão, por considerá-lo alguém cujo encanto se concentra nesta capacidade de oferecer ao espírito a possibilidade de viver intensamente o que quer que seja, sem que as consequências dessas experiências precisem ser verdadeiramente sentidas. Diz Börne:

> Goethe sempre adulou o egoísmo e a insensibilidade; por isso, amam-no os insensíveis. Ele ensinou as pessoas cultas como se pode ser culto, liberal e sem preconceitos e, mesmo assim, ser um egocêntrico; como se podem ter todos os vícios sem a sua crueza, todas as fraquezas sem o seu ridículo; como se pode conservar o espírito limpo da impureza do coração, pecar com decência, enobrecer e depurar a matéria de toda infâmia por meio de uma bela forma artística. E porque ele assim as ensinou, prezam-no as pessoas cultas (*apud* Benjamin, 1928b/2009, p. 175).

Embora Walter Benjamin não compactue de todo com essa análise implacável, há sutilezas no discurso benjaminiano a respeito de Goethe que se cruzam com a crítica mordaz de Börne. Tratando da obra *Götz von Berlichingen*, escrita por Goethe em 1772, Benjamin avalia que "a ideia central da peça não é a revolta, mas sim a persistência". Nesta obra, "o feito do nobre cavaleiro Götz é retrógrado, porém, é mais sutil e delicado como gesto de um aristocrata, expressão de um ímpeto individual que não se compara aos brutais atos incendiários dos salteadores", diz. Na visão de Benjamin, esse modelo adotado na composição do personagem será tomado como procedimento que caracterizará a obra literária de Goethe como dramaturgo, que "sempre cede à tentação dos temas revolucionários, para depois se esquivar deles ou abandoná-los em forma de fragmento" (Benjamin, 1928b/2009, p. 129). Ou seja, embora seu ímpeto siga na contramão dos valores burgueses, ele cede a estes na forma como constrói sua obra e seus personagens.

Benjamin vê aproximações entre esse estratagema goethiano e a psicanálise freudiana. Diz o filósofo: "Nos *Sofrimentos do jovem Werther*, a burguesia da época encontrou sua patologia descrita de maneira a um só tempo incisiva e lisonjeira, como a burguesia atual encontra a sua na teoria freudiana" (1928b/2009, p. 130). E, mais adiante, esse ardil estético, que exime a burguesia de suas responsabilidades, oferecendo a ela a possibilidade de experimentar o que não consegue levar a cabo, aparece no texto de Benjamin de modo ainda mais incisivo: "No *Werther*, a burguesia encontra o semideus que se sacrifica por ela. Ela se sente redimida, sem estar liberta" (p. 131).

O que essas esparsas afirmações de Walter Benjamin podem indicar ficará mais claro com a análise do romance *As afinidades eletivas*. Por enquanto, basta ter em mente que a liberdade ficcional das obras cumpre a função, tanto para Freud como para Goethe, de realizar fantasias, cuja censura impõe suas amarras. Com isso, as consequências éticas que seriam inerentes aos atos não se tornam plenamente visíveis.

As relações do modelo biográfico de Dilthey com o método freudiano

Claudia Maria de Castro (2000) lembra, em sua tese, que, como outros, o ensaio benjaminiano sobre *As afinidades eletivas* "é marcado pela polêmica" (p. 17), que tem como eixo a relação entre vida e obra do autor. Walter Benjamin vai na contramão dos críticos da época, que compreendem a obra poética como "representação e expressão da vida". Esse princípio metodológico, que parte da biografia do autor, se apoia sobretudo na filosofia de Wilhelm Dilthey, que orientou o trabalho de um dos principais biógrafos de Goethe, publicado anos antes de Walter Benjamin escrever sua crítica. Friedrich Gundolf, o proeminente acadêmico do círculo de Stefan George, é duramente criticado por Benjamin, que considera falsa sua premissa – de que, da suposta essência da personalidade do artista, seja possível extrair a obra como sua consequência natural. Se a ênfase da filologia recai sobre a vida do escritor, a obra está fadada a ser mero reflexo de sua alma. O que se obtém com o recurso biográfico é uma visão mitológica dessa existência, tornando-se ela mesma mais uma obra do herói.

Benjamin defende inversamente a primazia do texto escrito sobre o texto biográfico, sendo a obra o que se destaca em contraposição à vida. Na verdade, ele inverte o raciocínio de que a obra seja derivada da vida, dizendo que não é a essência da alma do autor que se estende para fora na criação da obra, mas a realização da obra que diz algo *a posteriori* sobre o autor. Em suas palavras: "Não se tem conhecimento do ser de um homem apenas por intermédio de suas manifestações, às quais nesse sentido também pertencem as obras – pelo contrário, ele é determinado, antes de qualquer outra coisa, por aquelas manifestações" (Benjamin, 1922/2009, p. 57). Assim, a obra não tem suas raízes na face psicológica do escritor, como supunham os biógrafos da época, que em detrimento do teor material inerente à obra se apoiam na filosofia de foco psicológico de Wilhelm Dilthey.

Em "Dilthey: Conceito de vivência e os limites da compreensão nas ciências do espírito", Maria Nazaré de Camargo Pacheco Amaral (2004) define a noção de vivência (*Erlebnis*) para o filósofo, que, segundo Frithjof Rodi (1987 *apud* Amaral, 2004, p. 52), "transformou-se, sob influência de Dilthey, em uma das palavras mais em voga dentro da filosofia alemã do século XX". Segundo a comentadora, Dilthey busca apoio do conhecimento objetivo para sua apreensão intuitiva da vida. Na filosofia diltheyana, a "experiência de resistência do movimento e de inibição da vontade sofrida por nós no meio em que vivemos constitui [...] a origem mais elementar de nossa crença na realidade do mundo exterior" (1980 *apud* Amaral, 2004, p. 51). No exercício vivo entre impulso e resistência se constitui o nexo de nossa vida psíquica. Contrapondo-se à filosofia tradicional e a sua ideia de um sujeito cognoscente, cuja experiência da realidade se dá de forma mutilada, Dilthey propõe o conceito de vivência, símbolo da experiência "plena e não mutilada" e de uma realidade igualmente "plena e total" (p. 52).

Segundo Amaral (2004), "vivência é a própria vida reduzida nas suas proporções mais diminutas", constituindo "sua própria [da vida] prova" (p. 52). A vivência estaria, por conseguinte, no limiar do conhecimento, ou seria o que se pode considerar o último fundamento do conhecimento. Atraindo toda vitalidade como forma de expressão, a vivência marca a fronteira entre o pensável e o impensável. Ela é o "critério vivo responsável pela triagem dos fatos da consciência" (p. 52), que são dados nela. Para Dilthey, a condição de possibilidade para o princípio da fenomenalidade, isto é, para a determinação dos fatos da nossa consciência, está centrada na vivência. Essa ideia fica bastante clara na máxima registrada em seu *Tratado da realidade*: "O valor do conhecimento da oposição do eu e do objeto não é também o de um fato transcendente, senão que o eu e o outro ou exterior são precisamente nada além do que é contido e dado nas experiências da própria vida. Esta é toda a realidade" (Dilthey, 1890 *apud* Amaral, 2004, p. 52).

Daí ser possível afirmar que, "em meio às condições, delimitações e restrições impostas pelo pensamento diltheyano, a realidade confunde-se com a vivência, isto é, o que é real é vivenciado e o que é vivenciado é realidade" (p. 54). Nota-se que, para Dilthey, há uma unidade entre vivência e realidade, tecida por meio do que ele designou "categoria do significado". Tal categoria é "a unidade que toma o decurso do vivido e do revivido em conjunto na lembrança" (Dilthey, 1890 *apud* Amaral, 2004, p. 55), jamais ultrapassando os limites da vivência. Seguindo os passos de Dilthey, Amaral chega a afirmar que "a realidade objetiva está composta em sua totalidade pelo conteúdo vivo das vivências" (p. 55), pois são elas que se objetivam. Fundamento de todo o existente, a vivência tem, na visão de Dilthey, "uma estrutura hermenêutica", que se configura como "medida de todas as coisas" ao se conectar com outras vivências compartilhadas em uma esfera extraindividual. Essa origem lhe oferece consistência objetiva sem diminuir a importância de cada célula viva – vivência – do mundo histórico-social. Nas palavras de Dilthey: "A vivência contém uma expressão. Esta representa-a em sua plenitude" (Dilthey, 1890 *apud* Amaral, 2004, p. 56) numa atmosfera compartilhada pelos indivíduos que a compõem.

Em *Die Erlebnis und die Dichtung*, Wilhelm Dilthey (1906/2016) explicita a função da vivência no processo criativo de poetas. No capítulo "Goethe und die dichterische Phantasie", trata justamente das relações entre o fantasiar (ou faculdade imaginativa) e a vivência nas obras de Goethe. A figura do poeta é associada à faculdade da imaginação (*Einbildungskraft*), capaz de conceder forma e transfigurar a fantasia em imagens. Princípio de toda a arte, a imaginação cumpre papel de destaque na teoria da criação diltheyana. Segundo Dilthey (1906/2016), a tarefa de compreender a obra de Goethe exige que se penetre na essência de sua vida imaginativa. Na leitura do filósofo, foi Goethe o responsável – junto com os românticos – por emancipar a poesia do império do entendimento abstrato e do bom gosto que caracterizaram o projeto iluminista, cujo tom estava desconectado das forças vitais. A principal característica da poesia de Goethe é, segundo Dilthey (1906/2016), o fato de que ela nasce de uma extraordinária energia vital. Sendo a poesia representação e expressão da vida, a vivência (*Erlebnis*) é o elemento fundamental que alça a fantasia ao estatuto de obra poética. Esta ganha forma e significação ao se mostrar imbricada na vida.

Distinguindo o efeito da fantasia e o mundo de nossas ações, Dilthey (1906/2016) mostra que a força da fantasia é involuntária nas imagens dos sonhos – sendo estes, de acordo com sua perspectiva, o mais antigo dos poetas – e se efetiva voluntariamente na criação poética. No jogo das representações, em que é possível trazer à baila todo um mundo especial, a vivência se torna uma intensificação do ser e se dá por meio de máscaras de brincadeira, fantasias e trajes festivos. É nessa linha paralela da vida que se prepararia, de seu ponto de vista, a poesia como trânsito vivo entre certas forças invisíveis. Ao ritmo interno à criação de cada poeta se associam sua experiência de vida e ideias. São esses componentes que formariam a língua e o silêncio da obra artística, já que nas palavras e em seus desdobramentos estão determinados todos os meios dos quais o poeta dispõe. E só quando essa base do acontecimento for elevada ao significado é que pode nascer uma forma poética. Como num crescimento orgânico, cria-se, da experiência de vida do poeta, um momento único, capaz de resultar no contexto da obra.

Dilthey lembra que Goethe viveu, desde o começo, com uma forte consciência de si mesmo. Ele nunca se perdeu inteiramente nos objetos, dos quais sentia-se próximo sem, no entanto, se sobrepor a eles. Cada bilhete de sua juventude é um retrato de seu estado de espírito, que mostra o próprio poeta-Goethe com sua fervorosa força em alguma situação específica da vida. Assim são também suas poesias juvenis a expressão natural e imperturbável de seus sentimentos existenciais em dado momento de sua existência. Ele se encontra, por exemplo, ora em uma viagem italiana, ora ocupado com grandes objetos de seu trabalho com as ciências da natureza. Nesse método, Goethe representa sua poética nos limites da norma, mantendo sua relação com esses objetos de forma vívida. É certo que, quando lemos Goethe, diz Dilthey (1906/2016), nosso interesse se volta para cada obra como uma unidade, não deixando, contudo, de permanecer presente atrás dela a personalidade e as vivências que animam todo o conjunto de escritos do poeta alemão.

Com efeito, todas essas ponderações diltheyanas sobre Goethe só levam a uma conclusão: que a vivência é, para Dilthey, "o verdadeiro ponto médio entre o geral e o individual, o universal e o singular, o ideal e o real", na medida em que ela constitutivamente carrega em si "uma consciência eficaz e por isso consoladora e protetora de sua origem extraindividual" (1890 *apud* Amaral, 2004, p. 56). Em *A construção do mundo histórico nas ciências do espírito*, Dilthey afirma com clareza: "A célula original do mundo histórico é a vivência, na qual o sujeito se encontra em interação recíproca de vida com seu meio. Este meio atua sobre o sujeito e recebe efeitos dele" (p. 61).

Nesse contexto, o conhecimento aparece, ao que tudo indica, relegado a uma posição derivada, pois está ligado ao processo pelo qual se mantém e se desenvolve a própria vida. Com o princípio metodológico fundamental de que "o pensamento não pode ir além da própria vida" (p. 61), Dilthey pretende alcançar um alvo mais distante, isto é, a crítica à metafísica com sua vã pretensão de encontrar um apoio transcendentalmente seguro e sólido para o conhecimento. Para isso, faz residir na vida, por meio de sua expressão microscópica – a vivência –, todas as categorias da realidade objetiva.

Na perspectiva diltheyana, o real só pode ser dado na consciência reconhecida como eu[4], que compõe a totalidade psíquica, único lugar da existência factível. Os atos psíquicos seriam os elementos com os quais a existência e os fatos são tecidos. Da mesma forma, justifica-se a mais harmoniosa

---

4 Aqui seria necessário distinguir a psicanálise da *Lebensphilosophie*, pois o inconsciente aponta para o dissonante no interior da própria totalidade psíquica, e nesse sentido se relaciona com espaços sociais e políticos, na medida em que o recalque formata aquilo que é relegado ao esquecimento pela atmosfera da qual o sujeito provém.

identificação entre o sujeito e o objeto. E essa harmonia tem sua razão de ser porque não haveria o perigo da prática do reducionismo, nem para o lado do sujeito nem para o do objeto. Sujeito e objeto estão amalgamados pelos poderes absolutos da verdade do espírito, que penetram ambos indistintamente.

Embora o método biográfico, atacado por Walter Benjamin no ensaio *As afinidades eletivas de Goethe*, tenha sido adotado pelos críticos de arte inspirados em filosofias da vida (*Lebensphilosophie*), especialmente na de Dilthey, não deixa de ser pertinente a inclusão da psicanálise freudiana em tentativas semelhantes de proceder nas análises estéticas, mesmo que ressalvas importantes devam ser feitas nessa comparação. O caso mais exemplar de tal procedimento está na já aludida análise estética de Leonardo da Vinci, que Freud afirma, em uma carta a Ferenczi, ser a única coisa bonita que escreveu. Uma carta endereçada a Jung em 17 de outubro de 1909, mostra justamente a pretensão de Freud de incluir o ramo biográfico nas balizas dos estudos psicanalíticos. Diz ele: "Alegra-me que você compartilhe minha convicção de que a mitologia deve ser inteiramente conquistada por nós [...]. O campo da biografia deve igualmente tornar-se nosso" (Freud, 1909 *apud* Pontalis, 1988, p. 176). E é justamente por meio do método biográfico que se realizarão análises freudianas da arte. Isto é, quando pretende tratar do processo sublimatório, Freud recua do teor factual inerente à peça, prendendo-se no labiríntico universo biográfico e intrapsíquico que supõe explicar a obra.

Voltemos ao clássico *Sublimation: inquiries into theoretical psychoanalysis*, de Hans Loewald (1988). Como já vimos, Loewald analisa o conceito freudiano de sublimação mostrando como ele reconcilia a dualidade psíquica, ao reunir o sujeito ao objeto e superar os conflitos anímicos. Um dos aspectos que aprofunda essa característica da ideia freudiana de sublimação é a introdução do conceito de narcisismo na teoria da libido e das pulsões. Partindo daí para discutir a sublimação, Loewald resgata a mudança de ênfase no interior da psicanálise do id para funções, defesas e adaptações egoicas e para uma análise do ego, considerado, então, a base da estrutura e da dinâmica psíquica.

Com a ideia de narcisismo primário, apresentada inicialmente por Freud em "O mal-estar na civilização", a teoria da libido e a teoria do ego tornam-se inseparáveis: o ego ganha estofo com a nova diferenciação entre libido narcísica e libido objetal e, correspondentemente, entre identificação e investimentos de objeto. Uma vez feita a distinção entre a libido narcísica e a libido objetal e revisado o conceito de narcisismo primário, seguem-se outras mudanças teóricas na obra freudiana: 1) libido e sexualidade abrangem não somente relações de objeto, mas também a fábrica coesa de estruturas intrapsíquicas (os elos internos e a unidade do *Eros*), ou seja, a libido deixa de ser referida apenas às interações entre sujeito e objeto, passando a incluir relações psíquicas internas; 2) o narcisismo primário passa a ser identificado inicialmente como "o melhor reservatório de libido", do qual uma parte fluía para fora dos objetos e podia secundariamente voltar para o reservatório (narcisismo secundário), e outra parte sempre ficava no reservatório. Freud vacila entre designar esse reservatório ao ego (como uma subestrutura do eu total) ou ao id.

Em *O mal-estar da civilização*, Freud passa a entender o narcisismo primário como aquele estado primeiro em que id-ego e mundo externo não são distinguíveis. Tal visão, empreendida apenas relutantemente por Freud, difere de uma explanação do narcisismo primário dada em "O ego e o id", em que o conceito significa que "bem no início, toda a libido está acumulada no id; depois, o id envia parte desta libido para catexias objetais eróticas" (Freud, 1923/1996, p. 80). De internalizações e externalizações primárias se forma o supereu, isto é, essas internalizações podem ser descritas como a formação superegoica, capaz de transformar uma escolha objetal erótica (pela relação edípica) numa alteração do ego ou, em outros termos, transformar libido objetal em libido narcísica. Isso envolve "dessexualização", pois o objeto externo é desinvestido, e o objetivo da libido migra para traços originários narcísicos, que fazem coincidir exigências externas – ainda que fantasmáticas – e universo interno. É a essa operação que Freud denomina dessexualização, que, segundo ele, é a própria sublimação. Em suma, a sublimação freudiana, segundo Loewald (1988), advém de uma mudança da libido objetal em libido narcísica, sendo o desejo investido a partir de interações intrapsíquicas. Por isso, a internalização pode ser considerada o caminho universal para a sublimação.

Já assinalamos anteriormente que esse processo é comparável, na teoria freudiana, à defesa melancólica, que também internaliza conflitos objetais, estabelecendo relações intrapsíquicas e fantasmáticas no lugar daquilo que originalmente era depositado no objeto. Por tal razão, Loewald constrói uma imagem perfeita para mostrar a aproximação entre melancolia e sublimação, explorada especialmente nesta tese. Como o melancólico, que engole o objeto em vez de reconhecer sua falta (morte) e elaborar o luto, o sujeito que sublima também abdica da realidade externa para investir nas ranhuras narcísicas originárias. Daí que a famosa assertiva freudiana sobre a melancolia, "a sombra do objeto recai sobre o próprio eu", é transformada analogamente por Loewald, que diz que na sublimação a sombra do ego alterado cai sobre objetos e relações objetais. Na sublimação, assim como na melancolia, estamos tratando de operações defensivas contra a perda do objeto. Loewald salienta que, como a melancolia, a "sublimação é um tipo de reconciliação da dicotomia entre sujeito e objeto – uma redenção para essa polarização [...]" (1988, p. 20), restringindo o conflito e o abismo entre libido objetal e libido narcísica. A sublimação começa com

> [...] a saída do círculo edipiano [que] se dá graças à identificação com o rival, a dessexualização dos desejos

> para com o objeto de amor, à inibição da agressividade. O destino das pulsões sofre uma sublimação exigida pelo grupo cultural e novas escolhas de objeto efetuam-se fora do espaço familiar (Green, 1994, p. 124).

Levando em conta a perspectiva apresentada acima, não é um disparate aproximar a psicanálise freudiana da filosofia diltheyana, ainda mais quando se pensa no papel da fantasia e da vivência para o processo de criação artística, curiosamente exemplificado por Freud, em suas primeiras formulações psicanalíticas, com uma passagem do *Werther* de Goethe. Diz o psicanalista:

> O mecanismo da poesia (criação literária) é o mesmo das fantasias histéricas. Para compor seu *Werther*, Goethe combinou algo que havia experimentado (seu amor por Lotte Kestner) e algo que tinha ouvido (o destino do jovem Jerusalém, que se suicidou). Provavelmente, Goethe havia brincado com a ideia de se matar; encontrou nisso um ponto de contato e identificou-se com Jerusalém, de quem tomou emprestado o motivo para sua própria história de amor. Por meio dessa fantasia protegeu-se das consequências de sua experiência (Freud, 1897/1996, p. 306).

Esse lugar da fantasia no processo criativo é análogo à alucinação dos primeiros dias de vida do bebê, como vimos anteriormente. Loewald radicaliza a importância dessa matriz originária na sublimação, sendo a realidade materna primordial uma espécie de "solo de acolhimento e sustentação, em que a alteridade emerge como constituinte das experiências subjetivas, mas não por oposição e confronto, e sim por seu caráter de inclusão primordial" (Loewald, 1988, p. 17).

Para ele, essa visão está presente na definição do conceito de sublimação de Freud. Para nós, porém, esse é o erro no qual Freud incorre em sua concepção sobre estética. Sendo o objeto predominantemente englobado pelo ego ou a transfiguração direta de traços narcísicos em objetos de arte, o que Freud consegue no campo estético é, na melhor das hipóteses, uma visão romântica da obra, como fruto inexplicável de uma alma genial e, na pior delas, uma explicação da obra como fruto direto de conflitos intrapsíquicos. Tributário do modelo moderno de conceber a história, Freud está alinhado a Dilthey, cujo conceito central, como já vimos, é o de vivência em substituição aos "obsoletos elos tradição". Como mostra Claudia Maria de Castro:

> Quando a tradição, que assegurava ao homem o sentido de sua existência, se esfacela, apenas o estar presente-em-vida que caracteriza a forma biográfica pode legitimar a compreensão da obra como obra histórica. Se a vida é um fluxo organizado de vivências, o critério da presença-em-vida pode ser projetado no passado, e este pode

> ser reanimado. Essa se torna então a grande tarefa da filosofia: a compreensão da tradição histórica do homem, sua consciência histórica. Aqui, a biografia surge como instrumento essencial para que o moderno possa ter a sua tradição (2000, p. 20-1).

Em "Sobre alguns temas em Baudelaire", Benjamin (1923/1989) trata exatamente do estatuto da *vivência*, mostrando como ela não é uma descoberta inédita. A noção de vivência da *Lebensphilosophie* é, isso sim, sintoma próprio da modernidade. Ao contrário da experiência (*Erfahrung*), a vivência (*Erlebnis*) é uma forma de defesa psíquica do sujeito moderno, que se vê invadido pela turbulenta intensidade e quantidade de informações, além de infindáveis estímulos fragmentários, próprios da época da industrialização[5].

Como Freud, Benjamin observa que a experiência decorre da irrupção do passado no presente, numa rachadura da consciência, que exige o abandono de toda identidade imediata consigo mesma. O problema que se anuncia neste ponto é justamente o impasse vivido por Freud ao tratar especificamente da sublimação[6], considerando-a, ainda na linha de seus contemporâneos, uma espécie de salvação contra a impertinência desse estranho-familiar que emerge sem

[5] Esses aspectos serão tratados mais detidamente na segunda parte deste livro.

[6] Veremos justamente que Freud foi capaz de se desvencilhar desse modelo com a ideia de *Unheimliche*.

reconhecimento. Dando abrigo ao inconsciente, Freud vê na arte a possibilidade de unir ao não identitário a identidade social e psíquica. Loewald mostra que, numa carta a Fliess, o conceito de sublimação aparece pela primeira vez, nos seguintes termos:

> Freud escreve sobre fantasias, cujas fachadas psíquicas eram construídas de modo a barrar o caminho da memória, cujo conteúdo remontaria às cenas primárias. Ele argumenta que as fantasias serviam, ao mesmo tempo, como uma tendência a redefinir memórias e sublimá-las (Freud 1892 – 99, esboço L [1897]). Numa carta a Fliess da mesma data, Freud descreve as fantasias como estruturas protetoras, sublimações de fatos, embelezamentos deles e, ao mesmo tempo, formas de exonerar o próprio eu (Loewald, 1988, p. 1).

Para Benjamin, enquanto a vivência (*Erlebnis*) se relaciona com uma subjetividade embotada, a experiência (*Erfahrung*) implica estabelecer vínculos com a tradição cultural e com o real, depreendidos do objeto que emerge no presente. Já o caráter defensivo da sublimação, por mais bem-sucedido que seja esse processo, afasta o sujeito da experiência (*Erfahung*), que, como veremos na segunda parte deste livro, usando o próprio léxico freudiano, estaria atrelada ao trauma.

Sobre a distinção entre experiência (*Erfahrung*) e vivência (*Erlebnis*), esclarece Castro:

> A *Erfahrung* é justamente a experiência daquilo que ultrapassa a consciência, a exterioridade como diferença que ela não consegue domar. Isso que a constitui mas lhe é estranho; ao mesmo tempo o seu limite e a sua possibilidade. A leitura que a *Lebensphilosophie*, tendo como ponto de partida a *Erlebnis*, faz da obra poética, só pode compreendê-la como "um grau superior de organização expressiva da consciência". Entre a vida e a obra não coloca nenhuma diferença porque não encontra a diferença no interior da própria vida (2000, p. 22).

Ao contrário da forma como procedia com sonhos e sintomas, Freud tentou vislumbrar, como o fez Gundolf com Goethe, uma explicação psicológica para os atos de criação artística de Leonardo ou outros, destituindo a integridade da matéria da obra, sempre subjugada aos ditames subjetivos do criador.

O véu da beleza e o mito em As afinidades eletivas

Adentremos, de uma vez por todas, *As afinidades eletivas* e o ensaio de Walter Benjamin. Ainda que nossa análise se concentre sobre a crítica de Benjamin, esclareçamos alguns pontos do romance de Goethe. Considerada pelo autor sua obra mais bem-acabada (Goethe, 1809 *apud* Benjamin, 1928b/2009, p. 70), *As afinidades eletivas* traz para as relações amorosas a lógica que opera entre os elementos químicos. Quatro personagens cumprem as vezes de quatro componentes que se atraem ou se repelem. Eduard e Charlotte formam um casal maduro de aristocratas que decide morar recluso no campo. Rompendo o acordo amoroso que definia tal isolamento, Eduard propõe convidar um amigo para morar temporariamente com eles. Apreensiva, Charlotte cede ao desejo do marido e subsequentemente arrefece as censuras que se impunha, também pedindo permissão ao marido para convidar sua bela sobrinha Ottilie. Quando a moça chega, a atração de Eduard é imediatamente despertada e reciprocamente correspondida, crescendo na mesma proporção que a repulsa que começa a sentir por sua mulher. Algo semelhante, mas em menor intensidade, se passa entre Charlotte e o Capitão Otto.

Preponderam na obra as ações transfiguradas em fatalidades, que parecem seguir um natural encadeamento do destino. Concebido numa união casual entre marido e mulher, em meio ao turbilhão passional dos elementos contrários aos do matrimônio, o filho de Charlotte e Eduard recebe traços genéticos de Ottilie e do Capitão Otto. Amarrado mais uma vez à esposa pela criança e diante dos impasses amorosos, Eduard refugia-se na guerra. Ottilie, de sua parte, dedica-se aos cuidados da casa e da criança, tentando se recuperar dos estragos afetivos sofridos por todos. Desastre maior da trama ocorre, contudo, apenas quando o filho de Charlotte e Eduard morre afogado nos braços de Ottilie, após um acidente no lago da propriedade do casal. Emaranhada nesse drama, a bela moça renuncia à própria vida, deixando de comer e fechando-se em seu mundo. Eduard, por sua vez, segue sua amada em direção à morte. Resta a Charlotte conformar-se com o terrível destino, sepultando-os lado a lado na capela recém-reformada. De forma condizente com um modelo cristão, a morte de Ottilie a purifica pela dor e pela renúncia, e o personagem ganha ao fim da história um estatuto de santidade, capaz de realizar milagres.

A epígrafe da crítica de Benjamin, "A quem elege às cegas, fumaça do sacrifício golpeia-lhe nos olhos" (Benjamin, 1922/2009, p. 11), dá pistas claras sobre a leitura da obra goethiana feita pelo filósofo: os caprichos da natureza se sobrepõem às escolhas humanas, que passam a ser feitas cegamente. A crítica benjaminiana atinge, por isso, tanto o estilo goethiano quanto o modo pelo qual seus personagens são construídos (ou seja, o conteúdo da obra).

Segundo observação de Benjamin em sua dissertação *O conceito de crítica no romantismo alemão*:

> No conceito de estilo [...] Goethe não forneceu nenhum esclarecimento filosófico do problema da forma, mas, antes, apenas uma indicação acerca da normatividade de certos modelos. Deste modo a intenção, que lhe abriu a profundidade do problema do conteúdo da arte, diante do problema da forma torna-se a fonte de um naturalismo sublime (Benjamin, 1919/2002, p. 120).

Novalis (1901) vê essa tendência de Goethe com olhos críticos e enxerga um paralelo entre a ideia de estilo goethiano e o conceito de arquétipo, argumentando que "os antigos são de um outro mundo, eles como que caíram do céu" (*apud* Benjamin, 1919/2002, p. 120). Benjamin concorda com Novalis e reconhece um problema na essência disso que Goethe pensa ser próprio ao seu estilo. Na opinião de Benjamin, esse recurso é uma solução mítica para a questão filosófica da forma que a verdade pode assumir.

Enquanto os irmãos Schlegel avaliam que a produção de Goethe ainda está amarrada às raízes do Romantismo, Novalis considera seu Wilhelm Meister um romance *prosaico*, sem qualquer espécie de *atrevimento político* (Safranski, 2010a, p. 40-1). Para Novalis, o trabalho de Goethe era "extremamente simples, agradável e constante", e seu esforço concentrava-se em realizar "algo sem importância de modo completo, dar-lhe o mais perfeito polimento e confortabilidade, em vez de captar um mundo e fazer algo que se pode parecer que ficará inacabado..." (Novalis, 1901 *apud* Safranski, 2010a, p. 41). Essa observação de Novalis sobre Goethe é evidentemente injusta, o que, contudo, não a invalida por completo. Veremos adiante como Goethe foi capaz de absorver as sutilezas de seu tempo e marcá-las em seus escritos. Por outro lado, o ímpeto do *Sturm und Drang* foi deliberadamente abandonado por esse romântico inveterado em troca do comedimento do Classicismo. É justamente isso que se observa como herança para Freud em sua noção de sublimação.

Voltemos a esse conceito na psicanálise freudiana. Segundo Hans Loewald (1988), o caráter mítico buscado por Goethe também é admitido por Freud quando se trata da sublimação, sem que se considere inválido seu caráter de verdade. Nesse ponto tenderemos a outra direção, pois, embora o aspecto mítico da sublimação tenha legitimidade, a verdade, tal como será vista neste livro, aloca-se em outro lugar. Aqui também discordaremos de um aspecto defendido por André Green em "O mito: um objeto transicional coletivo" (1994), que justapõe mito e sonhos, sendo o primeiro de caráter coletivo e o segundo, individual. Veremos com mais precisão na segunda parte desta pesquisa por que a verdade dos sonhos não reside em seu caráter lendário ou mítico, cujo "passado fabuloso [...] e intemporal [...] se liberta das coações da temporalidade", mas se concentra sobretudo em indícios do real, como são, por exemplo, os restos diurnos (Green, 1994, p. 120-1).

De qualquer maneira, ambos os autores – Loewald e Green – apoiam-se nas análises de Freud e mostram, cada um a seu modo, como

> [...] a atribuição de grande valor à sublimação seria a manifestação da ilusão compartilhada pela raça humana ou por uma civilização em particular – ilusões que são elas mesmas formações defensivas para *velar* ou servir de *anteparo* à consciência da forte realidade dos instintos e dos frustrantes obstáculos externos (Loewald, 1988, p. 42).

Cabe citar uma análise de Green, segundo a qual a estética e a racionalização, tal como ele as compreende, ornamentam o elemento trágico inerente à existência humana. Diz o psicanalista:

> Tal efeito de verdade não pode existir sem sua contrapartida defensiva. De fato, a tela da beleza, como diz Lacan, vai ocultar a verdade descoberta. Ela passa a ser véu e feitiço. Desde a primeira representação de *Édipo-rei*, todos os comentários sobre a tragédia, de Aristóteles aos nossos dias, apresentam um único objeto: o estudo da forma poética, a análise filológica ou dramatúrgica, a reinserção das questões que ela provoca no contexto mental de sua aparição, considerada sob o ângulo sócio-histórico, em detrimento do que *diz* essa verdade. Heidegger, nosso contemporâneo, torna perene essa ocultação. Quando a tragédia é abordada sob o ângulo de seu sentido, certos críticos, de Voltaire até nossos dias, não deixam de realçar o absurdo da intriga – chegam a chamá-la de péssimo romance policial. Em outras palavras, a estética e a racionalização são os dois constituintes do feitiço com os quais a cultura ornamentou a tragédia (Green, 1994, p. 74).

Na opinião do psicanalista, sem o véu, o elemento trágico se dissipa e a substância carnal da história revela-se ordinária. Esses aspectos serão destacados também na leitura – pautada no ensaio de Walter Benjamin (1922/2009) – que se fará de

As afinidades eletivas. Mais explicitamente: algo na técnica e no método de escrita goethiano, identificado sobretudo no romance aqui analisado, relaciona-se intimamente com aquilo que Freud teorizou sobre o processo sublimatório. Tal processo defensivo, visto de forma positiva, implica *encobrir* a realidade externa ou instintiva, criando certo *anteparo* ou *tela* para tais aspectos. Isto é, embora esses componentes – realidade e instinto – ganhem lugar em certas obras, eles ficam embotados pela forma, que compactua com certas convenções e se revela como mito.

Recobremos a trilha anterior, seguindo os passos de Benjamin (1922/2009), para demonstrar essa ideia. Segundo o filósofo, diferentemente da forma, a técnica de escrita de um romance não é definida pelo teor de verdade, mas pelos conteúdos factuais, e é com estes que a técnica se torna necessariamente perceptível. O desafio de representar os conteúdos factuais é enfrentado como solução de um enigma, cujo resultado é encontrado justamente na técnica. Goethe, lembra Benjamin, admite ter feito um grande esforço para encobrir suas estratégias técnicas na escrita de *As afinidades eletivas* e vislumbra o prazer do leitor ao tentar desvendar esse mistério, alimentado deliberadamente por ele.

Além de destruir os rascunhos da obra, não pode ter sido casual o fato de Goethe ter eliminado cada mínimo pedaço de nota ou fragmento de seus esboços. Sua intenção deliberada de velar a técnica com a qual construiu sua obra ocultou os conteúdos factuais. Por isso, Benjamin considera que o que Goethe fez foi realçar os poderes míticos de sua obra. A técnica de Goethe é "seu segredo artístico" (Benjamin, 1922/2009, p. 43), e é com esse sentido que certos comentários do poeta, dirigidos a Zelter, podem ser lidos. Diz Goethe numa carta ao colega: "Espero que o senhor encontre ali [em *As afinidades eletivas*] a minha velha maneira de trabalhar. Coloquei muitas coisas ali, escondi outras tantas. Que esse mistério evidente também possa proporcionar-lhe prazer" (Goethe *apud* Benjamin, 1922/2009, p. 43).

Para Benjamin, porém, "se a existência dos conteúdos factuais está de tal maneira oculta, então sua essência esconde a si mesma. Toda significação mítica busca o mistério" (Benjamin, 1922/2009, p. 44). Ou seja, a obra *As afinidades eletivas* é construída como mito[7]. Daí Walter Benjamin

7 Nesse quesito, Walter Benjamin compara Goethe a Kant, que também teria construído sua obra de forma mítica, como fica ainda mais claro em seu texto *Sobre o programa para uma filosofia vindoura* (1918/2009). Segundo o filósofo berlinense, não é possível entrever nem na obra kantiana nem na goethiana o teor factual que as integra, o que lhes dá esse caráter mítico e filológico. Uma curiosidade a ser assinalada neste ponto refere-se ao *West-ostlicher Divan* [Divã do Ocidente e do Oriente], o mais extenso ciclo de poemas de Goethe, que, como assinala Marcus Vinicius Mazzari nas notas da edição brasileira de *As afinidades eletivas de Goethe*, reflete um intenso contato de Goethe com essa face mítica atrelada à poesia oriental, em especial com o poeta persa Hafiz (1326-1390), mestre incomparável do "gazel" e caracterizado até hoje pelos iranianos como "língua do mundo invisível". Na nota de Mazzari, temos ainda a informação de que, no idioma persa, "divã" "significa coleção ou coletânea de poemas, em geral organizados em ordem alfabética". Sabendo da reverência de Freud a Goethe, é no mínimo curioso perceber o cruzamento do nome dado por Freud ao sofá no qual colocava seus pacientes – *Divan* – e o título dos poemas goethianos. Pensando além do mais naqueles tapetes persas e na extensa coleção de obras orientais antigas que ocupavam sua sala, pode-se imaginar como

resgatar a designação "ser olímpico", dada a Goethe, em cuja obra se reconhece uma rigidez muda de "natureza mítica, obscura, imersa em si mesma" (p. 44). Como ser olímpico, Goethe teria selado o fundamento de sua obra e fechado sua *abóbada*. Sob uma névoa, reflete Benjamin, sua arte rasteja escondida na noite escura. Em suma, as objeções de Walter Benjamin contra as técnicas literárias de Goethe estão focadas, principalmente, na ocultação que este faz do processo de construção de seu romance, em vez de permitir a clareza de seu próprio movimento.

A estratégia usada pelo poeta alemão foi inibir a participação do leitor e tecer a obra sob forma de uma *novela mítica*. Ela opera contrariamente ao romance, que, "como um sorvedouro, atrai o leitor irresistivelmente para o seu interior";

---

as imagens da psicanálise estão animicamente entrelaçadas às imagens literárias com as quais Freud se ocupava. O divã é o lugar concedido aos pacientes para expressarem suas palavras, que são proferidas de forma quase poética quando comandadas pelo inconsciente. O poema "Reconciliação", que compõe a obra de Goethe, é especialmente interessante se pensarmos no lugar concedido à palavra por Freud: "A paixão traz a dor! / Quem é que acalma / Coração em angústia que sofreu perda tal? As horas fugidias / para onde é que voaram? / O que há de mais belo em vão te coube em sorte! / Turbado está o espírito, o agir emaranhado; / O mundo sublime / como foge aos sentidos! Mas eis, com asas de anjo, surge a música, / Entrelaça aos milhões os sons aos sons / Pra varar, lado a lado, a alma humana / E de todo a afogar em eterna beleza: / Marejado o olhar, na mais alta saudade / Sente o preço divino dos sons e o das lágrimas. / E assim aliviado, nota em breve o coração / Que vive ainda e pulsa e quer pulsar, / Pra ofertar-se de vontade própria e livre / De pura gratidão pela dádiva magnânima. / Sentiu-se então / oh pudesse durar sempre! / A ventura dobrada da música e do amor" (Cf. <http://www.citador.pt/poemas/reconciliacao-johann-wolfgang-von-goethe>, tradução de Paulo Quintela).

insistindo "no distanciamento", a forma da novela "expulsa todos os seres vivos de seu círculo mágico". Na obra de Goethe, o narrador é onipresente e os personagens perdem voz própria, adaptando-se como marionetes ao enredo previamente criado pelo grande narrador Goethe, que "de forma zelosa, reserva para si próprio o direito de governar exclusivamente o âmbito vital de sua obra" (Benjamin, 1922/2009, p. 74). Mais prosaico que o romance, o estilo novelístico traz consigo certa regularidade em sua forma e, simultaneamente, uma imprevisibilidade central que conduz o enredo. Enquanto no romance os acontecimentos dramáticos apresentam um caráter fenomênico, o mistério da novela é introduzido como a catástrofe capaz de organizar os fios que compõem a trama narrativa.

Nessa falta de clareza sobre a base do processo de construção de *As afinidades eletivas* se concentra, como já dissemos, o caráter mítico da criação, e o artista passa a ser visto como gênio criador, figura análoga a de um herói ou de um Deus entre os homens. Para Benjamin, "o artista é menos a causa primordial, ou o criador, do que a origem ou o configurador" (Benjamin, 1922/2009, p. 62). Usar inadvertidamente o termo "criador" leva a pensar na vida do artista como seu produto mais característico, ao invés de apontar para a obra. Presumindo captar a famosa "figura" do poeta, colocando-a numa forma híbrida entre herói e criador, a crítica não é capaz de discernir mais nada e, ao mesmo tempo, pode afirmar o que bem entende, contanto que resguarde a aparência de profundidade.

Puxemos agora novamente o fio do novelo da psicanálise freudiana. No texto "O mito: um objeto transicional coletivo", André Green (1994, p. 118) assinala que o interesse de Freud pelo mito, assim como o de Goethe, se deve à tentativa de um encontro com a arqué. O mito entraria como testemunho de uma pré-história ou serviria como lembrança-encobridora dos povos. Segundo Green (1994), sonho e mito agem "como se" a história se enredasse a um sentido comum, preservando ao mesmo tempo certas incoerências e algum mistério. Com o enigma imposto pelo mito e pelos sonhos, o intérprete fica instigado a desvendar a inteligibilidade que se esconde na pseudointeligibilidade. Desse mistério nasceram métodos que enlaçam de forma oculta a trama narrativa. Mas que lugar ocupa o mito na narrativa social e psíquica? Respondendo a essa questão, o autor afirma:

> A mitologia vai aparecer como uma consequência da regra ou do interdito. Onde houve recalque, haverá a volta do recalque sob forma disfarçada. O mito seria então o *inter-dito*, sobre a insubmissão ao interdito. Ao respeito social da regra, vai responder no discurso coletivo um campo de extraterritorialidade, análogo ao da fantasia, onde pode ser dito o que não deve ser agido. Isso implica uma estratégia que vai ter de encontrar as leis de uma racionalidade bastante clara para ser entendida, e bastante remota da racionalidade que rege as relações com a realidade exterior para não sofrer proibição [...]. O mito

> desempenha então uma função reguladora em certa sociedade que liberta o imaginário, sem garantia de que seja reconhecido como tal e não ameace invadir o campo do real (p. 120).

É exatamente esse o papel que a forma mítica cumpre em *As afinidades eletivas* – a culpa pela traição é o que alinhava a trama, e a interdição no quesito casamento não é colocada ela mesma em questão. Mas permaneçamos ainda por um instante no retalho psicanalítico. O mito, segundo Green,

> [...] entra numa categoria sincrônica, onde se encontram igualmente o rito, o conto, o folclore, a magia, as criações artísticas – do lado das produções culturais – e o sonho, o fantasma, até mesmo o sintoma – do lado das formações do inconsciente individual (1994, p. 118).

Daí não ser difícil concluir que, do lado social, para Green, o processo sublimatório equivale a esse processo de criar artisticamente mitos. Aliás, a ambiguidade da realidade social é, segundo Green, representar simultaneamente "um dos espaços da realidade exterior [...] e um dos espaços de projeção da realidade subjetiva" (Green, 1994, p. 132).

O que importa destacar, porém, é que, de acordo com o psicanalista egípcio, produções psíquicas só podem ser associadas ao pensamento subjetivo ou, de forma mais extensa, à ideologia. Ou seja, o campo do mito estende-se "ao domínio religioso e ao domínio político governado pela ideologia" (p. 133). É certo, para ele, que a forma mítica é o que modula a ideologia no campo social, o que pode ser comparável aos sonhos no plano individual. Contudo, esse corpo figurativo do mito, intimamente conectado à ideologia e à religião, no domínio social, e ao sonho, sintomas e fantasmas, no campo individual, não é sinalizador dos indícios do real – tomado aqui como índice da verdade –, que, como veremos, só aparecem nos restos ainda não simbolizados do tempo – como é, por exemplo, a concretude dos restos diurnos, que incita a formação dos sonhos.

De volta a Walter Benjamin: na visão do filósofo, a maneira de alcançar a verdade na arte está inscrita no campo da história, e não no campo da natureza ou do mito, como pretendem Goethe e Freud, como vimos. Esse campo da história em Walter Benjamin também contempla, como salientaremos mais adiante neste trabalho, um resto não simbolizado – o *Jetztzeit*, que cumprirá aqui papel análogo ao dos restos diurnos. Diferentemente desse elemento não simbolizado, o conceito de natureza goethiano forma uma identidade naquilo que diz respeito tanto ao campo dos fenômenos perceptíveis como no que tange aos arquétipos passíveis de contemplação. Perseguindo arquétipos, Goethe encarou a natureza como modelo mítico, esquecendo-se de que os "fenômenos primordiais não existem diante da arte; eles estão nela" (Benjamin, 1922/2009, p. 46). Goethe admite o "caos dos símbolos" inerente à natureza, que, ainda assim, é reconhecida como tendo "o sentido mais extremo das 'palavras da razão'" (Benjamin, 1922/2009, p. 47). Não é de estranhar, portanto, como, para Goethe, o pensamento é impotente diante dos fenômenos primordiais e como em sua obra a existência se sujeita ao conceito de natureza indomável.

Vejamos de novo o papel da mitologia na psicanálise freudiana. Em sua análise sobre a importância do mito na obra de Freud, Green resgata a antropologia de Lévi-Strauss, cuja ideia de pensamento mítico coincide com a noção freudiana de projeção. Green não banaliza a crítica platônica à mitologia, considerada pelo filósofo grego uma ilusão sedutora e forma de lisonjear a parte inferior da alma. Para o psicanalista egípcio, "não é errado dizer que o fabuloso é uma visão falsa da história" (1994, p. 132), mas o problema é outro. Não seria o caso de contestar moralmente julgamentos de viés platônico ou reiterá-los, mas muito mais saber a que corresponde, para certo grupo – e aqui poderíamos acrescentar para certos autores, como é o caso de Goethe –, a necessidade de mitificar. Em outras palavras: trata-se de saber como opera a economia psíquica em grupos que elevam mitos ao papel de uma função reguladora, reescrevendo a história de forma legendária e nostálgica. Em vez da história, o que prevalece na lógica mítica é "o que foi diferente; o que foi voltará um dia em que tudo estiver 'como antes', invertendo a ordem recentemente estabelecida" (p. 132). O mito seria, mais especificamente, um conjunto de proposições aparentemente formuladas na língua do processo secundário, quando, na verdade, ela obedece à logica linguística do processo primário, que anseia pelo regresso ao estado inorgânico e unitário já abordado quando tratamos das semelhanças entre Romantismo e sublimação (p. 139).

Para pensar em como essa face mítica compõe a obra de Goethe, vamos primeiro estabelecer a diferenciação entre o teor de verdade e o teor factual, fatores que integram a análise crítica benjaminiana das obras de arte. Embora pareça que a imbricação originária entre teor de verdade e teor factual seja harmônica, a obra é constituída de uma dialética ínfima entre os indícios temporais e a faísca de verdade que dela emana. Decantados pelo tempo, os aspectos materiais da obra são realçados pelo crítico, isto é, quando a passagem do tempo desintegra esses dois aspectos (teor de verdade e teor factual), o crítico deve se concentrar na tarefa prévia de interpretar o teor factual, que é aquilo que "chama a atenção e causa estranheza" (Benjamin, 1922/2009, p. 13) por ser a sobra anacrônica da obra.

Daí ser a tarefa da crítica filosófica arrancar a máscara mítica que encobre a obra de arte clássica e se ater às ruínas, mais afeitas à codificação histórica que prescinde de um sentido absoluto. A bela aparência da obra clássica, que provoca a ilusão de totalidade e harmonia – cuja essência é predominantemente simbólica – indica apenas uma comunhão imediata com o absoluto irretocável. Disso redunda que o crítico esteja mais afinado com a força motriz da obra do que com aquilo que perdura ao longo do tempo, ou, dito de outra forma: "Toda [boa] crítica contemporânea, por mais elevada que possa estar, abarca na obra mais a verdade em movimento do que a verdade em repouso, mais a atuação temporal do que o ser eterno" (Benjamin, 1922/2009, p. 14).

Esses fragmentos materiais aparecem sob forma de resquícios de um mundo pregresso, que envia notícias parciais de tempos que não voltam mais. O enigma com o qual o crítico se defronta na obra de arte exige um embate material permanente, já que a verdade flamejante não é uma substância depurada e etérea que se destacou de uma vez por todas de sua base empírica. É na silhueta material e nos traços titubeantes que a formam que a verdade da obra pode se tornar legível. São saltos que iluminam e apagam a verdade como um lusco-fusco intermitente. Uma obra de arte opera como essas lâminas espelhadas sustentadas no ar por finos fios de náilon – à medida que o vento sopra, o brilho reluz em uma das faces para logo se esconder com o ritmo provocado pelas lufadas de Zéfiro. Como numa trama cuja estampa bordada saiu de moda e o tecido ganhou tonalidade desbotada e amarelecida pelo tempo, a obra de arte deixa entrever elementos materiais análogos, a partir dos quais foi elaborada e sem os quais jamais seria uma peça de arte. Quando, porém, se tomam apenas esses componentes como a totalidade da obra, esquece-se da verdade impregnada na malha do manto ou na materialidade da obra. Esse é, por outro lado, o mal da interpretação que se constrói apenas sobre fundamentos filológicos.

Embora a interpretação enriqueça, sob forma de comentário, o rol de dados que indica o teor material da obra, arando o terreno para a crítica, é necessário estabelecer a distinção entre essas duas formas de interpretação: o comentário e a crítica. Enquanto esta fareja os grãos da verdade, aquela se atém à materialidade transitória inerente à obra. Ainda que seja impossível alcançar a verdade sem a mediação do circunstancial, o crítico tem a tarefa de extrair o ouro, como faz o alquimista, da matéria decomposta pelo comentador, que, por sua vez, opera como o químico. É na realização desta tarefa que Benjamin (1922/2009) aproxima crítico e paleógrafo:

> Pode-se comparar esse crítico ao paleógrafo perante um pergaminho, cujo texto desbotado recobre-se com os traços de uma escrita mais visível, que se refere ao próprio texto. Do mesmo modo como o paleógrafo deveria começar pela leitura desta última, também o crítico deveria fazê-lo pelo comentário. E inesperadamente surge-lhe daí um inestimável critério de seu julgamento: só agora ele pode formular a pergunta crítica fundamental, ou seja, se a aparência do teor de verdade se deve ao teor factual ou se a vida do teor factual se deve ao teor de verdade. Pois na medida em que se dissociam na obra, eles tomam a decisão sobre a imortalidade da mesma.

> Nesse sentido, a história das obras prepara a sua crítica e, em consequência, a distância histórica aumenta o seu poder. Se, por força de um símile, quiser-se contemplar a obra em expansão como uma fogueira em chamas vívidas, pode-se dizer então que o comentador se encontra diante dela como o químico, e o crítico semelhantemente ao alquimista. Onde para aquele apenas madeira e cinzas restam como objetos de sua análise, para este tão somente a própria chama preserva um enigma: o enigma daquilo que está vivo. Assim, o crítico levanta indagações quanto à verdade cuja chama viva continua a arder sobre as pesadas achas do que foi e sobre a leve cinza do vivenciado (p. 13).

Freud comparou a psicanálise ao trabalho do químico, que decompõe substâncias e as reintegra por meio de novas combinações, mas a metáfora do alquimista, trazida por Benjamin, embaralha essa ideia comedida do sóbrio cientista e traz uma visão talvez mais fidedigna ao modo como procede o analista. Manipulando a matéria árida da fala de um paciente, o psicanalista torna-se sensível ao calor e ao brilho da chama que se mantém acesa sob as pesadas achas de cinza. Tal manipulação da matéria remete ao que Green denominou "contexto", ou seja, as associações livres feitas pelo paciente ou o resgate do "contexto" no qual emergiu certo discurso mítico. Esse "contexto" é, portanto, aquilo que *historiciza* o mito narrado pelo sujeito, que aparece sob forma de sonho, sintoma ou até sublimação. Associando livremente, o paciente recupera, em sua narrativa endereçada ao analista, os detalhes históricos que provocaram a emersão da construção mítica. O fato de essa narrativa se articular perante um Outro engancha o discurso mítico às determinações sociais e históricas que o fizeram, mais uma vez, desabrochar no presente transferencial.

Ao contrário deste movimento, Goethe, sem dar chances à transitoriedade do tempo, está atento aos ciclos permanentes da natureza. Análoga a uma defesa psíquica repetitiva e intransponível, a obra classicista de Goethe resiste à interpretação do crítico. Benjamin busca, seguindo um rumo contrário ao valorizado pelo Classicismo, a fratura inerente à obra. Ou seja, se, para o Classicismo, a verdade se concentra integralmente na aparência, na visão benjaminiana aparência e verdade não coincidem. Não há, por conseguinte, qualquer espécie de amálgama entre o teor material da obra e o seu teor de verdade, considerado a chama viva.

Numa outra carta que escreve a Zelter, Goethe, o gênio criador, pondera: "Estou convencido de que o véu transparente e intransparente não o impedirá de enxergar até a forma realmente intencionada". Na visão de Walter Benjamin, o "véu" significa, nesse contexto, mais do que uma imagem. Trata-se do envoltório que comovia Goethe quando este buscava capturar a beleza, deixando claro que sem o véu perde-se o caráter divino que atravessa o mundo.

Pensando nas *Afinidades eletivas*, podemos ver esse envoltório em Ottilie, que mantém evidente a relação intrínseca entre a beleza aparente e a vida que perpassa os mortais, de onde se conclui que, nas tintas goethianas, "nada do que seja mortal pode ser desvelado" (Benjamin, 1922/2009, p. 116). Se para Deus não há mistério e tudo é vida, para o homem é no mistério que mora a vida. Sem ele, pondera Benjamin, o ser humano resta sob forma de cadáver, e sua vida só pode ganhar fôlego no amor e na morte, que guardam o poder de desnudar. Por conseguinte, uma beleza que não se dobra diante do amor sucumbe à morte. Ou seja, se Ottilie tivesse se rendido aos apelos do amor – de Eduard ou Charlotte – seu segredo e sua beleza se dissipariam em nome da vida que só o humano pode viver – a vida com amor. Impenetrável, só o segredo da natureza, pois, para os homens, "a verdade é descoberta na essência da linguagem" (p. 116), coisa a que Ottilie renuncia.

O desfecho de Goethe para a vida de Ottilie faz um apelo à comoção, que se constitui mais como transição do que como final. Tal transição representada pela comoção se dá entre a intuição confusa até "o único objeto real do abalo: o sublime" (Benjamin, 1922/2009, p. 109). O declínio da aparência resulta desse processo de transição, e a beleza de Ottilie é justamente essa aparência em declínio. O declínio de Ottilie não se deve, por conseguinte, à necessidade e a forças externas; no próprio aparentar já se encontra anunciada a efemeridade de sua aparência. A construção de cada gesto e dos movimentos dessa figura traça seu destino de forma terna e sombria, uma vez que só a morte é capaz de conservar o brilho evanescente de uma beleza extinta. É apenas no inanimado que a beleza pode ser mais propriamente conservada, como ocorre com a arte, por exemplo.

A aparência que traz beleza à arte não engloba, porém, sua essência, que se relaciona, sobretudo, com o sem-expressão. Contrapondo-se à aparência, o sem-expressão "mantém com ela uma relação de tal modo necessária, que justamente o belo, ainda que ele mesmo não seja aparência, deixa de ser essencialmente belo quando a aparência desaparece dele" (Benjamin, 1922/2009, p. 111). Nessa clara definição, Benjamin repete o que em muitos outros contextos escreveu sobre a aura, mais nitidamente quando diz: "A aparência pertence ao essencialmente belo enquanto envoltório, e o fato de que a beleza como tal só apareça naquilo que está velado mostra-se como sua lei essencial" (p. 111). Em outros termos: não sendo apenas envoltório que encobre outra coisa, a beleza é essência que tem sua condição preservada no velamento e, por isso, o belo não está nem no envoltório nem no objeto velado; ele é, isto sim, o objeto em seu envoltório – sob o véu, nada pode ser vislumbrado. Assim, a beleza não está na mera aparência que indicaria a verdadeira beleza, visível através dela.

Não sendo a verdade visível e apoiando sua possibilidade de tornar-se visível em um traço que não lhe é intrínseco, a fórmula que transforma e concentra toda beleza na aparência desemboca por fim em barbárie filosófica. Com ela, o que se pretende promover é o desvelamento da verdade do belo. É dessa concepção sobre a obra de arte que Benjamin define sua visão da crítica de arte como "elevar-se à contemplação do belo mediante a percepção mais exata do envoltório enquanto envoltório" (Benjamin, 1922/2009, p. 113), o que significa reconhecer a impenetrabilidade de seu segredo. Para o filósofo, "somente o belo e, fora este, nada que vele e que esteja velado consegue ser essencial" (p. 113), sendo, por isso, o mistério o que funda de forma divina o ser da beleza. A aparência não é, portanto, "o velamento supérfluo das coisas em si, mas sim o velamento necessário das coisas para nós" (p. 113).

Portanto, não se pode dizer que Benjamin abdique ou não reconheça o valor da beleza ou da aura. Sua crítica recai sobre o fato de ela se tornar o principal alvo do estilo goethiano, oprimindo o movimento histórico inerente à obra e tornando-se paradoxalmente uma beleza em declínio. O desfecho de Ottilie, sem renunciar à beleza justaposta ao objeto pelo véu, torna-se, como toda a dramaticidade da novela goethiana, refém da manutenção da "segurança sonâmbula, pela estreita passarela da pura civilidade humana" (Benjamin, 1922/2009, p. 98), que visa salvar com um nebuloso ato de expiação a vida social da paixão e do obscuro delito. Conformados pela beleza, os personagens são enfraquecidos, ao mesmo tempo que se submetem ao veredito da lei, sem questioná-la. Assim, a abafada atmosfera burguesa torna-se ainda mais enclausurante entre ímpetos de tempestade e paz.

O que vale destacar aqui, em suma, é a ideia de que Walter Benjamin valoriza a obra em seu processo de formação ou, como diz Castro: "Seu segredo [do crítico] repousa em expor o fazer-se da obra como incêndio" (Castro, 2000, p. 11). Uma espécie de combustão dos materiais corresponde à formação e à construção da obra, que, como incêndio do real, torna a aparência sensível e empírica uma forma de inscrição da verdade. O material resistente à destruição pertence à origem da obra, permanecendo sempre como resto – a madeira e as cinzas da metáfora benjaminiana. A densidade da fuligem e a consistência da fumaça são, porém, capazes de ofuscar "a flama que sonhava destruí-las para sempre", cabendo ao crítico separar e mostrar a força tanto de uma como de outra (p. 12). Esses resíduos refratários à exaustão indicam precisamente o perfil histórico inerente à obra.

Logo, é na condição de ruína que subsiste a verdade na obra, e o crítico é justamente alguém capaz de converter os teores históricos da coisa em teores de verdade, salvando a obra do declínio anunciado pelo tempo, que embota os atrativos iniciais oferecidos por ela. Assim é que, para Walter Benjamin (1922/2009), a verdadeira interpretação é profundamente histórica, sendo a decomposição entre teor material e teor de verdade algo a ser levado a cabo. O atrito que permite às faíscas da verdade flamejarem se dá entre a beleza da aparência sensível e sua condição de mediação para entrever a verdade.

Do lado da psicanálise, Slavoj Zizek (1996) diz que, para compreender os símbolos, sejam eles oníricos, sintomáticos ou sublimatórios, não se deve perseguir o conteúdo por *trás* da forma e sucumbir ao fascínio provocado por eles. Ora, mantendo o paralelo entre a crítica de Walter Benjamin e a psicanálise freudiana, não é um disparate aproximar teor de verdade e verdade do desejo, e teor factual e soluções de compromisso – nos sonhos, nos sintomas ou na sublimação. Aliás, pode-se dizer que a matéria que dá corpo e consistência ao desejo é a própria solução de compromisso. O segredo do simbolismo ou seu mistério está retido e enredado na própria forma; não faz sentido, portanto, erguer o véu do conteúdo manifesto para encontrar o núcleo das formações simbólicas, ou seja, sob o véu não há qualquer conteúdo latente. O desafio é refletir sobre a razão que levou certos pensamentos latentes a assumir determinada forma, sendo a linguagem dessa forma simbólica aquilo que poderá indicar o trabalho psíquico e o espaço-tempo no qual ela foi configurada.

Mecanismos psíquicos, cores, sombras e texturas da figurabilidade moldam a verdade do desejo. Nesse sentido, Zizek (1996) afirma que o conteúdo latente que gera o simbolismo é um pensamento banal, capaz de atrair o desejo recalcado, situado no inconsciente. O desejo, entretanto, guarda relações muito tênues com o pensamento latente e, por isso, não se pode pensar que o desafio seja desvendá-lo. Na verdade, Freud deixa claro que o pensamento latente nada mais é que um pensamento comum que ativa as sedimentações do desejo, que se mantinham recalcadas, sem articulação com a linguagem rotineira. O desejo ressuscitado não se articula em palavras ou representações comuns, mas está atrelado ao processo primário, cuja dinâmica é inteiramente outra daquela da vida de vigília. Tal lógica, contudo, só pode ser apreendida na textura da figurabilidade dos sonhos, no colorido de sua trama, nas inversões, deslocamentos e condensações que articulam a materialidade temporal ao simbolismo[8].

[8] Segundo Hans Loewald, a "simbolização talvez possa ser descrita como um ato imaginativo: dois itens diferentes da experiência são ligados na mente de um determinado modo que um representa o outro. Essa relação representacional é distinta de outros tipos de conexões, como as espacial, temporal, causal ou conexões lógicas" (Loewald, 1988, p. 45). O que orienta a simbolização são similitudes, ainda que as semelhanças não conduzam necessariamente à formação de símbolos. É curioso que o psicanalista destaque que, sem o símbolo, coisas ou eventos pareceriam necessários e correriam de acordo com a natureza. Quando, diferentemente, há a presença da mão subjetiva nesse encadeamento natural, forma-se o símbolo. Ou seja, as ligações simbólicas parecem arbitrárias do ponto de vista objetivo, mas fazem sentido do ponto de vista subjetivo. E o modo – ou a forma, na versão de Zizek – como os elos entre fatores objetivamente desconexos se formam é que permanece inconsciente para o sujeito. Por isso, o símbolo é sempre tomado como verdade, sendo, entretanto, uma realidade apenas "para nós". Em *As afinidades eletivas*, essa forma simbólica se organiza como um eclipse, que sobrepõe forças dissonantes; Sol e Lua não estão mais subordinados um ao outro, cada um ocupando seu lugar no cosmos. Guiados pela desordem da natureza, os personagens espelham tal desregramento natural nas relações humanas. Nesse sentido, o romance de Goethe coincide com *Rei Lear*, analisado por André Green. Segundo Green, na peça de Shakespeare, "a Natureza é Deusa: 'Foi a lei que jurei servir!'" (Green, 1994, p. 145). Certa descrição do personagem Edgar bem poderia ser aplicada a Eduard. Sobre o primeiro, diz Green: "Por natureza,

Seguindo passos que se parecem com aqueles que certos

---

ele ouve *sua* natureza: sua força, sua inteligência, sua mente viva, sua esperteza, principalmente sua audácia. A vida precisa apenas seguir as inclinações provenientes das vontades, dos desejos, dos interesses" (Green, 1994, p. 145). Essa Natureza "insensível à justiça" (Green, 1994, p. 147) é o que toma as rédeas na obra de Goethe aqui analisada. Em *As afinidades eletivas* foi depositada à Natureza a força da ação e da sabedoria inapreensíveis: "Ela me colocou aqui, também ela vai me tirar daqui. Confio-me a ela. Ela pode dispor de mim à vontade; ela não odiará sua obra. Não fui eu que falei dela; não, o que é verdadeiro e o que é falso – tudo isso foi ela que falou. Tudo é culpa sua, tudo é mérito seu" (Benjamin, 1922/2009, p. 47). O caos impera no modelo mítico de mundo concebido por Goethe, pois ao ver a "luz na essência mítica" ele regride à "obscuridade que anuviou pesadamente a existência do homem". Essa natureza manifesta-se em contradições que não se sujeitam aos limites dos conceitos e da linguagem humana. Sendo caos, assemelha-se ao mero acaso inconsequente, brincando apenas com o impossível. Como no simbolismo onírico, a construção dos personagens e do enredo de *As afinidades eletivas* obedece a esse arranjo, atesta Rosenfield: "Na elaboração psicanalítica, as sombras fantasmáticas têm uma função extremamente próxima da de Ottilie – a de nos consolar, através de encenações, de uma perda capital – a perda da união com um objeto primordial, quase indistinto do próprio Eu. Imagens destas encenações, ora chamadas de 'figurações aéreas' (*Luftgestalten*), ora de imaginação ou fantasia, dominam todos os movimentos do romance, que sempre salienta a primazia da figuração, da representação e da imagem sobre a plena realidade. As ressonâncias desta saudade profunda da 'outra cena' do fantasma, na qual não existem as fronteiras, e os limites simbólicos entre pessoas e coisas encontram-se fora e dentro do romance. Walter Benjamin aproxima o encanto oferecido por Ottilie dos versos que trazem à tona o desta recordação nebulosa e flutuante: *Ach Du warst in abgelebten Zeiten meine Schwester oder meine Frau* [Ah, foste, nos tempos de outrora, minha esposa ou minha irmã]. É apenas no fantasma, no sonho e no delírio, no outro desejado, no 'tu' do diálogo poético, que podem condensar-se irmã e esposa. A confusão fantasmática de termos inconciliáveis, entre os quais deveriam existir limites nítidos – como entre irmã e esposa –, é, mais do que o tema da paixão, o assunto deste romance. É próprio da fantasia, da imaginação – e do fantasma no sentido psicanalítico – escolher, no universo de infinitas possibilidades, aquelas que podem agrupar-se em torno de um núcleo imagético que capta e presentifica, ao mesmo tempo que vela o objeto perdido. Como os versos citados mostram com suficiente clareza, esta escolha não é uma opção entre dois termos, porém a seleção de uma psicanalistas equivocados tomam na interpretação dos sonhos, muitos críticos detiveram-se na aparência da obra para desvendar o que estava oculto atrás dela, quando seria mais prudente atentar para a *forma* do romance goethiano. Daí os ruidosos comentários, pautados nessa aparência, tomarem um rumo tão equivocado: o foco (e a polêmica) em torno de *As afinidades eletivas* tornou-se o casamento. Mas, como já dissemos, Walter Benjamin é categórico ao afirmar que não é esse o objeto do romance, pois de modo algum seria possível encontrar nele "as instâncias éticas do casamento", que desde o início "estão em processo de desaparição, assim como a praia sob as águas durante a maré enchente" (Benjamin, 1922/2009, p. 21). Sem problematizar o casamento do ponto de vista ético ou moral, o romance de Goethe, na visão de Benjamin, mostra o desmantelamento de tudo o

---

série virtualmente aberta em que o ou é ao mesmo tempo um e, onde não existe nenhum entrave em se desejar simultaneamente a irmã e a esposa" (Rosenfield, 1998, p. 14-5). Urdida pelo simbolismo, a linguagem do romance não exige nenhuma espécie de embate do leitor com ela e a ele são oferecidas apenas "belezas seletas". Walter Benjamin vislumbra algum indício de que pistas para rumos mais densos serão dadas, mas a imagem de felicidade na cena apaga precisamente a chama que apontaria para os obstáculos remediados pela beleza: "Trata-se da oferenda tributada à construção, que é rechaçada durante a inauguração da casa que será o local da morte de Ottilie. Mas também aqui Goethe preserva o procedimento secreto, já que faz derivar da exuberância feliz o gesto que consuma esse cerimonial. Nas palavras em tom franco-maçônico do assentamento da pedra fundamental está contida de forma mais clara uma advertência sepulcral: 'É um empreendimento sério e o nosso convite também está imbuído de seriedade: pois essa solenidade é celebrada nas profundezas. Aqui, nos limites desta escavação estreita, os senhores nos concedem a honra de estarem presentes como testemunhas de nosso secreto empreendimento'" (Benjamin, 1922/2009, p. 28).

que é humano e a permanência do mítico como essência. Sublimando, Goethe toca nos problemas de sua época e mostra seus limites – a instituição do casamento –, mas não tem a força de romper com as convenções, transformando o enredo em fantasias permeadas de culpa e atos de expiação.

Assim, ao contrário dos críticos da época, Benjamin concentra sua crítica na expiação da culpa. Entregues às leis da química que regem a atração e a repulsa, os personagens de *As afinidades eletivas* dão as costas à lei convencionada por eles e pela tradição – não a questionam nem são fiéis a ela – e tornam-se reféns do caos que gere a natureza. A beleza de Ottilie acende a chama do desejo de Eduard, que, para atraí-la, transfigura toda a ordem assentada nos territórios que os cercam. Como lembra Kathrin Rosenfield, "Ottilie, a figura enigmática, cuja beleza indescritível tira seu brilho dos reflexos dúbios da infância e da feminilidade, emerge como imagem aérea e fantasmática deste momento de suspensão entre dois universos distintos" (1998, p. 13), acendendo a força e os poderes invisíveis guardados na natureza. Os personagens que traem a cadeia da tradição e violam os contratos que gerem a vida civilizada fazem isso apenas na condição de reféns[9] de avalanches da natureza.

9 Eduard e sua irresponsabilidade pueril podem ser representados pela imagem de uma estrela sempre fora de órbita, que dança desengonçada para recobrar seu destino na galáxia, evidentemente sem sucesso. No romance, tudo que parece se encaixar tem uma rotatividade duvidosa. Essa prevalência do natural sobre o humano na existência desses personagens é muito bem assinalada por Benjamin em relação aos nomes próprios que aparecem na

Goethe na história alemã: a ordem patriarcal em As afinidades eletivas

A força propulsora dos dramas goethianos não é o conflito, mas sim um processo de desdobramento.

(Walter Benjamin)

Eu tinha um só objetivo: unir todos, reconciliar todos, deixar para trás todo ódio, aproximar todos, juntar tantos elementos disparatados e recriá-los num todo: uma França e uma pátria.

(Napoleão em Santa Helena)

---

trama. Para ele: "Nada vincula tanto o ser humano à linguagem quanto seu nome. Dificilmente haverá em qualquer outra literatura uma narrativa da extensão de *As afinidades eletivas* em que se encontrem tão poucos nomes" (Benjamin, 1922/2009, p. 26). Seguindo o destino de uma ordem cujos elos são alinhavados por uma lei sem nome, a linhagem com a qual estariam ligados é tão esquecida quanto as leis que regem a tradição dos mortos. O nome de Eduard é inautêntico e foi escolhido meramente pela sua sonoridade – o que mais uma vez alude a questão do ornamento ou da beleza acima de qualquer outro aspecto que possa determinar o objeto em questão. Dessa escolha frívola de trocar o nome nasce a confusão com o copo onde estão impressas as letras E e O, referidas ao nome de juventude de Eduard; este, no entanto, anseia por ver sinais de sua felicidade onde quer que seja ou em qualquer indício que confirme o caminho que ele aprioristicamente já ansiava perseguir. Nesse episódio, a taça de cristal é salva no ar e impedida de se estilhaçar, o que se torna augúrio de felicidade. Desses sinais equivocados, Eduard conclui que deve seguir sua felicidade amorosa. A preservação da taça deriva da cegueira e conduz o personagem a ela. Ele adquire a taça por um preço alto, como o faz com as demais coisas que quer, nos mesmos moldes das crianças – sem limites. Benjamin resgata uma velha resenha na qual se lê: "Porém quão estranho e aterrorizante! Do mesmo modo como todos os presságios não levados em conta se cumprem, este levado em conta é entendido de forma enganosa" (Benjamin, 1922/2009, p. 29).

Já destacamos a ligação íntima entre sublimação e lógica patriarcal e, portanto, lógica edípica da metapsicologia freudiana. André Green (1994), em "Édipo, Freud e nós", explicita essa ideia com bastante clareza, enxergando uma hierarquia na ideologia que modela as entranhas metapsicológicas e empíricas da psicanálise. O psicanalista egípcio resume-a nos seguintes pontos: 1) superioridade da civilização ocidental sobre as demais; 2) regimes liberais destacam-se por incentivarem o sucesso pelo mérito em vez das regalias pelo nascimento; 3) o homem deve aceitar sua natureza e domesticá-la; 4) a cultura implica reconhecimento do patriarcado, o que significa que valores paternos são civilizadores, ao passo que os maternos são a antítese da civilização. O pai, aliás, cumpre a função de tornar os membros da família parte da sociedade. Nesse cenário patriarcal, a democracia burguesa é herdeira do despotismo esclarecido; 5) o homem recebe da mulher seu respeito e o reconhecimento de sua autoridade; 6) o supereu coletivo é masculino, assim como a natureza da libido. O princípio ativo associa-se a uma ideia de perfeição do homem, que é capaz de sublimar suas pulsões em nome da política, da vida em sociedade, da arte e da ciência (Green, 1994, p. 60). Reconhecendo no Édipo o fio que enlaça as análises antropológicas e sociais de Freud, Green afirma:

> O *Urvater* da horda primitiva é agora insuficiente. Tem de ser apenas a engrenagem de uma misteriosa maquinaria que Freud chamará de processo civilizador. Para Freud, este está intimamente ligado à preeminência do poder paterno: poder da libertação do sensível (a maternidade é revelada pelos sentidos) e pela instauração do inteligível, do intelecto, isto é, da razão, obra do julgamento, ligada à paternidade [...]. Esse processo civilizador é o produto do Eros cultural, junta os homens através das instituições jurídicas, das produções do imaginário, da arte, da ciência. Gigantesca sublimação coletiva para a obra, apesar do desgaste provocado pelo tempo, dos desastres naturais, das guerras exterminadoras, ela é na história o testemunho do papel combinado da supremacia do princípio paterno e da renúncia pulsional. Eros cultural, sublimação, renúncia às pulsões, fruto de um supereu e ideais de ego coletivos (Green, 1994, p. 59).

Veremos aqui como a ordem patriarcal *encarnada* e *legítima*, representada pelo *Urvater* na versão mítica criada por Freud, se estendeu até o imperador Napoleão I. Depois dele, o poder patriarcal aparece *desencarnado* e se converte em *leis institucionais abstratas*, como resquícios da força paterna personificada e agora dissolvida.

Pensar o modo como a obra de Goethe se constitui – ou seja, como ela aciona as vias sublimatórias – revigora justamente essa vertente patriarcal abstrata da história, revelando a forma de o poeta alemão conceber o simbólico, que, segundo Walter Benjamin, representava para ele "uma sequência incalculável de formas de dominação e culturas em que os grandes indivíduos, César ou Napoleão, Shakespeare ou Voltaire, representam o único ponto de referência" (Benjamin, 1928b/2009, p. 140).

Tratar dessa face patriarcal da sublimação freudiana, cuja base é edípica, e da obra *As afinidades eletivas*, de Goethe, poderia facilmente nos conduzir ao tema do casamento – microcosmo dessa ordem patriarcal –, tal como fizeram os críticos contemporâneos ao poeta de Weimar. Já sabemos, porém, que, para Walter Benjamin, *As afinidades eletivas* não trata do casamento, mas da escolha (*Wahl*), ou melhor, da falta de escolha em todo o enredo da obra. Por outro lado, é necessário levar em conta que a crítica, na visão de Benjamin, tem suas bases tecidas na história. Se essa segunda consideração é tomada com rigor, o estudo de Peter Schwartz (2010) sobre a obra goethiana desponta de forma decisiva. Em *After Jena: Goethe's elective affinities and the end of the old regime (new studies in the age of Goethe)*, o autor norte-americano mostra como o romance do poeta alemão é reflexo de seu tempo. Embora Walter Benjamin considere que as opiniões de Goethe acerca da política sejam sempre "dispersas, desconexas e impenetráveis" (Benjamin, 1928b/2009, p. 141), Schwartz tenta justamente extrair de *As afinidades eletivas* essa dimensão política oculta na obra.

Segundo Schwartz (2010), "Goethe começa a escrever *As afinidades eletivas* em abril de 1808, menos de dois anos após a derrota da Prússia na batalha de Jena-Auerstedt, evento conduzido por Napoleão em 14 de outubro de 1806, que simbolizou o declínio do *Ancien Régime* germânico" (p. 17). Seguindo esses rastros temporais, Schwartz deduz que a vitória de Napoleão nessa batalha interrompe a continuidade da história alemã, inaugurando uma nova estrutura social e política; *As afinidades eletivas* seriam, para Schwartz, uma resposta a Jena. Nela prevalece certo respeito pelo acidente, pelo desequilíbrio e pela disparidade na história, que a escola historicista do século XIX esconderia com sua construção teológica de uma nacionalidade germânica como qualidade de uma nova revelação espiritual. São as mãos imbatíveis de Napoleão, porém, que encenam a verdadeira reorganização das estruturas institucionais europeias. Esse arranjo sociopolítico institucional, expresso em cada artigo do Código Civil estabelecido por Napoleão, não é observado apenas no cotidiano da vida pública, mas inclui também camadas mais profundas e dinâmicas desse processo modernizador, coordenado sobretudo por princípios estéticos.

Impactado pelas reformas civis napoleônicas[10], concebidas como uma reorganização da "vasta família francesa"

10 Sobre o Código Civil na era napoleônica, Alistair Horne escreve: "Em 1804, o Código Civil (mais apropriadamente conhecido, algum tempo depois, como Código Napoleônico) foi votado pela legislatura. Apesar de conter mais de 2 mil artigos, ele foi concluído em apenas quatro anos. Ficou como a mais sólida e duradoura realização de Napoleão, mostrando-se

(Napoleão *apud* Horne, 2013, p. 48), o romance de Goethe é costurado com as linhas da ordem patriarcal[11] pós-Napoleão, ou seja, depois da queda do regime feudal. Essa linhagem patriarcal, incontestavelmente abalada após os acontecimentos revolucionários na França, molda o estilo goethiano, que trata do microcosmo familiar de forma análoga à maneira pela qual Napoleão governa o Estado, que lhe foi entregue em situação de caos.

Em suma, Napoleão é o representante de um modelo de adequação das relações desconjuntadas pós-revolução e pós-Jena, revelando uma extraordinária agilidade combinatória para conduzir conquistas e estabelecer novas estruturas. Sua estratégia para alcançar esse resultado é retrabalhar uma

em grande medida útil ainda hoje. Caracterizando ao mesmo tempo sua energia e seu interesse pessoal pela reforma administrativa, Napoleão conseguiu, de maneira quase incrível, comparecer a nada menos do que 57 das 109 reuniões dedicadas ao Código Civil" (Horne, 2013, p. 47).

11 O chauvinismo do Código Civil estabelecido por Napoleão não era implícito; ao contrário, estava bastante claro em vários artigos que o compunham e que regulamentavam praticamente todas as esferas da vida, refletindo "a descrença do corso Napoleão na igualdade feminina" e dando "grande ênfase [...] à autoridade do homem, descartando muitos dos direitos de que as mulheres haviam se beneficiado sob o Antigo Regime". Nele, "o pai de família era dotado de direitos quase ditatoriais", sendo as mulheres proibidas de dar, vender ou hipotecar bens, que só podiam ser adquiridos com consentimento escrito do marido (Horne, 2013, p. 47). *As afinidades eletivas* respira esses ares, e Goethe "termina seu livro em outubro de 1809, três semanas depois de seu patrono Carlos Augusto, duque de Saxe-Weimar-Eisenach, publicar uma das primeiras constituições civis alemãs", inspiradas nas de Napoleão (Schwartz, 2010, p. 17). Para Schwartz, a composição estética do trabalho de Goethe coincide intimamente com a reforma política doméstica ocorrida tanto na Saxe-Weimar como na Prússia e em outros lugares.

nova iconografia ligada simbolicamente ao *Ancien Régime*, acionando de forma imponente diferentes símbolos clássicos. É nesse panorama que Napoleão aparece como a última centelha legítima de autoridade patriarcal encarnada; depois dele, o patriarcado se infiltra nas burocráticas instituições estatais – cheias de pequenas leis sem sentido –, tornando-se uma abstração difusa.

Embora Napoleão estivesse constantemente nos campos de batalha, sua preocupação com a república nunca se perdeu e seus sonhos eram moldados em formas clássicas da estética. Seu perfeccionismo na elaboração do Código Civil era o mesmo que dedicava a Paris, cidade que deveria exalar uma beleza estonteante. No artigo "The 'Arcades Project': the city collage of Walter Benjamin" (2006), Eleni Axioti recupera os estudos de Walter Benjamin sobre Paris, lembrando que a cidade, concebida como coleção de fragmentos, não pode deixar de remeter à ideia de uma cidade-museu. Nela se reúne uma coleção de informações cuidadosamente selecionadas e monumentos que congelam o tempo em diferentes períodos memoráveis. O próprio Benjamin destaca que a origem da ideia de "cidade como museu" remonta aos tempos de Napoleão.

Pompa, suntuosos rituais – como foi, por exemplo, a coroação de Napoleão – e o embelezamento da cidade servem como atadura para as profundas feridas deixadas pela revolução. Se, vez ou outra, Napoleão se deixou levar pelas regalias da classe soberana, não tinha como fim último o gozo deslumbrado dos confortos próprios da corte, vendo nos códigos de etiqueta, nos símbolos aristocráticos e nos títulos da nobreza uma bandagem que serviria para fazer reconhecer a legitimidade de seu lugar. Não se enganara ao evocar os princípios do Classicismo grego para a reformulação do Estado, mantendo uma conduta sóbria diante da tradição – diferente dos exageros do Barroco –, o que lhe garantiu autoridade e lugar análogos aos ocupados pelos reis de sangue azul. Ainda assim, a ferida aberta pela revolução não podia mais esconder sua cicatriz, e o lugar soberano tornara-se incerto por definição. Tendo sido escancaradas, as fraturas do poder mostraram de forma irreversível a fragilidade do trono e o abismo que se escondia por trás das máscaras clássicas.

O recurso clássico e a maneira napoleônica de proceder remetem ao classicismo de Goethe, que, em contrapartida ao *Sturm und Drang*, mais ostensivamente ligado a um viés revolucionário, busca criar uma "nova mitologia", na qual o ideal de beleza são a simplicidade e a quietude[12]. Esses dois

[12] Cf. Seligmann-Silva (2002b),que diz: "Ao longo dos anos setenta, Goethe esteve sob o influxo de seu amigo e de certa forma mentor intelectual, Herder, e via este e Hamann, as duas figuras centrais do que se convencionou denominar de *Sturm und Drang* com a sua supervalorização do gênio (do artista, mas também da língua, do povo, da nação etc.). Mas, por outro lado, Goethe frequentou nessa época em Leipzig as aulas do pintor Adam Friedrich Oeser (1717-99), que fora amigo de Winckelmann e um grande admirador dos seus escritos. Se Goethe no seu texto de 1772 'Von deutscher Baukunst', 'Sobre a arquitetura alemã', sob claro influxo das ideias de Herder e de Hamann, defende uma arte que seria própria, ou seja, genuinamente condizente com a 'Deutsche Seele' (a 'alma alemã', XII, 14), e critica

aspectos antagonizam claramente com aqueles do primeiro movimento: o *ímpeto* e a *tempestade*. Se ao espírito revolucionário é necessário ímpeto, sendo a imagem da tempestade seu melhor retrato, nada como simplicidade e quietude para aplacar os estragos caóticos causados pela natureza revolucionária. Os mitos são formas capazes de enxertar ordem ao caos da natureza, e é neles que Goethe encontrará amparo para a desordem. Daí sua afirmação: "A [...] mitologia [grega] mais antiga personifica os acontecimentos mais importantes do céu e da terra, individualiza o destino humano mais universal, os atos inevitáveis e incontornáveis sofrimentos de um gênero peculiar que sempre se renova" (Goethe, 1989 *apud* Seligmann-Silva, 2002b, p. 179).

Voltemos mais uma vez a Freud. É na mitologia da Antiguidade grega que ele também encontrará as estruturas capazes de ordenar o caos provocado pelas pulsões. A tragédia de Édipo institui a Lei e ordena escolhas objetais, identificações e ideais para que o sujeito seja inserido no campo social. Freud, que adota a cultura "alemã por acaso e [a] grega por escolha" (Green, 1994, p. 59), também se aproxima do classicismo de Goethe. Daí nasce o esforço empreendido por André Green em "Édipo, Freud e nós" de

com verve a doutrina do 'bom gosto' que ele despreza como algo característico da superficialidade francesa e italiana, não é menos verdade que em uma carta de 1770 ele afirma que a lição de Oeser 'terá consequências por toda a minha vida. Ele me ensinou que o Ideal da beleza é a simplicidade [Einfalt] e a quietude [Stille]" (XII, 568).

compreender estudos de helenistas e mitólogos, buscando recuperar a densidade da tragédia de Sófocles.

O texto de Green apresenta-se, então, como tentativa de dar conta do seguinte problema: se é possível admitir a existência de resistências psíquicas daqueles que ouviram as primeiras formulações psicanalíticas relacionadas ao Édipo, é hora de se perguntar se as críticas dirigidas recentemente ao tema ainda podem ser assim compreendidas – ou seja, como mera resistência – ou se o fracasso dos alicerces ideológicos da ordem patriarcal exige, de fato, uma avaliação mais profunda quanto à validade do conceito de complexo de Édipo nos dias atuais. Mais especificamente: uma ideologia que acata o relativismo cultural, que já percebe nitidamente o cinismo persistente na defesa de certos valores ocidentais, que não nutre mais expectativas sobre a boa-fé na defesa de direitos humanos, sabendo que os mais terríveis crimes ocorrem em "nome da humanidade", uma tal ideologia merece denúncias que destruam o mal pela raiz ou ainda é necessário que esses fundamentos se sustentem em nome de um mal menor? Afastando-se dos estudos de mitólogos, que situam *Édipo-rei* como mais uma dentre as várias tragédias e mitos existentes no período grego, Green pretende demonstrar por que a referência ao mito e à tragédia de Édipo resguardam um traço atemporal.

Como holofotes que se voltam para outros pontos da tragédia de Sófocles, as questões tratadas por Green devolvem complexidade à tragédia de Édipo, perdida após as repetições automáticas de algumas teorizações psicanalíticas, que a achatam no sempre quase igual. Nessas novas iluminações, notamos a intrigante figura da Esfinge, cuja representação híbrida, sobretudo feminina, se mostra múltipla de significados em sua forma sedutora. Jocasta e Creonte também são protagonistas em cenas fundamentais, assim como Tirésias e o criado que se livrou de Édipo. Sublinhando a voz de Jocasta, Green a associa aos personagens femininos da mitologia e de tragédias gregas, perguntando-se: como não resgatar essas figuras femininas nos dias de hoje – num movimento *nachträglich* –, após as evidentes insuficiências do modelo patriarcal?

Perseguindo as pegadas deixadas por Jocasta, Green considera que sua cegueira diante das evidências que a fariam enxergar em Édipo os sinais de sua origem – os sinais em seu pé ou sua semelhança com o pai – mostra que o repúdio ao feminino se relaciona ao repúdio daquilo que significaria o retorno à idade paradisíaca e simultaneamente infernal, já explicitada nas formulações psicanalíticas elaboradas por Melanie Klein. Para Green, se é verdade que o supereu coletivo patriarcal é responsável pelos incontáveis terrores da civilização, trazendo ainda as marcas violentas da castração, ele alça os homens, por outro lado, ao patamar dos ideais civilizatórios.

Nesse sentido, o psicanalsita subscreve a centralidade edípica constatada e defendida por Freud. No entanto, na visão de Green, é necessário grifar o fato de que Freud trata do Édipo de Sófocles, e não do Édipo mítico, isto é, a dimensão trágica da peça é elemento fundamental para a psicanálise. Na encenação trágica, os atores invocam os afetos dos espectadores de forma vivaz, e o autor transfigura o mito arcaico atemporal de maneira histórica e cultural, representada nos palcos da cidade. Sendo história, o protagonismo é transferido dos deuses aos homens, figuras híbridas, meio animais, meio divinas.

A tragédia de Édipo não finca suas bases nos alicerces patriarcais civilizatórios nem os condena – mostra que o estado de cegueira dos protagonistas é proporcional à força propulsora de acontecimentos trágicos, que se originam de heranças infantis e cujo saldo são excessos das pulsões, restos dos desejos, lembranças, fantasias e sonhos. Como mostra Walter Benjamin, citando comentários de Hölderlin à tragédia de Édipo, é na cesura que o sem-expressão pode ser representado. Isto é, o sem-expressão ecoa abafado nas cicatrizes, alocadas nos lapsos entre aquilo que é capaz de conquistar expressão. No emudecer do herói trágico ressoa a voz dessa cicatriz, que irrompe para além da voz do poeta.

Mas a obra de Goethe aqui tratada não é trágica. Um dos erros de Gundolf apontados por Walter Benjamin na análise de *As afinidades eletivas* foi considerar no *páthos* da obra goethiana certa "tragicidade sublime estremecedora" (Benjamin, 1922/2009, p. 85), que seria correspondente àquela de que advém o Édipo de Sófocles. Julgamento errôneo uma vez que a "palavra trágica do herói foi alcançada na crista da decisão, sob a qual culpa e inocência do mito engolem-se como um abismo" (p. 85). Na visão de Benjamin, "para além da culpabilidade e da inocência funda-se a imanência do bem e do mal, que só pode ser alcançado pelo herói, jamais por uma moça hesitante" (p. 85). Por isso, enaltecer na figura de Ottilie uma "purificação trágica" (p. 85) comparável ao Édipo é discurso vazio, não sendo possível conceber nada menos trágico que o deplorável fim do personagem de Goethe.

Da perspectiva de Green, as façanhas e conquistas de Édipo, nada desprezíveis, mostram suas sombras nas palavras enigmáticas de Tirésias, quando a racionalidade do herói é confrontada com a palavra do profeta, animada pela razão divina. Razão humana e verdade revelada se cruzam quando o cumprimento do destino e seu reconhecimento passam a ser uma coisa só. Ao distinguir razão de racionalização, Green atribui à primeira uma verdade que escapa ao entendimento, e à segunda, o fracasso da primeira, que se torna, então, uma *mimese da razão*. Situada entre a verdade divina e a razão humana – que, embora tenham naturezas distintas, desembocam no mesmo lugar –, a racionalização apodera-se da palavra inspirada, reduzindo sua polissemia a um sentido unívoco ao tentar "salvar do desastre a parte de prazer arrancada do destino" (Green, 1994, p. 79).

Segundo Green, o principal caminho seguido pela figura de Édipo não é aquele que está entre a ambiguidade de querer saber e o desejo de não saber, mas é desbravado em suas tentativas de constituir um saber-negação, simultaneamente satisfazendo o desejo de saber, ao preencher o vazio que habita sua ignorância, e atribuindo a outrem o gesto que revelará a verdade, ainda mantida na escuridão. A amnésia de Édipo sobre seus atos e a cegueira de Jocasta diante das marcas claras de seu filho são sinais de que a razão, capaz de ir ao encontro da verdade, se perdeu em nome dos prazeres e evitação dos desprazeres. Trata-se de uma modalidade de razão prática, na qual o sujeito age e pensa como se estivesse sendo conduzido pelos princípios alinhavados à verdade, ou seja, por princípios de uma razão nem parcial, nem interessada – aqueles que regem a razão pura –, quando não está. Seguindo essa trilha com passos tortos, Édipo só pode se resignar a encontrar essa mimese da razão, que se limitará a encadear racionalmente os feitos cegos. O sujeito apela para o provisório afastamento da consciência até que a verdade da razão se imponha de forma inexorável. Abdicando de sua capacidade de antecipar catástrofes, a razão humana contenta-se com essa racionalização que se rende ao princípio de prazer para depois retroceder no tempo e encadear retrospectivamente acontecimentos. Essa "racionalização", diz Green, "encontra todo o seu poder em Édipo" (Green, 1994, p. 81).

Da razão contra a *Hybris* à *Hybris* da razão, que conta tão somente com a causalidade subjetiva, guiada pelas artimanhas do desejo. Essa racionalização conduzida pela razão subjetiva desconhece sua própria origem subjetiva.

Sem conhecimento de sua procedência íntima, a razão subjetiva, ou a racionalização, ludibria a própria razão, tornando desejo e razão dois aliados inseparáveis. Essa coincidência entre razão subjetiva e desejo chega ao ponto, na visão de Green, de a racionalização poder ser considerada manutenção da relação incestuosa, pensamento comum à mãe e ao filho. Green vê com bons olhos a racionalização justamente por ela não abdicar do desejo primitivo e, simultaneamente, enlaçá-lo aos princípios formais da linguagem racional.

A essa altura, temos em mãos dois problemas. Após a análise realizada por André Green de *Édipo-rei*, seria possível, mais uma vez, insistir no erro denunciado por Walter Benjamin diante das análises de Gundolf, recolocando de novo a tragédia de Sófocles e a novela de Goethe lado a lado? Valeria lembrar que a principal razão para isso seria o fato de ambas tratarem da cegueira concernente à escolha humana e seus subsequentes efeitos.

Nossa resposta para essa questão será, no entanto, um sonoro *não*, e isso por uma razão muito simples: enquanto o herói sofocliano se apoia na razão – seja ela prática ou não –, sofrendo todas as consequências inerentes a ela, os heróis de Goethe estão entregues à natureza de seus impulsos, voando conforme os ventos por eles soprados. Outro aspecto a ser aqui assinalado é este: se o estudo realizado por André Green tem o mérito de devolver a complexidade da tragédia ao discurso psicanalítico, ele peca ao saltar, com um único passo, da tragédia grega à psicanálise freudiana, visando reafirmar as teses do mestre. Considerando o modelo edípico "suficientemente global para escapar das variações culturais geográficas e históricas", Green se torna, mais uma vez, alvo fácil das críticas elaboradas por historiadores helenistas e mitólogos dos quais buscava escapar.

No presente trabalho, por conseguinte, teremos de adentrar os meandros da história contemporânea de Goethe e daí extrair o que pode ainda se relacionar ao conceito freudiano de sublimação. Nesse contexto, vale retomar o conhecido encontro entre Goethe e Napoleão, ocorrido em Erfurt no mês de outubro de 1808. No relato de Goethe sobre essa ocasião, o poeta se lembra dos comentários críticos do imperador a respeito dos dramas franceses, que ainda permaneciam com referenciais formais da tragédia grega: "Por que nesses dias eles continuam nos oferecendo destino? Não há destino, apenas política" (Napoleão, 1808 *apud* Goethe, 1863). Tal comentário denota a sensibilidade e o olhar penetrante do imperador francês para as questões do teatro e sua forma anacrônica diante das condições sociais e políticas que lhe eram contemporâneas, mas indica, acima de tudo, sua suposição de que haveria uma cumplicidade entre ele e o poeta alemão a respeito desse tema. Tal cumplicidade foi deduzida das sete leituras que Napoleão teria realizado do romance *Werther* de Goethe. Ao contrário dos dramas de destino, *Werther* é, segundo Backes:

> [...] o romance de uma alma, uma história interior, que antecipa, inclusive a opulência psicológica de *As afinidades eletivas*, uma das obras-primas do autor. O "eu" mostra-se tão forte, o sujeito se evidencia tão vigoroso no romance, que não permite a aparição escrita dos correspondentes e se assegura tão somente na própria opinião. Em *Werther* todas as cartas são escritas pelo herói e apenas emendadas por um suposto editor (Backes, 2011, p. 8).

Enquanto Édipo age, Werther rumina. Esse mal inerente ao modelo romântico é bem diagnosticado por Napoleão, que, segundo Horne, teria dito em sua juventude: "Quando um homem pergunta a si mesmo 'Por que existo?', em minha opinião, é o mais desgraçado de todos. Sua máquina entra em colapso, seu coração perde a energia que é característica dos homens" (Napoleão *apud* Horne, 2013, p. 61). O recuo diante da ação só ocorre quando o mundo aparece sob vestes esfarrapadas e a ruminação do pensamento salvaguarda o homem das fraturas que diante dele se apresentam.

Já detalhamos esses aspectos quando tratamos das defesas melancólicas que se apresentavam perante o reinado de Francisco José I. O que interessa agora destacar é o fato de que, como escreve Hebbel a propósito de *As afinidades eletivas* de Goethe, "a fratura das condições do mundo pode se tornar visível apenas na fratura das condições dos indivíduos" (Hebbel, 1952 *apud* Schwartz, 2010, p. 20). É justamente tal quebra nas condições de vida dos indivíduos que perfila os personagens da obra goethiana. Ainda que esteja intimamente ligada a seu tempo, Hebbel reconhece que essa face concatenada aos acontecimentos políticos não aparece de forma ostensiva no romance. Essa omissão, própria ao estilo goethiano e já tratada anteriormente, conduz a interpretações – como a de Achim von Arnim (1809 *apud* Schwartz, 2010, p. 15), por exemplo – de que a obra de Goethe seria um exaustivo retrato superficial de certos contextos, com minuciosos detalhes insignificantes, ou mesmo fúteis.

A estratégia de cobrir a fratura irrestaurável com uma película de futilidade e embelezamento é atingida quando o autor da obra manobra acontecimentos e personagens a seu bel prazer, como se fossem massa de modelar em cenários artificialmente construídos. Como Napoleão, que agia em suas táticas de guerra ou de reformas administrativas e arquitetônicas como se fosse o regente de uma orquestra na qual a música não pode parar, Goethe maneja e controla os passos titubeantes de seus personagens, dando ao leitor a impressão de que tudo foi minuciosamente ensaiado para a execução perfeita de uma belíssima coreografia. Logo, ao contrário da lírica trágica, em que a beleza é apenas a voz que impulsiona o sem-expressão, a beleza na lírica de Goethe é um fim último. Goethe favorece, assim, um estilo que pode assumir a imagem metafórica do lago, cuja cor da "água é [por um lado] o negro, escuro, insondável; mas, por outro, é o reflexivo, o claro e o que aclara" (Benjamin, 1922/2009, p. 95).

Mergulhando nesse lago insondável, Peter Schwartz vê no romance de Goethe uma resposta em alguns níveis – existencial, estético e político – a um acentuado problema de legitimação da autoridade provocado pelo fim do *Ancien Régime*. Em trechos de uma carta endereçada a Reinhard em 1809, Goethe compara implicitamente suas realizações com as de Napoleão, dizendo que sua fábula é comparável a um menino prodígio (*Wunderkind*) em um reino no qual houve a extinção do antigo rei e a coroação de um novo imperador. O romance, na visão de Schwartz, colocaria Goethe lado a lado com Napoleão, que integra o novo ao velho ao transformar energias e princípios revolucionários e caóticos em estruturas institucionais estáveis. O artista transmuda, assim como o imperador, o caos pós-Jena em forma artística eterna, reconhecida como tal até mesmo pelos seus relutantes compatriotas.

Admitir a historicidade impregnada na obra não implica, como supõe Green, invalidar seu caráter universal, tratando-se antes de um movimento que traz à superfície novos aspectos do teor factual da obra, o que também se conecta ao teor de verdade nela incrustado – seguindo os passos de Benjamin, em sua proposta de análise. Assim, a obra goethiana aparece atrelada ao fluxo sociopolítico alemão, no qual a crise nas relações sociais pós-feudalismo é visível.

Se Napoleão pode ser considerado, sob muitos aspectos, um déspota que impõe arbitrariamente suas reformas e guerras em nome de um ideal de Estado, e se Goethe compõe suas obras como se fosse um titereiro, manipulando paixões e afetos fictícios em nome da beleza ideal, Freud enxerga na sublimação a possibilidade de o ego desviar as pulsões sexuais de suas metas inaceitáveis, voltando-se para objetivos "mais elevados", capazes de "importantes contribuições para as conquistas sociais e artísticas da humanidade" (Freud, 1913/2010, p. 273). Ou seja, no processo sublimatório, tanto ego como surperego agem de maneira intransigente diante das inoportunas insinuações de caráter sexual e agressivo, que são desviadas de maneira já moldada e atenuada pelas belas e aceitas formas estéticas.

O estilo goethiano corresponde àquilo que é admitido como forma de criação pelas vias sublimatórias na psicanálise. Tais vias, percorridas de diferentes formas e com intensidades variáveis, buscam cingir pela beleza aspectos incontornáveis da vida e da alma. Muitas vezes, porém, é necessário perfurar as tramas sublimadas para fazer irromper o Real que as impulsionou, como fez Peter Schwartz (2010) em seu estudo sobre *As afinidades eletivas*. Em tal incisão da superfície, sublimatoriamente construída, é possível entrever os restos do real, que operaram como um trauma, cuja elaboração se deu nesses moldes encobridores. Peter Schwartz descobre, assim, que *As afinidades eletivas* endereça a crise política para questões atreladas à instituição do casamento, não como pensaram os críticos contemporâneos de Goethe, mas como uma revisão a respeito de problemas em relação a propriedade e herança.

Segundo Schwartz, nenhuma escola crítica observou o tratamento dado por Goethe ao matrimônio em *As afinidades eletivas* de uma perspectiva legal, situada na história alemã. Mais especificamente: as modificações concretas da legislação nunca foram levadas em consideração nessas análises críticas, que se ativeram às filosofias sobre o casamento contemporâneas à novela.

Na visão de Schwarz, cruzar a fronteira da aristocracia para a burguesia ou para outras classes, como ocorre no microcosmo goethiano, não é uma questão meramente privada, estando ligada principalmente à agitação social e política em torno das leis civis, impulsionada pela vitória de Napoleão. Os problemas de propriedade da terra estão simbolicamente representados no enfraquecimento do casamento e, consequentemente, da propriedade do casal Eduard e Charlotte. Por isso, o declínio da vida amorosa desse casal aristocrático ocorre paralelamente à perda de controle de suas terras, que precisam ser parcialmente vendidas. Da escolha de vender uma parcela de sua fazenda a um comprador não nobre deriva uma série de consequências sociais comuns na época. Em 1809, vários aristocratas da província tomaram atitudes semelhantes às de Eduard, vendendo ou hipotecando a burgueses ou a camponeses suas bases sociais, econômicas e políticas em resposta à elevada pressão do novo mercado de agricultura. Essa iniciativa, ilustrada pela escolha de Eduard, anula o nexo feudal que chancelava o sistema. Liquidando obrigações sociais recíprocas entre nobreza, terra e população, Eduard reduz o capital de sua propriedade na mesma medida em que seus deveres sociais se dissipam.

Nesse desmanche dos alicerces sociais, a própria legitimidade e a autenticidade da classe nobre vão pelos ares. Mais do que isso: essa escolha imprudente rompe seu estado ancestral, revelando a inadequação dos senhores feudais como administradores da terra e a artificialidade da política aristocrática alemã nos anos pós-Jena, pautada num irresponsável egoísmo. O paralelo entre a falência dessa classe social e a perturbação dos personagens da história indica que as leis que instituíram e sustentaram o *Ancien Régime* não têm mais validade e que a modernização estrutural dos sistemas sociais e políticos está no horizonte. Outros símbolos dessa ruptura aparecem no romance, como a quebra de elo com a igreja local, representada pela mudança arbitrária de lugar das lápides. O filho morto, na visão de Schwartz, também simboliza a ausência de herdeiros na linhagem aristocrática.

A hierarquia de classes estremecida coloca em xeque o modelo patriarcal. No romance de Goethe, a imagem simbólica que melhor expressa o golpe sofrido pela estrutura patriarcal é Ottilie, que, diante da insistência do amado, renuncia ao medalhão que levava em seu pescoço e no qual mantinha a imagem de seu pai. Promessas inconsequentes de amor aparecem como substitutas das memórias sobre seu lugar de origem e, abdicando dos elos com o passado, rompem com a tradição sustentada pela rememoração da linhagem paterna:

— Querida Ottilie, tenho um pedido a fazer-lhe; quero que me perdoe caso o recuse! Não é nenhum segredo, e nem seria necessário, que traz no peito sob o vestido uma miniatura: é o retrato de seu pai, homem honrado, que a Senhorita mal conheceu e que merece, em todos os sentidos, um lugar em seu coração. Mas perdoe-me: o retrato é desajeitadamente grande, e esse metal, esse vidro dão-me mil medos; quando levanta uma criança ao colo ou segura alguma coisa contra o peito, quando o coche sacoleja ou penetramos nas matas, como agora, descendo os rochedos, horroriza-me a possibilidade de que qualquer encontrão imprevisto, uma queda, um toque lhe possam ser nocivos e perniciosos. Faça isso por mim, afaste este retrato, não de sua memória, nem de seu quarto; dê-lhe o lugar mais belo, mais sagrado de seus aposentos; só o afaste de seu peito, pois sua proximidade, talvez por um receio exagerado, parece-me muito perigosa.

Ottilie, calada, olhava para frente enquanto ele falava; depois, sem precipitação e sem hesitar, com o olhar dirigido mais para o céu do que para Eduard, abriu a corrente, tirou o retrato, comprimiu-o à testa e entregou-o ao amigo dizendo:

— Guarde-o até chegarmos a casa! Essa é a melhor prova de quanto aprecio o seu afetuoso cuidado.

O amigo não ousou levar o retrato aos lábios, mas pegou a mão dela e comprimiu-a contra seus olhos. Eram talvez

> as mais belas mãos que jamais se juntaram. Foi como se lhe tivessem tirado um peso do coração, como se uma parede entre ele e Ottilie tivesse vindo abaixo (Goethe, 1809/1998, p. 70).

Ottilie é a imagem da beleza. Ela assume o caráter material de uma beleza misteriosa e viva. Como nas obras de arte auráticas, até essa passagem da retirada de seu medalhão Ottilie é um objeto único e distante cujo véu de beleza penetra em sua figura feminina. Só depois que ela retira seu pingente com o retrato do pai Eduard se sente livre para tocá-la, beijá-la ou mesmo para se apossar de sua amada.

É interessante resgatar o momento imediatamente anterior à retirada do colar para perceber como a imagem de Ottilie pode ser nitidamente comparada à descrição da obra de arte aurática, tal como Walter Benjamin a concebe:

> Subindo em um penhasco, viram à sua frente a velha, negra e singular edificação de madeira, sombreada por rochedos íngremes e árvores grandes. Resolveram, de repente, descer sobre o musgo e o cascalho, com Eduard à frente; quando viu, no alto, Ottilie caminhando com facilidade, sem temor nem receio, seguindo-o de pedra em pedra, julgou-a um ser celestial pairando sobre ele. E, às vezes, quando, em lugares perigosos, ela segurava a mão que ele lhe estendia ou apoiava-se em seu ombro, não podia negar que era a mulher mais delicada que tocara.

> Quase desejou que ela tivesse tropeçado ou escorregado, para que pudesse segurá-la nos braços e apertá-la de encontro ao coração. Isso, porém, de maneira alguma teria feito, por mais de uma razão: receava ofendê-la, magoá-la (Goethe, 1809/1998, p. 69).

Quando Ottilie se desvencilha do medalhão, Eduard rompe a distância entre eles. O problema é que, condicionada pela aparência, a beleza de Ottilie continua a exigir um silêncio imperturbável da imagem mesmo após ter caído a barreira que a tornava inacessível. Prisioneira das teias que moldam a aparência perfeita, a indecisão de Ottilie é capaz apenas de postergar o momento em que a sua imagem poderia se turvar. O estremecimento de sua aparência, porém, torna-se inevitável com o rolar dos acontecimentos, e a morte mostra-se como a única saída capaz de salvar sua figura de máculas insuportáveis. Ottilie é a expressão máxima da estratégia goethiana, esboçada de maneira semelhante na representação das outras figuras do romance, em torno das quais "arabescos" são colocados até que elas se pareçam seres quase míticos.

7.

A escrita da psicanálise freudiana: a presença do pai na ruína do patriarcado

É chegada a hora de aterrissar no estilo de escrita da psicanálise freudiana e observar sua relação com as fórmulas que vinculamos à sublimação. O interesse aqui não é fazer um diagnóstico ou aplicar a psicanálise no próprio pai da psicanálise. Se o método psicanalítico é utilizado para a interpretação dos episódios em questão, isso se deve fundamentalmente a um interesse para aquilo que se mostra fora da subjetividade de Freud: os fragmentos de determinado contexto sócio-histórico. O objetivo é apontar os restos do real que, como em Goethe, Klimt, no primeiro Hofmannsthal ou em qualquer cidadão de certa elite vienense ficam encobertos por certo estilo formal afeito ao que Freud pensou como sublimação.

Em 1899, ano em que Freud publica *Lembranças encobridoras*, Karl Lueger, o populista antissemita, está no poder. Vinte anos em cargos do governo não ampliaram as bases da política em vigor. Benefícios alcançados pelo liberalismo suave restringiam-se à classe média urbana e aos judeus ascendentes. Grupos insatisfeitos e inconformados com a pífia participação política começaram a protestar e, organizados, enfrentaram o poder hegemônico. A vitória foi confirmada com a eleição de Karl Lueger, social-cristão e antissemita convicto. Quando o imperador Francisco José I se recusou a ratificar a vitória de Karl Lueger, "Sigmund Freud, o liberal", brinca Schorske, "fumou um charuto para comemorar o gesto do salvador autocrático dos judeus" (Schorske, 1988, p. 27). Contudo, passados dois anos, o imperador se viu obrigado a ceder e atender à vontade do eleitorado. A derrota dos liberais significou a ascensão de demagogos que imprimiram valores opostos aos do liberalismo clássico: antissemitismo, clericalismo e socialismo municipal.

Sabe-se que o exemplo analisado por Freud em *Lembranças encobridoras* é autobiográfico. O vestígio da infância traz cenários de sua cidade natal, pouco tempo antes de ele se mudar para Viena. Essas lembranças apontam para um conteúdo essencial velado por elas e ao mesmo tempo sugerido por seus elementos – como ocorre também na trama onírica. Os rastros de memória são compostos por uma pradaria, onde estão ele e seus primos, quase da mesma idade, flores amarelas e o sabor do pão com manteiga, extraordinariamente delicioso.

Usando um interlocutor fictício, Freud pergunta-se o que, nessa experiência, teria lhe exigido tamanho dispêndio de energia para que ele reconstituísse e mantivesse essa cena acesa na memória. Somente quando desvia o foco da própria imagem representada, trazendo à mente outros dois fatores que a ela se ligavam, o enigma vai aos poucos sendo solucionado.

O amarelo desproporcionalmente realçado em comparação aos outros componentes da imagem, assim como o maravilhoso gosto do pão, são os elementos que fazem desse fragmento do passado algo glorioso e cheio de promessas. Esse vestígio de memória contrasta com um presente prenhe de conflitos e dificuldades. Mais precisamente: a penosa luta pelo *pão de cada dia* foi o que evocou a lembrança infantil de Freud com o pão exageradamente delicioso. Ou seja, o que a imagem traduz é a fantasia de que, se tivesse seguido mais ou menos os caminhos indicados pelo pai, teria alcançado uma vida confortável e mais alegre no campo. Se tivesse se casado com a moça de vestido amarelo – cor representada pelas flores – ou com a prima também evocada pelos traços de memória, sua vida provavelmente teria sido mais fácil. O desgosto atual o conduz a enredos sonhadores com o passado. Jogar fora seus sonhados intentos intelectuais impraticáveis em troca de um trabalho ganha-pão não lhe parecia agora má ideia.

Para os interesses deste estudo, gostaríamos de apontar para uma lacuna importante nessa tessitura narrativa: o próprio momento da escrita de *Lembrança encobridoras* não é alheio a essa teia mnemônica. Ou seja, se a memória de Freud o fez perceber como lamentava não ter tido um destino diferente ou que deveria ter seguido os planos maquinados pelo pai, e se só emergiu em um momento de dificuldade posterior, não é descabido perguntar o que leva Freud a escrever o texto exatamente em 1899. Operando como a madeleine proustiana[1], a materialidade da conjuntura social de seu presente ressuscita partes mnemônicas antes letárgicas. Embora não seja o caso de conjecturar análises infrutíferas sobre as razões psíquicas que conduzem Freud a redigir "Lembranças encobridoras", não seria muita audácia supor a relação íntima entre as dificuldades políticas do presente e a nova retomada do cenário infantil no próprio processo de escrita do texto. A coincidência entre o momento em que se debruça sobre tais fragmentos de suas recordações e aquele em que decisões políticas massacram o otimismo judaico em Viena não parece casual. Abalado pela vitória de Karl Lueger, Freud é mais uma vez invadido pelos resquícios de outros tempos e espaços a partir dos quais é instado a fantasiar com destinos diferentes. Jovem e acreditando nos alicerces dos valores iluministas e da política liberal, manteve-se firme na capital do Império Austro-Húngaro; diante da fragilidade de tal política e da vitória ideológica antissemita, parece natural que Freud

[1] O objeto que emerge de fora é essencial para acessar o elemento recalcado. Essa ideia aponta para o tempo da psicanálise, que na atual pesquisa coincide, como será mostrado a seguir, com a visão benjaminiana de temporalidade. A obra benjaminiana é profundamente marcada pela obra de Proust e pela ideia de memória involuntária.

questione mais uma vez sua frágil situação na cidade. Resgatando os conselhos do pai, Freud pensa como teria sido se sua vida tivesse seguido outra trilha. Essa terceira camada, que levanta rastros do tempo, e da qual resulta o próprio texto, não é abordada por Freud. Entretanto, convém destacar duas coisas sobre ela:

1. Como já vimos, o fato de Freud – não apenas no texto citado, mas em grande parte de sua produção – fazer poucas referências materiais e diretas aos momentos sócio-históricos que o motivam a um ou outro pensamento, ainda que isso fosse coerente com a lógica psicanalítica.
2. A importância atribuída à voz do *pai* em detrimento de todas as outras figuras.

Comecemos pelo segundo aspecto, que nos conduzirá ao outro exemplo a ser aqui analisado. Esse ponto isolado poderia não significar muito e pareceria uma suposição comum, caso o leitor concluísse que, em situação semelhante, seria absolutamente esperado que a opinião não só do pai, como de qualquer figura importante, emergisse sob a voz da censura ou da advertência não seguida. Que seja, todavia, a voz do *pai* e de ninguém mais a ser rememorada nessa experiência descrita por Freud não parece algo tão irrelevante, sobretudo quando cruzamos a semelhança com que tal voz aparece tanto no próximo exemplo como no anterior, de conteúdos diametralmente opostos.

Na carta que comemora o septuagésimo aniversário de Romain Rolland, Freud escreve sobre sua experiência perturbadora em Atenas. Diante da Acrópole, Freud fica perturbado com o fato de que tudo aquilo *realmente* exista, tal como era ensinado por seus professores de colégio. Essa sensação de incerteza provoca uma experiência de estranhamento e de desrealização. Aos poucos se dá conta de como a nuvem depressiva que envolvera a ele e a seu irmão antes de embarcarem significava um caso de algo "bom demais para ser verdade". Isto é, Freud estava diante da realização de um *impossível*, que em vez de causar prazer e felicidade, provocara um profundo desânimo pelo sucesso. Trata-se do reverso da medalha da frustração externa no caso do desejo não realizado. Quando o êxito não é esperado, ele pode se tornar penoso ao se ligar à culpa ou à inferioridade. Como se o lamento pelo sucesso expressasse: "Não mereço tanta felicidade, não mereço". Um supereu severo é projetado no mundo, e este aparece como o local da esperada punição.

Esse "sentimento de estranhamento" [*Entfremdungsgefühl*] exprimia o amálgama de resquícios de um passado de penúria com o fato de ter chegado tão longe. O desejo de partir em busca de aventuras coincidia com o desejo de fuga sentido por Freud na juventude. Chegar a ver a terra de Sócrates significava a realização e o alcance de coisas inimagináveis e provocava sentimentos ambíguos. O júbilo diante da visão das ruínas clássicas foi recoberto pelo sentimento de culpa, pois, na essência, o êxito pareceu-lhe proibido, já que significava ter ultrapassado seu pai.

Este é o ponto que interessa sublinhar agora. Não vamos esmiuçar a vida pessoal de Freud e sua relação com o pai, Jakob, trabalho feito por diversos autores de maneira bem completa. Com esses dois fragmentos extraídos de seus textos teóricos – e não de pesquisas de documentos históricos ou particulares – vemos bem que, para Freud, o *pai* rege os percalços da vida anímica sob a forma de supereu. Exemplos como esses são infindáveis na obra freudiana. O interessante nesses recortes está na evidente contradição entre eles, que, contudo, não implica resultados diferentes. O fantasma do pai persiste em situações conflitantes, julgando tanto más escolhas quanto as que foram exitosas. Na falta de sucesso, são os projetos do pai que assombram Freud, assim como ocorre com suas vitórias. Fonte dos principais conflitos psíquicos, é a sombra do pai que persegue o homem civilizado e se alastra de modo diabólico.

Ainda que a relação de Freud com Jakob não seja tema deste livro – que não tem viés biográfico –, não chega a ser um despropósito evocar a comovente análise feita por Yosef Hayim Yerushalmi sobre o "Moisés e o monoteísmo", de Freud (1939/1996). O autor atribui à figura do pai não só um lugar central no interior do pensamento psicanalítico, como também na visão freudiana sobre o judaísmo como um todo. Yerushalmi (1992) mostra algumas ambiguidades de Freud diante de seu judaísmo. Embora jamais tenha desdenhado ou escondido suas origens – como era comum, então – e, ao contrário, tenha sempre frisado sua condição de judeu, ele não queria ver sua criação confinada em um gueto judaico. Esse aspecto foi extremamente difundido quando os bastidores que levaram Freud a manter intacta, durante bom tempo, sua relação com Jung se tornaram públicos. Em nome da causa denominada psicanálise, a quem queria ver desbravando novos mares, Freud fez inúmeras concessões ao pensamento destoante do príncipe gói, escolhido como herdeiro dentre todos os seus fiéis discípulos. Quando, porém, essa relação não mais se sustentou, seu sangue judaico aflorou de modo intenso e a Jung foi atribuída uma limitação condizente com aqueles que não pertencem ao círculo mosaico. Esse capítulo instigante da história da psicanálise prova, entre outras coisas novas e fundamentais, o óbvio: para que a psicanálise nascesse, foi necessário que Freud matasse simbolicamente seu pai. Longe dos alicerces hebraicos, frisando seus laços com os fundamentos ocidentais do *logos* e usando seu repertório da cultura clássica da história do Ocidente, Freud[2] não quer que sua filha psicanálise seja freada em razão de suas heranças pessoais. Navegando ao largo das bordas judaicas, suas investigações fazem poucas referências à cultura semita, exceto em alguns de seus últimos textos, como o "Moisés e o monoteísmo" (Freud, 1939/1996). O pesar diante desse simbólico gesto de parricídio, que recusa

---

2 Ao contrário de Herzl, Freud identifica-se com a língua de Goethe, e seus berços parecem ser Atenas e Roma, não Israel.

parcialmente um amplo espólio para escolher outros berços, não é apaziguado com o tempo. O dramático advento do regime nazista arrefece ainda mais a culpa e reacende velhas dívidas entre o filho Sigmund e seu pai.

O texto "Moisés e o monoteísmo" foi escrito em 1937, quando Freud já estava no fim de sua vida, exilado na Inglaterra por conta do regime nazista. Diante da catástrofe bárbara assistida em sua própria terra e após a psicanálise já ter atravessado fronteiras nos vários cantos do mundo, não vê razões para resistir ao tema do judaísmo. Volta sua atenção aos escritos bíblicos, visando rastrear as origens do monoteísmo. Em sua comovente pesquisa em torno do texto de Freud, Yosef H. Yerushalmi encontra a Bíblia utilizada nos estudos do filho Sigmund, orientados pelo mentor Jakob. Descobre que, na ocasião do 35º aniversário de Freud, o pai o presenteia com essa Bíblia, guardada ao longo dos anos e na qual acrescenta uma dedicatória:

> Filho que me é querido, Shelomoh. No sétimo dos dias dos anos de tua vida o Espírito do Senhor começou a te animar e falou em ti: Vai, lê meu Livro que eu escrevi e nele irromperão para ti as fontes da compreensão, do conhecimento e da sabedoria. Vê, é o Livro dos Livros, do qual sábios escavaram e legisladores aprenderam conhecimento e julgamento. Uma visão do Todo-Poderoso tiveste; ouviste e te esforçaste para fazê-lo, e te elevaste nas asas do Espírito. Desde então, o livro tem sido

> guardado como os fragmentos das tábuas em uma arca comigo. Para o dia em que seus anos chegaram a cinco mais trinta pus nele uma capa de pele nova e chamei-o: "Brota, ó poço! Entoai-lhe Cânticos!". E o dei a ti como comemoração e lembrança de amor de teu pai, que te ama com perene amor. Jakob Filho de R. Shelomoh Freud, na cidade capital de Viena, 29 Nisan [5]651 6 de maio de 1891 (*apud* Yerushalmi, 1992, p. 111).

Voltamos aos interesses desta pesquisa. Por volta dos oitenta anos, Freud não mais se esquiva e segue as recomendações do pai. Entretanto, o embate com este aparece mais uma vez, agora revestido pelo tema religioso. A nova versão do parricídio, já assistido no episódio de "Totem e tabu", aparece em "Moisés e o monoteísmo", e o abismo entre pai e filhos se intensifica. Se antes a lei paterna inaugurava o universo civilizado dos homens, agora ela é responsável pelo monoteísmo.

Nessa mudança de panorama, Freud acrescenta aspectos originais. Um deles é o curioso fato de que atribui ao judaísmo características superiores àquelas encontradas no cristianismo. Uma das razões da inferioridade do cristianismo católico seria seu nítido apelo à sensualidade por meio de imagens. Outra, também reveladora, estaria ligada ao restabelecimento da grande *deusa-mãe* (Yerushalmi, 1992, p. 84). Ao contrário do cristianismo, o judaísmo preservou seu monoteísmo puro ao se aferrar obstinadamente ao grande pai

(Deus), mantendo-se longe de imagens e idolatrias. Além disso, os judeus tiveram seu sentimento de culpa acirrado após o recalque do assassinato do pai. Não sendo possível aliviar o remorso por meio do mito cristão da salvação, a culpa deles foi convertida em rígidos imperativos morais, que permitiram a esse grupo alcançar elevações éticas e intelectuais inacessíveis a outras etnias da Antiguidade. Como destaca Yerushalmi:

> A intransigente proibição monoteísta de imagens foi, segundo Freud, igualmente decisiva para transformar o judaísmo em uma religião de renúncia instintual, "pois significava subordinar a percepção dos sentidos a uma ideia abstrata; era um triunfo do *Geistigkeit* [a palavra alemã paira entre *intelectualismo* e *espiritualidade*] sobre a sensualidade. [...] E assim, se o cristianismo representou um certo avanço (*Fortschritt*) psicológico, o judaísmo significava progresso cultural, intelectual e espiritual. Pelo que conhecemos de Freud, há alguma dúvida de que as "elevações éticas", a sublimação do sensual no espiritual e o poder de abstração eram exatamente as qualidades que ele mais valorizava, mesmo que deplorasse o preço que teve de ser pago por elas? (Yerushalmi, 1992, p. 85).

Esse detalhe se relaciona claramente com nossos objetivos, isto é, analisar aqui o conceito de sublimação. A pergunta ironicamente levantada pelo autor citado, como se para ela a resposta fosse bastante evidente, é precisamente a questão que conduz esta parte da pesquisa. Se parece tão óbvio que o pai da psicanálise atribuía um valor infinitamente maior à capacidade de sublimação e se ela está inextrincavelmente ligada à lei paterna e à culpa que desta decorre, o que queremos abordar exatamente neste ponto do estudo?

Respondemos, então, à questão de que a psicanálise freudiana se mostra alheia ao aspecto material que suscita suas elaborações, o que, em certa medida, atenua seu caráter revolucionário. Isto porque se supõe que a própria formulação dos conceitos de sublimação e complexo de Édipo[3] está circunscrita a um cenário específico, que nos parece hoje ultrapassado. Localizar traços da história nesses conceitos nos dá condições de reposicionar uma série de fundamentos cristalizados no interior da psicanálise. Tomando, por isso, certa distância da intrincada teoria freudiana, surge um belo texto escrito por Jean-Pierre Vernant, no qual se encontram críticas contundentes dirigidas ao modo como Freud aborda a peça *Édipo-rei*, de Sófocles. Segundo o historiador da Antiguidade clássica, Freud trai os métodos adequados para o

[3] É importante salientar, porém, que, se o complexo de Édipo está sendo aqui questionado, não é que se queira atribuir suas limitações a uma possível face sexista do homem Freud. A relação de Freud com o "continente negro" é complexa o suficiente para o trabalho de outra pesquisa, que não me disponho a realizar. O foco é justamente mostrar como os valores patriarcais de uma determinada época estão impregnados na metapsicologia freudiana, assim como um modo peculiar de se expressar psiquicamente.

estudo de uma obra de outros tempos. É o que ele sintetiza no seguinte parágrafo:

> É [...] em referência ao [...] contexto geral que se desenha a problemática trágica dos gregos; e é somente no quadro dessa problemática (que supõe, ligados a um certo estado de sociedade, num campo ideológico definido, modos de pensamento, formas de sensibilidade coletiva, um tipo particular de experiência humana) que a comunicação se estabelece entre o autor e seu público do século V. [...] A matéria da tragédia não é mais então o sonho, posto como uma realidade humana estranha à história, mas o pensamento social próprio da cidade no século V, com as tensões, as contradições que surgem nela, quanto a chegada do direito e das instituições da vida política questionam no plano religioso e moral, os antigos valores tradicionais: estes mesmos que a lenda heroica exaltava, donde a tragédia toma seus temas e suas personagens, não mais para glorificá-los, como o faria ainda a poesia lírica, mas para discutí-los publicamente, em nome de um ideal cívico, diante dessa espécie de assembleia ou de tribunal populares que é o teatro grego (Vernant, 1999, p. 55).

Ferindo todas as regras do historiador, Freud resgata *Édipo-rei* para explicar desejos de parricídio e incestuosos no interior da família burguesa do fim do século XIX, começo do XX. Como psicanálise não é história, não se deve esperar que ela se articule por meio de procedimentos que equivalem aos usados pelo historiador. Entretanto, seguindo a leitura do texto de Pierre Vernant, há uma passagem que salta aos olhos. Cito-a inteira, para depois comentá-la:

> Essa experiência, ainda flutuante e incerta, daquilo que será na história psicológica do Ocidente a categoria da vontade, exprime-se na tragédia sob forma de uma interrogação angustiante, referindo-se às relações do homem com seus atos: em que medida o homem é realmente a fonte de suas ações? Mesmo quando parece tomar a iniciativa e assumir a responsabilidade delas, não têm elas em algum lugar fora dele sua verdadeira origem? Sua significação não permanece em grande parte opaca àquele que as pratica, de tal sorte que é menos o agente que explica o ato, mas antes o ato que, revelando depois seu sentido autêntico, volta-se contra o agente, esclarece sua natureza, descobre o que ele é, e o que ele realmente realizou sem o saber. Esta íntima ligação entre um contexto social onde os conflitos de valor aparecem insolúveis e uma prática humana tornada inteiramente "problemática", por não poder exatamente situar-se na ordem religiosa do mundo, explica que a tragédia grega seja um momento histórico muito precisamente localizado no espaço e no tempo (Vernant, 1999, p. 56).

O mesmo trecho, relido como uma definição psicanalítica da força demoníaca do inconsciente, situa a tragédia grega em terrenos muito próximos daqueles percorridos pela psicanálise. Leis que regem as ações humanas à revelia daquele que as pratica, a face obscura que comanda o destino do sujeito e se volta contra suas próprias decisões, enfim, a impotência da vontade e o poder do desconhecido são exatamente os tópicos de interesse principal da psicanálise. Entretanto, a similitude do conteúdo tratado por ambas – psicanálise e tragédia grega – não ocorre em razão do *parricídio* ou do *incesto*, senão pelo caráter trágico inerente ao destino do herói.

Seguindo uma visão condizente com a filosofia da história benjaminiana, não será difícil perceber os elos entre o presente vivido por Freud e a Antiguidade clássica. Em sua tese XIV, "Sobre o conceito de história", Walter Benjamin elucida claramente o que está em jogo nos elos entre passado e presente. Lemos o seguinte:

> A história é objeto de uma construção, cujo lugar não é formado pelo tempo homogêneo e vazio, mas por aquele saturado pelo *tempo-de-agora* (*Jetztzeit*). Assim, a antiga Roma era, para Robespierre, um passado carregado de *tempo-de-agora*, passado que ele fazia explodir do contínuo da história. A Revolução Francesa compreendia-se como uma Roma retomada (Benjamin, 1940/2005, p. 119).

Freud não está muito distante de Robespierre. Ainda que estejamos claramente nos referindo a momentos históricos diferentes, as fagulhas iluministas que chamuscam da revolução formam constelações interligadas às centelhas dos tempos áureos do Império Austro-Húngaro. E, se para Robespierre a Roma Antiga era o tempo que gritava em direção ao seu presente revolucionário, cheio de promessas republicanas, Freud vê nessas civilizações da Antiguidade conquistas e paradoxos semelhantes aos que observa em seu próprio tempo.

Escrito um ano após "Moisés e o monoteísmo", de Freud, "Sobre o conceito de história" também pertence a essa época bastante conturbada do ponto de vista político. Benjamin desvincula-se radicalmente das ilusões de progresso predominantes no pensamento de esquerda alemão, dirigindo sua crítica de modo contundente ao marxismo social-democrata, que mistura positivismo, evolucionismo darwiniano social e culto ao progresso. O objetivo de Benjamin é aprofundar a oposição entre o marxismo e as filosofias burguesas da história, aguçando seu potencial revolucionário.

O primeiro aspecto a ser destacado aqui é a conexão íntima e absolutamente evidente entre as ideias filosóficas de "Sobre o conceito de história" e o momento de sua escrita. Antes de redigir o texto, Benjamin compara os piores elementos do Partido Comunista com aqueles inescrupulosos seres do nacional-socialismo, mas ainda restava uma última esperança: que a URSS permanecesse aliada aos antifascistas. O alto preço de apoiar Stálin justificava-se desde que houvesse resistência implacável aos fascistas. Entretanto, o pacto Molotov-Ribbentrop rompe a ilusão de Benjamin, e é nesse contexto que o filósofo redige suas teses. Após assistir aos horrores dos regimes fascista e nazista, testemunhar o decepcionante pacto Molotov-Ribbentrop, identificar a hipocrisia dos partidos sociais-democratas, Benjamin se debruça sobre a forma como esses episódios devem ser olhados. Assim, de suas teses sobre a história, escritas em 1940, reverberam gritos de justiça.

Tempos de terror e as ideias de Benjamin trazem a premência da revolução, iminente em cada minúscula partícula de tempo. Para que sua explosão ocorra, porém, é necessário que um breve instante do passado seja capturado no presente, reerguendo todos os destroços que estavam soterrados. O momento fugaz e oportuno do tempo-de-agora (*Jetztzeit*) traz em seu bojo amarguras ou feridas que devem aquecer o espírito atual. Esses entrecruzamentos de vestígios remotos e instantes passageiros do presente são precisamente revoluções em potencial. As diferentes camadas do tempo condensam-se em imagens dialéticas e clamam por rememoração e redenção. Esta última, por sua vez, está ligada à emancipação dos oprimidos.

Logo, para Walter Benjamin, o sofrimento de épocas passadas não pode ser desprezado pelas gerações atuais. Aliás, só haverá redenção para a geração presente se ela não ignorar as súplicas das vítimas da história. Isso, porém, não é obra externa, sendo insuficiente esperá-la. Dito de outro modo: a justiça não está garantida, mas é possibilidade que precisa ser agarrada. Nesse sentido, o messianismo benjaminiano é materialista-dialético – não é um Deus, e sim as novas gerações que devem salvar os mortos, o que só pode ocorrer dialeticamente no aqui e agora. Para redimi-los, trazer escombros à memória não basta, sendo necessário *agir*.

Segundo Benjamin, a história, tal como é vista tradicionalmente, parece uma sucessão de vitórias dos poderosos. O poder de uma classe dominante não resulta simplesmente de sua força político-econômica, da pouca distribuição de renda ou das transformações do sistema produtivo: pressupõe o triunfo do discurso histórico no combate às classes subalternas. Contra a visão evolucionista da história como acumulação de "conquistas", que visam ao "progresso" e são capazes de conceder liberdade e civilidade, a perspectiva de Benjamin é a dos vencidos, que assistem a uma série de vitórias das classes reinantes. Por isso, a filosofia benjaminiana mostra que se deve reconhecer, no flagrante momento em que o passado oprimido reluz no tempo-de-agora (*Jetztzeit*), a chance de transformar o curso contínuo da história. Da faísca que lampeja a densa mescla do passado com o presente brota o gesto revolucionário.

Embora o elemento trágico reúna a Grécia clássica à psicanálise no Império Austro-Húngaro liberal, colocando em evidência o caráter revolucionário da psicanálise, é curioso que, ao acender o holofote em direção à sombra inerente à alma moderna, Freud tenha atenuado o golpe da luz, mantendo certo conservadorismo ao reiterar o poder patriarcal e enaltecer os mecanismos sublimatórios do psiquismo humano. Trocando em miúdos: Freud foi ousado a ponto de escutar e traduzir o conteúdo recalcado demoníaco proferido pelas almas modernas, mas, ao conceder voz ao que ouvia, se manteve firme e fiel aos modelos de expressão vigentes em seu tempo. Assim, o complexo de Édipo torna-se lei universal e a sublimação, a mais elevada saída psíquica, o que se coaduna muito bem com os moldes espirituais difundidos entre os cidadãos do Império Austro-Húngaro. Essa marca sublimatória é estratégica para os vienenses que fogem dos conflitos públicos, voltando-se às belezas da arte e da alma humana. O complexo de Édipo, por sua vez, que sublinha a força da lei paterna, atribuindo a esta a condição de humanidade dos sujeitos, esquece como precisamente o poder patriarcal desabava visivelmente por todas as camadas da sociedade austro-húngara.

De forma ainda mais precisa, o que parece se apagar nos escritos de Freud e em suas elaborações psicanalíticas é precisamente a materialidade do *Jetztzeit* pensado por Walter Benjamin. Embora a temporalidade psicanalítica – *Nachträglichkeit* – coincida intimamente com a visão benjaminiana aqui analisada[4], Freud não enfatiza os elementos materiais do tempo atual capazes de ressuscitar os pedaços sepultados

---

4 Esse ponto será tratado mais adiante.

do passado. Os conflitos inerentes às questões sociais de seu presente obedecem à lógica dos sonhos, isto é, a metapsicologia freudiana alude aos entraves recentes e simultaneamente os camufla. Como no texto "Lembranças encobridoras", que não traz à tona precisamente o instante atual que o desperta para a escrita, algumas elaborações psicanalíticas cobrem feridas da história.

PARTE II

8.

A Grande Guerra: desilusão

Para meus povos,
Era meu árduo desejo poupar meus povos dos pesados sacrifícios e cargas da guerra, dedicando-me ao longo dos anos, que me foram concedidos por Deus, às obras da paz.

(Francisco José I)

Se considerada à luz dos acontecimentos que se seguiram, essa pequena epígrafe, extraída de uma carta de Francisco José I aos seus povos, na qual anuncia o comunicado sobre a declaração de guerra, denuncia o caráter farsesco de cada declaração soberana. Em *Era dos extremos*, o historiador Eric Hobsbawm (1995) considera que, quando o Império Austro-Húngaro declarou guerra à Sérvia, no dia 28 de julho de 1914, teve início um conflito mundial com duração de 31 anos. A Segunda Guerra Mundial, então, teria sido mera continuação da Primeira, cujo término, portanto, só pôde ser registrado no dia 14 de agosto de 1945, quando o Japão se rendeu aos aliados. Muita ênfase tem sido dada aos acontecimentos de 1939 a 1945, mas foi entre 1914 e 1918 que se instaurou um temerário horizonte de extermínio possível de toda a humanidade, ainda hoje presente. Por meio de recursos técnicos extremamente avançados, o homem tornou-se refém dos próprios feitiços. Foram cerca de 8 milhões de militares mortos e 20 milhões de feridos entre 1914 e 1918.

Esse terror espalhado pelos campos de batalha da Primeira Guerra não serviu de lição nem atenuou o resultado catastrófico da Segunda Guerra Mundial. Ao contrário: os homens foram capazes de seguir adiante com as atrocidades antes cometidas, e o número da carnificina saltou para algo em torno de 50 milhões de mortos. Após o uso desmedido de uma técnica mais bruta – como a de submarinos, obuseiros como Dicke Bertha, tanques de guerra, metralhadoras, aviões e gases venenosos –, as sofisticadas câmeras nazistas de gás Zyklon B e a bomba atômica desmascararam as noções de ordem, controle e progresso positivistas e mostraram o lado sombrio que o avanço da inteligência humana contém.

Se "a humanidade sobreviveu" (Hobsbawm, 1995, p. 30), os andaimes da civilização decididamente deixaram de exalar sinais de confiabilidade. Fica patente, como mostram vários estudos filosóficos frankfurtianos e até – paradoxalmente[1] – heideggerianos, que a elevação da inteligência e a evolução técnica não significam seguir segura e inabalavelmente em direção ao desenvolvimento humano.

[1] O paradoxo concentra-se no fato de que Martin Heidegger teria sido um notório apoiador do regime nacional-socialista. Posteriormente, o filósofo se dedicou ao estudo dos terrores promovidos pela técnica.

Embora, nessa perspectiva, a separação entre Primeira e Segunda Guerra Mundial seja artificial, aqui nos limitaremos aos detalhes do que se convencionou denominar a Grande Guerra: estamos interessados no *traço inaugural* do terror que marca a civilização europeia ilustrada. Nosso foco se concentra justamente na virada de certas representações culturais e psíquicas, do pré-guerra para depois do saldo avassalador deixado por ela.

Arriscaremos relançar a já esboçada hipótese, tingida com tons a serem pincelados nas páginas subsequentes: o principal efeito psíquico e cultural deixado pelas agonias da Grande Guerra refere-se à sensação de perda da confiabilidade nas autoridades que representam e encarnam lugares outorgados pela tradição. Pois, se é possível reconhecer uma característica peculiar do início da Primeira Guerra, esta é claramente certa confiança nas autoridades que a declaram. Embebidos de ideologia nacionalista, os soldados são como irmãos que vestem orgulhosos seus uniformes e se reconhecem como pertencentes à mãe-pátria. E é exatamente do esfacelamento da credibilidade nas forças superiores, hierarquicamente estabelecidas, que trataremos aqui.

O ineditismo de um profundo e absoluto desamparo, promovido pelas consequências da guerra, pode ser deduzido a partir da leitura de diferentes autores que abordaram o tema direta ou indiretamente, como o já citado Eric Hobsbawm, Stefan Zweig, Karl Kraus, Hofmannsthal, Walter Benjamin, Sigmund Freud, entre outros. Diz Hobsbawm: "Para os que cresceram antes de 1914, o contraste foi tão impressionante que muitos [...] se recusaram a ver qualquer continuidade com o passado. 'Paz' significava 'antes de 1914': depois disso veio algo que não mais merecia este nome" (1995, p. 30).

A *escalada*

Sem fazer jus à confiança neles depositada, autoridades, representantes de diferentes povos, parecem declarar guerra por motivos arbitrários, como orgulho, vaidade ou anseio por superioridade. Tratava-se, na verdade, de um embate imperialista impulsionado pelo nacionalismo, neocolonialismo e capitalismo financeiro e industrial – o termo "imperialismo" resume a política expansionista das principais nações europeias, cujo objetivo era a busca de mercado consumidor, mão de obra barata e matérias-primas para o desenvolvimento das indústrias.

O intenso processo de industrialização de alguns países da Europa, derivado das Revoluções Burguesas dos séculos XVII e XVIII, gerou uma concorrência acirrada entre as nações que, almejando novos territórios e vigiando diplomaticamente os já conquistados, passaram a investir duramente também em exércitos modernizados. Disputas cresciam visivelmente, e esse fenômeno acentuou o caráter nacionalista dos países europeus. Por outro lado, a industrialização também exigia uma inédita integração econômica entre os países que, com capital gerado pela indústria e seu processo de produção, precisavam de crédito e de sustentação financeira. Os setores do capital financeiro (bancos e bolsas de valores) alinharam-se aos setores industriais, o que estruturou uma complexa e integrada economia mundial. Com a colonização de regiões da África, da Ásia e da Oceania, as nações imperialistas adquiriam matéria-prima para os produtos industrializados, mas também entravam em disputas de poder e viviam tensões e guerras relacionadas ao domínio dessas regiões.

A África é um dos maiores exemplos desse processo. Na Conferência de Berlim, realizada em novembro de 1884, seu território foi dividido de forma completamente arbitrária entre as nações europeias. Nessa conjuntura, a Inglaterra ganhou a fama de ser o império "onde o Sol não se põe", expressão que aludia a sua vasta expansão, integrando grandes territórios em todos os continentes. Esse modelo imperialista chegou ao seu ponto de saturação no início do século XX, quando as tensões nacionalistas se tornaram mais veementes. A Primeira Guerra Mundial (1914-18) é o resultado evidente dessa saturação.

Stefan Zweig considera que o início da guerra se deve quase a um capricho. "Quando, refletindo hoje vagamente, indagamos por que a Europa entrou em guerra em 1914, não se encontra uma única razão sensata, nem mesmo uma causa" (1999, p. 241). Ele apoia sua afirmação no fato de que, embora todas essas disputas e concorrências estivessem em curso, a Europa prosperava, se comparada aos momentos históricos pregressos, e nada podia justificar a preferência insensata pelo embate da guerra, ainda que hoje os motivos possam ser concatenados de forma racional. Mesmo que o lado nefasto dessas relações esteja explícito, as potências europeias não recuam e alastram ainda mais a miséria explícita, perpetuando o terror por anos a fio.

A guerra repentinamente se torna motivo de êxtase, "algo grandioso, arrebatador e até sedutor, a que dificilmente se conseguia escapar" (Zweig, 1999, p. 271). Sem ter em mente os riscos inerentes aos *fronts*, os militares pensam mais na mobilização para a guerra e nos equipamentos que nela seriam usados do que na tragédia na qual ela poderia se converter. Ninguém apostava numa guerra com duração maior que alguns meses; a crença no bom senso dos governantes ainda estava inabalável, e não seria prudente, pensava a massa, deixar que a vida dos países se perturbasse por mais tempo que um curto período do ano. Assim, para muitos, conflito moderno era sinal de guerra enxuta e inteligente, mesmo para aqueles que estavam ali na contramão dos ideais modernos.

Tal otimismo e exaltação com a promulgação de uma guerra parecem, hoje, claramente ingênuos, e talvez possamos mesmo dizer que foi exatamente esse espírito *naïf*, preponderante no pré-guerra, que se perdeu de uma vez por todas.

> Em 1914, os convocados não fizeram perguntas; todos partiram e, quando desfilaram, os rostos deixavam

> transparecer o estado de espírito: estavam radiantes. Na verdade, a imagem é enganadora, e uma análise mais aprofundada deixaria transparecer a mágoa de um pai, de um noivo ou de um marido; mas isso era passageiro, em contraste flagrante com 1939 em que, exceto na Alemanha, os rostos dos mobilizados exprime consternação, desespero. Sem dúvida que, em 1914, acreditava-se que a guerra seria curta, que se voltaria no Natal, aureolados com os louros da vitória (Ferro, 2008, p. 13).

Nesse espírito de crença em relação às autoridades é que cabe perguntar: o que se passava na sociedade europeia nas vésperas da guerra que pode ter dado ensejo a tamanho entusiasmo? O que estava em jogo econômica e politicamente? O anseio por paz condizia com a alegria de seguir rumo às trincheiras?

Consideremos as enormes transformações ocorridas entre 1840 e 1914. Em meio ao torvelinho capitalista, as latejantes ameaças de dissolução da tradição se concretizam numa velocidade estonteante, e os conflitos entre trabalhadores e classe dominante são cada vez mais agudos. Na Europa, a prevalência de uma cultura sobre a outra sempre ameaçou a tradição. Desta vez, entretanto, um inimigo mais devastador paira no ar, sem que seja possível identificá-lo claramente entre as difusas perturbações provocadas pelos embates modernos do capitalismo em expansão. Embora as conquistas predominassem face aos insucessos, a máscara iluminista já não se sustenta como molde da salvação. Para a grande maioria, os benefícios da nova ordem pós-revolucionária[2] são apenas um espetáculo glamoroso e inacessível. De mãos atadas perante as promessas de um novo cenário, esse grupo desfavorecido pelas leis do capital sente a opressão. Os esforços para a democratização não o inclui, ou simplesmente o ritmo de melhora nas condições de vida na Europa[3] é lento e desgastante para muitos. Outro aspecto entra em questão aqui: a percepção moderna do tempo. Desatados os elos com a tradição, transformações e conquistas tornam-se urgentes. Ninguém está disposto a esperar pelas novas gerações com a suposição de que elas é que serão as agraciadas com as mudanças esperadas. E, além disso, se o paraíso está em xeque desde a Reforma Protestante, não há por que desperdiçar a vida terrena com penosas delongas e práticas torturantes. Ou seja, o bem, a felicidade e a beleza devem ser buscados "aqui e agora", nem que para isso seja necessário colocar a vida em risco.

Ainda que o inimigo seja quase indecifrável aos olhos das massas, é possível verificar como o lugar das velhas e conhecidas autoridades foi substituído pelas incessantes mudanças que balançam culturas milenares. Não é difícil

---

2 Revolução Francesa e Revolução Industrial, cujos efeitos se alastraram pela Europa.

3 Esses sinais de melhora estão no aumento gradativo do salário da classe operária, na diminuição do número de pessoas reféns das casas de penhor, na variedade de produtos que se tornam imaginariamente alcançáveis e desejáveis.

enumerar algumas delas: 1) profissões que nascem e morrem antes que uma geração suceda à outra; 2) no lugar dos fiéis da Igreja, um exército de funcionários mantido pela engrenagem dos Estados laicos, cujas leis e regras são tão arbitrárias como eram aquelas impostas pelo clero; 3) a insatisfação quase indomável das massas borbulha e traz a premente ameaça de eclosão de uma revolta popular; 4) os novos índices demográficos exorbitantes das cidades também assustam e impedem que os sinais da liberdade prometidos a todos sejam entrevistos por grande parte de seus habitantes; 6) o operário passa a ser uma espécie de novo vassalo, que se submete aos mandos do alto funcionário, único inimigo capaz de abrandar o peso do total desamparo; 7) o alento buscado por alguns trabalhadores em certo misticismo retira o foco das esperanças antes concentradas no sistema liberal em vigor; 8) em vez dos preceitos proferidos pela Igreja, a imprensa explora a arte e a cultura, camuflando a sujeira política.

Em suma, barreiras invioláveis para a ascensão dos mais pobres esgarçam as fronteiras morais capazes de deter a sanidade diante da guerra. Do lado dessa classe popular, existe a ilusão de que não há nada a perder, e os jovens alimentam a ideia de que a guerra é lugar de conquista e vitória. Como amantes traídos pelas juras iluministas, muitos partem para guerra tentando resgatar a borrada autoestima. Rumo ao terror com a fantasia de seguir o caminho de uma aventura passageira, os jovens sentem novos ventos em suas faces. Milhões de voluntários apresentam-se para além da convocação obrigatória, tendo como norte o "belo ideal patriota".

"Formavam-se bandeiras, bandas de música e faixas, os jovens recrutas marchavam em triunfo, e seus rostos estavam iluminados porque ouviam gritos de júbilo dirigidos a eles, pessoas simples e cotidianas que ninguém antes percebera nem festejara." (Zweig, 1999, p. 270-1).

De outra parte, representantes de ideais conservadores pretendem alcançar ainda mais poder ou, para as potências mais ricas, resgatar situações prévias e liquidar definitivamente as trilhas desbravadas pela modernidade dos impérios em expansão. Nem certa razoabilidade perante as concretas forças do inimigo é capaz de frear a ambição e interferir em medidas governamentais favoráveis à guerra. Ao contrário: o otimismo militar, acentuado pelos avanços tecnológicos da indústria armamentista, e o esvanecimento do pessimismo antimilitarista, presente na época pós-Dreyfus[4], incitam o exército e a sede de lutar.

Outro aspecto relevante a ser sublinhado é a intrincada contenda imperialista, que conta com a hostilidade ancestral

4 Referência ao oficial francês de origem judaica, Alfred Dreyfus, que em 15 de outubro de 1894 foi preso sob acusação de ter vendido segredos militares a uma nação estrangeira e condenado à degradação militar e ao desterro, embora sempre protestando sua inocência. A questão Dreyfus dividiu a França: de um lado, a imprensa liberal, o escritor Zola e os socialistas; do outro, os nacionalistas e os antissemitas. Só em 12 de julho de 1906 se verificou a inocência de Dreyfus e se deu sua reabilitação.

entre França e Alemanha. Essa marca conflitiva renasce com vigor após a aceleração da economia alemã quase superar a eterna dianteira ocupada pela rival francesa. É preciso lembrar que, no início da década de 1870, a Alemanha promove sua unificação com a Prússia ao mesmo tempo que enfrenta a França naquela que ficou conhecida como Guerra Franco-Prussiana. Com a vitória sobre a França, a Alemanha conquistou uma região – Alsácia e Lorena – rica em minério de ferro, fundamental para o desenvolvimento de sua indústria, inclusive impulsionando o setor industrial bélico. Desde então, a França alimentou um sentimento hostil e revanchista contra a Alemanha, principalmente em relação às fronteiras entre os dois países. Essa tensão intensificou-se quando o líder da unificação alemã, Otto von Bismarck, estabeleceu uma aliança com o Império Austro-Húngaro e com a Itália, conhecida como Tríplice Aliança, que visava a acordos comerciais, financeiros e militares. É bem verdade que a República Francesa ainda se sobressaía perante a Alemanha, contudo, a riqueza ali produzida passou a circular por centros econômicos nos quais os investimentos eram mais rentáveis. No jogo financeiro, os franceses esbarravam cada vez mais com os alemães, que usavam a tática de intervenção estatal no ramo dos negócios.

Sob a influência de pangermanistas, houve também uma ascensão inimaginável do poderio naval alemão, causando desconfiança além-Mancha. Nessa corrida em que a Alemanha avança no páreo, a Inglaterra não admite perder o fôlego. Desavenças anglo-alemãs começam a ganhar caráter público e nenhuma das partes está conformada com lugares secundários no pódio mundial. Nessa corrida, a França passa a firmar acordos com o Império Russo czarista em 1894, análogos aos da Tríplice Aliança. A Inglaterra, um dos maiores impérios da época, também se sente cada vez mais ameaçada pela Alemanha, antevendo possíveis perdas de seus territórios e bloqueios econômicos. Com isso, alia-se à França e à Rússia, formando a Tríplice Entente. Quando a guerra é declarada, os ingleses também partem para o ataque, sem titubear, diferentemente do que imaginavam os alemães. O desrespeito da Alemanha em relação ao território belga, que era neutro e foi invadido pelo exército alemão, o mais moderno da época, foi o estopim que trouxe a Inglaterra para a guerra contra a Tríplice Aliança.

Além disso, nos Balcãs, o Império Austro-Húngaro e o Império Russo disputavam ideologicamente a ascendência sobre o território e a cultura da região. De um lado, os russos alimentavam a ideologia nacionalista eslava (pan-eslavismo), que apoiava a criação do estado da Grande Sérvia nos Balcãs; de outro, os austríacos buscavam cooptar a região como parte da ideologia nacionalista (pangermanismo). O Império Austro-Húngaro fiava-se na fragilidade do Império Turco-Otomano (ali presente durante muito tempo), procurando dominar a região com o auxílio alemão. Em 1908, a região da Bósnia-Herzegovina foi anexada pelo Império Austro-Húngaro, dificultando os ideais da "Grande Sérvia".

Por outro lado, a almejada construção de uma ferrovia de Berlim a Bagdá, passando pela península balcânica até atingir o golfo Pérsico, foco do interesse comercial alemão, não parecia tão apartada da realidade.

Ou seja, também antevendo uma ameaça alarmante na Alemanha, o Império Russo busca evitar a frequente dependência econômica em relação a ela. Repleto de ebulições nacionalistas, o Império Austro-Húngaro vê-se imediatamente entrelaçado à Alemanha, enquanto o russo se torna repentinamente refém da inesperada aliança entre Império Otomano – antes protegido pela Inglaterra – e Alemanha, que o coloca em nova perspectiva geográfica – a Alemanha seria sua vizinha no Oriente. Com auxílio dos franceses, o Império Russo cria, então, subterfúgios para se aproximar do Otomano. Aos olhos de Francisco José I, o castigo dado à Sérvia pela Áustria e pela Alemanha reuniria o prestígio necessário para manter o apoio turco, o que de fato se confirmou.

Finalmente, é necessário considerar a posição atabalhoada da Itália, que mantinha sua aliança de mais de vinte anos com a Áustria e a Alemanha. Tal aliança se apoiava no fato de que tanto a França como a Inglaterra cruzavam seu caminho para executar as próprias conquistas. Por outro lado, a Áustria sempre fora a inimiga hereditária da Itália. O Vaticano compactuava com a monarquia católica e conservadora dos Habsburgo e se afastava dos ideais de conquista italianos. Assim, a Itália não se livrou de sua posição delicada e manteve-se fiel à velha aliança, apenas para não se ver excluída das grandes potências mundiais. França e Inglaterra dominavam o Mediterrâneo, e a fragilidade da Itália era mostrada por sua dependência em relação a esses países que a abasteciam de carvão para a indústria, inclinando-a a estabelecer um elo definitivo com Londres ou Paris. Foi o dinheiro inglês e o acordo dos sérvios e dos russos que permitiram a construção de uma ferrovia do Adriático ao mar Negro. Sem as anexações no Tirol e o longo da Costa Adriática, a Itália depositava na França e na Inglaterra as fichas que poderiam satisfazer suas ambições. Quando estoura a crise de julho de 1914, o governo de Viena se desfaz dos dirigentes italianos nas intervenções à Sérvia, e o primeiro-ministro da Itália, Antonio Salandra, com o barão Sidney Sonnino, sentem-se traídos. A Itália deixa transparecer que sua escolha tenderia para o lado que ofertasse maiores vantagens. Suas ambições imperialistas eram prioridade, e com esses critérios ela fica neutra, porque havia feito um acordo secreto com a França no norte da África.

Se é verdade que o estopim da Grande Guerra nasceu nos Balcãs, após o assassinato do arquiduque habsburgo Francisco Ferdinando, também é preciso reconhecer que a pólvora que atiçou a brasa naquela região era antiga e mais do que conhecida. Jamais se imaginou que essas disputas arcaicas, ainda que reatualizadas, desembocariam numa guerra de dimensão global. Entretanto, esse fatídico evento pareceu à Áustria o pretexto perfeito para atacar a Sérvia e demolir de uma vez por todas o projeto eslavo de construção de um forte Estado. O Império Austro-Húngaro e a Alemanha deram um ultimato à Sérvia para solucionar o caso do assassinato de Francisco Ferdinando, mas esta se recusou a ceder ao obter o apoio russo. A França rapidamente ofertou seu apoio à Rússia contra o Império Austro-Húngaro, o que ensejou a declaração de guerra da Alemanha contra a Rússia e a França. Subitamente, o conflito que começara em Sarajevo envolvia praticamente todo o globo.

É verdade que o crime de Sarajevo não implicava necessariamente uma guerra mundial, mas o sistema de alianças entre países cujas rivalidades já estavam a ponto de explodir, e o episódio de Sarajevo apenas talhara aquilo que se mantinha difuso e sob panos quentes. De outra perspectiva, Sarajevo e as decisões alemãs e austríacas não seriam suficientes para que tudo se configurasse da forma como se configurou. Diversos eventos e detalhes foram decisivos para que recentes e antigas disputas se transformassem em batalha mundial. Um exemplo claro disso ocorre no dia 31 de julho de 1914, quando Jean Jaurès, propositor de uma revolução democrática pacifista, é assassinado por Raoul Villain, jovem nacionalista francês da *Action Française*, favorável à guerra contra a Alemanha. Eventos específicos como esse transformam situações tensas localizadas em um fato grandioso e inexorável.

O clima de tramoia logo se espalha por todos os cantos da Europa. O desenrolar das batalhas, contudo, bem como o pós-guerra, desenha a silhueta dos eventos de modo contrastante em relação à imagem tão digna de entusiasmo do pré-guerra. Quase não há consenso. Muitos vislumbram, logo cedo, os fatos catastróficos que se aproximam. Outros conseguem cultivar certo otimismo e preservam o ânimo com as conquistas noticiadas. Conforme os dados dos *fronts* são divulgados, grande parte deixa de depositar qualquer espécie de fé na humanidade, considerando a guerra o fim dos tempos.

A *desilusão de Freud e a virada da psicanálise*

> *Ao fim da Primeira Guerra Mundial, Maurice Ravel anunciou* La valse *a morte violenta do mundo oitocentista. A valsa, por tanto tempo símbolo da alegre Viena, converteu-se, nas mãos do compositor, em uma desvairada* danse macabre. *Ravel escreveu: "Sinto essa obra como uma espécie de apoteose da valsa vienense, ligada no meu espírito à impressão de um fantástico rodopio do destino". Seu memorial grotesco serve como uma introdução simbólica a um problema histórico: a relação entre a política e a psique na Viena* fin-de-siècle.
>
> (Schorske)

A psicanálise não passaria incólume a tais eventos históricos. Peter Gay (1989), na introdução à seção "O fim da Europa", de *Freud, uma vida para nosso tempo*, aponta para esse elo.

> Em 28 de julho de 1914, o Homem dos Lobos deu um longo passeio pelo Prater, refletindo sobre os anos instrutivos e, ao cabo, proveitosos que havia passado sob os cuidados de Freud em Viena. Era, lembrou posteriormente, "um domingo muito quente e abafado". Ele estava prestes a terminar sua análise e a se casar com uma mulher aprovada por Freud; tudo parecia bem, e ele voltou de sua caminhada com uma disposição esperançosa. No entanto, logo ao chegar em casa, a empregada lhe entregou uma edição extraordinária de um jornal com notícias atordoantes: o arquiduque Francisco Ferdinando e sua consorte tinham sido assassinados em Sarajevo por jovens militantes bósnios. O acontecimento era uma ilustração chocante daquele anacronismo vacilante, o multinacional Império Austro-Húngaro, sobrevivendo desafiadoramente numa era de nacionalismo febril. As consequências de Sarajevo não se fizeram imediatamente claras (p. 318).

Stefan Zweig (1999) também se lembra do calor de Viena naquele verão de 1914. Enquanto a cidade parecia calma e alegre, Zweig lia seu livro um pouco afastado do burburinho de crianças que brincavam no parque. Sons de todos os tipos se mesclavam e podiam ser ouvidos, sem que a eles se desse atenção; em meio a esse rumor constante e habitual das cidades grandes, só o silêncio soava estranho. Por isso, quando a banda que tocava por ali silenciou, Stefan Zweig se surpreendeu e interrompeu a leitura. Olhando em direção ao coreto, percebeu que uma multidão de pessoas também estava inquieta. O escritor levantou-se para ver o que estava acontecendo. Um cartaz recém-afixado agrupava as pessoas e era a razão do ar perturbador que se alastrara. Nele estava escrito que Francisco Ferdinando e sua esposa haviam sido assassinados na Bósnia.

Se até a tranquilidade citadina e os efeitos de uma análise são estremecidos pelas estrondosas notícias de Sarajevo, quem dirá arranjos sociopolíticos e culturais aos quais a psicanálise está enredada.

Nem tudo se deu de forma repentina. Sinais de abalo após a impactante notícia do atentado não se fizeram notar nos dias subsequentes a ela, e os vienenses continuaram suas vidas em bares e restaurantes embalados pela música vienense como antes, alguns inclusive demonstrando certo alívio por se verem livres da antipática figura de Francisco Ferdinando no lugar do trono imperial. Embora os jornais publicassem as informações com inflexão proporcional ao ato, ninguém esperava que o caso se revertesse em retaliação política contra a Sérvia.

Em decorrência das desavenças entre a família imperial e Francisco Ferdinando, que se casara com a condessa de Chotek, uma aristocrata distante da misteriosa linhagem dos Habsburgo, os arquiduques impediram as pomposas cerimônias ao casal, que foi enterrado discretamente em Artstetten. Viena, privada de uma de suas aclamadas encenações fúnebres, por pouco não se esquece por completo do ocorrido.

> O atentado de Sarajevo não causou grande emoção entre a família real. O monarca desconfiava das concepções liberais do seu herdeiro presuntivo, que os militares criticavam com grande severidade. "Não possuía os meios para garantir a ordem", teria declarado Francisco José, "mas uma Vontade Toda-Poderosa fê-lo por mim". Fizeram-se ao príncipe herdeiro exéquias "de terceira classe" e nem em Budapeste, nem na capital se proclamou o luto nacional: Viena continuou Viena e a música não parou de tocar (Ferro, 2008, p. 64).

Numa atmosfera excepcionalmente bela, ninguém ousava sair dos lugares de veraneio para saber exatamente o que se passava. Stefan Zweig caminhava com um amigo calmamente entre um vinheiro em Baden e um velho vinhateiro previa: "Há muito tempo não temos um verão como este. Se continuar assim, teremos um vinho como nunca antes. As pessoas ainda vão se lembrar deste verão!" (Zweig, 1999, p. 266). Uma previsão sem dúvida acertada, rememora Zweig, mas a razão pela qual aquele período se tornaria inesquecível era bem outra.

Em meio ao ar despreocupado que atravessava as pacatas paisagens da região, o único rumor destoante do som corriqueiro era o dos jornaleiros, que gritavam notícias intempestivas para vender seus jornais. Esse foi um dos primeiros sinais que sugeriram a gravidade da situação, e aos poucos o alarme se intensificou. A guerra ainda parecia distante no repertório figurado pelos austríacos, somente estremecido pelas persistentes insinuações de que o governo sérvio era cúmplice no crime contra o arquiduque e sua esposa. O solo argumentativo de que a Áustria não podia permanecer indiferente ao assassinato de um herdeiro do trono era obstinadamente armado pelas publicações cotidianas.

As escusas correspondências entre monarcas e o ultimato da Áustria à Sérvia não foram nada camuflados. Zweig, que já desfrutava suas férias num pequeno povoado da Bélgica, não pôde conter a ansiedade após a declaração de guerra. Nota o denso clima se alastrando e impregnando cada esquina percorrida por ele. Toma um trem que o conduz à Alemanha, onde poderia receber informações em primeira mão. Soldados também já se espalhavam de cima a baixo: circulavam nas ruas, nas estações de trem, nos cafés e calçadas de balneários. Até mesmo na Bélgica membros do exército circulavam preparados, o que colocava em xeque o sagrado acordo de que a Bélgica seria preservada caso houvesse a invasão da Alemanha à França. Sinais claros e outros pequenos indícios tornam-se francos prenúncios de que a guerra não era um simples vislumbre alucinatório. Consubstanciada a possibilidade de uma batalha, o fervor jubiloso magicamente toma conta dos espíritos circundantes.

Segundo Ernest Jones, Freud foi uma dessas pessoas cujo enlevo aflorou no primeiro momento em que a guerra foi declarada. Sem ser mais ou menos perspicaz, foi simplesmente contagiado pelo furor das massas e demonstrou um "entusiasmo juvenil", considerando-se pela primeira vez em trinta anos um verdadeiro austríaco (Jones, 1989, p. 179). Sentimento passageiro, como se há de presumir sobre o espírito sensato do psicanalista. Poucos dias foram necessários para subsistir o pessimismo em lugar da exaltação inicial. Seu abatimento proveio principalmente das intercorrências com os próprios caminhos da psicanálise – publicações, pacientes, encontros e congressos – e do fato de que dois de seus filhos estavam diretamente envolvidos na guerra. Seu atormentado sonho com um deles prova como a alma de Freud estava perturbada à época. Quase fazendo jus ao título da obra de Karl Kraus (1926/2003), *Os últimos dias da humanidade*, Freud está perplexo e confuso, o que fica patente na pessimista carta enviada a Lou Andreas-Salomé:

> Não duvido que a humanidade superará mesmo esta guerra, mas sei com certeza que eu e meus contemporâneos *nunca mais veremos de novo um mundo alegre*. É tudo tão odiento. E a coisa mais triste disso é que se apresentou tal como a partir de nossas expectativas psicanalíticas devíamos ter imaginado o homem e seu comportamento. Por causa dessa atitude, *nunca pude concordar com seu otimismo jovial*. Minha conclusão secreta foi: já que só

> podemos encarar a mais elevada civilização do presente como desfigurada por uma gigantesca hipocrisia, segue-se que somos organicamente inadequados para ela. Temos de abdicar, e o Grande Desconhecido, oculto atrás do Destino, algum dia repetirá essa experiência com outra raça (Freud, 1951 *apud* Jones, 1989, p. 185, grifos meus).

Quase esquecido pelos círculos psicanalíticos que se voltam à clínica, o texto "Reflexões para os tempos de guerra e morte", escrito por Freud (1915a/1996) após seis meses de deflagrada a Primeira Guerra Mundial, traz o tom desiludido de um espírito iluminista. Freud constata o abismo entre potências da inteligência e forças pulsionais, já vislumbrado desde a criação da psicanálise, sem que sua máxima representação estivesse concretamente visível. É apenas com a guerra que algumas categorias freudianas ganham consistência na realidade. Forças ocultas das pulsões assumem a dianteira, deixando para trás a cautela apregoada pela razão. Um ar infantil impregna o homem de corpo maduro, e o manejo atabalhoado e irresponsável das situações mostra como o poder do inconsciente jamais pode ser negligenciado. Não é porque teve ideias quase premonitórias, contudo, que Freud está imune aos impactantes efeitos de suas manifestações concretas. Fica perplexo diante do fato de que os bens culturais e os valores mais elevados passem a valer quase nada no mercado da guerra. Para Freud, no rol de horrores promovidos por ela, "a própria ciência perdeu sua imparcialidade desapaixonada" (Freud, 1915a/1996, p. 285).

Essa afirmação sutil de Freud, entre tantos outros comentários sobre a guerra, revela algo curioso: se Freud considera que a guerra foi a causa capaz de desmoronar os pilares imparciais da ciência, antes dela eles se mantinham intactos, a seus olhos. Em outras palavras: uma ilusão iluminista subsistia na mente liberal do psicanalista e o encorajava a assumir tal viés em certas formulações psicanalíticas. O desencanto em relação à ciência prepondera, por conseguinte, apenas depois dessas intercorrências na Europa.

Tales Ab'Sáber (2005) acende a fagulha que ilumina esse ponto na obra freudiana. Ele salienta que Freud teria resgatado sua obra escrita entre 1897 e 1899 para incluir, em 1919, o sonho que tivera em 1918 com seu filho na guerra[5]. Ab'Sáber sublinha a importância do sonho ao observar que

5 O sonho é o seguinte: "Disse à minha mulher que tinha uma notícia para ela, algo muito especial. Ela ficou assustada e se recusou a escutar. Garanti-lhe que, pelo contrário, era algo que ela ficaria muito contente em ouvir, e comecei a contar-lhe que o corpo de oficiais de nosso filho enviara uma soma em dinheiro (5.000 coroas?)... algo a respeito de uma distinção... distribuição... Entrementes, eu fora com ela até um quartinho, parecido com uma despensa, procurar alguma coisa. De repente, vi meu filho aparecer. Não estava de uniforme, mas num traje esportivo apertado (como uma foca?), com um bonezinho. Trepou num cesto que estava ao lado de um armário, como se quisesse pôr algo em cima dele. Chamei-o; nenhuma resposta. Pareceu-me que seu rosto ou sua testa estavam enfaixados. Ele estava acomodando alguma coisa na boca, empurrando algo para dentro dela. E seus cabelos estavam salpicados de grisalho. Pensei: 'Será que ele está tão exausto assim? E será que usa dentes postiços?'" (Freud, parágrado acrescentado em *A interpretação dos sonhos* (1900) como nota em 1919 e incorporado ao texto em 1930, 1996, p. 588).

não bastou a Freud apenas acrescentar uma nota sobre seu conteúdo em 1919 no cerne da "Interpretação dos sonhos", isto é, na seção C do capítulo VII, sobre a "Realização dos desejos", comumente tida como a mais importante da obra; ele se viu obrigado, ainda, a inserir o trecho no próprio corpo do trabalho em 1930. Como se não bastasse, o sonho é mais uma vez retomado em "Sonhos e telepatia", de 1921 (Freud, 1921b/1996), para explicar áreas nebulosas. Rastejando em busca de zonas que ficariam *além do princípio do prazer*, Freud escava campos que até então haviam se mantido obscuros em sua autoanálise. Nessa nova investigação, fica perplexo com seu desejo de que o filho Martin morresse nos *fronts* de batalha, e esse desejo, apenas iluminado pelos terrores da guerra, acende uma chama psicanalítica diante da morte e da pulsão a ela atrelada na vida anímica. Sem deixar margens para dúvidas, Freud admite que "algo ocorrido de fora para dentro, da cultura para o indivíduo" havia gerado um momento de "falência das altas exigências repressivas e sublimatórias da civilização" (Ab'Sáber, 2005, p. 292). O que desmorona de uma vez por todas são os sustentáculos civilizatórios, dentre os quais está a ciência. Fica claro que ela sempre fora alimentada pelas paixões, até mesmo pelos mais íntimos e ingênuos desejos de Freud, que se vê obrigado a reconsiderar partes dos alicerces de sua própria ciência, a psicanálise.

Frágil e vulnerável aos terrores do mundo, o submundo das ciências chega à superfície. Submetidos de forma mais clara do que nunca aos interesses bárbaros dos comandantes, antropólogos são forçados a certificar inferioridade de uns em relação a outros; psiquiatras diagnosticam e atestam a presença de doenças psíquicas para aqueles que arriscam um compromisso com a verdade e apontam as incongruências do sistema; corrompidos pela esperança de glória, cientistas revelam mais do que nunca seu compromisso com o lado irracional do saber.

Vale exemplificar a que nível a ciência foi reduzida na época com um quadro teatral. A obra *Os últimos dias da humanidade*, de Karl Kraus (1926/2003), mostra um congresso médico em Berlim, cuja cena três do quarto ato traz o habitual sarcasmo de Kraus, que apresenta o personagem de um psiquiatra expondo um caso clínico diante dos espectadores. Os "crimes" hediondos do paciente: 1) afirmar publicamente que a Alemanha se encontrava em situação alimentar precária; 2) colocar em xeque – durante a guerra – a vitória final da Alemanha; 3) rejeitar o uso de submarinos na guerra por considerá-lo imoral. Cada um desses crimes cometidos pelo "louco" e enumerados pelo psiquiatra é seguido de exclamações perplexas da plateia presente no congresso. O psiquiatra, então, assim se manifesta:

> Meus senhores, nós, como homens de ciência, temos a obrigação de manter o sangue frio e de defrontar o objeto da nossa indignação apenas como objeto de nossa investigação, *sine ira*, mas *cum studio* (*Risos*). Meus senhores, estou aqui a cumprir o triste dever de vos traçar o quadro

> completo do desvario mental do doente e tenho de vos pedir que não assaqueis responsabilidades nem a este infeliz nem a mim próprio, a quem quis o acaso que coubesse fazer a demonstração de uma forma repulsiva de loucura. A responsabilidade dele está derrogada pela doença, a minha pela ciência. (*Gritos: "Muito bem!"*). Meus senhores, este homem sofre da ideia fixa de que a Alemanha está a ser empurrada para a ruína por uma "ideologia criminosa", como ele chama ao sublime idealismo dos nossos governantes, ele acha que estaremos perdidos se, no auge da nossa marcha triunfal, não nos declararmos vencidos, que o nosso governo, os nossos chefes militares – e não, de modo nenhum, os ingleses (*Gritos: "Olha, olha!"*) – são os culpados por nossos filhos terem de morrer (Kraus, 1926/2003, p. 242-3).

A peça segue com calúnias e loucuras oficiais, proferidas por professores e médicos, contrastadas com os pronunciamentos cheios de horrorosas verdades feitos pelo "doente mental". Diante de cada frase deste, a plateia o insulta. Apresentando dados das perdas e mortes da Alemanha, o "desvairado" deixa transparecer a sensatez que falta à sociedade alemã em estado de guerra. A citação de uma fala "delirante" neste campo pode dar a dimensão do discurso tido como insano naquele período:

> Os relatos de muitos médicos hospitalares têm um tom de desespero quando descrevem a fome dos doentes

> internados, que procuram ingerir talos de couve deitados ao lixo e toda a ordem de coisas indigestas, só para acalmarem as ânsias da fome. O relatório pedido a um hospício diz laconicamente: os internados morreram todos. [...] Mas os que estão vivos e estão aqui reunidos receberam ordens para elaborarem pareceres e só depois do inevitável colapso da mentira e do Reich encontrarão coragem para dizer a verdade! Mas nessa altura já será tarde e nenhuma confissão poderá poupar-lhes o desprezo do resto do mundo. Porque a ciência alemã é uma prostituta e os homens de ciência são uns proxenetas! Tudo o que aqui está reunido, para, ao serviço da grande mentira do Estado-Maior, negar a mortalidade infantil e dizer que o negro é branco tem mais sangue nas mãos do que os que as tingiram de vermelho (p. 248).

Para o "louco", esses cientistas "inauguram o *páthos* da mentira" (p. 248) e se afastam da cultura alemã de Goethe ou Kant. Nesse ponto, a avaliação do psiquiatra se altera e as palavras do homem deixam de ser consideradas manifestações de desvarios e alucinações, passando a indicar que todos estão diante da presença de um "criminoso de alto gabarito" (p. 249), que trabalha como colaborador pago pela Entente. Tratar-se-ia, portanto, de um complô que arquiteta falsas propagandas contra as quais a comunidade médica deve lutar. Obra rica de infindáveis exemplos, *Os últimos dias da humanidade* apresenta transcrições de recortes reais do dia a dia durante o período da guerra, permitindo que se entrevejam a austera sensibilidade e o desalento do escritor Karl Kraus naquele período tenebroso da Europa.

Por mais antagonista que fosse da psicanálise[6], em relação à guerra Karl Kraus guarda certas semelhanças com seu oponente Freud. Ambos sentem seu tempo como o pior de todos até então e conseguem manter a percepção crítica em relação às mentiras oficiais:

> Os povos são mais ou menos representados pelos Estados que formam, e esses Estados, pelos governos que os dirigem. Nessa guerra, o cidadão individual pode, com horror, convencer-se do que ocasionalmente lhe cruzaria o pensamento em tempos de paz – que o Estado proíbe ao indivíduo a prática do mal, não porque deseja aboli-la, mas porque deseja monopolizá-la, tal como o sal e o fumo. Um estado beligerante permite-se todos os malefícios, todos os atos de violência que desgraçariam o indivíduo. Emprega contra o inimigo não apenas as *ruses de guerre* aceitas, como também a mentira deliberada e a fraude – e isso a um ponto que parece ultrapassar esse emprego em guerras anteriores. O Estado exige o grau máximo de obediência e de sacrifício de seus cidadãos; ao mesmo tempo,

6 A crítica feita por Karl Kraus à psicanálise ficou conhecida pela obra *Anti-Freud: Karl Kraus' Criticism of Psychoanalysis and Psychiatry*, de Thomas Szasz (1990), que reúne artigos e aforismos sobre psiquiatria e psicanálise escritos por Kraus.

> porém, trata-os como crianças, mediante um excesso de sigilo e uma censura quanto a notícias e expressões de opinião, que deixa os espíritos daqueles, cujos intelectos ele assim suprime, sem defesa contra toda mudança desfavorável dos eventos e todo boato sinistro. Exime-se das garantias e tratados que o vinculavam a outros Estados, e confessa desavergonhadamente sua própria rapacidade e sede de poder, que o cidadão tem então de sancionar em nome do patriotismo (Freud, 1915a/1996, p. 289).

É forçoso reconhecer os cruzamentos entre o parágrafo acima e as reflexões que guiam a escrita de Karl Kraus em *Os últimos dias da humanidade*. Mas há limites para aproximações. Ainda que Freud se sinta profundamente desiludido com a veloz conversão do homem em monstro, consegue preservar algum grau de confiança na humanidade, não acreditando, como Kraus, em seu derradeiro fim.

Motivo de estupefação, para Freud, é a banalidade com que se lida com a morte que faz do cidadão comum um espectador de cadáveres, expostos à luz do dia em praça pública. Mais previsível, mas nem por isso menos impactante é o fato de que, ao longo da guerra, Estados civilizados, eternos guardiões das regras e dos bons costumes, se transfiguram, eles mesmos, nos horrores que antes eram mestres em combater. Os rígidos ditames estatais impostos ao povo, sempre impelido a autodominar-se e a renunciar aos seus ímpetos pulsionais, convertem-se de uma hora para outra em trivialidades a serem desprezadas. Vulneráveis face aos que antes mantinham sob rédea curta, os Estados civilizados e seus métodos de guerra não se distinguiam de quaisquer outros empreendidos por países supostamente menos avançados. Freud constata, na mesma linha das análises de frankfurtianos, que os avanços técnicos e científicos favorecem a barbárie. Nenhum direito passa incólume. Até mesmo as convenções estabelecidas pelo direito internacional, com as quais os Estados se declaravam comprometidos, são abandonadas sem qualquer pudor. Outro susto é, na glosa de Freud, o engodo ao supor que os termos "estrangeiro" e "inimigo" já estivessem suficientemente superados. O que prevaleceu entre as diferentes culturas foi um estranhamento absoluto, que se converteu em ódio irrestrito.

> Estávamos preparados para verificar que as guerras entre os povos primitivos e civilizados, entre as raças que se acham divididas pela cor da pele – as guerras até mesmo contra e entre as nacionalidades da Europa cuja civilização se acha pouco desenvolvida ou se perdeu – ocupariam a humanidade ainda por algum tempo. Mas nos permitimos ter outras esperanças. Esperávamos que as grandes nações de raça branca, dominadoras do mundo, às quais cabe a liderança da espécie humana, que sabíamos possuírem como preocupação interesses de âmbito mundial, a cujos poderes criadores se deviam não só nossos progressos técnicos no sentido do controle da natureza, como também os

> padrões artísticos e científicos da civilização – esperávamos que esses povos conseguissem descobrir *outra maneira* de solucionar incompreensões e conflitos de interesse (Freud, 1915a/1996, p. 286, grifo meu).

Essa "outra maneira" de lidar com os conflitos entre os povos seria, na perspectiva freudiana, mais civilizada do que aquelas assumidas por países mais periféricos. O mundo de Freud parece ruir ao seu redor. Reconhece sua ilusão diante da falsa promessa de que uma harmoniosa unidade fosse possível, assim como o intercâmbio enriquecedor entre os povos civilizados. Chega mesmo a descrever os benefícios com os quais o homem moderno seria premiado – como de fato vinha parcialmente sendo –, caso tivesse conseguido se manter fiel aos seus princípios civilizados e à "ditadura da razão":

> Dessa forma, ele desfrutara o mar azul e o cinzento; a beleza de montanhas cobertas de neve e a de campinas verdejantes; a magia das florestas setentrionais e o esplendor da vegetação do sul; o estado de espírito evocado pelas paisagens que relembram grandes eventos históricos, e o silêncio da natureza intocada. Para ele, essa nova pátria era também um museu, repleto de todos os tesouros que os artistas da humanidade civilizada haviam criado durante séculos sucessivos e deixado atrás de si. Ao caminhar despreocupadamente de uma galeria para outra desse museu, podia reconhecer com apreciação imparcial os mais variados

> tipos de perfeição que uma mescla de sangue, o curso da história e a qualidade especial da sua terra natal produziram entre seus compatriotas nesse sentido mais amplo. Aqui, encontrava a energia fria e inflexível desenvolvida até o mais alto grau; ali, a graciosa arte de embelezar a existência; mais adiante, o sentimento da ordem e da lei, ou outras das qualidades que fizeram da humanidade os senhores da Terra (Freud, 1915a/1996, p. 287).

O otimismo freudiano com os tempos modernos pré-guerra era capaz de enxergar em "cada um [...] [dos] cidadãos do mundo civilizado" a criação de "seu próprio 'Parnaso' e a sua própria 'Escola de Atenas'" (Freud, 1915a/1996, p. 287). Alçados a postos supremos, os homens da cultura – como ele – pairam entre o céu e a terra como deuses de carne e osso.

Esses pronunciamentos intrincados à mais forte vertente positivista mostram que Freud apostava na modernidade como um tempo mais afável e acolhedor. A guerra, entretanto, esgarça definitivamente o pacto tácito entre cidadãos de qualquer estirpe e Estado, e os instintos, até então domados pelas circunstâncias favoráveis, começam a aflorar e a se sobrepor aos valores tão afagados por Freud.

> É compreensível que o cidadão do mundo civilizado a quem me referi possa permanecer desamparado num mundo que se lhe tornou estranho – sua grande pátria

> desintegrada, suas propriedades comuns devastadas, seus concidadãos divididos e vilipendiados! Há, contudo, algo a ser dito como crítica a seu desapontamento. Rigorosamente falando, este não se justifica, pois consiste na destruição de uma *ilusão*. Acolhemos as *ilusões* porque nos poupam sentimentos desagradáveis, permitindo-nos em troca gozar de satisfações. Portanto, não devemos reclamar se, repetidas vezes, essas *ilusões* entrarem em choque com alguma parcela da realidade e se despedaçarem contra ela. Duas coisas nessa guerra despertaram nosso sentimento de *desilusão*: a baixa moralidade revelada externamente por Estados que, em suas relações internas, se intitulam guardiães dos padrões morais, e a brutalidade demonstrada por indivíduos que, enquanto participantes da mais alta civilização humana, não julgaríamos capazes de tal comportamento (1915a/1996, p. 290, grifos meus).

Nesse ponto é que se deve considerar a grande virada da psicanálise, cujas causas se concentram na deflagração da guerra. Os termos *ilusão* e *desilusão* não devem ser entendidos como palavras utilizadas ocasionalmente, mas como conceitos específicos para a psicanálise freudiana. E devemos considerar, ainda, outro elemento de que já tratamos: mesmo sabendo da potência inexorável dos fundos tenebrosos da alma, Freud ainda mantinha sua ilusão iluminista e sua crença na força da civilização antes da guerra – o que apenas comprova a pertinência de considerar a *ilusão* um assunto relativo à psicanálise.

Em *O carvalho e o pinheiro, Freud e o estilo romântico*, Ines Loureiro (2002) aborda o tema da ilusão de forma bastante instigante, diferenciando-a inclusive da noção de ideal, mais comumente encontrada entre escritos psicanalíticos que abordam identificações, ideais de ego e ego ideal. Para Loureiro, enquanto a idealização é um processo psíquico que exalta o objeto e o encobre da aura intangível da perfeição, favorecendo identificações e escolhas objetais, a ilusão ganha um estatuto desfavorável na obra de Freud. Alterando o alvo da categórica afirmação de Schneider, segundo a qual a psicanálise é uma "máquina de guerra interpretativa voltada contra um dos pontos de fascinação do Romantismo: a relação com o ideal", Loureiro enfatiza que a artilharia psicanalítica seria mais precisamente apontada contra a ilusão. Fareja indícios que demarcam a posição de Freud sobre a ilusão, descobrindo aspectos interessantes em "O futuro de uma ilusão", em que o psicanalista a define: "Qualificamos de ilusão uma crença engendrada pelo impulso à satisfação de um desejo, que prescinde de sua relação com a realidade efetiva" (Freud, 1927 *apud* Loureiro, 2002, p. 314). Trilhando as pegadas de Mezan, Loureiro lembra que a ilusão se encontra em uma zona intermediária entre verdade e erro. Origina-se nos desejos humanos e guarda alguma semelhança com o delírio, muito embora este seja contrário à realidade, ao passo que a ilusão é apenas indiferente a ela.

Ou seja, a ilusão é da ordem do improvável, mas não toca o impossível, como ocorre no caso do delírio. Fica claro, contudo, que estabelecer tal limite não significa diferenciar a natureza desses dois aspectos, tratando-se antes de temas que envolvem economia psíquica – aspectos quantitativos – sobre um mesmo campo qualitativo.

Mas a serviço de que estaria armada a ilusão? Loureiro é clara ao dizer que, em sua negatividade, ela é uma "crença capaz de nos proteger de perigos (internos e externos) e, nesta medida, tem um caráter *defensivo*" e, em sua versão positiva, "é uma realização de desejos inconscientes e infantis, e não por acaso a abordagem da religião, em Freud, comporta analogias com a psicopatologia, seja com a paranoia (projeção), seja com a neurose obsessiva (compulsividade ritual)" (Loureiro, 2002, p. 314). Tomada como modelo freudiano das ilusões, a religião encobre o flanco vil existente no homem. É ela quem substitui o assassinato do pai e a sua incorporação canibalesca com toda a carga emocional que esses eventos carregavam – inveja, ódio, amor, idealização, identificação etc. Na visão de Freud, a religião nasce da culpa em relação ao pai morto e os entes sagrados ocupam um lugar inviolável, antes encarnado na figura do pai primevo. Ela é uma mentira que tem legitimidade e se torna símbolo capaz de lembrar e velar o ato terrível praticado pelos filhos. É nessa ilusão religiosa que se sustenta uma forma social mais sofisticada, na qual a Lei e a proibição imperam no lugar da força tirânica e violenta do antigo pai selvagem.

"Totem e tabu", texto no qual essas ideias são apresentadas por Freud, foi escrito pouco antes da guerra. No entanto, já nos primórdios da psicanálise Freud tinha clareza profunda sobre a mentira que sustenta a vida numa sociedade esclarecida. Na Carta 78, endereçada a Fliess em 12 de dezembro de1897, Freud escreve:

> Você consegue imaginar o que sejam "mitos endopsíquicos"? São o último produto de meu esforço mental. A tênue percepção interna de [nosso] próprio aparelho psíquico estimula ilusões de pensamento, que, naturalmente, são projetadas para o exterior e, tipicamente, para o futuro e o além. A imortalidade, a recompensa e todo o além, tudo são reflexos de nosso [mundo] psíquico interno. *Meschugge* [loucura][7]? Psicomitologia (Freud, 1897/1996, p. 287).

É bastante simples pensar que essa mentira/ilusão projetada em um futuro seja capaz de inibir alguns impulsos do princípio do prazer em nome de outros que possibilitem a vida em sociedade. Isto é, a Lei que impera após a culpa pelo assassinato do pai e os exaltados rituais simbólicos da religião eram algo menos pior que a organização sob as asas de um pai perverso. Assim, tínhamos a seguinte composição: em vez do tirano, a Lei; no lugar da força e da violência do mais

7 *Meschugge* é um termo de origem iídiche que significa louco/loucura.

poderoso, proibições e renúncias comuns, visando a certo desfrute de liberdade. O ganho era a satisfação parcial do desejo de todos, que substituía a realização total dos desejos do pai e a privação completa de todos os demais.

Segundo a linha de pensamento de "Totem e tabu" (Freud, 1913/1996), não há nenhum mistério que impeça constatar a preferência de Freud pelo Estado esclarecido ao poder exercido arbitrariamente. O que entra em xeque com a guerra – e isso pouco tempo depois da escrita de "Totem e tabu" – é o êxito decorrente dessa fórmula civilizatória. O alto preço da exiguidade faz explodirem violentamente a sexualidade e a agressividade, que aumentam suas exigências de satisfação. Ou seja, tanto uma como outra seguem uma lógica muito próxima da do consumidor: quanto mais alto o preço a pagar pela renúncia das pulsões, mais fortemente as exigências de satisfação pulsional emergirão. Por isso, se as promessas da vida civilizatória não são cumpridas, o vulcão pulsional solta suas lavas devastadoras e imprevisíveis.

É daí que Freud conclui que a *desilusão* ante a barbárie da guerra nada mais é do que a consequência da *ilusão* a que pronta e voluntariamente a maior parte dos homens havia cedido – e não é difícil perceber que ele mesmo se inclui nessa categoria dos iludidos. Quando as regras que vigoram hipocritamente para a manutenção da ordem se afrouxam entre os grupos, e também nos princípios ratificados pelo Estado, todos se sentem autorizados a dar livre curso ao que antes mantinham guardado a sete chaves.

Todavia, há algo peculiar inaugurado pela Primeira Guerra Mundial que deve ser realçado: o homem rompe o tabu em torno do assassinato do pai. Traduzido pelo mandamento bíblico "não matarás", o tabu que rondava o assassinato do pai havia se estendido para todos os entes da comunidade humana e, quando rompido, deveria ser expiado por meio de rituais que reintegrassem à sociedade tanto o ato como aquele que o havia cometido. Sem vínculo com o que reza o mandamento, o homem civilizado volta alegremente à pátria e ao seio da família como se nada tivesse acontecido. Tendo matado uns tantos homens "quer de perto, quer de longe" (Freud, 1915a/1996, p. 305), o homem está apartado de seus pares e de suas próprias ações. Comparados às sociedades primitivas, os soldados são assassinos implacáveis para os quais a culpa é difusa e sem sentido. Enquanto povos tradicionais só pisam novamente nas próprias aldeias após a expiação da culpa, os soldados de guerra são vistos como pessoas que cumprem seus deveres ao matar impiedosamente os demais, levando Freud a subsumir que "uma veia de sensibilidade ética [...] foi perdida por nós, homens civilizados" (p. 305).

> Da mesma forma que para o homem primevo, também para nosso inconsciente há um caso em que as duas atitudes opostas para com a morte, aquela que a reconhece como sendo a extinção da vida, e aquela que a nega porque irreal, se chocam e entram em conflito. Esse caso é idêntico ao das eras primevas: a morte, ou o risco de

> morte, de alguém que amamos, pai ou mãe, esposo ou esposa, irmão ou irmã, filho ou amigo dileto. Esses seres amados constituem, por um lado, uma posse interna, componentes de nosso próprio ego; por outro, contudo, são parcialmente estranhos, até mesmo inimigos. À exceção de apenas pouquíssimas situações, adere à mais terna e à mais íntima de nossas relações amorosas uma pequena parcela de hostilidade que pode excitar um desejo de morte inconsciente. *No entanto, esse conflito devido à ambivalência não conduz agora, como o fazia então, à doutrina da alma e à ética, mas à neurose*, que nos proporciona uma profunda compreensão interna (*insight*) também da vida mental normal (p. 308, grifo meu).

O principal elemento psíquico trazido pela Primeira Guerra é a substituição de *doutrinas da alma* ou *formulações de princípios éticos* pela *neurose*. Não porque antes da Grande Guerra não se observasse neurose ou terrores semelhantes e rupturas com os códigos previamente estabelecidos, mas há algo que sensibiliza Freud: o fato de nesta guerra esses códigos, ou qualquer espécie de ritual simbólico, não serem suficientes para concatenar e elaborar os acontecimentos. Se as carnificinas da *Ilíada* têm algum sentido, é porque na narrativa do poeta cada gesto do herói é mediado por mãos divinas. O mesmo se pode dizer sobre a Revolução Francesa, que, embora tenha espalhado o horror com a navalha afiada da guilhotina, foi capaz de gerar simultaneamente o profícuo pensamento iluminista que alimentou toda a modernidade. No caso da Primeira Guerra, a vida é apenas uma mercadoria barata ou desprovida de valor que termina sem nome nem glória. Em setembro de 1918, Freud já apresenta um trabalho sobre as neuroses de guerra no V Congresso Internacional de Psicanálise, realizado em Budapeste. Nele profetiza o seguinte:

> As neuroses de guerra, na medida em que se distinguem das neuroses comuns por características particulares, devem ser consideradas como neuroses traumáticas cuja ocorrência se tornou possível ou foi provocada por um conflito no ego. [...] O conflito é entre o velho ego pacífico do soldado e o seu novo ego bélico, e torna-se agudo tão logo o ego pacífico compreende que perigo corre ele de perder a vida devido à temeridade do seu recém-formado e parasítico duplo. Seria igualmente verdadeiro dizer que o antigo ego está se protegendo de um perigo mortal ao fugir para uma neurose traumática, ou dizer que está defendendo-se do novo ego, o qual vê como uma ameaça à sua vida. Dessa forma, a precondição das neuroses de guerra, o solo que as nutre, pareceria ser um exército nacional [recrutado]; não haveria possibilidade de surgirem neuroses num exército de soldados profissionais ou de mercenários. À parte isso, as neuroses de guerra são apenas neuroses traumáticas, que, como sabemos, ocorrem em tempos de paz também, após experiências

> assustadoras ou graves acidentes, sem qualquer referência a um conflito no ego (Freud, 1919a/1996, p. 224).

Freud admite os limites de sua teoria da libido nesse texto escrito sobre as neuroses traumáticas decorrentes da guerra, salientando que as neuroses narcísicas já exigiam uma revisão na teoria da libido, restrita às neuroses de transferência. Apenas após a reformulação feita na teoria da libido as neuroses narcísicas puderam ser compreendidas à luz de tal teoria. Como se sabe, a "libido narcísica" seria, então, uma quantidade de energia sexual ligada ao próprio eu, que encontra satisfação predominantemente nele, tal como ocorre habitualmente em relações objetais. O erotismo volta-se para imagens do eu, o que permite compreender neuroses mais graves e psicoses no interior dos fundamentos sexuais edificados pela psicanálise. Não sendo o caso de absorver as neuroses de guerra entre as concepções clássicas da psicanálise, tampouco é acertado descartar todos os pressupostos prévios sobre a sexualidade em nome de uma nova teoria. O plano freudiano foi investigar as bases empíricas para que o esquema psicanalítico fosse redimensionado.

Fica evidente a reviravolta que esse acontecimento histórico provoca na perspectiva freudiana, que impõe a morte como horizonte psíquico a ser analisado. Como uma espécie de grito diante das ameaças impostas à vida, as neuroses traumáticas e as neuroses de guerra nem sequer tocam questões ligadas às frustrações do amor, o que evidentemente é tema principal nas neuroses de transferência, comuns em épocas de paz. Nestas, por outro lado, temores pela vida não fazem parte do imaginário comum, o que leva Freud a cogitar que elas sejam causadas "pela excessiva indulgência, pelo bem-estar e a inatividade" (Freud, 1919a/1996, p. 225-6), o que nitidamente contrasta com as condições de guerra. O que se torna marca distintiva entre neuroses traumáticas de guerra e neuroses de transferência é que, enquanto nas primeiras o eu do indivíduo se defende de um perigo externo ou encarnado numa postura estranha a ele próprio, nas segundas o eu toma a própria libido como um inimigo cujas reivindicações são ameaçadoras. De qualquer modo, as distinções entre diagnósticos mostram-se tênues conforme uma aproximação mais cuidadosa passa a ser esboçada. Tendo em vista que "o recalque subjacente a toda neurose pode ser entendido, com todo direito, como reação a um trauma, como neurose traumática elementar" (p. 388), não há por que separar decisivamente essas duas formas de expressão psíquica.

Barbárie como escola

Em "Experiência e pobreza", Walter Benjamin (1933/1997) abre veredas que se cruzam ou vão além daquelas percorridas por Freud. Reiterando a ideia de que o homem não volta da guerra rico de experiências a serem narradas, Walter Benjamin o vê como alguém consumido pelos horrores que foi obrigado a testemunhar ou a protagonizar. Tratar da noção de experiência em Walter Benjamin é quase um bordão, após os incontáveis estudos feitos pelos comentadores de sua obra. Ainda assim, será necessário resgatar alguns pontos deste tema, já que uma das principais passagens de "Experiência e pobreza" faz uma clara referência à Primeira Guerra, considerando-a uma das mais importantes causas da perda da capacidade de ter experiência na modernidade. Diz o filósofo:

> Está claro que as ações da experiência estão em baixa, e isso numa geração que entre 1914 e 1918 viveu uma das mais terríveis experiências da história. Talvez isso não seja tão estranho como parece. Na época, já se podia notar que os combatentes tinham voltado silenciosos do campo de batalha. Mais pobres em experiências comunicáveis, e não mais ricos. Os livros de guerra que inundaram o mercado literário nos dez anos seguintes não continham experiências transmissíveis de boca em boca. Não, o fenômeno não é estranho. Porque nunca houve experiências mais radicalmente desmoralizadas que a experiência estratégica pela guerra de trincheiras, a experiência econômica pela inflação, a experiência do corpo pela fome, a experiência moral pelos governantes. Uma geração que ainda fora à escola num bonde puxado por cavalos viu-se abandonada, sem teto, numa paisagem diferente em tudo, exceto nas nuvens, e em cujo centro, num campo

> de forças de correntes e explosões destruidoras, estava o frágil e minúsculo corpo humano (Benjamin, 1933/1997, p. 114-5).

Não há qualquer precedente aos terrores provocados pela Grande Guerra. Destruições que a precederam a ponto de tornar a "paisagem diferente em tudo, exceto nas nuvens" eram provocadas por fenômenos naturais, que convocavam os homens a lhes atribuir algum sentido divino. A guerra foi capaz de devastar homens e paisagens arduamente construídos em séculos de trabalho humano. Quase sem rastros, as gerações que se seguiam à guerra eram privadas das heranças que as ligariam ao mundo. Se até mesmo a capacidade de narrá-la se esgota e os jovens ficam órfãos do encadeamento que os conectava às outras gerações, a miséria à qual Walter Benjamin faz referência é uma miséria que penetrou fundo.

Em "Teorias do fascismo alemão", Walter Benjamin trata da coletânea *Guerra e guerreiros*, editada por Ernst Jünger. Considerando que os autores "abraçam mal o pensamento" (Benjamin, 1930b/1994, p. 64), Benjamin escreve a resenha para entregá-lo mais apropriadamente a eles. Segundo o filósofo, "essa nova teoria da guerra, que traz escrita na testa sua origem na mais furiosa decadência, não é outra coisa que uma desinibida extrapolação para temas militares da teoria do *l'art pour l'art*" (p. 63), isto é, enaltecem-na ao tratarem-na de forma desconexa de todo contexto social. Tomando uma frase publicada no *Action Française* por ocasião do Salão do Automóvel, Benjamin (1930a/2012) pensa no papel da técnica na guerra e no fascismo alemão. O lema *L'automobile c'est la guerre* mostra que a "intensificação dos recursos técnicos, de uma aceleração dos seus ritmos, suas fontes de energia etc. [...] não encontra nas nossas vidas privadas uma utilização completa e adequada e, no entanto, exerce uma forte pressão no sentido de se legitimar" (p. 111). Esses instrumentos perfuram os meios humanos de vida e, pela devastação da guerra, provam a falta de preparo dos homens para transformar a técnica em órgão aliado do corpo social. O contraste entre o avanço técnico e a precariedade moral é frequentemente denunciado pela visível fragilidade das explicações que buscam justificar as guerras imperialistas.

Para Benjamin, a própria natureza econômica da sociedade burguesa exige uma separação entre a dimensão técnica e a chamada dimensão espiritual, e a ordem social se vê apartada de ideias técnicas. O filósofo lamenta constatar como os homens que viveram a guerra pouco aprenderam com ela. Lamenta constatar também que um livro dedicado à guerra e aos guerreiros, como pretende ser a coletânea organizada por Jünger, pouco fale sobre o desenvolvimento do armamentismo europeu. Gases acenam para modalidades esportivas de guerra, nas quais os recordes de mortos são contabilizados como limites a serem sempre superados à maneira das contagens olímpicas. Não há qualquer medida defensiva que possa ser eficaz contra ataques aéreos de gases, que pulverizam veneno contra homens como se estes fossem pragas a serem exterminadas. Máscaras parecem brinquedos contra alguns tipos de gases, que se alastram dissolvendo as linhas demarcadas pelos direitos humanos ao equiparar população civil e combatentes. Com essas novas armas corre-se o risco de fazer da guerra algo infindável. Que um trabalho escrito em 1930 não traga questões dessa espécie é, na visão de Benjamin, "sintoma de um entusiasmo pubertário que desemboca num culto e numa apoteose da guerra" (Benjamin, 1930b/1994, p. 63).

A guerra técnica, aclamada pelos autores, carrega ainda o peso de ter sido uma guerra perdida pelos alemães. Se é possível a outros povos "afirmar que lutaram uma guerra a partir da sua substância mais íntima" (Benjamin, 1930b/1994, p. 64), aos alemães cabe a tarefa de elaborar a derrota. Essa tentativa, porém, não é garantia necessária de resultado satisfatório. Prova disso são as linhas psíquicas de caráter defensivo, armadas no início da evidência da perda, que transmudaram "a derrota numa vitória interna, através da confissão de uma culpa generalizada para toda a humanidade". Esquecer a guerra perdida, transformando "sustos [...] em penugem para rechear colchões" é defesa inicial substituída em seguida por outra, que se esforça em isolar certa ideia admirável da guerra daquela que se relaciona à recusada "perda da guerra". Com a derrota, o modo de existência dos alemães altera-se essencialmente. Enquanto "o vencedor conserva a guerra, o derrotado deixa de possuí-la" (p. 65), isto é, para o vencedor a guerra é parte de seu patrimônio, e para o vencido ela é meramente o vácuo que atrás dela se espalhou. Na lógica da linguagem, diz Benjamin, ganhar ou perder uma guerra penetra o âmago da existência, tornando cada povo, conforme o resultado, simbolicamente mais rico ou mais pobre.

Cultuar a guerra quando já não há mais inimigos é atitude que faz parecer um espírito juvenil bastante responsável. Acenando com um gesto de ser amável com os insaciáveis apetites da burguesia, ansiosa pela "destruição do Ocidente", tal como seria "um colegial que apaga com um borrão de tinta uma questão mal respondida" (Benjamin, 1930b/1994, p. 66), esses autores do livro de Jünger difundem a destruição da qual conseguiram a duras penas escapar. Essa luta cega contra a razão em nome de um mito a ser contemplado ou conclamado só poderia ser esquecida se o olhar se voltasse às famílias empobrecidas nos bairros populares e às coisas putrefatas que de lá derivaram. Nessa coletânea, um trecho do texto de Florens Christian Rang foi o único capaz de preservar o espírito livre em meio ao "exército de desesperados":

> Os demônios da crença no destino, para a qual a virtude humana é vã. – A noite escura de um desafio; que consome num incêndio divino, universal, o que foi conquistado pelos poderes da luz... a aparente vontade senhorial contida nessa idealização da morte nos campos de batalha, que destrói friamente a vida, trocando-a pela ideia – essa noite grávida

> de nuvens, que há milênios nos recobrem e que para iluminar nosso caminho acende, em vez de estrelas, relâmpagos ensurdecedores, confusos, depois dos quais a noite fica mais escura e asfixiante: essa cruel concepção do mundo, da morte universal, e não da vida universal, que no idealismo alemão alivia o horror com a ideia de que atrás das nuvens existe um céu estrelado – essa orientação fundamental do espírito alemão é profundamente desprovida de vontade, diz coisas que não pensa, é um rastejar, um acovardar-se, um desejo de não saber, de não viver e de não morrer... Pois é essa a dúbia atitude alemã com relação à vida: poder jogá-la fora, quando ela não custa nada, num momento de embriaguez, num gesto que ao mesmo tempo assegura o sustento dos que ficaram e aureola a vítima com uma glória ilusória (Rang, 1930 *apud* Benjamin, 1930b/1994, p. 66).

Mas nem mesmo essa sobriedade de Rang se mantém, pois a ideia por ele exposta é atenuada na parte subsequente de seu texto, que logo demonstra afinidades com os demais discípulos de Jünger. Em todos eles coincide a hostilidade contra o materialismo e um apreço pelo idealismo alemão, difundido desde o início da guerra. Entregue como mercadoria pelo Estado e pelo governo, esse idealismo "habilmente" converteu heroísmo em algo "sinistro, mortal, cinzento" (Benjamin, 1930b/1994, p. 67). De longe, num lugar jamais atingido, acenavam a glória e o ideal:

> Linhas de decisão psíquica atravessam a guerra; à transformação da guerra corresponde uma transformação do combatente. Ela se torna visível quando comparamos os rostos leves, impetuosos, entusiásticos dos soldados de agosto de 1914 com as fisionomias mortalmente cansadas, implacavelmente tensas, esquálidas, dos participantes da guerra de material, de 1918. Levadas às últimas consequências, essa guerra finalmente chegou a seu termo, e dela emergem esses rostos inesquecíveis, formados e movidos por poderosas convulsões espirituais, percorrida uma *via crucis* das quais cada etapa e cada batalha é como se fosse o hieróglifo de um violento e infindável trabalho de destruição. Aqui aparece aquele tipo de soldado constituído pelas duras, sombrias, sangrentas e incessantes batalhas de material. Esse tipo se caracteriza pela dureza nervosa do combatente nato, pela expressão da responsabilidade solitária, pelo isolamento das suas almas. Nessa luta, que prosseguia em camadas cada vez mais profundas, sua autoridade se preservou. O caminho percorrido era estreito e perigoso, mas era um caminho que conduzia ao futuro (Jünger, 1930 *apud* Benjamin, 1930b/1994, p. 69).

"Essa espécie de soldado acima descrito é real", lembra Benjamin, "é uma testemunha que sobreviveu à grande guerra, e foi de fato a paisagem do front, sua verdadeira pátria, que ele defendeu no pós-guerra" (Benjamin 1930b/1994,

p. 69). Toda a região havia se convertido em território fértil ao idealismo alemão: "Cada cratera produzida pela explosão de uma granada se convertera num problema, cada emaranhado de arame construído para deter a progressão do inimigo se convertera numa antinomia, cada farpa de ferro se convertera numa definição, cada explosão se convertera numa tese" e, ademais, "o céu, durante o dia, representando o forro cósmico do capacete de aço e, de noite, a lei moral sobre nós" (p. 70). Procurando, com isso, converter a técnica em características heroicas, esse idealismo alemão enalteceu gargalos mortíferos, nos quais "o rosto apocalíptico da natureza" (p. 70) foi modelado e sua condenação ao silêncio foi prescrita. O grito mudo da natureza reverbera de cada parte devastada pelas novas armas. Dessa maneira, o segredo da natureza é dissolvido pela técnica no mesmo passo que sua destruição é arquitetada e efetuada. Concebida de modo metafisicamente abstrato pelo novo nacionalismo, a guerra aparece de forma mística e imediata. Comparados aos exércitos de Gogue e Magogue por Benjamin, cuja história bíblica descreve como inimigos do povo de Deus, esses homens traçam o "Destino" e o "Eros" não aos filhos dos homens, mas aos filhos das ideias. Esses "ídolos canibais" convertem "tudo [...] de puro, sóbrio, ingênuo [...] imaginado para melhorar a convivência humana" (Benjamin, 1930a/2012, p. 120) em moelas prontas a serem devoradas por suas sedentas gargantas. O contraste entre o heroísmo exaltado e a materialidade da guerra pode ser uma barreira intransponível, mas nem assim alguns desses senhores se intimidam, saltando todos os obstáculos com sórdidas manobras "intelectuais".

> O que se forjou aqui, a princípio sob a máscara do voluntário, na guerra mundial, e depois sob a do mercenário, no pós-guerra, foi na verdade um competente militante fascista na luta de classes, e o que os autores entendem por nação, uma classe senhorial apoiada nesses indivíduos, que não é responsável perante ninguém e muito menos perante si mesma, e instalada num trono excelso, tem em sua fisionomia os traços de esfinge do produtor, que corre o risco de ser o único consumidor das suas mercadorias. A nação dos fascistas, com seu rosto de esfinge, constitui-se num novo mistério da natureza, de caráter econômico, ao lado do antigo, que, longe de se iluminar com a luz da técnica, revela agora os seus traços fisionômicos mais ameaçadores (Benjamin, 1930b/1994, p. 70-1).

Essa visão mística da guerra apoia-se, nitidamente, na ideia de Estado, que deve se adaptar estruturalmente a essas forças místicas e delas se mostrar digno. Diante de qualquer fracasso, porém, o Estado é o primeiro a aparecer na mira desses autores, cuja suposta autonomia nasce precisamente da crítica a ele dirigida. Espécies híbridas de "confrarias baseadas da camaradagem e representações regulares do poder do Estado", (Benjamin, 1930a/2012, p. 121) as formações políticas surgidas no pós-guerra passaram a configurar grupos independentes desvinculados do Estado. Os magnatas financeiros da inflação, por sua vez, que não viam mais no Estado a fonte de seus lucros, voltaram-se às ofertas desses bandos por intermédio de entidades privadas ou do Exército.

Se o novo mercenário do pós-guerra, como afirmam os autores, não se vende, mas se oferece, deve-se compreender esse "voluntarismo" por meio do salário que seduziu esses "guerreiros", tanto quanto a novidade técnica trazida ao trabalho que desempenhará: engenheiros de guerra, a serviço da classe dominante, eles são a contrapartida dos dirigentes sindicalistas. Não é prudente, avisa Walter Benjamin, subestimar essas lideranças, que podem aparecer encarnadas num único piloto de um único avião carregado com bombas de gás. Ali estão concentradas as forças capazes de privar o cidadão da luz, do ar e da vida. Esse humilde lançador de bombas, "na solidão das alturas, sozinho consigo e com seu Deus, tem uma procuração do seu superior, o Estado, gravemente enfermo, e nenhuma vegetação volta a crescer onde ele põe a sua assinatura" (Benjamin, 1930b/1994, p. 72).

Diante dessa paisagem deserta, Walter Benjamin declara que a Alemanha não pode aspirar os ares do futuro antes de destruir ou amainar os traços de medusa acesos pela guerra. O caminho para tal não é o amor ou a exortação benevolente, mas "lançar toda a luz que a linguagem e a razão ainda nos oferecem sobre aquela 'vivência primordial', de cujo negrume surdo sai, rastejando, esse misticismo da morte dos mundos, com seus milhares de patinhas repugnantes" (p. 72). O clarão mostrará que a guerra não é nem a "eterna", invocada pelos novos alemães, nem a "última", com que se entusiasmam os pacifistas. Ela é apenas "a única, terrível e derradeira oportunidade de corrigir a incapacidade dos povos para ordenar suas relações mútuas segundo o modelo das suas relações com a natureza, através da técnica" (p. 72). Se essa oportunidade se perder, veremos ainda milhões de corpos humanos despedaçados pelo gás e pelo aço, e nem mesmo aqueles que dominam as esferas de poder estarão privados dos efeitos avassaladores que essas bombas são capazes de provocar. Filhos mais sensatos, que não almejam manipular a técnica como fetiche do holocausto, poderão provar sua lucidez ao perceberem a ilusão de ver na guerra um episódio mágico e ao entreverem as entranhas de sua imagem cotidiana.

Para Benjamin (1933/1997), algumas formas artísticas cumprem essa função iluminadora como são, por exemplo, os quadros fantasmagóricos do pintor expressionista James Ensor, que antecipam a miséria humana pós-guerra já no cotidiano das metrópoles modernas, retratando seus habitantes como seres sinistros que vestem máscaras para se manterem erguidos. Cores estonteantes de fantasias contrastam com o tom acinzentado da morte, sempre à espreita. Pedaços de corpos aproximam o cenário moderno da precariedade pestilenta da era medieval. Por isso o termo "pobreza", integrado ao título "Experiência e pobreza" do texto de Benjamin (1933/1997), não é localizado – a pobreza expandiu-se pelos veios de todo o patrimônio cultural. Ao contrário do que fazem os discípulos de Ernst Jünger, torna-se questão de honra declarar abertamente a pobreza de experiência que cerca toda a humanidade, sem perfumar o alargamento purulento da barbárie. Ao abraçá-la, ganha-se a oportunidade de religar a fragmentação mortífera moderna, drasticamente acirrada durante e após a guerra. Por isso, aos olhos de Walter Benjamin, nem tudo está perdido:

> Barbárie? Sim. Respondemos afirmativamente para introduzir um conceito novo e positivo de barbárie. Pois o que resulta para o bárbaro dessa pobreza de experiência? Ela o impele a partir para a frente, a começar de novo, a contentar-se com pouco, a construir com pouco, sem olhar nem para a direita nem para a esquerda. Entre os grandes criadores sempre existiram homens implacáveis que operaram a partir de uma tábula rasa. Queriam uma prancheta: foram construtores. A essa estirpe de construtores pertenceu Descartes, que baseou sua filosofia numa única certeza – penso, logo existo – e dela partiu. Também Einstein foi um construtor assim, que subitamente perdeu o interesse por todo o universo da física, exceto por um único problema – uma pequena discrepância entre as equações de Newton e as observações astronômicas. Os artistas tinham em mente essa mesma preocupação de começar do principio quando se inspiravam na matemática e reconstruíam o mundo,

> como os cubistas, a partir de formas estereométricas, ou quando, como Klee, se inspiravam nos engenheiros. Pois as figuras de Klee são por assim dizer desenhadas na prancheta, e, assim como num bom automóvel a própria carroceria obedece à necessidade interna do motor, a expressão fisionômica dessas figuras obedece ao que está dentro. Ao que está dentro, e não à interioridade: é por isso que elas são bárbaras. Algumas das melhores cabeças já começaram a ajustar-se a essas coisas. Sua característica é uma desilusão radical com o século e ao mesmo tempo uma total fidelidade a esse século. Pouco importa se é o poeta Bertolt Brecht afirmando que o comunismo não é a repartição mais justa da riqueza, mas da pobreza, ou se é o precursor da moderna arquitetura, Adolf Loos, afirmando: "Só escrevo para pessoas dotadas de uma sensibilidade moderna. Não escrevo para os nostálgicos da Renascença ou do Rococó". Tanto um pintor complexo como Paul Klee quanto um arquiteto programático como Loos rejeitam a imagem do homem tradicional, solene, nobre, adornado com todas as oferendas do passado, para dirigir-se ao contemporâneo nu, deitado como um recém-nascido nas fraldas sujas de nossa época (Benjamin, 1933/1997, p. 115-6).

Ao contrário das análises mais frequentes sobre "Experiência e pobreza", que focam a perspectiva nostálgica de tempos áureos – certamente presente no pensamento de Walter Benjamin –, nos quais a experiência e a capacidade de experimentá-la faziam parte da vida corriqueira, esse recorte deixa transparecer algum crédito dado por Benjamin à cultura que emerge da ruptura com elas. Com uma de suas mãos entrelaçada com a tradição, e a outra, com as portas que se abrem após a queda de seus pilares, Walter Benjamin não abraça integralmente nenhuma espécie de saída mágica.

O extenso parágrafo reproduzido acima ilumina novos prismas sobre os efeitos da guerra até aqui alinhavados. Esse realce a um "conceito novo e positivo de barbárie" e o esgarçamento do nó com a tradição são inevitáveis na medida em que a genialidade de Picasso, fruto dos tremores da Grande Guerra, é reconhecida por Benjamin. Embora saibamos do valor irrevogável da tradição, a guerra abre caminhos que implicam esquecê-la por completo, até que se faça da vida uma simples "tábula rasa". O sentido de tal vida sem rastros não é mais buscado na repetição invariável dos costumes e leis, já que estes perderam validade; trata-se, agora, de vasculhar mundos "de dentro", capazes de libertar os homens dos imperativos incongruentes da tradição. Não se pode esquecer de que esta também mantinha fundamentos pautados na violência. É certo que a própria tradição não foi posta em xeque apenas com o final da guerra, raciocínio que, aliás, deve ser invertido: a guerra só pôde ser a expressão máxima de certos tipos de violência arduamente abafados pela civilização.

O papel da guerra no repertório cultural é escancarar radicalmente a mentira defensiva em que todos estavam mergulhados. Sem precisar conservar a estrutura farsesca que regia a Europa pós-revolucionária, a guerra coloca-nos face a face com o desamparo. Desprovidos da convicção de que as melhores ferramentas podem ser colhidas na tradição, Klee, os cubistas, Brecht e Loos buscam dentro de si aquilo que os faz criar as fagulhas de uma cultura sem encalços. Vasculhar "dentro" para daí extrair o material que vai compor suas obras não significa recolher-se em uma interioridade – Benjamin é claro ao diferenciar "interioridade" e "dentro". Enquanto a interioridade supõe forçosamente a face antagônica dela, isto é, a exterioridade, que ora se contrapõe ao universo interno, ora coincide com ele, sem que saltos para fora sejam necessários, o dentro é uma espécie de baú cheio de peças em frangalhos, que, vasculhado com ousadia pelo dono, pode fornecer matéria fértil para criação. Subsiste entre o dentro e o fora um abismo intransponível, sendo aquele o lugar de extração das centelhas que farão parte da cultura moderna pós-guerra. O material mais adequado para guardar os elementos do que está dentro é, segundo Benjamin, o vidro. Estudando certos arquitetos como Scheerbart, Loos e Le Corbusier, Benjamin considera o vidro ideal para formar acomodações modernas por ser translúcido, duro e tão liso a ponto de nele nada se fixar. Sua superfície transparente por si só é avessa aos princípios da aura, daí Benjamin afirmar categoricamente: "As coisas de vidro não têm nenhuma aura" (Benjamin, 1933/1997, p. 117), pois em geral ele é "inimigo do mistério" (p. 117) e da propriedade. Por isso, quando se fala de um dentro, trata-se de um dentro escancarado e arrancado da interioridade pelos estrondos tenebrosos do mundo devastado pela guerra. A pobreza da interioridade é franqueada, e é dessa miséria que podem se erguer alguns pilares da modernidade.

A imagem do hotel[8] também ilustra essa tendência de dissolução da interioridade. No romance pós-guerra *Hotel Savoy*, o escritor judeu Joseph Roth (1924/2013), também de origem austro-húngara, retrata um cenário no qual a tradição está esfacelada. Uma nova ordem se estabelece neste local, e o que nele prevalece é o caráter estrangeiro das identidades. Sem nome, a cidade na qual se passa a história por ele narrada é tão anônima quanto qualquer um dos personagens apresentados pelo escritor. Sem história, as pessoas são "como sombras mudas" (p. 49) que passam umas ao lado das outras. Ao contrário da morte do fim do século XIX, cujo momento fúnebre era tido como um espetáculo, ela agora não vale nada. Na cena narrada sobre um morto, o corpo permanece esquecido num canto do teatro e equivale

---

[8] A imagem do hotel é usada com frequência para desfragmentar a noção de identidade. Escrevi sobre este aspecto a propósito da obra contemporânea da artista brasileira Carmela Gross em catálogo para a exposição *Fronteiras: Lugar do Estrangeiro* <http://issuu.com/alessandraaffortunatimartinsparente/docs/catalogo__20_>. A ideia do *Unheimlich* é comumente atrelada ao ambiente de hotel, basta pensar em filmes como *Psicose*, de Alfred Hitchcock, e *O iluminado*, de Stanley Kubrick.

aos outros objetos ali depositados, enquanto a peça ou a dança prossegue sem piedade.

Benjamin é bastante claro em relação ao valor inócuo da nostalgia dos tempos áureos, dos quais pouco se têm notícias. Só da exaustão se pode retirar o embalo para os sonhos, e só dela é possível escavar as feridas de onde os homens passam a criar suas imagens.

Nesse cenário, o homem primevo e o homem culto pouco se diferenciam. É dessa observação que Freud reconhece ser necessário dar um passo atrás em nome da verdade de que não somos tão elevados quanto imaginávamos.

9.

Pânico: a descoberta repentina do desamparo

O CHANCELER *(aproxima-se lentamente)*:

Que em sua velhice outro dom não requer. –
Ouvi, vede o fatídico folheto,
Que todo o mal transforma em bem concreto.
(lê). "Saiba o país para os devidos fins
Este bilhete vale mil florins.
Garante a sua soma real o vulto
Do tesouro imperial no solo oculto.
Dele se extrai logo a riqueza imensa
Com que o valor do papel se compensa"

O IMPERADOR:

Fraude tremenda! Atrevem-se a exibir-ma!
Quem alterou a nossa imperial firma?
Como é que impune crime tal ficou?

O TESOUREIRO:

Lembra-te! Foste tu quem o assinou;
Eras o grande Pã. De noite foi;
O Chanceler te interpelou:
"Constrói, Altíssimo, estreando um prazer novo,
Com uma penada o bem-estar do povo."
Firmaste-o. Logo após foi rubricado,
Por magos aos milhões multiplicado.

(Goethe, *Fausto*)

Segundo Mario Eduardo Costa Pereira (2008), desamparo e trauma, os dois componentes tratados nesse contexto sócio-histórico a que estamos dedicando nossa atenção, estão interligados na obra freudiana. Movimento psíquico fundador, o recalque primário (*Urverdrängung*) busca conter a invasão transbordante do pulsional – trauma – no campo do aparelho anímico, ainda desamparado e, por isso, sem recursos para conceder contornos a ela. O desamparo (*Hilfslosigkeit*) é explicado dentro dessa perspectiva em *O inconsciente*, sendo tal definição aperfeiçoada, ainda de acordo com Pereira (2008), no ensaio "Visão de conjunto sobre as neuroses de transferência", em "Freud afirma que a disposição para a angústia [*Angstlichkeit*] do homem advém da herança filogenética do desamparo objetivo da humanidade no período de glaciação" (p. 146). Nesse texto, o autor explica que

> [...] os estados de terror [*Schreck*] – um dos afetos da situação traumática em que o desamparo é vivenciado em toda a sua crueldade – são concebidos como sendo a emergência de um certo tipo de memória filogenética, uma memória da espécie, uma memória dos sofrimentos daqueles tempos primitivos (p. 146).

Para Freud, mais especificamente, por pertencer a tempos imemoriais, "a angústia seria fundamentalmente um desamparo revivido sem ser exatamente relembrado" (p. 146). Se é verdade que o desamparo foi impresso definitivamente em nosso DNA, anunciando-se por uma angústia dessa experiência referente a um passado de que não se pode lembrar, é tarefa de cada geração reconstituir uma narrativa que possa conceder contornos ao desamparo arcaico e delimitar tal angústia no presente, convertendo-a em medo específico, capaz de ser colocado em palavras e ações que o enfrentem.

Tal é a tarefa a que nos propomos parcialmente neste ponto: compreender o desamparo reativado dos arcabouços da memória pelas vivências traumáticas da guerra. Para tanto, é necessário resgatar a epígrafe que abre este capítulo. O trecho trata da substituição do ouro pelo papel como símbolo do valor-dinheiro. No *Fausto* de Goethe (Goethe, 1808-32 *apud* Biswanger, 2011, p. 41), a representação dessa transformação, decisiva no curso da história econômica, só foi promovida em função da bebedeira do Imperador, que, fantasiado de Pã em pleno alvoroço carnavalesco, cai no conto de Mefistófeles e é convencido por este a assinar e promulgar uma nova ordem. Deus dos bosques, dos campos, dos rebanhos e dos pastores, Pã é temido por aqueles que precisam atravessar as florestas à noite, pois as trevas e a solidão da travessia suscitavam pavores súbitos, desprovidos de causa aparente. O termo "pânico" deriva justamente desses pavores súbitos atribuídos a Pã. Não é possível fugir da pergunta: teria o imperador, sob as vestes de Pã, levado pânico a todos ao aceitar a lei que dá ao papel o poder do dinheiro[1]?

1 Outro aspecto que se desdobra das estrofes transcritas é o de que, subsequentemente ao fato narrado, o imperador se regozija ao reconhecer sua riqueza. "Deslumbrado, e crendo que seus assessores econômicos são capazes de qualquer mágica [...], o Imperador solicita a Fausto e a Mefisto, em seguida, que produzam uma evocação de Helena de Troia". Convencido de que, depois de ter feito do Imperador alguém rico, deve, então, diverti-lo, Mefisto sugere a Fausto que criem um plasma de Helena e diz: "Crês que de Helena a evocação se plasma/Sem mais, como o papel-moeda fantasma". Para realizar essa mágica, "Mefisto, parecendo mais diabolicamente humano do que nunca, reluta em revelar 'um segredo' arcano, mas conta que a proeza pode ser realizada apenas com o auxílio das Mães, 'deusas ignoradas'". Na cena seguinte, Fausto regressa do reino das Mães, esclarece Franco, "com um tripé ardente" que seria acoplado a uma "lanterna mágica", aparelho bastante popular no início do século XIX, conhecido como "câmara lúcida". Esse aparelho projetava uma espécie de sombra sobre uma superfície de papel, e com ela se obtinham imagens praticamente "fotográficas" dos objetos pintados. Esse "segredo" foi relevado a Goethe e a Fausto no reino das artes plásticas e com ele foi possível projetar "imagens de Helena e de Páris sobre 'densos vapores', criando assim a ilusão de um espectro". Porém, no decorrer da pantomima, Fausto descontrola-se diante de Helena, e Mefisto o repreende: "Controla-te homem, do papel não saias!". Sem conseguir se deter diante da miragem da bela Helena, Fausto lança-se sobre o vulto e destrói a performance. Na interpretação de Harold Bloom, lembra ainda Franco: "A chave que Mefisto oferece a Fausto 'é demasiado fálica'; eis que, no dizer de Fausto, 'cresce ela em minha mão, reluz, cintila'; a 'grande empresa' da mística descida [ao reino das Mães] é palpavelmente uma masturbação, heroica na prolongação e altamente poética no resultado, a visão do estupro inicial de Helena por Páris".

Levando ao pé da letra a afirmação de Calligaris, citada no livro *Transtornos do pânico*, segundo a qual, "todo sintoma é automaticamente social, já que não se concebe sujeito sem laço social" (Calligaris *apud* Santos, 2009, p. 26), procuraremos demonstrar como o pânico seria o diagnóstico psicopatológico mais enraizado nas questões modernas inauguradas pela Primeira Guerra Mundial, persistindo ainda hoje neste mesmo lugar. Embora muitos autores já tenham exaltado a atualidade do transtorno do pânico, parece não haver nada muito convincente na literatura psicanalítica que demonstre as razões pelas quais sintomas de pânico podem ser considerados mais propriamente contemporâneos, ainda que também tenham se manifestado em outros períodos da história da humanidade. Admitindo a hipótese de que o pânico se alastra de forma revigorada no pós-guerra, tem-se então que ele derivaria do desamparo causado por esses acontecimentos históricos. A hipótese que liga o pânico ao desamparo foi comprovada por estudiosos do tema, notadamente Mario Eduardo Costa Pereira (2008) e Lucianne Sant'Anna de Menezes (2005). Já vimos que o desamparo deriva da falência da autoridade paterna, que após a Primeira Grande Guerra assume proporções monstruosas.

"Deusas ignoradas" ao longo do poder patriarcal fazem reverberar suas vozes abafadas e humilhadas, mas o domínio do patriarcado perdura por meio de um sistema que converte figuras paternas encarnadas em sistemas abstratos de ideias e instituições, principalmente por meio do capitalismo, revestido da ideologia nacionalista (Biswanger, 2011, p. 42-5).

Comecemos, então, com um exemplo extraído das cenas de guerra. No dia 22 de abril de 1915, tropas germânicas aterrorizaram soldados aliados da frente ocidental ao lançar mais de 150 toneladas de gás clorídrico contra duas divisões francesas em Ypres, Bélgica. Foi o primeiro de diversos ataques a gás que devastaram linhas aliadas. Em menores proporções, o gás tóxico já havia sido usado por forças policiais francesas. Com a deflagração da Primeira Guerra Mundial, os alemães expandiram essa estratégia adotando sistematicamente armas químicas. Em 22 de abril, começaram a Segunda Batalha de Ypres como de costume, isto é, com o bombardeio de artilharia contra as linhas inimigas. Assim que os canhões pararam, defensores aliados esperavam a onda de ataque das tropas germânicas, mas "foram levados ao *pânico* quando o gás clorídrico flutuou pela terra de ninguém e penetrou nas trincheiras". Os alemães soltaram o gás venenoso que, com a ajuda do vento, dizimou duas divisões de soldados franceses e argelinos. Quando as linhas aliadas se romperam, os germânicos, "tão chocados quanto os aliados pelos efeitos devastadores do gás venenoso, não tomaram as posições dos inimigos" (Altman, 2011).

Essa breve cena ilustra apenas uma das infindáveis situações de pânico vividas nos campos de batalha da Primeira Guerra Mundial. Em "Psicologia das massas e análise do eu", Freud (1921a/1996) descreve minuciosamente o que estava em jogo na instauração do pânico entre as massas. Após detalhar a lógica que opera nos grupos, Freud estuda os exemplos de dois segmentos altamente organizados, permanentes e artificiais: o Exército e a Igreja. Uma ilusão sustenta a ambos: a de que há uma cabeça superior que rege a Igreja Católica, Cristo – representado hierarquicamente nos postos do clero –, e, no caso do Exército, as ideias de nação, pátria, unidade do povo, glória nacional – representadas pelo comandante-chefe[2]. Também persiste a crença de que a figura de Jesus e/ou a dos representantes da pátria ama(m) igualmente todos os indivíduos do grupo. O funcionamento desse conjunto depende dessa ilusão. Se por alguma razão ela se dissolve, tanto a Igreja quanto o Exército se desintegram.

Nesses grupos artificiais[3], cada membro liga-se por laços libidinais de um lado ao líder (Cristo ou comandante-chefe), e de outro, aos demais membros do grupo. A falta de liberdade do indivíduo num grupo deve-se justamente a este elo libidinal. Como se sabe, o investimento exacerbado nessas duas direções – grupo e líder –, cujo laço emocional é tão intenso, é inversamente proporcional ao depositado no eu e, por conseguinte, isso pode explicar parcialmente a razão pela qual se observa uma clara limitação na personalidade de componentes de grupos.

Finalmente alcançamos a zona que nos interessa. Freud diz que há outro aspecto capaz de provar que a essência

---

2 Freud fala em Cristo e chefe-comandante. Seguindo sua própria lógica, porém, faz mais sentido comparar Cristo aos ideais nacionalistas e o chefe-comandante, e os demais cargos altos do Exército aos postos hierárquicos da Igreja católica.

3 Tanto Exército como Igreja são grupos artificiais porque há uma força externa que os impede de se desagregar e evita alterações em sua estrutura.

de um grupo reside nos laços libidinais que nele existem: a manifestação do fenômeno do pânico, bem estudado nos grupos militares. O pânico emerge se um grupo desse tipo se desintegra. O que ocorre mais precisamente é que, no pânico, provocado por alguma falência identificada no líder, "as ordens dadas pelos superiores não são mais atendidas" e "cada indivíduo se preocupa apenas consigo próprio, sem qualquer consideração pelos outros" (1921a/1996, p. 107). Se esses laços mútuos, que mantinham a ordem atada, deixam subitamente de existir, um medo gigantesco e insensato toma conta. A magnitude do medo não se equipara à magnitude do perigo, e não há nada que possa justificar racionalmente "por que o mesmo exército que agora tomba vítima de pânico pôde anteriormente ter enfrentado perigos iguais ou maiores com sucesso total" (p. 108). É parte da essência do pânico "não apresentar relação com o perigo que ameaça, e irromper frequentemente nas ocasiões mais triviais" (p. 108). O raciocínio de Freud é simples neste ponto. Diz ele: "Se um indivíduo com medo pânico começa a se preocupar apenas consigo próprio, dá testemunho, ao fazê-lo, do fato de que os laços emocionais, que até então haviam feito o perigo parecer-lhe mínimo, cessaram de existir" (p. 108). Repentinamente sozinho, dá uma dimensão desproporcional ao perigo. Daí a conclusão de que o medo pânico deriva de certo relaxamento na estrutura libidinal do grupo, e a reação a esse relaxamento torna-se observável.

O pânico resulta, por conseguinte, de um repentino desatar dos laços libidinais entre o líder e os membros e entre os membros entre si. Seguindo esse axioma e supondo que ele ainda seja válido para explicar o pânico nos dias atuais, permanecemos com certas lacunas a solucionar. Antes de enumerá-las para tentar resolvê-las, recuperemos o exemplo sobre o ataque de gás. Admitindo que o termo pânico tenha sido devidamente empregado naquele contexto, visando explicar a reação da tropa diante do próprio feito sobre os inimigos, devemos deduzir o seguinte: o pânico decorreu provavelmente da percepção súbita de que a vida de cada qual, no interior daquelas circunstâncias, não valia mais que a de um inseto e poderia simplesmente se esvair – como ocorreu com a tropa inimiga –, sem deixar qualquer rastro. Multidões de mortos colocam às claras o valor nulo de todos. Se era possível que a morte varresse simultaneamente tanta gente, como a um enxame, isso era sinal de que ninguém efetivamente simbolizava ou representava algo especial, como preconizava o discurso nacionalista. Fiando-se nos ideais de morrer pela pátria, de unidade entre irmãos ou de ser um herói de guerra, os miseráveis soldados constatam repentinamente a mentira na qual haviam creditado suas vidas. Em suma, esses soldados caem em si e percebem subitamente que ali no campo não eram nada. O pânico nasce, portanto, do desabamento de todos os sustentáculos que mantinham os soldados lutando – os ideais nacionalistas, o amor à pátria, a submissão à palavra do líder e a confiança em seu amor.

Essa coerente explicação pode ser transposta, em maior ou menor medida, para outras situações que se apresentam na modernidade, como o regime socialista e as descobertas sobre Stálin, o nacional-socialismo e os terrores de Hitler, ou o fascismo desengonçado, mas nem por isso menos nefasto, de Mussolini. Que o socialismo ou o nacional-socialismo se aproxime da religião no modo como opera sobre a mente de seus entusiasmados partidários é algo que já havia sido pensado por diversos autores, inclusive por Freud, que identifica o idealismo – essencial na lógica que governa a psicologia das massas – ao socialismo em "Mal-estar na civilização". Giorgio Agamben (2013) afirma o mesmo, citando Schmitt, para quem "o socialismo pretende dar vida a uma nova religião que, para os homens dos séculos XIX e XX, teve o mesmo significado que o cristianismo para os homens de dois mil anos atrás" (Schmitt *apud* Agamben, 2013).

Há, porém, um regime político-econômico que parece fugir a essa regra: o capitalista. Com todos os seus inúmeros defeitos, a liberdade parece estar mais bem garantida no sistema capitalista e na democracia liberal do que foi nos demais regimes. Mas principalmente: se os outros regimes eram compostos por blocos coesos ou massas alienadas, no capitalismo a alienação parece se dever, ao contrário, ao individualismo extremo, o que romperia com a lógica do grupo, bem explicitada por Freud. Ou seja, parece necessário admitir os limites para pensar a síndrome ou o transtorno do pânico nos dias de hoje, adotando como regra geral as categorias propostas por Freud em "Psicologia das massas e análise do eu" (1921a/1996). No máximo poder-se-ia reconhecer que elas são apenas parcialmente válidas, sendo preciso formular novas categorias para o pânico, desvinculadas da lógica grupal e aplicáveis em contextos como o da democracia liberal capitalista.

Embora as categorias da "Psicologia das massas e análise do eu" possam parecer, num primeiro lance de olho, limitadas a grupos organizados e artificiais (Exército, Igreja, regimes totalitários) para a análise do pânico, afirmaremos categoricamente que Freud concebeu, de fato, quase todos os elementos capazes de explicar sua origem e as formas sociais que o despertam também em grupos supostamente orgânicos e desorganizados. Trabalharemos com a suposição de que o transtorno do pânico deriva do desamparo por ter sido precedido de um investimento maciço em um Outro, cujas leis se integravam a uma lógica mais abrangente e complexa de valores sociais que organizavam e sustentavam um modelo específico de mundo para o sujeito. E, se o sujeito foi invadido pelo pânico, é sinal de que, antes de ter sido tomado por ele, havia praticamente vendido sua alma para esse intrincado sistema.

Mais precisamente: nossa hipótese é a de que, como em um pacto fáustico, os homens modernos e contemporâneos alienam-se a determinado sistema político-econômico, que pode muito bem ser o capitalista. Essa consideração fundamenta-se no enigmático fragmento benjaminiano *Capitalismo como religião* e nos comentários sobre ele feitos por Michael Löwy (2005b) e Giorgio Agamben[4] (2013). Procurando decifrar as notas obscuras e paradoxais do filósofo alemão, Löwy (2005b) mostra algumas aproximações entre o texto de Benjamin e *A Ética protestante e o espírito do capitalismo*, de Max Weber. Para o autor, contudo, a posição de Benjamin é mais impiedosa diante do sistema capitalista do que a obra weberiana e, num certo sentido, a ultrapassa. Segundo Benjamin (1921/2013), "o capitalismo deve ser visto como uma religião"[5] (p. 21), o que implica, diferentemente de Weber, demonstrar a estrutura religiosa do capitalismo, "que não é só uma formação condicionada pela religião, como pensou Weber, mas um fenômeno essencialmente reli-

---

4 Para Agamben, o domínio do capitalismo é, em nosso tempo, tão total, que até os três grandes profetas da modernidade (Nietzsche, Marx e Freud) conspiram, segundo Benjamin, com ele, isto é, são solidários, de algum modo, com a religião do desespero. "Esta passagem do planeta homem pela casa do desespero na absoluta solidão do seu percurso é o *éthos* que define Nietzsche. Este homem é o Sobre-homem, ou seja, o primeiro homem que começa conscientemente a realizar a religião capitalista". Mas também a teoria freudiana pertence ao sacerdócio do culto capitalista: "O que foi removido, a representação pecaminosa [...] é o capital, sobre o qual o inferno do inconsciente paga os juros". E, em Marx, o capitalismo, com os juros simples e compostos, que são função da culpa [...] transforma-se imediatamente em socialismo" (Agamben, 2013).

5 Em *O capital*, Marx havia feito uma aproximação entre capitalismo e religião, pensando na forma de observar as instituições: "Os economistas têm um modo peculiar de proceder. Para eles há apenas duas espécies de instituição, as artificiais e as naturais. As instituições do feudalismo são artificiais, as da burguesia, naturais. Eles igualam-se nisso aos teólogos, que também distinguem dois tipos de religião. Toda religião, que não sua própria, é uma invenção dos homens, a sua própria no entanto uma revelação divina. – Assim portanto houve história, mas agora não há mais" (Marx, 1847/1983, p. 113).

gioso" (p. 21). Dito de maneira mais precisa: enquanto para Weber o capitalismo é uma secularização da fé protestante, para Benjamin é ele próprio um fenômeno religioso, que se desenvolve a partir do cristianismo.

Antes de avançar com essa ideia, é necessário que ainda nos detenhamos um pouco em "Psicologia das massas e análise do eu". Seguindo as trilhas abertas por Le Bon, Freud (1921a/1996) procura responder o que faz um grupo assumir características próprias e transformar cada indivíduo em outro quando submetido a forças grupais. Uma das características assumidas pelos grupos é um sentimento de poder invencível, que permite aos membros renderem-se a instintos que seriam mantidos sob coerção caso estivessem sozinhos. Quando anônimos, certos grupos dão livre curso a ações irresponsáveis, o que, para Freud, significa simplesmente que os indivíduos em grupo se permitem afrouxar as repressões de seus impulsos instintuais inconscientes. Extremamente crédulo, o grupo tem sua faculdade crítica rebaixada, e o impossível é ignorado como obstáculo por ele. O grupo que, segundo Freud "é inteiramente conservador e tem profunda aversão por todas as inovações e progressos", cultivando inquestionável respeito pela tradição, deseja acima de tudo "ser dirigido, oprimido e temer seus senhores" (1921a/1996, p. 89). Caem uma a uma as inibições individuais e entram em ebulição instintos cruéis, brutais e destrutivos, antes amornecidos por um silencioso e eterno banho-maria. Essa predominância da personalidade inconsciente sobre a consciente e a tendência observável de converter imediatamente as ideias sugeridas em atos fazem do sujeito um *autômato* – o que, para McDougall (1920 *apud* Freud, 1921a/1996), corresponderia a uma compulsão automática –, que deixou de ser dirigido por sua vontade. Como um rebanho obediente, que não pode prescindir de um senhor, cada homem despenca vários degraus na escada da civilização e se torna uma massa compacta com as demais ovelhas. Quando isolado, esse mesmo homem se mostra um sujeito cultivado e afeito às regras que mantêm a civilização, mas é só se imiscuir na multidão para que sua feição bárbara comece a mostrar seus traços.

O contágio e o fascínio vividos pelos membros do grupo aproximam-se dos estados hipnóticos, e a sugestionabilidade opera quando os sujeitos perderam inteiramente sua personalidade consciente, passando a obedecer a todas as sugestões do operador que os privou dela. As palavras que exercem um poder mágico sobre o grupo independem de seu caráter de verdade. Aliás, os grupos anseiam por ilusões e priorizam o irreal sobre o real. A fé é um princípio que assume a dianteira em detrimento da razão, e os líderes são os que promovem esse sentimento de crença inquestionável.

McDougall (1920 *apud* Freud, 1921a/1996), em *The group mind* [a mente grupal] (1920), considera que o "grupo" não tem organização alguma e descreve-o como uma "multidão". Entretanto, admite que a multidão "dificilmente pode reunir-se sem possuir, pelo menos, os rudimentos de uma organização"; esses indivíduos devem apresentar "algo em comum uns com os outros" (McDougall, 1920 *apud* Freud, 1921a/1996, p. 94). McDougall reconhece a existência de um grupo organizado no qual o comportamento psicológico se distingue do da multidão desorientada, enumerando certas condições para que haja uma elevação da vida mental coletiva a um nível mais alto. Destacarei apenas três delas: certa continuidade de existência do grupo, rivalidade com outros grupos semelhantes, mas que dele difiram em muitos aspectos, e cultivo de tradições, costumes e hábitos.

Se observada mais atentamente, contudo, essa linha divisória estabelecida por McDougall entre grupos organizados e grupos desorganizados mostra-se bastante frágil. O que aparentemente é uma multidão dispersa só é capaz de manter sua calmaria porque se aliena em sistemas mais amplos, mesmo que seus ideais, seu(s) líder(es) e os membros que integram o grupo não sejam imediatamente visíveis. O grupo observado de forma inteiramente irracional não é, portanto, uma constante. Basta pensar nos regimes políticos totalitários citados anteriormente e refletir sobre o modo de vida de cada indivíduo persuadido pelo sistema, vivendo sob suas regras. O entusiasmo eufórico estava longe de ser uma constante. Cada cidadão parecia levar uma vida comum, até que a aparição do *Führer* exaltasse ânimos e evocasse os tenebrosos instintos dos mais recônditos abismos da alma. Esse mesmo raciocínio pode ser aplicado aos fiéis católicos, que somente em cultos se deixavam conduzir pelo contágio exacerbado e pela sugestionabilidade imediata do líder da cerimônia. Para notar a mesma coisa no caso do exército, é necessário apenas contrastar a atmosfera dos acampamentos de guerra com o momento exato no qual havia ataques aos inimigos comandados pelo chefe em pleno campo de batalha. Não é pelo fato de preponderar o estado de calmaria na maior parte do tempo, que as características do grupo não estavam presentes. O elo entre os membros, a crença nos ideais que governam o grupo e a persuasão diante do líder, embora amainados pelo cotidiano, estavam prestes a renascer, bastando a invocação em certas circunstâncias favoráveis a eles.

Ora, se isso é verdade, temos de admitir que os regimes políticos alinhados ao capitalismo não fogem a nenhuma das regras estabelecidas por Freud para caracterizar o funcionamento das massas. Ideais, contágio, sugestionabilidade, rivalidade com grupos da mesma área, mas antagônicos, rebaixamento da capacidade crítica e funcionamento psíquico regressivo são aspectos facilmente identificáveis no interior desse sistema. Vejamos como.

Na visão de Benjamin, "o capitalismo é uma religião puramente cultual, talvez até a mais extremada que já existiu" (1921/2013, p. 21). No capitalismo "todas as coisas só adquirem significado na relação imediata com o culto; ele não possui nenhuma dogmática, nenhuma teologia. Sob esse aspecto, o utilitarismo obtém sua coloração religiosa"

(p. 21). Quem explica a que utilitarismo Benjamin se refere é Löwy: "As práticas utilitárias do capitalismo – investimento do capital, especulações, operações financeiras, manobras bolsistas, compra e venda de mercadorias – são equivalentes a um culto religioso" (2005b). Sem fazer qualquer espécie de exigência à adesão de um credo ou proselitismo de uma doutrina, as ações movem o mundo e "representam, por sua dinâmica social, práticas cultuais". Nesse sentido, essa religião capitalista é comparada ao paganismo original, que também tinha a característica de ser "'imediatamente prático' e sem preocupações 'transcendentes'" (Löwy, 2005b).

Embora não explique o que faz as práticas econômicas capitalistas serem análogas ao "culto", Benjamin utiliza o termo "adorador" em seu texto, levando Löwy a supor que o "culto capitalista comporta certas divindades que são objeto de adoração" (2005b). Nesse sentido, imagens de santos de diferentes religiões são comparáveis às notas de dinheiro. Sob a forma de papel-moeda, o dinheiro assume lugar análogo ao dos santos das religiões comuns, cumprindo a função de objeto de um culto.

Em "Benjamin e o capitalismo", Giorgio Agamben (2013) procura compreender o enigmático fragmento de Walter Benjamin, mostrando a radicalização das previsões do filosofo alemão após Nixon extinguir, em 1970, o padrão metálico de referência. Exigências do mercado levaram a vincular moeda metálica – que estava rareando – a letras de câmbio, cédulas, juros, *goldsmiths' notes* etc. Antes, moedas de papel nada mais eram do que títulos de crédito, isto é, moedas fiduciárias. Enquanto a moeda metálica valia ou deveria valer pelo material do qual era produzida – o metal precioso[6] –, o papel era símbolo que remetia a outros valores concretos. De qualquer forma, todo dinheiro sempre foi apenas crédito até Richard Nixon tê-lo desanexado do ouro em 15 de agosto de 1971, tornando-o autorreferente. Diz a esse respeito Agamben:

> O que significou, para esta religião, a decisão de suspender a convertibilidade em ouro? Certamente constituiu uma espécie de elucidação do próprio conteúdo comparável à destruição mosaica do bezerro de ouro ou à fixação de um dogma conciliar – em todo caso, trata-se de uma passagem decisiva para a purificação e a cristalização da própria fé. Esta – na forma do dinheiro e do crédito – emancipa-se agora frente a toda referência externa, cancela o seu nexo idolátrico com o ouro e se afirma na sua absolutidade. O crédito é um ser puramente imaterial, a mais perfeita paródia da *pistis*, que nada mais é do que "substância das coisas esperadas". A fé – assim dizia a célebre definição da Carta aos Hebreus – é substância – *ousia*, termo técnico por excelência da ontologia grega – das coisas esperadas.

---

[6] Agamben lembra que o metal precioso não garantia necessariamente o valor da moeda, já que exemplos claros contrariam essa ideia, como o das moedas de prata cunhadas por Frederico II, que logo depois de serem usadas deixavam aparecer o vermelho do cobre.

> O que Paulo quer dizer é que aquele que tem fé, que pôs a sua *pistis* em Cristo, toma a palavra de Cristo como se fosse a coisa, o ser, a substância. Mas é precisamente este "como se" que a paródia da religião capitalista cancela. O dinheiro, a nova *pistis*, é, agora imediatamente e sem resíduos, substância. O caráter destrutivo da religião capitalista, de que falava Benjamin, aparece aqui na sua plena evidência. A "coisa esperada" não existe mais, e foi aniquilada e deve sê-lo, pois o dinheiro é a essência última da coisa, a sua *ousia* no sentido técnico. E dessa maneira elimina-se o último obstáculo para a criação de um mercado da moeda, para a transformação integral do dinheiro em mercadoria (Agamben, 2013).

Deixando de ser mediação, o dinheiro impõe-se como aparição da "coisa". Nesse sentido, o crédito como religião e domínio de fé circula apenas em torno do próprio crédito no valor absoluto dessa substância. O capital privado do século XIX estava ancorado nos "princípios da respeitabilidade e da solvência" (Agamben, 2013), e o recurso ao crédito parecia algo quase obsceno com seus negócios fundados apenas no capital "fictício". Após a desvinculação do ouro promulgada por Nixon estamos num ambiente no qual antigos trapaceiros e pessoas desonestas, à margem do capitalismo propriamente dito, se tornaram a regra:

> No decurso do século XIX, esta concepção patriarcal dissolveu-se completamente, e o capital das empresas hoje recorre em medida crescente ao capital monetário, tomado de empréstimo junto ao sistema bancário. Isso significa que as empresas, para poderem continuar a produzir, devem por assim dizer hipotecar antecipadamente quantidades cada vez maiores do trabalho e da produção futura. O capital produtor de mercadorias alimenta-se ficticiamente do próprio futuro. A religião capitalista, em coerência com a tese de Benjamin, vive de um contínuo endividamento que não pode nem deve ser extinto. Mas não são apenas as empresas que vivem, neste sentido, *sola fide*, a crédito (ou a débito). Também os indivíduos e as famílias, que recorrem a isso de modo crescente, estão da mesma forma religiosamente envolvidos neste contínuo e generalizado ato de fé sobre o futuro. E o Banco é o sumo sacerdote que ministra aos fiéis o único sacramento da religião capitalista: o crédito-débito (Agamben, 2013).

Se o capitalismo é uma religião, pondera Agamben, como podemos defini-lo em termos de fé ou, em outras palavras: em que crê o capitalismo? Para responder a esta questão, Agamben relata uma anedota que implica o termo *pistis*, já presente no trecho anterior. Segundo o filósofo italiano, David Flüsser, um cientista das religiões, estava pesquisando a palavra *pistis*, vocábulo grego que Jesus e os apóstolos empregavam para se referir à fé. Durante seu período de pesquisa, estava um dia por acaso numa praça de Atenas e, de repente, erguendo os olhos, leu em caracteres cubitais diante de si *Trapeza tes pisteos*. Perplexo perante a coincidência, esfregou os olhos e, após alguns segundos, notou que estava em frente a um banco. *Trapeza tes pisteos* significa, em grego, de acordo com Agamben, "banco de crédito". Eis que se revela por completo o sentido da palavra *pistis* – fé: trata-se do "crédito de que gozamos junto a Deus e de que a palavra de Deus goza junto de nós, a partir do momento em que cremos nela". É desse princípio que a definição de fé, dada por Paulo, também se ilumina como "substância de coisas esperadas", ou seja, "ela é aquilo que dá crédito e realidade àquilo que ainda não existe, mas em que cremos e temos confiança, em que colocamos em jogo o nosso crédito e a nossa palavra" (Agamben, 2013).

Ainda de acordo com Agamben, *creditum* é o particípio passado do verbo latino *credere*, sendo "aquilo em que cremos, em que colocamos a nossa fé, quando estabelecemos uma relação fiduciária com alguém tomando-o sob a nossa proteção ou emprestando-lhe dinheiro, confiando-nos à sua proteção ou tomando de empréstimo dele algum dinheiro". Na *pistis* paulina, depositar "a própria *fides* em alguém proporcionava, em troca, a sua garantia e a sua ajuda" (Agamben, 2013). Seguindo essa lógica apreendida por Benjamin e reescrita por Agamben, segundo a qual "o capitalismo é uma religião inteiramente fundada sobre a fé", teremos então que ele, o capitalismo, "é uma religião cujos adeptos vivem *sola fide* (unicamente da fé)", e seu "culto se emancipou de todo objeto e a culpa se emancipou de todo pecado, e, portanto, de toda possível redenção". Sem objeto de fé, o capitalismo crê no puro fato de crer, no puro crédito (*believes on the pure belief*), ou seja, no dinheiro. O capitalismo é uma religião em que a fé – o crédito – ocupa o lugar de Deus. Deus é dinheiro uma vez que ocupa a forma pura do crédito. O banco, que fabrica e gere crédito, está no espaço que antes era designado à Igreja. Administrando o crédito, o banco "manipula e gere a fé", absorvendo todo o resto de confiança que nosso tempo conseguiu guardar em si mesmo (Agamben, 2013).

O papel-moeda aparece, então, como uma das diferentes manifestações de uma divindade mais fundamental no sistema capitalista cultual: o "dinheiro". Oriundo dos escritos bíblicos, Mamon é o termo empregado para indicar riqueza material ou cobiça e aparece, na maioria das vezes, personificado como uma divindade. Sendo uma transliteração da palavra hebraica "Mamom" (ןוֹמָמ), o vocábulo significa literalmente "dinheiro". Representa, além disso, o terceiro pecado, a ganância ou avareza, o anticristo, devorador de almas e um dos sete príncipes do Inferno. Com a aparência deformada de um nobre que carrega um grande saco de moedas de ouro, Mamon é o negociador de almas humanas. Também pode assumir a forma de um pássaro negro, muito semelhante ao abutre, com a diferença de que seus dentes afiados estraçalham almas humanas, compradas por ele. A forma desse Deus-dinheiro, porém, não é tão clara. Quanto à deificação do dinheiro, Benjamin menciona um fragmento do texto *Aufruf zum Sozialismus*, publicado em 1919 pelo anarquista judeu-alemão Gustav Landauer, em que há uma crítica contumaz contra o poder religioso do dinheiro, sendo ele assim pensado:

> Fritz Mauthner (*Wörterbuch der Philosophie*) mostrou que a palavra "Deus" (*Gott*) é originariamente idêntica a "ídolo" (*Götze*), e que as duas querem dizer "o fundido" [ou "o escorrido"] (*Gegossene*). Deus é um artefato feito pelos humanos, que ganha uma vida, atrai para si as vidas dos humanos e finalmente torna-se mais poderoso que a humanidade (Laudauer, 1919 *apud* Löwy, 2005b).

Para Freud, a invenção de Deus também é humana. Ele demonstra, em "Totem e tabu" (1913/1996), que o pai da horda, inicialmente um líder tribal, depois de morto é deificado. Evidentemente o homem produziu uma diversidade imensa de deuses, e o dinheiro é apenas mais uma dentre as diferentes formas assumidas por essa entidade criada pelos homens. Não obstante esse fato, o dinheiro pode ser considerado a forma mais abstrata na qual os atributos deificantes foram depositados. Artificial e vivo, o dinheiro produz mais e mais dinheiro, assumindo poder avassalador pelo mundo. Por isso, Landauer (1919) pergunta:

> Quem não vê, quem ainda hoje não vê, que o dinheiro, que o Deus não é outra coisa senão um espírito oriundo dos seres humanos, um espírito que se tornou uma coisa (*Ding*) viva, um monstro (*Unding*), e que ele é o sentido (*Sinn*) que se tornou louco (*Unsinn*) de nossa vida? (*apud* Löwy, 2005b).

O dinheiro não é meio, mas fim. Daí Landauer (1919) afirmar que "o dinheiro não cria riqueza, ele é a riqueza; ele é a riqueza em si" (*apud* Löwy, 2005b). O único a ganhar com o dinheiro é o próprio dinheiro, sendo o único rico o próprio dinheiro. Essa visão de Landauer, apenas citada por Walter Benjamin, mostra a direção do pensamento benjaminiano a respeito das "práticas cultuais" do capitalismo.

Se foi possível demonstrar até aqui o caráter religioso do capitalismo, não será difícil admitir que existem nele certas características muito próximas de outros sistemas, tais como socialismo ou nacionalismo, nos quais a lógica freudiana sobre grupos se aplica mais nitidamente. Outra característica do capitalismo a ser destacada é a maneira pela qual se dá o culto no interior de seu sistema. Com efeito, é exatamente essa forma cultual que responde à questão de grupos organizados serem muito próximos de multidões aparentemente desorganizadas, ao contrário do que propunha McDougall. Para Benjamin, há uma "duração permanente do culto" no capitalismo, aliás, "o capitalismo é a celebração de um culto *sans rêve et sans merci* [sem trégua e sem piedade]"

(Benjamim, 1921/2013, p. 21). Não existem "dias normais"; todos os dias devem ser celebrados no "no terrível sentido da ostentação de toda pompa sacral, do empenho extremo do adorador" (p. 22). Ou seja, quando aparentemente a multidão parece desconectada de qualquer líder e os laços entre os membros não são nada evidentes, deve-se pensar precisamente esse culto perenal e o corpo invisível do Deus mercado, que rege sem pena e sem sota a vida de todos.

Benjamin (1921/2013) extrai essa ideia de Weber, que se refere ao capitalismo como um sistema "sem descanso, sem trégua e sem piedade" (*apud* Löwy, 2005b). Weber mostra um permanente espírito de festa no capitalismo, manifesto, por exemplo, na defesa da abolição de feriados católicos pelos capitalistas puritanos, que os consideravam um estímulo ao "abominável" ócio. Essa religião capitalista consagra uma "pompa sacral" ao consumo, à alta da bolsa e da produtividade, à venda e compra de ações, aos rituais diários da macroeconomia. Tudo deve ser comemorado, ostentado, esbanjado. Adoradores e fiéis acompanham ansiosamente e cheios de tensão as oscilações de títulos mobiliários. Essas práticas "dominam a vida dos indivíduos da manhã à noite, da primavera ao inverno, do berço ao túmulo" (Löwy, 2005b). A fé capitalista está impregnada nas entranhas dos sujeitos, que aprendem desde cedo o invejável "dom" de possuir, ostentar, adquirir, produzir. Sem freio ou medidas, o capitalismo é dinâmico e se expande pelo globo, sem que seja possível detê-lo. Seus poderes, ainda que criados pelos homens, escapam das mãos humanas. Perseguidos pelos seus exigentes desejos e submetidos aos seus lancinantes requisitos, fiéis atendem diligentemente ao intransigente mercado.

Daí a religião capitalista contar com um caráter culpabilizador. Diz Benjamin: "O capitalismo presumivelmente é o primeiro caso de culto não é expiatório, mas culpabilizador" (Benjamin, 1921/2013, p. 22). Oprimidos pela culpa que alimenta o sistema, esses fiéis regozijam-se apenas momentaneamente com a aquisição das mercadorias-fetiche, que, diferentemente das demais representações religiosas, não apresentam qualquer traço transcendental. Sobre a religião capitalista, anuncia:

> Uma monstruosa consciência de culpa que não sabe como expiar lança mão do culto, não para expiar essa culpa, mas para torná-la universal, para martelá-la na consciência e, por fim e acima de tudo, envolver o próprio Deus nessa culpa, para que ele se interesse pela expiação (p. 22).

Segundo Burkhard Lindner (*apud* Löwy, 2005b), com a sublinhada "ambiguidade da palavra *Schuld*" – que significa, no idioma alemão, tanto "dívida" como "culpa" –, Benjamin procura mostrar a impossibilidade de separar, no sistema da religião capitalista, a "culpa mítica" da dívida econômica. O dever do burguês puritano é traído quando seu tempo deixa de ser dedicado à produtividade ou ao alimento da máquina utilitarista do capitalismo. Entregar-se ao ócio é um dos pecados mais graves para o qual a culpa, a penitência e a dívida devem ser dupla ou triplamente pagos. Sempre culpados e endividados (*schuldig*), os homens se rendem ao Deus-Capital. E, como previa Max Weber, quanto mais abundantes as dádivas de Deus, tanto mais devoto deve ser o crente:

> A ideia de que o homem tem "deveres" para com as posses que lhe foram confiadas e às quais ele está subordinado como um intendente devotado [...] pesa sobre sua vida com todo o seu peso gélido. Quanto mais aumentam as posses, mais pesado torna-se o sentimento de responsabilidade [...] que o obriga, para a glória de Deus [...], a aumentá-las por meio de um trabalho sem descanso (Weber *apud* Löwy, 2005b).

Essa ideia da culpa que entra "à força na consciência" é oriunda de Weber e de suas análises sobre as práticas puritanas capitalistas. O argumento de Benjamin, contudo, inclui até Deus, igualmente enredado na culpa universal. "Se os pobres são culpados e excluídos da graça", diz Löwy, "e se, no capitalismo, eles estão condenados à exclusão social, é porque 'é a vontade de Deus' ou, o que é seu equivalente na religião capitalista, a vontade dos mercados". Em outras palavras: "Se nos situarmos no ponto de vista desses pobres e endividados, é Deus que é o culpado, e com ele o capitalismo" (Löwy, 2005b). Deus enlaça-se ao processo de culpabilização universal, como já anunciava Weber em *A ética protestante e o espírito do capitalismo*. Benjamin, assinala Löwy, mostra o capitalismo em sua dimensão trans-histórica ao dizer:

> No Ocidente, o capitalismo se desenvolveu como parasita do cristianismo – o que precisa ser demonstrado não só com base no calvinismo, mas também com base em todas as demais tendências cristãs ortodoxas –, de tal forma que, no final das contas, sua história é essencialmente a história de seu parasita, ou seja, do capitalismo (Benjamin, 1921/2013, p. 23).

Esse "monstruoso" processo de culpabilização capitalista desperta um eterno desespero. Sua essência religiosa exige do fiel que ele aguente "até o fim, até a culpabilização final e total de Deus, até que seja alcançado o estado de desespero universal, no qual ainda se deposita alguma *esperança*" (Benjamin, 1921/2013, p. 22). A novidade introduzida pela religião capitalista é que ela foi capaz de se desvencilhar da reforma do ser, permanecendo atada apenas à sua ruína. O estado religioso do mundo, a fé nesse sistema não promove nenhuma espécie de salvação, apenas desespero. O capitalismo moderno infiltra-se em cada uma das minúcias que gerem a vida das pessoas sujeitas a esses mecanismos. Essa coerção assemelha-se a uma prisão cuja engrenagem está na produção racional de mercadorias e nos movimentos estonteantes das *commodities*. Para definir as feições amargas dessa prisão, Weber diz:

> Segundo as opiniões de Baxter, a preocupação pelos bens externos não deveria pesar sobre os ombros de seus santos senão como "um leve manto que a qualquer momento se pode retirar". Mas a fatalidade transformou esse manto em uma jaula de aço (Weber, 1920 *apud* Löwy, 2005b).

Tomados pela culpa, os homens tornam-se eternos endividados. Rendem-se ao império voluntarioso do capital, que aparece como meio de obter vantagens sobre aqueles que a ele procuram resistir. Nessa religião do capital, salvar-se equivale a alimentar e expandir o sistema, o que redunda, porém, em maior desespero. Daí Márcio Seligmann-Silva resgatar o texto "De cidadão do mundo a grão-burguês", de Walter Benjamin, em sua resenha de *Capitalismo como religião*, lembrando a citação de Adam Heinrich Müller feita pelo filósofo alemão: "Escravidão financeira, o tipo de escravidão reinante no momento, é o pior tipo porque está associada a sentimentos mentirosos de suposta liberdade" (Benjamin, 1932/2013 *apud* Seligmann-Silva, 2013).

Não há como ignorar a noção marxista de alienação para pensar na sujeição dos indivíduos a essa ordem claramente massacrante. Nela a face humana dos homens se enrijece em nome de um sistema anônimo, invisível e aparentemente invencível. Contudo, se a alienação explica as razões pelas quais os homens alimentam o sistema capitalista, ela não explica por que eles se deixam alienar.

Para tratar essas questões, é preciso que voltemos à experiência de Freud com a hipnose e suas reflexões a respeito do fenômeno. Para ele, o estado hipnótico pode ser equiparado ao estado de estar amando, que pode, por sua vez, ser nomeado pelos estados de "fascinação" ou "servidão". Nessas situações, o ego entrega-se ao objeto e se esvazia, substituindo seus traços mais íntimos por aqueles pertencentes ao objeto. A presença maciça do objeto exige um alto grau de investimento psíquico, a ponto de podermos dizer que o objeto rouba a alma do sujeito, sendo colocado *no lugar do ego ou do ideal do ego* (Freud, 1921a/1996).

Freud afirma que há, inclusive, uma debilidade da iniciativa própria do sujeito, já que o objeto ou o hipnotizador ocupa o lugar do ideal do ego. O hipnotizador ou o objeto amado passa a ser o único objeto existente para o sujeito, e a percepção torna-se insensível a todo o restante. O ego experimenta a palavra do hipnotizador de forma onírica, abstendo-se da tarefa de verificar a realidade dos fatos. Ele toma sua percepção por real, alimentando esse estado subordinado ao hipnotizador ou ao objeto amado. Tal devoção ilimitada supõe a inibição do desejo em seus objetivos, dado que o destino do amor sensual é extinguir-se, ao menos temporariamente, quando satisfeito. Espécie de paralisia, a hipnose implica uma relação entre alguém com poderes superiores e alguém que está em desamparo.

Após essas reflexões e ponderações acerca do estado hipnótico, Freud chega ao seu veredito: "Um grupo primário desse tipo é um certo número de indivíduos que colocaram um só e mesmo objeto no lugar de seu ideal do ego [idealização] e, consequentemente, se identificaram uns com os outros em seu ego" (Freud, 1921a/1996, p. 126). O objeto tratado da mesma maneira que o próprio ego mostra que uma quantidade considerável de libido narcísica transborda para o objeto. Este é uma espécie de sucedâneo do ideal de ego que satisfaz, portanto, certos traços narcísicos que pareciam irrecuperáveis. O ego torna-se desguarnecido e o objeto aparece em toda sua luminosidade sublime, ostentando autossacrifício e amor incondicional – irrefletido –, sendo absolutamente consumido. A subserviência e a humildade podem atingir seu ápice e provocar certos danos ao próprio ego.

O estado hipnótico permanente e misterioso sugere que algo de antigo e familiar, que experimentou um recalque, aparece ao sujeito como estando sob posse do líder – ainda que este já não seja visível. Segundo Freud, o sujeito é convencido ou se deixa convencer pelo hipnotizador de que este detém um poder misterioso, capaz de despojar a pessoa da própria vontade ou fazê-la simplesmente crer nisso. Se esse poder misterioso pudesse ser colocado em palavras, ele se traduziria do seguinte modo: "Agora, preocupe-se exclusivamente com a minha pessoa; o resto do mundo é totalmente desinteressante". Sem fazer literalmente tal declaração – que poderia gerar certa desconfiança –, o hipnotizador

> [...] desperta no sujeito uma parte de sua herança arcaica que também o tornara submisso aos genitores e experimentara uma reanimação individual em sua relação com o pai; o que é assim despertado é a ideia de uma personalidade predominante e perigosa com quem só é possível ter uma atitude passivo-masoquista, a quem se tem de entregar à própria vontade, ao passo que estar com ele, "olhá-lo no rosto", parece ser um empreendimento arriscado (Freud, 1921a/1996, p. 137-8).

Cada membro do grupo que "deseja ser governado pela força irrestrita e possui uma paixão extrema pela autoridade" (p. 138) ou, como diz Le Bon, "tem sede de obediência" (1895 *apud* Freud, 1921a/1996, p. 138), anseia, em verdade, resgatar a situação infantil na qual tinha a ilusão de estar amparado, longe dos perigos inerentes à existência.

Fiéis e súditos à lógica do mercado e ao discurso dos especialistas em economia, os cidadãos das democracias liberais vivem, em sua maioria, como os seguidores da Igreja católica sob monopólio da leitura da Bíblia, que, antes de Lutero, só existia em latim. Mediando o encontro dos fiéis com o livro sagrado, a Igreja evitava interpretações em relação ao texto sagrado que não se encaixassem com o pensamento do alto escalão do clero e que pudessem colocar em xeque o poder exercido por ele. Provas de que esses discursos econômicos têm a mesma consistência dos antigos sermões católicos não faltam – pânicos da bolsa e suas desastrosas consequências mostram a fragilidade e o desamparo ao qual estamos sujeitos, sendo a estabilidade do mercado a fiadora de uma proteção ilusória.

Sob as garras do deus Pã

Admitindo que haja um veio melancólico na modernidade pré-guerra e que as nervuras da sublimação se entrecruzem com essa marca, pode-se dizer que dos moldes da Primeira Guerra Mundial irrompem outras vias psíquicas, e novos arranjos anímicos se tornam mais comumente observáveis. Lucianne Sant'Anna de Menezes (2005) considera em "Pânico e desamparo na atualidade" que existem "formas de sofrimento psíquico [que] podem ser consideradas *psicopatologias da atualidade*, no sentido de expressões dos modos de subjetivação promovidos pela sociedade contemporânea". Segundo ela, "há um estilo de sociedade em pauta que gera condições e possibilidades para produção de determinadas psicopatologias como típicas de sua época" (p. 195). Embora essas patologias não sejam novas formas de padecimento, elas se potencializam sob certas condições que precisam ser desenhadas. Para a autora, mais precisamente, certas "formas de sofrimento integram e expressam, na sua sintomatologia, redes de significações entrelaçadas ao redor de ideais predominantes na atualidade" (p. 196). Em sua visão, há atualmente "um processo de produção social do pânico, pela via do espectro de valores que imperam no mundo atual" (p. 196).

Se essa perspectiva condiz com aquela adotada aqui, a análise de Menezes do que seja a atualidade destoa da que tentamos desenvolver no capítulo anterior. De acordo com a autora, o mundo contemporâneo, diferentemente daquele promovido pela modernidade, no qual se observava um *excesso de ordem* e a *escassez de liberdade*, não eliminou o mal-estar ao favorecer uma *desregulamentação* da vida e o *excesso de liberdade individual* (privatização). O mal-estar foi simplesmente reconfigurado, e seria fruto justamente desse estado de *desregulamentação* e *liberdade individual*, que elevariam o desamparo ao ápice, sendo o pânico uma resposta coerente a esse cenário.

Nessa leitura, o mundo contemporâneo seria bastante diferente do moderno, quase sua inversão. Ainda que nossa tendência seja concordar com a observação de uma mudança, essa alteração teria muito pouca relação com a *liberdade individual extrema* e com a *desregulamentação*, sendo antes fruto, como as demais modalidades de organização das massas, da lógica de grupo estudada por Freud, cuja regulamentação é bastante presente, assim como a liberdade é escassa. Vimos como o capitalismo acentua ainda mais as características estudadas por Freud (1921a/1996) em "Psicologia das massas e análise do eu", o que traz o pânico para um lugar de destaque nos cenários mais recentes, como acontecia antes em situações mais específicas.

Tratando particularmente do pós-guerra, não é necessário descrever a miséria a que estavam expostos os países pertencentes à Tríplice Aliança. Vendo a morte em cada esquina, inundados pela precária situação de fome e falta de recursos, os homens que sobreviveram à guerra tinham a nítida clareza do desamparo ao qual foram traiçoeiramente lançados. Vista como ícone da melancolia, a obra de Dürer retratava, como já elucidamos, a profunda solidão do homem que percebe a falta de elos existentes entre ele e os elementos do mundo. O quadro *O grito*, de Edvard Munch ocuparia, nesse sentido, lugar análogo ao daquele de Dürer, agora, porém, como representante da angústia ligada ao pânico. Um mundo distorcido por uma ameaça ilimitada e um sujeito completamente desprotegido, invadido por ela, e o grito desesperado são os ingredientes que compõem a obra. Da boca do personagem, porém, parece sair um som mudo, que ninguém é capaz de ouvir. Sua queda repentina em um abismo, sem qualquer espécie de âncora, não pode ser evitada. Melhor do que qualquer outra obra, esta provavelmente expressa o espírito de nossa época.

Extrema angústia, sensação de morte iminente e impressão de estar enlouquecendo são sintomas atrelados ao pânico, bem ilustrados na pintura do artista norueguês. Outros frequentemente observados são: palpitações intensas, formigamentos pelo corpo, tonturas, falta de ar, vertigens, secura na boca e calafrios. É comum também encontrar pessoas com pânico que se queixam de perda de equilíbrio, ainda que não abdiquem de sair correndo para realizar algo, que não sabem ao certo o que é. Essa crise dura poucos minutos, mas deixa atrás de si uma profunda sensação de insegurança que se associa ao medo da morte unido a uma irremediável tristeza. Os violentos e incompreensíveis ataques de pânico, que se repetem sucessivamente, parecem desconectados de todos os elos concebíveis que enredam a existência do sujeito tomado por eles. Com a aparência de ser um evento que emerge do nada, do pânico restam apenas perdas e apreensão quanto a sua presumível volta. Identificada como síndrome do pânico apenas nos anos 1980, a doença foi tratada no interior de concepções neurobiológicas, cujo alcance máximo estava no genoma do paciente e na serotonina (neurotransmissores que regulam as emoções), e pouco se conectava à história do sintoma e ao sofrimento do sujeito.

A psicanálise cumpriu papel importante nesse salto do biológico para o da história do pânico na vida de cada sujeito que o experimenta. Escutando seus pacientes que sofrem de pânico, Mario Eduardo Costa Pereira pôde perceber uma relação íntima entre o pânico e o desamparo. Para esses sujeitos, o lado imponderável da existência aparece como ameaça aterradora e insuportável, sendo a estabilidade de suas vidas estritamente dependentes de um Outro que a sustente. Se um dia aquela pessoa falha, o mundo parece despencar por completo.

Numa sociedade patriarcal, governada por um sistema monárquico, é comum que os sujeitos se organizem psiquicamente, depositando parte considerável de suas incertezas e inseguranças em um Outro, cuja função desempenhada se aproxima à do pai em relação aos filhos, ainda sob sua tutela. O desmoronamento de toda essa ordem coloca esses sujeitos imediatamente diante de uma situação de desamparo, e a reação a ela é, muitas vezes, a de pânico ou terror.

Pouco lembrado na atualidade, o texto de Paul Federn, *Zur Psychologie der Revolution: Die Vaterlose Gesellschaft* (*Sobre a psicologia da revolução: a sociedade órfã de pai*), publicado em 1919, traz um bom retrato psicanalítico dessa sociedade patriarcal, mostrando seu severo abalo após os terrores da Primeira Guerra. Sua pesquisa expõe os processos anímicos sobre os quais os próprios políticos que engendram essa estrutura patriarcal nada ou pouco sabem, pois são elementos que remanescem no registro inconsciente até que encontrem o método adequado que os traga à consciência – a psicanálise, diz Federn.

Considerada insuportável há tempos pelos socialistas, a sociedade europeia pré-guerra revelou-se ser uma espécie de abrute cuja insaciável voracidade produziu um número incontável de carniças. Durante a guerra, o aumento da violência do poder do Estado foi tão monumental que houve, na sequência, um colapso observável de todas as autoridades estatais. As mesmas pessoas que por tanto tempo conseguiram manter a calma diante da pressão do cotidiano opressor tornaram-se, de repente, concupiscentes de renovação e revolução. Comandos absurdos, seguidos cegamente antes e logo nos primórdios da guerra, foram motivo de insurgência e ira entre os milhares de seres humanos que viveram as batalhas. Extremamente fiéis quando ainda tutelados, esses súditos passaram a mostrar toda a sua amargura e insatisfação. O claro aumento de energia revolucionária deve-se, na visão de Paul Federn, à queda da ordem patriarcal após a guerra, o que pôde ser comprovado pelos posteriores acontecimentos da história da Europa.

Segundo o psicanalista, não é possível imaginar o poder da impressão causada por um pai que aparece apequenado e desorientado. Do pai chega toda proteção e ajuda, diz Federn, a ele tudo pertence daquilo que a criança recebe e precisa. Ele é a última instância à qual a criança se dirige, e apenas diante da vontade do pai a rebelião infantil egoísta e teimosa fracassa. Dele vêm o castigo e a recompensa. É necessário reconciliar-se com ele quando se enraivece, e a obediência mediante suas ordens é imperativa na educação e na inteligência que desabrocha. Federn (1919) diz que a experiência infantil de decepção com o pai produz imediatamente uma insegurança psíquica, que se mostra em desobediência, impaciência, maus costumes ou transtornos psíquicos mais graves. Como solução de tal decepção, é comum que haja uma substituição da primeira figura paterna por outra, como a do professor, do rei ou do imperador. A escolha se dá entre as personalidades que reservam traços comuns com a figura original idealizada no inconsciente e, assim como fazia quando pequeno, o sujeito imediatamente eleva o novo pai e o idealiza. O temor, por sua vez, pode ser depositado em figuras como a do policial. Essas imagens psíquicas paternas também ocupam o lugar de instituições públicas ou privadas e, assim, todos os "súditos" unem-se em torno da ideia e da autoridade patriarcal do Estado. Ou seja, embora o exagero infantil tenha se dissolvido, o laço psíquico que se soltou do pai real é renovado com cada nova autoridade poderosa.

Ainda na infância, chega um momento em que a criança não se satisfaz mais com portadores terrenos do poder patriarcal, porque eles também se tornam, à medida que a ela cresce, seres do seu tamanho. Cada criança procura, então, Deus-pai, cuja perfeição supera qualquer medida terrena, alcançando o ideal original da configuração paterna infantil. Cada vez que uma criança consegue reconstituir uma emoção perdida da infância, esta é restaurada como forma de tranquilizar e alegrar anseios infantis inconscientes. Posições político-partidárias formam-se, então, por camadas profundas de experiências com essas figuras originárias, e a razão consciente está longe de ser o que primordialmente as determina. A persistência da imagem do pai nas entranhas psíquicas do sujeito não pode ser vista, por conseguinte, como mera metáfora – existem motivos psicológicos profundos para a ligação da Igreja com o Estado na formação de um modelo de poder autoritário patriarcal.

Em 1919, todos ficaram repentinamente sem o amparo do imperador, invadidos por uma confusão interna, obrigados a criar uma nova sociedade, agora órfã de pai. Não foi só a queda da monarquia que provocou isso; para muitos, a própria declaração de guerra já tinha sido a destruição do elo com o pai, pois supunham que nenhuma representação imaginária dele admitiria a matança cruel de seus filhos, a menos que fosse por necessidade extrema de defesa da mãe. Para muitos, defender a pátria ou a mãe-terra não parecia justificar os acontecimentos da Primeira Guerra Mundial, e a falência de todas as figuras que representavam essa ordem patriarcal pôde ser claramente observada, junto a uma sensação de profundo desamparo.

Já sabemos que esse desamparo é o fundo do qual emerge o pânico. Insuportável, a angústia mescla-se à sensação de morte iminente. Em seu estudo, Mario Eduardo Costa Pereira trabalha com a hipótese de que "a noção freudiana de desamparo [*Hilflosigkeit*] é capaz de situar o problema psicopatológico do pânico em um plano propriamente metapsicológico, abrindo, assim, a possibilidade de um discurso psicanalítico sobre esse estado afetivo" (Pereira, 2008, p. 15).

O desamparo é mais um dos conceitos freudianos mais bem iluminados *nachträglich*. No início concebido por Freud como uma insuficiência psicomotora e uma condição de fragilidade fundamental do funcionamento psíquico, que apontariam para a precariedade de nossa condição objetiva de ingresso na vida, o conceito toma fôlego e ganha densidade, aumentando seu alcance até extrapolar seu caráter fatual, que restringia o fenômeno aos primórdios da vida e às circunstâncias favoráveis ou desfavoráveis – trauma – à sua manifestação. Ou seja, Freud aos poucos desvendará um desamparo que se situa para além dessa configuração originária, situando-se num lugar onde todo homem está absolutamente só. Por isso, Freud atribui ao desamparo a criação de deuses onipotentes, que ilusoriamente seriam capazes de controlar as ameaças do universo. O pânico é a descoberta repentina dessa condição de desamparo, na qual não há respaldo algum das figuras que ilusoriamente eram protetoras e benfeitoras de sujeitos heterônomos, que ansiavam por conservar seus lugares de filiação tutelada. Em suma,

> [...] o pânico é o estado afetivo que se instaura quando o aparelho psíquico, vendo-se radicalmente confrontado com a *Hilflosigkeiti* – sua dimensão de desamparo fundamental –, descobre, com terror, que o lugar onde esperava encontrar a presença concreta de um fiador da estabilidade do seu mundo está fundamentalmente vazio (Pereira, 2008, p. 37-8).

O desamparo torna-se, então, o pavimento sobre o qual se desdobra todo o funcionamento do aparelho psíquico.

Ao desamparo [*Hilflosigkeit*] "corresponde a dimensão de fragilidade da linguagem", "sua precariedade fundamental" (Pereira, 2008, p. 16), sua insuficiência jamais preenchida. O gozo sexual desenfreado, inarredável ao pânico, não é uma simples resposta emocional automática e sem sentido. Não se trata de mera descarga energética, mas de "um esforço extremo de pré-simbolização" que busca criar "uma espécie de experiência antecipada do morrer" (p. 16), impressa no corpo como uma tentativa de subtrair o caráter inapreensível inerente à morte, representação fantasmática do desamparo. No estado de pânico, uma espécie de "fiador" onipotente, cuja palavra fundadora garantiria a constituição simbólica do sujeito e da realidade de seu corpo, é invocado, sem sucesso:

> Essa condição de desamparo é correlativa da inexistência de garantias definitivas para o que diz respeito à linguagem, sendo esta incapaz de fornecer uma resposta última e inequívoca para questões essenciais como a da fragilidade da existência, a do registro do sexual no corpo e a da possibilidade – sempre presente – de instauração do traumático (p. 15).

O desamparo invade, e sua condição inexorável e fundamental apodera-se repentinamente do sujeito que se sentia abrigado. Sendo núcleo da situação de perigo, o desamparo subjaz o funcionamento de todo o aparelho psíquico, constituindo, por isso, "uma noção metapsicológica capital", que se situa "no cerne da teoria da angústia, das hipóteses sobre o traumatismo psíquico e da compreensão deste afeto desenfreado que o terror [*Schreck*] constitui" (Pereira, 2008, p. 36).

Seguindo os passos trilhados por Freud, Pereira concorda que o pânico sobrevém à desintegração de uma estrutura que se mantinha coesa. Os laços libidinais se esfacelam em "função da perda de uma figura ideal, de natureza paterna, seja ela erigida em líder da multidão, seja em Ideal do eu" (2008, p. 60). Longe de ser mero caos ou pura desordem, o pânico é, pois, reconhecimento da incompletude e das insuficiências do Outro, que antes preenchia a falta de forma totalizante. O líder no grupo preenche justamente esse lugar por parecer estar isento das vicissitudes desse desamparo essencial. Pereira admite que "a abordagem psicanalítica do pânico passa necessariamente pelo questionamento do lugar ocupado por essa figura do Grande Condutor, do Divino, do Senhor Onipotente, que protege e reúne os homens" (p. 71). Lugar em que o desamparo, sugere Freud, se impõe sem piedade.

Como vimos, o pai da psicanálise explicita os meandros do pânico em "Psicologia das massas e análise do eu" (1921a/1996) ao circunscrever o estado psíquico instaurado na economia libidinal quando, repentinamente, o elo entre membros de um grupo se rompe em razão da queda da figura idealizada e onipotente, que supostamente os protegia e resguardava da condição de desamparo integrante das bases da existência.

Sendo Freud adepto de uma cura na qual é necessário que deuses e ídolos se dissolvam, dando lugar a uma existência que aceite "vicissitudes e incertezas próprias às contingências da sexualidade e do existir", haveria, argumenta Pereira (2008, p. 30-1), "uma inquietante semelhança entre o pânico e a cura psicanalítica", que colocam o sujeito diante da falta fundamental de garantias inerente ao humano. A linguagem não é captura da verdade inabalável, mas malha que encobre sempre precária e provisoriamente nossa frágil nudez. Essa precariedade revela-se de maneira aguda no pânico, sendo "uma forma particular e desesperada de se fazer face a essa dimensão de desamparo e de falta de garantias absolutas no que concerne a inscrição simbólica da sexualidade" (p. 31).

Desde que Freud inaugurou a escuta dos sintomas histéricos sabemos que um estado afetivo aparentemente desprovido de sentido se concatena à história que se desenrola em outra cena, quase invisível no encadeamento daquela que se expõe no palco da vida. Não poderia ser diferente, então, com o transtorno do pânico, e seria necessário desvendar a história e o sentido dos sintomas que se manifestam sob esta configuração.

Seguindo esses passos dados por Freud, Pereira escuta seus pacientes, a própria psicanálise, a psiquiatria e as raízes etimológicas referentes ao pânico, tornando-se capaz de situá-lo na metapsicologia de viés freudiano. Explorando a noção de "desamparo" [*Hilflosigkeit*] e delineando tons distintos para o conceito de angústia, Pereira foi capaz de circunscrever novos terrenos diagnósticos no interior da metapsicologia. Segundo o autor, o pânico manifesta uma espécie de "esmagamento da linguagem" (Pereira, 2008, p. 25) em que o sujeito é lançado à condição de poder falar apenas *a posteriori* [*nachträglich*] sobre sua assustadora experiência psíquica.

Recorrendo à escuta do discurso psiquiátrico, Pereira percebe que esse campo não foi capaz de extrair o caráter passional do pânico, mesmo que tenha se empenhado em seguir seus princípios científicos unívocos e sua preocupação com uma linguagem isenta de ambiguidades. Ao escolher o termo "pânico", tão "polissêmico e até quase lírico" (p. 32) para denominar tal categoria diagnóstica, a psiquiatria abriu uma infinidade de associações que apontam territórios férteis para leituras menos mecanicistas do fenômeno. Deslizando para fora das categorias simplificadas de manuais, Pereira encontra um infindável campo de significações etimológicas, mitológicas e históricas que enriquecem a leitura sobre o fenômeno e dão pistas claras sobre o sentido anímico da experiência do pânico. Um de seus vários exemplos para demonstrar a riqueza do vocábulo foi tirado da Antiguidade, quando semear o pânico entre as fileiras do inimigo de guerra significava impedi-lo em suas próprias. Outro exemplo que aponta para o caráter polissêmico do vocábulo também diz respeito a situações de pânico nos exércitos, nas quais se evoca o nome de Pã, deus perturbador que espalha medo, facilitando o sucesso de ataques. Trazer à luz o deus Pã como referência do vocábulo "pânico" significa resgatar seu sentido etimológico, que deriva do grego *panikos*, relativo ao deus Pã. Pã sabe que um ruído irreconhecível pode desatar laços de sanidade e alastrar o medo, que cresce e se torna sinal de acontecimentos catastróficos e perigos insustentáveis, alimentados unicamente pela imaginação. Por isso, diz Pereira: "O pânico é solidário da ilusão" (2008, p. 64). Ele leva sua vítima a conjecturar o pior. Ruídos que levam a equívocos são especialidade do deus Pã, como lembra Pereira ao citar a narrativa de James Frazer:

> James Frazer, em seu célebre *O ramo de ouro*, livro que é uma referência central no pensamento de Freud, conta que, sob Tibério, um mestre-escola chamado Epiterso navegava entre a Grécia e a Itália. Uma noite, quando seu navio passava perto das ilhas Equinadas, o vento parou e, à deriva, Epiterso chegou perto da ilha de Paros. Enquanto os passageiros ainda se divertiam com a festa que lhes tinha sido oferecida, todos ouviram um grito não muito claro vindo da ilha que anunciava, por três vezes, que o Grande Deus Pã estava morto. Sem saber se a informação era fidedigna, mantiveram o segredo entre eles, embora o rumor sobre a morte de Pã persistisse. Pã tornou-se, assim, o único deus antigo a ter sua morte relatada de forma consistente na tradição. Desse modo, o tema do pânico parece colocar de saída a questão do estatuto do real e do imaginário, do rumor que assusta da conjectura

> que se deixa levar aos extremos. Mas, sobretudo, o tema do pânico questiona o papel essencial da linguagem, única capaz de estabelecer, entre o ruído real e a imaginação desenfreada, uma dimensão simbólica mediadora, capaz de tornar o primeiro subjetivamente assimilável e de colocar um limite à segunda (Pereira, 2008, p. 64).

Assim é que também Platão descreve Pã em seu *Crátilo*, como deus que é "ou a linguagem, ou então, o irmão da linguagem", deus de natureza dupla, "ao mesmo tempo verdadeiro e falso" (Pereira, 2008, p. 65). Brincando com as ilusões estáveis que regem a civilização, Pã introduz outras formas de ilusões capazes de abalar certezas e irromper dimensões arcaicas da alma, ativando medos e reavivando fantasias adormecidas.

A íntima relação entre pânico e sexualidade também deve ser sublinhada e está condensada na figura de Pã, deus itifálico – em ereção permanente – que, embora infeliz no amor, mantinha uma atividade sexual incessante, especialmente com Ninfas. Segundo J. Hillman (1979 *apud* Pereira, 2008, p. 65), Pã, deus lúbrico, inventou a masturbação, o que é curioso já que, como lembra Pereira, Freud destacou o papel da masturbação nas neuroses atuais e sua relação com a neurastenia. Hillman alegava ainda que, na Antiguidade, Pã representava o "demônio do pesadelo", forma perturbadora do sonho, em cuja fusão da sexualidade com a angústia aparece brutalmente representada. Pã, mescla de sátiro, bode e falo, conjuga o medo pânico e os elementos eróticos do pesadelo numa única e mesma imagem.

M. Aisenstein (1990 *apud* Pereira, 2008) deu uma das versões que explicam a gênese de Pã, que teria sido filho de Penélope. Contrariando a imagem de esposa paciente e fiel à espera de Ulisses, Penélope teria dado à luz Pã, filho de seus inúmeros amantes, ou melhor, de "todos" ao mesmo tempo. Dessa multidão de pais resultava, na verdade, a ausência de todos, pois não era filho de nenhum. Nesse sentido, *pan* seria igual a *tudo*, filho de todos e de ninguém, simbolizando, assim, o abandono. Tudo e nada, ou a falta da falta, é o que Freud procura expressar com sua ideia de "sentimento oceânico", apresentada em "Mal-estar na civilização" e recuperada por Pereira, que mostra sua relação com o pânico ao dizer:

> Sabemos, após Freud, que a tendência fundamental desse aparelho é de estabelecer um estado de "fusão com o Grande Todo". Assim, para Freud, a origem do "sentimento oceânico" situa-se no desejo de volta para o eu original: [...] originalmente o eu inclui tudo; posteriormente, separa de si mesmo, um mundo externo. Nosso presente sentimento do eu não passa, portanto, de apenas um mirrado resíduo de um sentimento muito mais inclusivo – na verdade, totalmente abrangente –, que corresponde a um vínculo íntimo entre o eu e o mundo que o cerca. O aspecto paradoxal é que o pânico instala-se precisamente nas condições em que esse estado fusional

> de apagamento dos limites do eu apresenta-se como possível e imediato. O pânico parece eclodir no exato momento em que o máximo gozo, tão ardentemente desejado, parece se tornar possível e imediato. Tal observação conduz à hipótese preliminar de que o pânico poderia ser compreendido como um recurso afetivo desesperado para evitar uma experiência insuportável de síntese absoluta e de totalização (Pereira, 2008, p. 69).

Ernest Jones, por sua vez, mostra a relação entre "Pã, a masturbação e o pesadelo através da análise etimológica do 'radical M-R': o elemento *mare*, 'o esmagador', o demônio noturno opressivo, encontrado no termo *cauchemar*, francês, bem como no seu equivalente inglês, *nightmare*" (Jones, 1983 *apud* Pereira, 2008, p. 65-6). Assim, "o significado original de todo o radical MR" diz Pereira, referindo-se a Jones, é o de "esfregar sobre, cansar, estafar-se" (Pereira, 2008, p. 66), o que é um claro indicativo de que o pesadelo se conecta intimamente à masturbação. Para Pereira, "a figura desse deus aterrador com sexualidade ilimitada vem nos lembrar a dimensão de gozo sexual desenfreado que é cossubstancial ao pânico" (p. 66), trazendo para o palco o lado lúgubre do sexual, sempre que este permanece afastado de amparo simbólico.

Há, porém, outro aspecto atribuído a Pã descoberto na rica pesquisa realizada por Pereira. Diz o psicanalista que pânico, na tradição grega, não significa a possessão pelo deus Pã, a *panolepsia*. Possessão seria uma espécie de *teolepsia*, que significa o sequestro ou rapto por um deus, ou seja, a incorporação divina em um mortal capaz de sacralizá-lo e aproximá-lo intimamente do divino. Na panolepsia, diferentemente, "Pã dá-se a conhecer através de uma revelação íntima dos mistérios do sexual, do amor e da natureza, elementos que lhe são próprios" (p. 66). Enquanto o pânico reflete a angústia automática [*automatische Angst*], trazendo uma experiência de pura perda e deixando atrás de si apenas o temor de seu regresso, a panolepsia apresenta ao sujeito os prazeres do campo sexual. Essas duas faces de Pã revelam sua relação tanto com o "enlevo erótico" como com o "terror desenfreado".

Levando em consideração esse incontável número de significados para o termo pânico, Pereira chega ao veredito de que a confrontação com esse fenômeno implica dois pressupostos: 1) que aquilo que não pode ser simbolizado se refere a um gozo sexual ancorado no real do próprio corpo; 2) que, antes do desencadeamento das crises, a condição de desamparo da linguagem havia sido obliterada pela presença concreta de "objetos-fiadores", que mantinham acesa uma ilusão de proteção absoluta por um ser onipotente, imortal e benfazejo. O pânico instaura-se, portanto, "num momento de derrocada desse sistema de ilusões" como apelo desesperado a este "Outro pré-histórico e inesquecível que ninguém poderia igualar" (Freud, 1926/1971 *apud* Pereira, 2008, p. 38). Pedido para que ele ocupe mais uma vez seu antigo lugar, substituindo respostas que se mostraram incertas, frágeis, provisórias, o pânico é prova de que o sujeito ainda considera que a falta é contingente, e não condição à qual estamos submetidos.

Prestes a reconhecer os limites de suas possibilidades de simbolização, o sujeito "não suporta nem o peso nem as consequências desse reconhecimento" (Pereira, 2008, p. 38), pois percebe esses limites como "ameaça iminente de desabamento do mundo simbolicamente organizado" (p. 38). Sinal de que busca apreender a dimensão indizível do desamparo e a precariedade fundamental do aparelho psíquico, antes tamponada, o sujeito refere-se com frequência à morte, procurando nomear aquilo que ultrapassa o nominável. Antecipando a face inapreensível da morte, ele busca, ainda, atualizar uma situação extrema e liquidar o imponderável, capturando-o e controlando o exato momento em que houve o abandono do Outro. Ou seja, no pânico, a tentativa é subjetivar o desamparo, que remonta a situações muito primitivas e aterradoras. Como o trauma, ou melhor, sendo trauma, os lastros deixados pela experiência de pânico desfazem-se quase por completo, fazendo que sobre ele algo só possa ser dito alinhavando fios só-depois [*nachträglich*].

Embora válida, a minuciosa distinção feita por Pereira sobre os estados relacionados à angústia não será aqui abordada. Tenderemos a considerar que o *Unheimliche*, uma das formas de angústia na leitura de Pereira, seria antes o exato momento de percepção do momento 1 do trauma, independentemente de quais sejam as subsequentes formas de lidar com esta percepção, que, sem dúvida evoca experiências de angústia – ou seja, o pânico, o terror, o susto derivariam de um *estranhamento* que inaugura a situação traumática. Desse estranhamento, espécie de reconhecimento de uma situação arcaica – familiar –, derivariam algumas formas de lidar com o trauma, sendo o pânico aquela que privilegiamos por condições sociais favoráveis a ele. Não por acaso, então, o *Unheimliche* aparece como categoria estética preponderante desde o começo do século XX – trata-se de determinada forma sensível, isto é, determinado modo de percepção, no qual se instaura o tempo 1 do trauma ou de um *ato analítico*.

10.

E. T. A. Hoffmann: aspectos formais do *Unheimliche*

Já foi descrito muitas vezes o déjà vu. *Será tal expressão realmente feliz? Não se deveria antes falar de acontecimentos que nos atingem na forma de um eco, cuja ressonância que o provocou parece ter sido emitida em um momento qualquer na escuridão da vida passada? Além disso, acontece que o choque com que um instante penetra em nossa consciência, como algo já vivido, nos atinge, o mais das vezes, na forma de um som. É uma palavra, um rumor ou um palpitar, aos quais se confere o poder de nos convocar desprevenidos ao frio jazigo do passado, de cuja abóboda o presente parece ressoar apenas como um eco. Estranho que ainda não se tenha buscado o* double *desse êxtase: o choque com que uma palavra nos deixa perplexos tal qual um regalo esquecido em nosso quarto. Do mesmo modo que esse achado nos faz conjeturar sobre a desconhecida que lá esteve, existem palavras ou pausas que nos fazem pensar na pessoa invisível, ou seja, no futuro que esqueceu junto de nós.*

(Walter Benjamin)

A despeito dos limites do processo civilizatório reconhecidos em "Reflexões para os tempos de guerra e morte", Freud (1915a/1996) ainda apresenta certas amarras em relação à cultura, na qual se pauta o conceito de sublimação. Sua visão da arte, diferente da de Walter Benjamin, é bastante convencional.

> Constitui resultado inevitável de tudo isso que passamos a procurar no mundo da ficção, na literatura e no teatro a *compensação* pelo que se perdeu na vida. Ali encontraremos pessoas que sabem morrer – que conseguem inclusive matar alguém. Também só ali pode ser preenchida a condição que possibilita nossa *reconciliação* com a morte: a saber, que por detrás de todas as vicissitudes da vida devemos ainda ser capazes de preservar intacta uma vida, pois é realmente muito triste que tudo na vida deva ser como num jogo de xadrez, onde um movimento em falso pode forçar-nos a desistir dele, com a diferença, porém, de que não podemos começar uma segunda partida, uma revanche. No domínio da ficção, encontramos a pluralidade de vidas de que necessitamos. Morremos com o herói com o qual nos identificamos; contudo, sobrevivemos a ele, e estamos prontos a morrer novamente, desde que com a mesma segurança, com outro herói (Freud, 1915a/1996, p. 301).

Vista como consolo ou reconciliação, a arte é para Freud uma espécie de *refúgio* no mundo fantasmático. Por outro lado, após a guerra, Freud também reabilita o valor do trauma na composição de neuroses, sendo ele dependente de fatores externos. Por investigarmos a falência da sublimação e suas consequências psíquicas, queremos agora mostrar como outro paradigma para a criação e a arte passa a ser pensados na obra freudiana pós-guerra: o *Unheimliche*.

Recuemos por um instante. Lembremo-nos de que Freud, ao contrário do que se fazia nos círculos médicos, começou a, de fato, escutar o que as histéricas tinham a dizer, passando a dar crédito a suas histórias sem pé nem cabeça. A verdade do inconsciente mostrava sua face pelos desvios, sonhos, atos falhos, lapsos de memória. Havia, no entanto, uma concepção de realidade que o guiava em sua escuta. As histéricas narravam suas experiências e as associações referentes a elas desembocavam quase invariavelmente numa lembrança infantil, cujo conteúdo estava relacionado a alguma espécie de abuso sexual por parte de um adulto. No início de sua experiência clínica, Freud tomava essa "informação" lembrada como verdade, isto é, pressupunha a correspondência entre a palavra do paciente e a realidade externa. Na famosa carta endereçada a Fliess no dia 21 de setembro de 1897, Freud profere, finalmente, a frase que seria decisiva para os rumos tomados subsequentemente pela psicanálise: "Não acredito mais nas minhas neuróticas". A sedução por adultos não era factual, mas fruto da fantasia que correspondia ao desejo inconsciente do próprio sujeito que a produzia. Essa conclusão, apresentada apenas em sua correspondência particular com Fliess, aparece claramente em 1906, no trabalho publicado sob o título "Minhas teses sobre o papel desempenhado pela sexualidade na etiologia das neuroses" (1905-6/1996). Nesse texto, Freud admite ter valorizado em demasia a frequência das seduções por adultos nas experiências infantis dos neuróticos e declara que o aparelho psíquico arma falsificações distantes dos reais acontecimentos externos. Freud inaugura aí a *realidade psíquica*[1], *na qual* reinam as fantasias.

Veremos que os alicerces do antagonismo entre *realidade psíquica* e *realidade material* estão fincados em tópicos espaço-temporais. A realidade psíquica transpõe outras épocas para a atualidade – o que pressupõe traços materiais

1 O embate entre *realidade psíquica* e *realidade material* não é novo. Entre os pós-freudianos, dedicaram-se ao tema autores como D. W. Winnicott (1971/1975), que salienta o *ambiente facilitador* e *fenômenos transicionais*, saindo do reino endopsíquico inflado pelos objetos internos de Melanie Klein e seus seguidores. Lacan, por seu turno, introduz a noção de *Real* em seu nó borromeano, que também traz questões fundamentais acerca desse tema. Thomas Ogden, psicanalista contemporâneo, confessa que "a teoria psicanalítica sofre em função da pobreza de linguagem e de conceitos que possam descrever o interjogo entre o fenômeno na esfera intrapsíquica e o fenômeno nas esferas da realidade exterior e das relações interpessoais" (Ogden, 1982 *apud* Coelho Jr., 2012, p. 83). Laplanche é um dos autores que mais ostensivamente se debruça sobre esse impasse em seu texto *Teoria da sedução generalizada* (1988). No Brasil e no exterior, vários analistas, influenciados pela fenomenologia husserliana, heideggeriana ou merleau-pontyana, enfatizam a corporeidade do mundo e a indissociabilidade entre ser e espaço, mostrando que a psicanálise não pode se render à pesquisa de uma subjetividade solipsista (Melsohn, 2007; Fédida, 1991; Bollas, 1992; Frayze-Pereira, 2010a). As pesquisas de Estela Versiani (2001) mostram que essa ambiguidade entre *realidade psíquica* e *realidade material* existe até mesmo nos escritos de Freud, sendo sua distorção obra de maus analistas.

advindos de outros contextos interconectados a aspectos da realidade material recente –, mesclando tempos e espaços distintos por meio de manobras psíquicas como condensação e deslocamento. Nesse contexto, é interessante retomar o modo como essa oposição integra o próprio debate sobre a *Nachträglichkeit*, espécie de teoria temporal psicanalítica.

O trauma em dois tempos

O conceito freudiano de *Nachträglichkeit* foi negligenciado durante anos, até Jacques Lacan recuperá-lo em 1953, situando a temporalidade no centro da metapsicologia. Se o aparelho psíquico é um aparelho de memória, formado por impressões mnemônicas e pela força inexorável do infantil atemporal, é no mínimo um descuido desviar da matéria sem que isso acarrete procedimentos clínicos duvidosos. Além desse fator de ordem prática, não podemos nos esquecer de que um dos maiores ataques sofridos pela psicanálise se deve ao fato de ela ser considerada determinista. Vários filósofos existencialistas, defensores irredutíveis da liberdade, rejeitaram proposições freudianas, comparando-as a raciocínios da ciência positivista e da filosofia moderna, que têm na causalidade e na linearidade progressiva do tempo a raiz de seus fundamentos. Sabemos que o determinismo psíquico é inegável na metapsicologia. A maneira pela qual tal determinismo se estabelece nela, porém, é questão que exige aproximação minuciosa. E, mesmo os que tentaram retomar o conceito de *Nachträglichkeit*, como Strachey (1969/1996) ou Laplanche (1990), não conseguiram se desvencilhar por completo do pensamento tradicional, no qual a temporalidade é representada de modo linear. Enquanto o primeiro traduz o vocábulo alemão para *deferred action*, sugerindo uma ressignificação do passado no presente, Laplanche peca ao manter esse raciocínio, apenas ampliando-o para o sentido inverso, isto é, o presente sendo iluminado pelo passado.

O termo, vertido para outras línguas, perde o sentido exato encontrado no alemão, trazendo tanto novidades como problemas. Se a expressão inglesa *derrefed action* e a *a posteriori*, do latim, atenuam a força do *nachträglich*, que literalmente significa "trazido-depois", o *après-coup* concede novo colorido ao vocábulo alemão. Laplanche explora a expressão francesa, que, traduzida literalmente para o português, significa "depois do golpe", remetendo à ideia de trauma e algo que ocorre após seu acontecimento.

Seguindo a perspicácia de Laplanche na aproximação entre o termo "golpe" e a noção freudiana de *trauma*, Jacques André (2008) vai longe em suas explorações sobre a *Nachträglichkeit*. O trauma ocorre em dois tempos: seguindo a ordem cronológica, o tempo 2 ocorre antes e refere-se às marcas do recalque originário, e o tempo 1 é o do *après-coup*. Tal inversão não se deve a uma manobra intelectual arbitrária de André, resultando antes do rastreamento da matéria temporal que impregna a estrutura psíquica. Esta só organiza temporalmente as impressões mnemônicas a partir do segundo momento, isto é, só é possível conceber qualquer evento em uma ordem temporal após o golpe ou o tempo 1, que inaugura a dimensão histórica do aparato psíquico. Para que haja história subjetiva, um *antes* e *depois* capaz de romper o *continuum* ininterrupto da repetição compulsiva, é necessário que haja o *golpe*. Ele é a condição para que haja reorganização psíquica. Em outras palavras, sem a incidência do trauma não existe o tempo como representação.

Tratando do conceito de *Nachträglichkeit*, Gerhard Dahl (2011) expõe o cerne da indecisão entre universo externo, de onde emergiria a materialidade evocativa do golpe, e mundo interno, malha mnemônica orgânica:

> A divergência de recepção de *Nachträglichkeit* nas duas culturas psicanalíticas [inglesa e francesa] destaca a controvérsia ainda não resolvida no que diz respeito, por um lado, ao *status* da realidade externa para o desenvolvimento psíquico, e, por outro, à importância do mundo interno (p. 98).

Essa frase toca no ponto nevrálgico das questões que pretendemos discutir, quase sempre sem resolução até mesmo no instigante texto de Jacques André, usado aqui como principal referência. O psicanalista francês vacila neste ponto, considerando, por um lado, que o golpe traumático emerge sempre do interior e, por outro, que emerge do Real ou da realidade exterior. Desde já é preciso esclarecer que a perspectiva do nosso trabalho tende a acentuar essa segunda concepção. Provar que a psicanálise não pode se esquivar das teias que se formam para além das margens intrapsíquicas, sob o risco de bloquear possibilidades de uma escuta mais fina, implica uma discussão de caráter político[2].

Para acentuar esse lado material, concernente à realidade, vale recuperar uma passagem do trabalho de Jacques André, na qual a ideia lacaniana de "o que não foi admitido no simbólico reaparece no real" (André, 2008, p. 153), ou a premissa freudiana de "o que foi suprimido no interior retorna

---

2 Há algo a ser ensinado a Freud por Benjamin. Crítico da pretensa neutralidade defendida pelos historiadores, Benjamin defende um historiador materialista sensível ao que chamusca no presente para "arrancar a transmissão da tradição ao conformismo que está na iminência de subjugá-la" (Benjamin, 1940/2005 p. 65). Esse historiador não pode se deixar transformar em instrumento da classe dominante, ou seja, não pode dançar conforme a música tocada, mas deve a ela resistir. Retirar o historiador de sua posição neutra é engajá-lo à classe dominada. Seus atos, seu corpo e sua voz estão impelidos a cavar o que a classe dominante apagou. E, na medida em que ela se faz ouvir, reviram a ordem da narrativa histórica que até então se enredava. O psicanalista, por seu turno, também não pode pretender a neutralidade. Seu oco ou sua ausência não pode ser sinal de neutralidade. Ela acirra o hiato entre fora e dentro que se torna um abismo, estimulando o tempo 1 do trauma. Quando este ocorre ligado a esse quase vácuo, em que ainda se encontram minúsculos fragmentos ligados à materialidade do analista, este os captura para enredar uma nova história junto a seu paciente. A ligação entre psicanálise e política já foi amplamente discutida, principalmente entre lacanianos. Desde os primórdios da Escola de Frankfurt, a psicanálise é entrelaça com questões filosóficas de base marxista, e sua terceira geração tem demonstrado profundo interesse pela matéria. Profundamente preocupados com questões políticas, sociais e históricas, filósofos contemporâneos independentes, como Slavoj Zizek (2002; 2011), Giorgio Agamben (2012), Allan Badiou (1994) e Vladimir Safatle (2006), também têm na psicanálise uma de suas fontes principais.

do exterior", é ligada à pergunta formulada por Laplanche & Pontalis (1988) em *Fantasia originária, fantasias das origens, origens da fantasia*: "poder-se-ia indagar se Lacan não considerou como especificamente psicótico o que é na realidade um processo muito geral" (p. 48). André (2008) pensa que a temporalidade psíquica do *après-coup* ou do *Nachträglich* indica que momentos psicóticos existem na vida comum dos sujeitos, sendo evocados a partir de fora por meio de um *inquietante estranhamento*. Como um "corpo estranho", a realidade psíquica opera sob força de um golpe que emana do presente. O que existe antes deste golpe é uma impressão, cujo reaparecimento não é rememoração, mas uma coincidência ou uma colisão entre um *fora* e um *dentro*.

É bem verdade que Freud reconhece as origens dos primeiros golpes como predominantemente internas. São impulsos que emergem da fome ou de qualquer outra coisa análoga a ela. Mas nem sempre os primeiros talhos que desenham o aparelho psíquico se originam de dentro. A ausência ou demora do Outro, por exemplo, também se impõe ao bebê desamparado (*Hilfslösigkeit*) sob a forma de incisão que chega de fora. De qualquer modo, há certo consenso nas elucubrações sobre os primeiros momentos de vida de que a membrana entre fora e dentro é pouco delimitada naquele que acaba de nascer. E depois dos recalques primários não há fora que não seja dentro e não há dentro que não seja fora. Disso, contudo, não resulta nenhuma espécie de harmonia. Se esses dois espaços estão inteiramente conectados desde os recalques originários, é inegável que sempre houve uma fissura entre eles. Encontro cheio de hiatos, formado por delicados fios desconexos de memória, que se chocam incessantemente com a matéria do mundo. Algo emerge do exterior, atinge e depõe-se em uma impressão psíquica pré-histórica, inaugurando – se escutado – uma narrativa inexistente até então.

Tendo assumido que a tendência deste trabalho está comprometida com a história e com a materialidade capaz de evocar e reconfigurar as teias anímicas, não surpreende que Walter Benjamin seja figura central por aqui. Nas teses "Sobre o conceito de história", Benjamin (1940/2005) elucida uma temporalidade específica que se cruza mais uma vez com noções freudianas, agora referentes à *Nachträglichkeit*. Uma breve leitura da tese III aponta um diálogo:

> O cronista que narra profusamente os acontecimentos, sem distinguir grandes e pequenos, leva com isso a verdade de que nada do que alguma vez aconteceu pode ser dado por perdido para a história. Certamente, só à humanidade redimida cabe o passado em sua inteireza. Isso quer dizer: só à humanidade redimida o seu passado tornou-se citável em cada um dos seus instantes (p. 54).

Não é difícil ler parte dessa passagem com os óculos da metapsicologia freudiana. Ao transpor o terreno sócio-histórico, ao qual Benjamin se dedica, para as tramas do aparelho psíquico, analisadas por Freud, íntimas coincidências afloram. No primeiro capítulo da "Interpretação dos sonhos", Freud, citando Scholz, escreve: "Nada que tenhamos possuído mentalmente uma vez pode se perder inteiramente" (Freud, 1900/2012, p. 57), e lembrando ainda Delboeuf, diz: "Qualquer impressão, mesmo a mais insignificante, deixa um traço inalterável, indefinidamente passível de voltar à luz" (p. 57).

Somente choques ou traumas são capazes, porém, de trazer essas impressões à luz. Feito de dois tempos, o choque ou o trauma desarticula movimentos constantes e, como duas pequenas marolas que se encontram no mar, esses tempos acabam por formar juntos uma nova e volumosa onda. Essa ideia do trauma em dois tempos está presente na obra freudiana desde seu "Projeto de uma psicologia" (Freud, 1895/2003), no qual apresenta um fragmento do caso Emma e sua experiência na confeitaria e de onde conclui: "Por toda parte, descobre-se que é recalcada uma recordação que apenas *posteriormente* (*nachträglich*) se tornou um trauma" (p. 229).

Essa ideia dos dois tempos é cara a Benjamin. Como um sonho que se esvai, um ato falho não notado ou um deslize remediado, "a verdadeira imagem do passado passa célere e furtiva" (Benjamin, 1940/2005, p. 62). Por isso, "é somente como imagem que lampeja justamente no instante de sua recognoscibilidade, para nunca mais ser vista, que o passado tem de ser capturado" (p. 62). Ou seja, é também no cruzamento entre dois momentos do tempo que Benjamin examina as bases da história.

Essa citação da tese V de "Sobre o conceito de história" pode ser mais bem esclarecida quando se recorre ao prefácio de *Origem do drama trágico alemão*. Explicando que a categoria "origem" é histórica, Benjamin (1928c/2011) a desvincula da ideia de "gênese", que teria no horizonte o processo de devir de algo que nasceu. No caso do termo "origem", estamos antes diante de um fluxo contínuo cuja força centrípeta arrasta o material produzido até mesmo no processo de "gênese". Sua dança restaura e reconstitui ruínas do passado, sem deixar de ser um processo sempre incompleto e inacabado. No fenômeno originário estão refletidas as determinações da imagem que figuram uma ideia permanentemente colidida com relances da história. A unicidade, assim como a repetição, faz parte da dialética originária, em que o essencial se mescla ao circunstancial. Nesse movimento, aquilo que é próprio da "origem" nunca é perceptível no plano manifesto. Por isso, Benjamin (1928c/2011) afirma que "cabe ao filósofo estabelecer as conexões entre as essências" (p. 34) que se manifestam inalteradas mesmo que entrelaçadas ao mundo passageiro dos fatos.

Nas teses sobre história, o viés marxista é nítido, e essa fórmula do *Origem do drama trágico alemão* ganha novos ares. É inclusive pertinente pensar que o conteúdo manifesto, no qual a origem não se encontra, é a história oficial ou aquela contada pelos vencedores. Por tal razão, a lição deixada por Benjamin (1940/2005) é a de escovar a história a contrapelo, rastreando o conteúdo latente que está soterrado pelas grandes obras da cultura. É aí que Benjamin atribui ao verdadeiro materialista-dialético a tarefa de capturar lances efêmeros do passado que afloram nas tessituras no presente. O ato de redenção ocorre nesse instante que quase se esvai, mas que, antes de partir, suplica pela sua salvação da cadeia opressora de tempos remotos. É com esse gesto de resgatar fragmentos do passado na atualidade que Benjamin articula sua filosofia da história, buscando a origem de novas versões para o discurso oficial.

Para o filósofo, essa faísca do passado, que emerge do atrito com algum acontecimento que sobrevém no agora (*Jetztzeit*), nasce de um choque. Ao discutir a noção de choque em "Sobre alguns temas em Baudelaire" (Benjamin 1923/1989), Benjamin cita o texto "Além do princípio do prazer", de Freud (1920/1996). Lembrando que os traços mnemônicos são o pavimento no qual se sustentam todas as teias da memória, Benjamin enfatiza a ideia de proteção do aparelho psíquico, exposta pela metáfora freudiana da vesícula viva. Com a construção dessa imagem fictícia, Freud expõe o caráter conservador do aparelho psíquico, que tende a se manter alheio aos estímulos que invariavelmente incidem sobre ele. Tais estímulos provêm tanto de fora como do interior do organismo, mas há uma espécie de crosta calcinada, que age como camada protetora capaz de desviar apenas aqueles a acometerem do exterior. Ao imaginar esse organismo vivo simples, Freud considera que sua membrana superficial, voltada ao mundo externo, sofre sucessivos impactos de estímulos oriundos de fora, o que provoca certas alterações perenes.

Esse córtex sensitivo não pode nada, porém, contra excitações que saltam do interior. Esmagado entre o exterior e o interior, ele se esquiva de estímulos exteriores, mas é refém das intensas excitações provenientes das camadas mais profundas, que provocam sentimentos da série prazer-desprazer. Essas excitações que emanam do interior são, em certa medida, compatíveis com o método de funcionamento do sistema e são paradoxalmente tratadas como se atuassem não de dentro, mas de fora.

Em suma, traumáticas são as intensas excitações provindas de fora que logram perfurar o escudo protetor. Quando o estímulo é capaz de atravessar a barreira que deveria evitá-lo, o trauma é encetado. A azáfama promovida pelo trauma faz que uma energia abundante inunde o aparelho mental. O impasse torna-se, então, reacomodar essa quantidade de excitação que jorra e ligar psiquicamente cada um dos estímulos nos próprios contornos da ruptura, tornando possível certo desimpedimento de energia para que se recobre a continuidade normal do funcionamento psíquico.

É com o respaldo dessa ideia freudiana que Walter Benjamin (1923/1989) pensa no homem das cidades modernas. Antros propensos a promover incessantes choques, as cidades reduzem o espírito moderno a uma espécie de grande escudo contra os aguilhões ameaçadores, capazes de esfacelar por completo o frágil tecido da alma. Em *Édipo e o anjo*, Sérgio Paulo Rouanet esclarece o estatuto do choque benjaminiano no âmbito da política. Segundo ele, "a forma típica é a do golpe de Estado, cujo modelo é o Dezoito Brumário de Luiz Bonaparte e cuja contrapartida de esquerda é o *putschismo*, de Blanqui" (Rouanet, 1990, p. 45). Ele explica que "o *putsch* é uma tentativa mecânica de intervenção no processo histórico, em contraste com a revolução, que implica o amadurecimento das condições objetivas e na mobilização de tendências inscritas na própria história" (p. 45-6). É nesse sentido que Rouanet assimila o *putsch* ao choque, "uma investida externa, brusca, aparentemente imotivada, sem relação orgânica com processos societários reais, com o objetivo de induzir o estado de coisas desejado pelo *putschista*. O *putsch* é a estratégia do choque" (p. 45-6). A visão de Walter Benjamin (1940/2005) sobre os choques, no entanto, é ambígua. Se o choque restringe possibilidades orgânicas de revolução, por outro lado também permite uma alteração decisiva no curso vazio e homogêneo da história. É o que fica claro na tese XVII de "Sobre o conceito de história":

> Ao pensar pertence não só o movimento dos pensamentos, mas também sua imobilização. Onde o pensamento se detém repentinamente numa constelação saturada de tensões, ele confere à mesma um choque através do qual

> ele se cristaliza como mônoda. O materialismo histórico se acerca de um objeto histórico única e exclusivamente quando este se apresenta a ele como uma mônoda. Nessa estrutura ele reconhece o signo de uma imobilização messiânica do acontecer, em outras palavras, de uma chance revolucionária na luta a favor do passado oprimido (Benjamin, 1940/2005, p. 130).

Ao se apropriar da ideia leibniziana de mônada, Walter Benjamin (1940/2005) concede-lhe uma dimensão dialética, que cria o paradoxo de uma imagem em movimento. São as contradições das substâncias simples que espelham confusamente cada detalhe do universo. Lembremo-nos de que, para Leibniz (1714/2004), cada mônada, como fulguração contínua da divindade, depende de uma espécie de emanação de Deus, análoga aos nossos pensamentos.

Só as almas são exceção a essa regra. Leibniz distingue-as das mônadas em virtude da percepção, que é diferente por estar provida de memória, mas sobretudo em função dos atos reflexivos. A percepção implica concatenação do presente com o passado e o futuro, indicando a continuidade linear do tempo na filosofia de Leibniz. Entretanto, são os atos reflexivos, cujos parâmetros seguem a lógica clássica, a serem subvertidos dialeticamente pelas mãos de Benjamin. Embora tanto para ele como para Leibniz cada partícula contenha parcialmente o todo turvamente espelhado, a consistência da matéria desses corpúsculos é distinta nos dois filósofos. Impermeável, a mônada de Leibniz é sustentada pela Vontade permanente de Deus. Já a mônoda benjaminiana é suscetível aos choques que fazem uma espécie de curto-circuito na ordem em que a temporalidade se apoia. A versão benjaminiana da mônoda explode o decurso repetitivo da história e paralisa as contradições que revelam a verdade reluzente entre as névoas das contingências. Se é para aludir substâncias simples, a mônoda de Benjamin está mais próxima da vesícula viva freudiana, que, sendo constitutivamente dual, está impregnada de contradições e ambivalências. Sem êxito, esse organismo pretende evitar traumas, mantendo-se alheio ao mundo. Contudo, revela-se inextrincavelmente permeável a ele e suscetível aos seus efeitos.

À maneira do filme expressionista *Metrópolis*, de Fritz Lang, Benjamin (1923/1989) entrevê as faces de autômatos na Paris do século XIX. Massacrados pela lógica capitalista e pela engrenagem das fábricas, os homens tornam-se impermeáveis e indiferenciáveis. Como máquinas, movem-se pelas ruas destituídos de almas. Seus olhos vidrados limitam-se a desviar o corpo daquilo que se impõe como obstáculo. Na direção que busca se afastar desse modelo capitalista, porém, a coisa não parece ser nada melhor. O modo como os ideólogos da Segunda e da Terceira Internacionais tratam o materialismo-histórico aproxima-o de um tipo de máquina que supõem ser capaz de conduzir "automaticamente" ao triunfo do socialismo. Diz Löwy (2005a, p. 41):

> Para esse materialista mecânico, o desenvolvimento das forças produtivas, o progresso econômico e as "leis da história" levam necessariamente à crise final do capitalismo e à vitória do proletariado (versão comunista) ou às reformas que transformarão gradualmente a sociedade (versão social-democrata).

Em "Além do princípio do prazer" (1920/1996), Freud não desconsidera as forças malignas de certo automatismo psíquico. Conduzidos por um poder "demoníaco", os neuróticos retornam a lugares dos quais procuravam fugir. Uma "perpétua recorrência da mesma coisa" não parece casual mesmo quando o sujeito integra certo cenário de forma absolutamente passiva. A compulsão à repetição tem aparência de alguma força "demoníaca" em ação. Sem rédeas, as pulsões enveredam para insubordinados vestígios da memória. Daí Freud (1920/1996) considerar que a pulsão busca, acima de tudo, *restaurar um estado anterior de coisas*, impulso que foi abandonado sob a pressão de forças perturbadoras externas. Esse estado inerte para o qual tende a pulsão expressa a natureza *conservadora* da substância viva. Se é possível escapar de tal conservadorismo, isso se deve mais uma vez aos desvios externos que perturbam tal tendência. A fictícia vesícula viva, criada por Freud, ilustra como não há uma propensão natural às mudanças, que só incidem sobre seu funcionamento se as condições externas a obrigam a desviar o curso de suas operações constantemente repetidas.

O curioso fato a ser considerado é a falsa impressão que tais instintos conservadores transmitem de que suas forças escoam por caminhos cambiantes e progressistas. Sempre tendo em vista velhos objetivos, eles apenas buscam atingi-los por caminhos mais ou menos inusitados.

> Não temos mais de levar em conta a enigmática determinação do organismo (tão difícil de encaixar em qualquer contexto) de manter sua própria existência frente a qualquer obstáculo. O que nos resta é o fato de que o organismo deseja morrer apenas do seu próprio modo. Assim, originalmente, esses guardiães da vida eram também os lacaios da morte. Daí surgir a situação paradoxal de que o organismo vivo luta com toda a sua energia contra fatos (perigos, na verdade) que poderiam auxiliá-lo a atingir mais rapidamente seu objetivo de vida, por uma espécie de curto-circuito. Tal comportamento, entretanto, é precisamente o que caracteriza os esforços puramente instintuais, contrastados com os esforços inteligentes (Freud, 1920/1996, p. 50).

É nesse ponto que interessa analisar a distinção entre os conceitos benjaminianos de experiência e vivência, tratados de forma mais precisa em "O narrador" e em "Experiência e pobreza". Isso porque o conceito de vivência opera de forma muito próxima à descrita por Freud em sua alegórica imagem da vesícula viva, remetendo-nos à noção de trauma ou, pela nomenclatura de Walter Benjamin (1923/1989), de choque.

Em "O narrador", o autor (1936/2012) demonstra como a experiência é própria do homem que embarca em suas longas viagens e volta para relatar suas aventuras à comunidade que o espera. Pescadores ou caçadores que passam dias fora e retornam para narrar suas peripécias são exemplos de narradores. Dispondo de toda a atenção, dão vida ao enredo de suas aventuras conforme o entrelaçam. Há períodos propícios para mergulhar em experiências longe de casa, e há outros em que as façanhas são costuradas perante os ouvintes, que ansiavam ouvir a voz da sabedoria. Na existência guiada pelas regras da tradição, passado, presente e futuro caminham de forma circular. A sutileza do novo emerge fugaz apenas nas tintas da imaginação dos que projetam, nas palavras do viajante, seus corpos protagonizando um futuro similar. No ritmo das histórias tramadas, um toque de invenção também pode ser acrescentado, sem que isso perturbe o ciclo esperado das coisas.

No caso da vivência, estamos no já descrito cenário das cidades modernas. Ao andar nas ruas, o homem moderno se vê repentinamente assaltado por inúmeros estímulos, dos quais se protege psiquicamente. Em contraste com o pescador, o exemplo maior desse modelo é o soldado de guerra, que não volta de suas viagens com repertório mais rico, mas, ao contrário, sente-se sugado pelos massacres que viveu. Ele não consegue narrar nada do que viu e experimentou, procurando antes esquecer e recalcar os terrores a que foi confrontado. Logo, enquanto a experiência é a urdidura da memória, tecida diante da comunidade atenta, a vivência tem o caráter de compelir os homens a acirrarem suas defesas psíquicas diante da insistência das lembranças.

Retomemos cautelosamente alguns aspectos da leitura que Jacques André (2008) empreende da psicanálise freudiana antes de prosseguir com essas analogias. Diferentemente da leitura ingênua que se faz do trauma, que o compreende apenas como resultado de um estímulo muito intenso capaz de invadir brutalmente a malha psíquica previamente inscrita, esfacelando-a e inundando-a de um *quantum* de energia excessivo, Jacques André sublinha a inclusão do tempo 1 nessa composição traumática. A novidade trazida por Jacques André ainda não é essa, já que, como vimos, a sobreposição de tempos existe desde Freud. O fator inédito trazido pelo autor é que o tempo 1 do trauma é o tempo da transferência. É o que fica claro no seguinte trecho: "Escolher abordar 'o *après-coup* no tratamento' não é, portanto, um simples acessório, já que a situação transferencial, por ser interpsíquica e analítica, oferece a dupla potencialidade do trauma *in praesentia* e de sua possível significação" (p. 143).

Freud obviamente não foi alheio a isso. Sabemos que ele reconheceu a força do tempo 1 como uma *força atual* na transferência – *acting out* – pelo menos desde o caso Dora (1905a/1996). Entretanto, ao introduzi-la em suas explicações, adota a perspectiva de que a transferência é *reprodução* de um passado. Ou seja, atores de uma peça cujo roteiro foi remotamente escrito, paciente e analista representam cenas distantes no tempo e no espaço. Ao revigorar predominantemente as texturas concentradas no passado, a perspectiva freudiana atenua a densidade própria do presente.

Esse aspecto faz-se nítido num dos textos clássicos sobre o tema, escrito em 1912. Em "A dinâmica da transferência", Freud procura elucidar o que está em jogo entre os protagonistas do quadro analítico. Lembrando que para cada sujeito foi arquitetado "um método específico próprio de conduzir-se na vida erótica" (Freud, 1912/1996, p. 111) ou foram formados clichês estereotípicos constantemente repetidos que o impedem de driblar inventivamente experiências recentes, condenadas a serem reinscritas nos antigos padrões, Freud destaca o vetor reprodutivo da transferência – o analista é uma figura rapidamente cooptada pelas categorias previamente existentes.

Nessa visão, as forças do inconsciente abdicam daquilo que se apresenta na situação real e se armam diante do analista, fazendo suas exigências infantis. Este deve convencê-lo a retomar parte de sua capacidade intelectual e colocar rédeas nos impulsos emocionais a fim de que possa dar continuidade ao tratamento. Sabemos, porém, que tal apelo ao "nexo do tratamento" e a submissão dos impulsos à "consideração intelectual" não são simples.

Em um de seus últimos textos, Freud volta a falar dos impasses da transferência e dos entraves encontrados no tratamento psicanalítico. "Análise terminável, interminável" (1937b/1996) trata da etiologia das neuroses e dos procedimentos adotados nas análises para responder às questões que elas suscitam. Instintos excessivamente intensos ou traumas precoces, em razão dos recursos ainda precários do ego, são os principais motivos desencadeadores das doenças psíquicas. Entre essas duas causas das neuroses, Freud é claro ao afirmar que os traumas são as que melhor reagem à psicanálise.

Mas de que modo o trauma seria analisável? Freud responde a essa questão averiguando antes as barreiras encontradas pela psicanálise no restabelecimento de pacientes que a ela se submeteram. Ilustra a insistência da doença após o fim do tratamento com um caso de uma moça que pôde, em pouco de tempo de análise, resgatar sua capacidade de participar da vida, mesmo quando esta se apresentou extremamente adversa. Teve de lidar com crises financeiras na família, e aos poucos sua sorte no amor também se mostrou frustrada. Bravamente resistiu a essa série de eventos, tornando-se, ainda, uma figura importante no seio familiar por prover suporte aos parentes em momentos difíceis. Muitos anos após o término de sua análise, porém, hemorragias profusas obrigaram-na a se submeter a um exame ginecológico. Um mioma foi detectado e ela teve de realizar uma histerectomia completa. Nessas circunstâncias, a mulher tornou a ficar doente. Assaltada por fantasias de teor masoquista envolvendo seu cirurgião, por quem se apaixonou, viu-se novamente impossibilitada de seguir sua vida. Resistiu a retomar a análise e permaneceu doente até o fim de seus dias. As ponderações feitas por Freud sobre esse caso são comuns. Supõe que "a segunda moléstia da paciente pode ter-se originado da mesma fonte que a primeira, que fora superada com êxito", isto é, "pode ter sido uma manifestação diferente dos mesmos impulsos recalcados, que só incompletamente solucionara [na análise]" (Freud, 1939/1996, p. 238). Uma observação rápida, porém, merece ser ressaltada. Diz Freud: "Estou inclinado a pensar que, não fosse pelo novo trauma, não teria havido nova irrupção da neurose" (p. 238), ou seja, se essa pessoa não tivesse tido tal mioma, seus sintomas psíquicos não teriam eclodido. Essa pequena observação deixa claro que há um aspecto importante na composição do trauma e, por conseguinte, na doença psíquica: o *acaso*.

Tal observação mostra que o tempo 1 do trauma é fruto das regras imponderáveis do destino e do mundo, que também podem ser engendradas na transferência. Fica claro, após esse recorte específico da obra de Freud, que a transferência, ora vista como irrupção pulsional, que ata o analista, ora vista como artifício usado para que as sombras do passado sejam capturadas e trabalhadas no presente, deriva da *sorte* ou é *forjada* pelo enquadre.

Como vimos, Jacques André (2008) segue a argumentação freudiana, sublinhando que o segundo momento cronológico (tempo 1), tão violento quanto o primeiro (tempo 2) na composição traumática, é o que dá consistência à própria transferência. Ao se enredar irremediavelmente no tempo 2, o tempo 1 traz em seu bojo (trazido-depois) toda a violência inerente ao passado, sem, por isso, deixar de ter relação material com o presente. Ou seja, é verdade que o tempo 1 transporta elementos remotos para cenas recentes, porém, é igualmente verdade que tais cenas carregam uma densidade própria. São os detalhes atrelados ao analista e ao enquadre oferecido por este que podem dar ensejo ao golpe do *après-coup*. Qualquer partícula de uma sessão pode deter o curso linear do tempo para ressuscitar, à maneira do que Proust (1913/1998) compreendeu como *memória involuntária*, o que antes era apenas tempo 2, amornecido pela repetição enclausurante de um ciclo pantanoso.

Hora de resgatar o fio benjaminiano. Marcel Proust é influência crucial em "Sobre alguns temas em Baudelaire", na qual Benjamin (1923/1989) discute essas noções. Na obra *Em busca do tempo perdido*, torna-se evidente que o tempo remoto não pode ser acessado por mecanismos voluntários da consciência, sendo evocado apenas pelo encontro casual com alguma matéria ou objeto atual que guarda certa reminiscência. Se algo que remeta a um tempo morto não aparece no presente, só resta a resignação perante o esquecimento ou a morte do que sucedeu. Não são os francos esforços da inteligência aqueles a provocar a emersão da memória, que depende, para Proust, de circunstâncias absolutamente imprevisíveis e incontroláveis da vida.

Caminho diferente é tomado na obra de Baudelaire. Se Proust se isola para reproduzir suas experiências artificialmente, tomando os rumos da filosofia de Bergson, que, segundo Walter Benjamin, "rejeita qualquer determinação histórica" até se tornar alheio à "experiência inóspita, ofuscante da época da industrialização em grande escala" (Benjamin, 1923/1989, p. 105) e perante a qual os olhos se fecham, Baudelaire faz dos sustos incessantes provocados por seu tempo a matéria principal de sua obra. No âmago de seus poemas estão precisamente os choques contra os quais se alça com espada em riste. Como um grito, cada um de seus poemas é resultado dos desvios permanentes contra os golpes do presente. Tal desvio não se dá, porém, por meio do isolamento, como ocorre com Proust. Baudelaire ergue sua pena nas lacunas do frenesi cotidiano das cidades, mas esses intervalos não são de maneira alguma vazios. No corpo dessas interrupções ainda resta um sopro impregnado da matéria que circunda o cotidiano das cidades modernas.

Em Benjamin, a memória involuntária ganha uma conotação política, visando explodir a continuidade do discurso oficial. Ele questiona a resignação proustiana ao destino, sugerindo que deveríamos construir possibilidades para encontrar o ponto de cruzamento entre o passado e o instante atual (1923/1989). Benjamin propõe a imersão em instantes efêmeros atuais para despertar a atenção aos estilhaços varridos pelo curso da história oficial e restaurá-los no presente. Neste ponto é que finalmente nos aproximamos verdadeiramente do processo psicanalítico. A regra básica da psicanálise pode ser justamente um meio de provocar a emersão desses acasos, invariavelmente conectados a conteúdos transferenciais.

Faz-se necessária uma sensibilização para que esses aspectos abandonados pela consciência como dejetos sejam experimentados ou até mesmo percebidos. Servindo como artifício para tal empreendimento, os detalhes da relação transferencial são tomados como fragmentos atuais que têm consistência análoga à de outros tempos e espaços. Freud também está à caça dos estilhaços da memória ao propor a associação livre, como se nota no seguinte trecho da "Interpretação dos sonhos":

> Ao adormecermos, surgem "representações involuntárias", graças ao relaxamento de certa atividade deliberada (e sem dúvida também crítica) a que permitimos influenciar o curso de nossas representações enquanto estamos acordados. À medida que emergem, as representações involuntárias transformam-se em imagens visuais e acústicas. No estado utilizado para a análise dos sonhos e das ideias patológicas, o paciente, de forma intencional e deliberada, abandona essa atividade e emprega a energia psíquica assim poupada (ou parte dela) para acompanhar com atenção os pensamentos involuntários que então emergem, e que – e nisso a situação difere da situação do adormecimento – retêm o caráter de representações. *Dessa forma, as representações "involuntárias" são transformadas em "voluntárias"* (Freud, 1900/2012, p. 136-7).

Quando, porém, certas defesas se armam diante das representações involuntárias[3], estas se tornam restos do dia que alimentam os sonhos da noite. É certo que muitas vezes os caminhos das pulsões assumem caráter repetitivo, como bem ilustra Freud com sua imagem clássica do carretel. Entretanto, desvios imprevisíveis dessa força demoníaca das pulsões podem transformar um mero carretel, ainda preso à velha imagem da mãe, num espantoso Odradek, figura kafkaniana lembrada por Benjamin em "Infância em Berlim por volta de 1900" (1932-38/1997), quando ele fala sobre a caixa de costura. Esse insólito objeto, também reconhecido como uma espécie de carretel, percorre caminhos imprevisíveis. Ele se esconde entre cantos e vãos da escada, sai misteriosamente e sem que se saiba seu destino, para só

[3] A atitude de espírito necessária para embarcar no relato de conteúdos involuntários, que surgem de improviso, bem como o abandono da função crítica, que normalmente atua contra eles, são tarefas árduas. Isso porque tais "pensamentos involuntários" liberam uma resistência muito violenta, que procura impedir seu surgimento. Cabe ao analista agarrar esses elementos, entrelaçando os saltos temporais que os conectam. Mais uma vez: é importante reconhecer que, ainda que o eco do tempo 2 reverbere no tempo 1, este não é destituído de consistência própria. Por isso, para que a análise seja profícua e não paralise seus efeitos na mera violência do golpe, é necessário ainda algo mais: que tal golpe se torne ao mesmo tempo abertura e seja capturado por uma escuta que indique ao fragmento mnemônico o atalho capaz de devolvê-lo à trilha correta, isto é, aquela na qual ele teve sua origem. Sendo o *après-coup* parte constitutiva da transferência, que se configura como tempo 1 do trauma, não podemos deixar de perguntar como tratar esse acontecimento na análise. Isto é, o que deve ser feito para que a transferência não se afigure apenas como um violento golpe? Nesse ponto é que podemos localizar a escuta clínica do psicanalista. De que escuta, entretanto, estamos falando? Ou, mais exatamente, escutar o quê? Essas perguntas abrem possibilidades para outros trabalhos.

depois voltar. Com esse rápido paralelo é possível apenas insinuar uma conclusão: se é verdade que para mudar o curso da história é preciso reconhecer semelhanças que conectam diferentes tempos e espaços, é também verdade ser necessário desemaranhar os aprisionantes fios que se repetem para que a estranheza do movimento de um carretel seja entrevista nas tramas do familiar.

O inquietante na estética

Retomando a filosofia de Bergson no interior da perspectiva benjaminiana, Maria Rita Kehl ressalta que, para o filósofo francês, "a vida psicológica sobrevive, embora constantemente inibida pela consciência prática e útil do presente" (Kehl, 2009, p. 150). Pronta a aflorar, nossa memória aguarda uma fissura no tempo atual que permita a ela desabrochar. Imagens do passado penetram o presente e ganham lugar na vida anímica. Walter Benjamin mostra a distinção entre a reminiscência e a rememoração, sendo a primeira, na ótica de Bergson, "uma invasão do presente pelo passado", o que atestaria a ideia de que o vivido se mantém quase inabalável "em uma outra dimensão, não controlada pelo sistema da atenção consciente" (Kehl, 2009, p. 150). Na obra capital de Marcel Proust, *Em busca do tempo perdido*, também se encontra a ideia de "invasão do presente por uma minúscula lasca viva do passado", indicando mais uma vez "a potência da vida psíquica que se passa fora do alcance da consciência" (p. 150). Nesse contexto, o aspecto mais interessante para nosso estudo foi anunciado por Kehl ao notar a aproximação dessa invasão involuntária da memória com as angustiantes experiências do *Unheimliche*, trabalhadas por Freud.

Na tradução de Paulo César de Souza do texto *Das Unheimliche*, uma nota de rodapé busca explicar uma afirmação de Freud, segundo a qual "por razões fáceis de imaginar, ligadas ao momento atual" (Freud, 1919/2010, p. 330), não teria podido pesquisar a bibliografia sobre o tema do *Unheimliche* antes de escrever seu artigo. Na nota do tradutor, lemos o seguinte comentário explicativo para a expressão "ligadas ao momento atual": "Freud se refere, naturalmente, ao período da Primeira Guerra Mundial, que acabou no ano anterior àquele em que escreveu este ensaio" (p. 330). Essa observação, aparentemente óbvia e um tanto irrelevante, revela algo curioso: Freud não pôde pesquisar a bibliografia sobre o tema, mas este, sem dúvida, renasceu dentro dos moldes involuntários da memória após as inquietantes cissuras provocadas pela guerra.

No ano de 1919 – um ano após o fim da Primeira Grande Guerra –, Freud desenterra o velho texto sobre o *Unheimliche* da gaveta e começa a retrabalhá-lo. Durante os terríveis anos de batalha, Freud conseguiu ser altamente produtivo, escrevendo vários trabalhos, dentre os quais seus artigos sobre metapsicologia. Conhecemos o conteúdo dos que não foram destruídos. Como mencionado anteriormente, há uma forte suspeita de que um dos textos queimados tratava do conceito de sublimação. Curiosa escolha a de colocar em chamas justamente o artigo que tratava do nebuloso conceito de sublimação e a de desengavetar o trabalho sobre o *Unheimliche*, logo após os penetráveis acontecimentos da guerra. Esse par de gestos ampara a hipótese de que a experiência vivida por Freud na guerra coloca em xeque os padrões estéticos resultantes do processo de sublimação.

Em *O desencantamento da arte*, Rainer Rochlitz (2003) estabelece uma periodização do pensamento benjaminiano sobre a arte. Segundo ele, Benjamin separa três épocas nitidamente distintas: 1) no primeiro período, encontra-se a estética do sublime relacionada ao desencantamento messiânico da bela aparência; 2) no segundo, observa-se uma estética política de intervenção revolucionária na sociedade, visando reconstituir potências humanas por meio de uma embriaguez lúcida nascente da presença de espírito total. Essa estética seria compensatória do declínio e do sacrifício da aura e da arte no sentido tradicional; 3) o terceiro período, por fim, trataria da perda inexorável da aura, que se embrenhava na linguagem compreendida como revelação. No lugar da aura advém, então, a memória como elemento primordial da modernidade desencantada.

Na articulação trançada aqui entre o pensamento de Walter Benjamin e o de Freud, o primeiro e o segundo períodos identificados por Rochlitz (2003) corresponderiam ao conceito de sublimação freudiano, que, como tentamos demonstrar, é pertinente até a Grande Guerra. Trata-se de uma concepção condizente com períodos pré-românticos e românticos da arte que persistem até alguns movimentos vanguardistas, visando dotar de aura a arte, que ocupa, então, o lugar antes concedido ao sagrado. O terceiro período corresponderia, por sua vez, ao conceito psicanalítico de *Unheimliche*, como veremos aqui. É difícil, porém, estabelecer uma periodização temporal tão definitiva. O que se pode dizer é que antes da Grande Guerra o processo sublimatório era preponderante como forma de simbolizar a vida e o mundo, o que se tornou insustentável após as atrocidades da guerra. Sublimar implica satisfazer pulsões por desvios da meta sexual e, simultaneamente, encontrar reconhecimento externo social para a produção e o resultado desse processo. É evidente que o processo sublimatório e seus resultados existem ainda hoje, mas é preciso admitir que, desde a Grande Guerra, os limites desse modelo se tornaram evidentes.

Tratando especificamente da estética, Freud escreve *Das Unheimliche* procurando se aproximar de certas "qualidades do sentir" evocadas pelo estranhamento, pelo terror, pelo medo e pelo asco:

> Nada em absoluto encontra-se a respeito deste assunto em extensos tratados de estética, que em geral preferem preocupar-se com o que é belo, atraente e sublime – isto é, com sentimentos de natureza positiva – e com as circunstâncias e os objetivos que os trazem à tona, mais do que com os sentimentos opostos, de repulsa e aflição. Conheço apenas uma tentativa na literatura médico-psicológica, um artigo fértil, mas não exaustivo, de Jentsch (1906). Mas devo confessar que não fiz um exame muito completo da literatura relacionada com esta minha modesta contribuição, particularmente da literatura estrangeira, por razões que, como pode ser facilmente adivinhado, estão nos tempos em que vivemos; de forma que meu artigo é apresentado ao leitor sem qualquer pretensão de prioridade (Freud, 1919/2010, p. 238).

Com efeito, o tema do inquietante ou do estranho não é novo no campo da estética, tendo muitas vezes, ao contrário do que Freud sugere, uma relação íntima com o conceito de sublime. Já em 1757 Edmund Burke associou o sublime ao medo e ao terror, dizendo:

> Nenhuma paixão despoja tão completamente o espírito de todas as suas faculdades de agir e de raciocinar quanto o medo. Pois este, sendo um pressentimento de dor ou de morte, atua de maneira semelhante à dor real. Portanto, tudo que é terrível à visão é igualmente sublime, quer

> essa causa de terror seja dotada de grandes dimensões ou não, pois é impossível considerar algo que possa ser perigoso como insignificante ou desprezível. Existem muitos animais que, não sendo de grande porte, são contudo capazes de suscitar ideias do sublime, porque são vistos como objetos de terror, por exemplo serpentes e animais venenosos de quase todas as espécies. Até mesmo coisas dotadas de grandes dimensões, se lhes associamos uma ideia extrínseca de terror, tornam-se incomparavelmente maiores. Uma grande planície uniforme não é, certamente, uma ideia insignificante; o panorama de uma tal extensão de terra pode ser tão vasto quanto o de um oceano, mas será ele capaz de encher o espírito com algo tão grandioso quanto este último? Isso se deve a várias causas, mas principalmente a esta: o oceano é objeto de um grande terror. De fato, o terror é, em todo e qualquer caso, de modo mais evidente ou implícito, o princípio primordial do sublime (Burke, 1757/1993, p. 66).

Como a própria pesquisa etimológica realizada por Freud (1919/2010), Burke (1757/1993) mostra a coincidência em várias línguas entre palavras que significam indiferentemente assombro ou admiração e admiração ou terror. Θαμβος significa, em grego, tanto "medo" como "admiração"; δεινος, por sua vez, quer dizer "terrível" ou "venerável". O termo ιδεω pode ser traduzido por "reverenciar" ou "temer". Burke seleciona algumas dessas coincidências no latim, no inglês e no francês para demonstrar a proximidade entre a ideia de terror e sublime. Para contrapor a asserção de Freud (1919b/1996), segundo a qual "nada em absoluto encontra-se a respeito deste assunto em extensos tratados de estética, que em geral preferem preocupar-se com o que é belo, atraente e sublime e com as circunstâncias e os objetivos que os trazem à tona, mais do que com os sentimentos opostos, de repulsa e aflição" (p. 238), bastaria, portanto, consultar alguns clássicos autores da estética, como Burke ou Schiller. A própria tragédia, que delineou a *Poética* de Aristóteles, já contém a duplicidade da ideia. O que podemos inferir da afirmação de Freud, portanto, é que sua própria visão de estética estava, até 1919, mais afinada com os conceitos de belo, atraente e sublime – aqui, com sentido de algo elevado ou superior – do que com os de repulsa, terror e aflição, acionados por sua percepção apenas nos momentos da guerra e após a manifestação de seus efeitos.

Também não será difícil aceitar o passo subsequente e concluir que sua sensibilidade para o modelo sublimatório é pertinente e condizente com os valores inerentes à sociedade na qual estava inserido. A separação entre o *Unheimliche* e os adjetivos atinentes à sublimação contempla um determinado modo de trabalho psíquico, de teor defensivo, que se relacionava, como já vimos exaustivamente, a um período específico do Império Austro-Húngaro. Considerando os pontos até aqui assinalados, nota-se como o texto freudiano que trata do *Unheimliche* se mostra decisivo para os rumos da psicanálise, abrindo portas para a compreensão do modo como funcionam os processos anímicos e culturais na modernidade e na contemporaneidade. Como veremos, o aspecto decisivo e original na análise freudiana do conceito é aquele que demonstra a *familiaridade* inerente àquilo que provoca estranhamento, terror, medo, asco.

Seguindo, como Burke, trilhas etimológicas, Freud (1919b/1996) avança um passo em relação à tradição ao mostrar as razões pelas quais termos antagônicos podem coincidir em suas origens. Segundo a pesquisa realizada por Freud, a palavra alemã *unheimlich* é o avesso de *heimlich* [doméstica], *heimisch* [nativo], isto é, ela seria oposta ao que é familiar. Daí se seguiria a conclusão lógica de que o que é "estranho" assusta justamente porque *não é* conhecido ou *não é* familiar. Entretanto, há um detalhe que coloca em xeque a oposição entre *heimlich* e *unheimlich*: nem tudo o que é novo e não familiar torna-se *unheimlich*, isto é, assustador, estranho, inquietante, terrorífico, asqueroso. Daí ser válida a pergunta: o que seria, então, capaz de causar o impacto do estranhamento, do medo, do terror? Tentando responder o que faz do *Unheimliche*, *unheimlich*, Freud recorre ao *Wortebuch der Deutschen Sprache*, de Daniel Sanders, encontrando no significado da palavra *heimlich* os indícios para a resposta do que posteriormente vai formular em termos psicanalíticos.

Nesse universo linguístico, Freud tropeçará em algumas emboscadas semânticas. No exemplo sobre os Zecks há o seguinte impasse: "'Os Zecks [nome de família] são todos *heimlich*'" (Freud, 1919b/1996, p. 241), anota Freud, seguindo ainda: "*Heimlich*? O que você entende por '*heimlich*'?", e a resposta perturbadora: "Bem... são como uma fonte enterrada ou um açude seco. Não se pode passar por ali sem ter sempre a sensação de que a água vai brotar de novo" (p. 241). Nesse ponto, o termo se inverte por completo: "Oh, nós chamamos a isso '*unheimlich*'; vocês chamam '*heimlich*'. Bem, o que faz você pensar que há algo secreto e suspeitoso acerca dessa família?" (p. 241). Daí advêm significados antagônicos para o vocábulo *heimlich* como: escondido, oculto da vista, sonegado aos outros, roubar. Pode-se "olhar com prazer *heimlich* a derrota de alguém" (p. 241) e uma série de outras proposições acerca do termo, mais condizentes com os lugares secretos da alma moral. Nessa enxurrada de significados, aquele dado por Schelling ao vocábulo *Unheimliche* merece destaque. Segundo o autor romântico, "*Unheimliche* é o nome de tudo que deveria ter permanecido... secreto e oculto mas veio à luz" (Schelling *apud* Freud, 1919b/1996, p. 243).

Para Freud, "o que mais nos interessa nesse longo excerto é descobrir que, entre os seus diferentes matizes de significado, a palavra *heimlich* exibe um que é idêntico ao seu oposto, *unheimlich*" (Freud, 1919b/1996, p. 244). A palavra *heimlich* pode ser empregada para indicar tanto o que é familiar e agradável como o que está oculto e se mantém fora da vista. Essa exaustiva pesquisa etimológica realizada por Freud o conduz finalmente à análise de uma obra literária em que o termo pode ser empregado na acepção ambígua proposta por ele.

Deixando de lado o modelo clássico-romântico goethiano, Freud inclina-se para as sombras do Romantismo alemão. Elegendo um autor cuja fama se tornara, em território francês, igualável à de Goethe (Safranski, 2010a, p. 10), o psicanalista explora os segredos fantásticos de *O homem de areia*, escrito por E. T. A. Hoffmann, "que personificou o oposto do burguês racional" (Munk, 2006, p. 14). Ao seguir os sinuosos caminhos da memória – tanto histórica, como psíquica – Freud se descola de movimentos literários e artísticos mais condizentes com a civilização e suas possibilidades simbólicas no período pré-guerra e é obrigado a rever em seus conceitos os processos psíquicos que se relacionam com a cultura e com a estética.

O conto fantástico traz a memória infantil do estudante Nathanael em torno da imagem do repulsivo advogado Coppelius sobreposta àquela do "homem de areia", que, embora fosse mera figura de linguagem, mostrava-se, para ele, como um terrível ser real.

Nesse conto, o leitor segue a troca de cartas entre Nathanael e sua esclarecida amada, Clara, sem saber ao certo até que ponto está às voltas com a alucinação do personagem. Às teias nebulosas de uma infância reconstituída se justapõe uma terceira imagem atual. Agora é um vendedor ambulante de apetrechos para olhos, Giuseppe Coppola, que remete Nathanael ao antigo medo do homem de areia. Toda figurabilidade constituída por olhos, óculos e lunetas confunde esses tempos e espaços dispersos até que surge pelas lentes de um binóculo comprado do atrapalhado vendedor, a sempre imóvel e silenciosa Olímpia, filha de seu professor Spalanzani. *Voyeur*, Nathanael se apaixona por ela, sem saber que estava diante de um autômato, cujo mecanismo era obra de Spalanzani, que contou com a ajuda de Coppola para colocar os olhos na boneca.

Numa festa promovida pelo professor, Nathanael dança a noite toda com a boneca, sem se dar conta do objeto que carregava em suas mãos. Suspira em meio aos passos de dança: "Mulher sublime, celestial! Exemplo do amor que nos prometem na outra vida! Alma profunda em que se reflete todo meu ser!" (Hoffmann, 1817/2010, p. 68). De Olímpia ele ouvia apenas: "Ah-ah-ah!". Mesmo perante os vagos gemidos prossegue: "Meu doce astro, minha linda estrela de amor, você se ergueu em meu céu e você brilhará, iluminando minha alma para sempre" (p. 69).

Num outro dia, tentando se aproximar de Olímpia com o anel que provaria seu amor por ela, Nathanael encontra Coppola e Spalanzani discutindo violentamente sobre a autoria da obra mecânica. Correndo escada abaixo, Coppola está agarrado à boneca de madeira, sem olhos, e partes dela batem no chão. O barulho da madeira ressoa de forma estranha nos ouvidos do rapaz. Enquanto isso, Spalanzani recolhe os olhos sangrentos de Olímpia caídos ao chão e os arremessa no peito de Nathanael, dizendo que "Coppelius" os roubara do menino. Os olhos lançados em Nathanael invadem-no como garras da loucura. Ele sucumbe a um ataque mental e, em seu delírio, emerge a recordação da morte do pai, que se mescla à nova experiência. "Ha-ha-ha! Roda de fogo, roda de fogo, roda de fogo, gira, gira, gira, alegremente, alegremente. Opa! Boneca de madeira, opa, linda boneca de madeira!" (Hoffmann, 1817/2010, p. 79). Cai então sobre o professor, o "pai" de Olímpia, tentando enforcá-lo.

Recobrada a sanidade, Nathanael e Clara, sua antiga noiva, aparecem reconciliados na história até o dia em que a imagem do antigo senhor Coppelius é vista através do telescópio por Clara e Nathanael do alto da torre da prefeitura. O rapaz é mais uma vez invadido por um ataque de loucura e, gritando "Boneca de madeira, gira, gira!" (Hoffmann, 1817/2010, p. 85), tenta jogar Clara da torre. O irmão da moça consegue salvá-la, mas lá em cima o louco continua a girar, sempre urrando "Roda de fogo, gira, gira! Roda de fogo, gira" (p. 86) até se jogar do alto sobre os paralelepípedos da praça do mercado, onde seu crânio estilhaçado permanece no chão. A figura de Coppelius some sem deixar vestígios.

Na análise de Freud, "o medo de ferir ou perder os olhos", central no conto de Hoffmann, "é um dos mais terríveis temores das crianças" (Freud, 1919b/1996, p. 248) e estende-se pela vida adulta. Os olhos furados remetem ao enredo trágico de Édipo, cujos olhos ele mesmo perfurou após suas terríveis descobertas – incesto e parricídio. Essa ansiedade em relação aos próprios olhos ou o medo de ficar cego substitui, muitas vezes, o temor de ser castrado. Por isso, o autocegamento de Édipo pode ser interpretado como uma maneira atenuada do castigo da castração – única punição que faria jus à grandiosidade e à natureza de seus "pecados".

O conto de Hoffmann seria, assim, a prova de sua tese sobre a castração e o complexo de Édipo. Diz Freud: "Eu não recomendaria a qualquer oponente da concepção psicanalítica que escolhesse particularmente essa história do homem de areia para apoiar o argumento de que a ansiedade em relação aos olhos nada tem a ver com o complexo de castração" (Freud, 1919b/1996, p. 249). O fato de Hoffmann ter colocado essa ansiedade em íntima relação com a morte do pai de Nathanael é, para ele, prova suficiente de que sua hipótese segue caminho certeiro. Outra confirmação de sua tese seria o fato de o homem de areia sempre se colocar no meio dos enlaces amorosos de Nathanael. Como aquele que barra o desejo sexual, Coppelius ou Coppola interdita a felicidade do rapaz com suas amadas – Olímpia e Clara. Sem a hipótese da castração relacionada aos olhos, muitos elementos parecem, diz Freud, perder sentido. Se o homem de areia é pensado no lugar do pai temido, de cujas mãos é esperada a castração, o elemento estranho seria provocado por ele, que evocaria a ansiedade própria do complexo de castração infantil. Partindo dessa ideia, Freud pretende verificar se existem condições de que ela seja generalizada para outras situações semelhantes.

Retomando a análise de Jentsch sobre o papel do autômato nos contos fantásticos, Freud procura demonstrar que os sentimentos de estranheza não são provocados, como supõe Jentsch, pela incerteza intelectual diante do fato de o objeto se apresentar com vida ou inanimado. Isto é, ao contrário de Jentsch, Freud não considera que o *Unheimliche* esteja ligado a Olímpia[4] no conto de Hoffmann, sendo a tese de Jentsch sobre a incerteza quanto à natureza do objeto algo irrelevante para o tema. Da perspectiva do psicanalista, o aspecto inquietante estaria concentrado, sobretudo, no demoníaco oculista, que aparece ao final da história mesclado à figura do advogado Coppelius e também ao homem de areia, comprovando e reafirmando a teoria da angústia de castração e a do complexo de Édipo.

Espelho de boneca: E. T. A. Hoffmann com Freud e Benjamin

Frequentemente fico bem confuso.
As pessoas à minha volta empalidecem em imagens sombrias,
as quais cambaleiam para lá e para cá como bonecas sem valor
e um novo, colorido gênero de humano,
solicitado de minha fantasia, se ergue do chão,
encarando-me com seus olhos assustadores.

(Tieck)

[4] É importante dizer que, na versão alemã do conto, o termo *unheimlich* aparece trinta vezes, tanto ligado a Coppelius/Coppola como a Olímpia.

Walter Benjamin também escreve um texto sobre E. T. A. Hoffmann, alinhado ao que Freud pensará sobre a compulsão à repetição[5] e o autômato Olímpia[6]. Segundo o filósofo alemão, "o fascínio maior das pessoas descritas por Hoffmann repousa no fato de que, justamente nas mais nobres e sublimes, excetuando quiçá alguns personagens encarnados por meninas, circula algo de satânico" (Benjamin, 1930c/2013, p. 133-4). Lendo o anverso de certos personagens que mantinham uma aparência enganosa, Hoffmann mostrou como "o ser humano do cotidiano, que desde sempre foi alvo de todo o seu ódio, deparou-se-lhe cada vez mais tanto em suas virtudes quanto em seus encantos como produto de um mecanismo asqueroso, cujo núcleo é governado por Satanás" (p. 134). Benjamin é claro ao dizer que "satânico" significa, para Hoffmann, aquilo que

---

5 Tanto a angústia de castração como o complexo de Édipo são conceitos válidos e importantes para compreender uma série de fenômenos psíquicos e culturais, mas de modo algum se aplicam onde quer que seja, como parece ser o desejo de Freud em muitas passagens de sua obra. Inclusive seu método de análise biográfica para tratar dos processos psíquicos responsáveis pelo resultado de uma obra pertencente a determinado artista parecem fracassar quando se trata de E. T. A. Hoffmann. Longe do pai desde pequeno e com uma mãe pela qual nutria certa indiferença, E. T. A. Hoffmann não seria o melhor exemplo para provar o método freudiano de análise artística, aplicado em Leonardo da Vinci. Se o complexo de Édipo e a angústia de castração se destacam na ótica freudiana como elementos capazes de explicar o enredo do conto de Hoffmann, o artista não é o clássico sujeito para quem essas categorias seriam facilmente empregadas.

6 As considerações feitas por Freud sobre Olímpia estão localizadas em nota de pé de página, ofuscadas pela interpretação central de teor edípico, ligadas às figuras paternas.

é automático. O automatismo não é atributo, porém, apenas dessa gente desprezível do cotidiano, sendo alguns "artifícios mecânicos" visíveis "em nosso anseio mais profundo e mais sagrado". Tal anseio transforma em fantasmas aquele amor declarado "a nós que evoca nossas origens" (p. 134).

Como se sabe, a "compulsão à repetição", apresentada no ensaio *Das Unheimliche* e cujo teor mudará os rumos da psicanálise, trata de uma repetição involuntária, de natureza pulsional, que prepondera no inconsciente, sendo seus fins mais poderosos do que aqueles oriundos do princípio do prazer. Agindo como uma força demoníaca, esse fenômeno é uma pressão cujo fim é a própria origem infantil.

O *Unheimliche* seria o encontro aparentemente súbito e casual com conteúdos infantis que tendencialmente buscamos repetir. Como o conceito freudiano de *trauma* ou o benjaminiano de *choque*, ele é capaz de reacionar antigas defesas psíquicas ou embaralhar o curso automático das ações e representações humanas, inaugurando a possibilidade de reinvenção de uma história. Olgária Matos foi sensível à semelhança entre o choque benjaminiano e o *Unheimliche*, dizendo: "O *unheimlich* é o choque do retorno do recalcado ou 'inibido'" (Matos, 2010, p. 128), capaz de perturbar a "ideia fixa, a compulsão à novidade, à repetição do mesmo" que compõem a modernidade (p. 129). Em "Além do princípio do prazer" (1920/1996), Freud mostra que o tempo da pulsão é um eterno retorno, orientado principalmente pela pulsão de morte e por formações inconscientes atemporais.

O automatismo é, nesse sentido, certo afeto pertencente a um impulso emocional recalcado que age como ansiedade, sendo os elementos que emergem de forma assustadora algo reprimido que *retorna*. Nessa categoria de coisas assustadoras é que se encontraria o efeito do *Unheimliche*. Como Freud mostrou em sua pesquisa etimológica, esse estranho ou inquietante não é algo novo ou alheio, sendo antes familiar e há muito estabelecido na mente. O fato de esse conteúdo familiar ter sido submetido ao recalque é o que permite esclarecer a definição de Schelling para o *Unheimliche* como algo que deveria ter permanecido oculto, mas veio à luz.

Ilustra essa ideia a relação com os genitais femininos, espécies de portas para acessar uma "casa" infantil. Tendo evidentemente sofrido recalque, o amor por esses lugares familiares pode se metamorfosear em horror, asco, medo, fascínio:

> Acontece com frequência que os neuróticos do sexo masculino declaram que sentem haver algo estranho no órgão genital feminino. Esse lugar *unheimlich*, no entanto, é a entrada para o antigo *Heim* [lar] de todos os seres humanos, para o lugar onde cada um de nós viveu certa vez, no princípio. Há um gracejo que diz "O amor é a saudade de casa"; e sempre que um homem sonha com um lugar ou um país e diz para si mesmo, enquanto ainda está sonhando, "Este lugar é-me familiar, estive aqui antes", podemos interpretar o lugar como sendo os genitais da sua

> mãe ou o seu corpo. Nesse caso, também, o *unheimlich* é o que uma vez foi *heimisch*, familiar; o prefixo *un* [in-] é o sinal do recalque (Freud, 1919b/1996, p. 262).

Em "Pequena incursão sobre imagens femininas nos escritos benjaminianos" Carla Milani Damião (2008) procura esclarecer certos enigmas apresentados no texto de 1920 de Benjamin, "Sobre o amor e assuntos afins (Um problema europeu)", que integra *Para a moral e antropologia*. Bem alinhado aos temas que tangem às preocupações psicanalíticas, esse conjunto de fragmentos trata, entre outras coisas, da vergonha e do sentimento de culpa em relação à sexualidade, Eros, corpo, morte. Segundo Damião, "as preocupações do texto em questão oscilam entre uma imagem supranatural da mulher e a transferência do erótico associado ao linguístico para o erótico associado ao intelectual"; mais especificamente, "como a experiência histórica da vida, provinda da esfera intelectual para a sexual, relaciona-se à perspectiva da história em geral e à história subjetiva" (2008, p. 54). Convém salientar os comentários de Damião, tecidos sobre o esboço da carta de 6 de agosto de 1933, escrita por Walter Benjamin em Ibiza para Maria Blaupot ten Cate, uma de suas paixões, considerada por ele a "contrapartida feminina do *Angelus Novus*":

> Mais do que uma quarta paixão ou um aspecto meramente biográfico, podemos supor encontrar nesse bilhete

> destinado a Toet uma série de ideias que coincidem com as figuras que se tornaram emblemáticas em seus escritos, seja no texto analisado, em relação à narrativa de sua *Infância berlinense*, ou no motivo daquela que é ao mesmo tempo guardiã e prostituta nas *Passagens*. O contraste inicial a ser marcado é a transformação da unidade ou unicidade da figurada mulher na figura mutante daquela que é composta por diferentes aspectos aos quais se reúne a descrição negativa do anjo inspirado em Toet, o *Agesilaus Santander*, de "garras afiadas" e o "bater cortante de uma faca" de suas asas. Mulher que é muito mais do que uma e que reúne, por um lado, o horror, o demoníaco e o enigmático como sibila (profetisa). Ao mesmo tempo que inspira medo, inspira segurança – "mãe", diz ele, em cujos braços o destino pararia de surpreendê-lo (Damião, 2008, p. 57).

Na obra de E. T. A. Hoffmann, é visivelmente recorrente a associação entre a figura do anjo e suas personagens femininas. Clara é denominada "anjo" em alguns pontos do conto de Hoffmann, mas não é só ela a ganhar o apelido ou a remeter o autor a essa imagem: ele aparece de forma ambivalente em vários escritos de Hoffmann. É nesse universo que somos mais uma vez jogados no reino da angiologia benjaminiana. Na citação acima, a menção ao *Agesilaus Santander* faz parte de um grupo de "anjos exterminadores e purificadores" que "nada têm de suaves e sorridentes criaturas protetoras, mas, para salvar aquilo que ainda resta da humanidade real dos homens e não se reduz à fraseologia, assumem os traços de inumano, até do monstruoso" (Gagnebin, 1997, p. 126). Como "presença estrangeira/estranha", os anjos de Walter Benjamin são, de acordo com Gagnebin, resplandecentes e frágeis, eternos apenas no efêmero momento de cantarem um hino para depois sumirem. Eternidade pouco convencional, sem vínculo com a noção de duração ou de *continuum* histórico, mas aliada à reviravolta decisiva nos rumos lineares da cronologia histórica, governada pela narrativa dos vencedores. Os anjos introduzem uma "cesura imperceptível" nos rumos da ideologicamente naturalizada história oficial, rompendo a "concepção do tempo homogêneo e vazio" (Benjamin, 1940/2005 *apud* Gagnebin, 1997, p. 125). Eles assopram para outra narrativa, "entrecortada, lacunar, feita de sobressaltos e de espasmos que surgem no presente como a imagem breve e brilhante de um instante perdido e recalcado" (p. 125), visando salvar do limbo aquilo que remanesce nos porões da história.

Seria interessante pensar que os autômatos cumprem, nesse sentido, papel oposto ao dos anjos. Como diz Löwy, "em seus escritos dos anos 1936-1938 sobre Baudelaire, ele [Benjamin] retoma a ideia tipicamente romântica, sugerida em um ensaio de 1930 sobre E. T. A. Hoffmann, da oposição radical entre a vida e o autômato" (Löwy, 2005a, p. 27). Mecânicos e programados, os bonecos são comparáveis à multidão e aos operários que agem automaticamente nas cidades e nas fábricas, confirmando e repetindo de maneira demoníaca a ordem imutável do tempo. Essa função de desígnio do automatismo pelo autômato torna-se evidente na primeira tese de "Sobre o conceito de história", na qual o autômato que joga xadrez, fantoche vestido à turca, representa não o verdadeiro e revolucionário "materialismo histórico", mas sua ideia falseada e repetitiva (p. 41). Na obra de Hoffmann, todavia, "o fantástico desautomatiza a percepção humana e, sobretudo, subverte os princípios da ordem vigente" (Munk, 2006, p. 16).

Espécie de duplo de Nathanael, o autômato Olímpia incorpora a face feminina do rapaz ante seu pai na primeira infância. O amor do moço por Olímpia só pode ser de teor narcísico, dado que ela é depositária de todas as qualidades advindas de seu eu. Na noite da festa, como dissemos, Nathanael dança com Olímpia sem perceber que se tratava de um ser desalmado. Seus elogios exaltam-na e colocam-na no ápice de lugares celestiais: "Mulher sublime, celestial! Exemplo do amor que nos prometem na outra vida! Alma profunda em que se reflete todo meu ser!". Ou, ainda: "Meu doce astro, minha linda estrela de amor, você se ergueu em meu céu e você brilhará, iluminando minha alma para sempre" (Hoffmann, 1817/2010, p. 68-9). Essa fala que ergue a suposta "mulher" ao patamar sobrenatural de existência aproxima a figura da boneca à de Ottilie, que cumpre a função de ser duplo de Eduard, agindo como imagem especular e pouco humana – dado que segue seu destino, eximindo-se de escolhas – e limitando-se a corresponder tão exatamente quanto possível aos anseios mais secretos do amado.

Entre os vários conteúdos do *Unheimliche* enumerados por Freud, aquele que se refere ao "duplo" também merece destaque. Comum na literatura, o tema do duplo apresenta personagens iguais ou semelhantes que podem ter suas características psíquicas magicamente transpostas de um a outro. Também pode ocorrer uma confusão mental do personagem sobre o próprio eu quando emerge uma imagem que se parece demais com a dele. Alguns personagens desdobram-se em mais de um, sem conseguir se reconhecer na outra face de si mesmos, tomada, assim, como um segundo elemento responsável pelas ações por eles realizadas. Essa duplicação, segregação ou transposição do eu compõe a importante obra de Otto Rank (1914/2013). Resgatando clássicos do cinema e da literatura, Rank observou as características psíquicas do fenômeno do "duplo", que remetem invariavelmente à imagem especular narcísica. Sombras também são recorrentes como forma narrativa do duplo, sugerindo que aquilo que se mantinha na sombra passa a ganhar vida própria, descolando-se do corpo original. Duplicar é, em suma, um modo de defesa contra a extinção do eu, que carrega ameaças internas ou defronta-se com perigos externos. Esculpindo ou depositando em um outro de si mesmo ideias como as de imortalidade ou vida após a morte sob forma de uma imagem de uma alma ou espírito, essa duplicidade nasce mais uma vez de um amor narcísico primário, predominante na mente infantil.

Mas o aspecto central introduzido por Freud é a inversão que o duplo opera quando essa etapa é ultrapassada. Ou seja, quando o duplo emerge após ameaças ou medos terem sido superados, ele se torna o estranho prenunciador da morte e dos terrores que o ego antes pretendeu evitar por meio de sua imagem. "A qualidade de estranheza só pode advir", admite Freud, "do fato de o 'duplo' ser uma criação que data de um estádio mental muito primitivo, há muito superado – incidentalmente, um estádio em que o 'duplo' tinha um aspecto mais amistoso" (Freud, 1919/2010, p. 254). Depois o "duplo" se converte em objeto de terror, "tal como após o colapso da religião, os deuses se transformam em demônios" (p. 254).

Na análise freudiana do conto de Hoffmann, a duplicação da imagem aparece também na figura de Coppelius e do pai, que representam respectivamente dois opostos de uma mesma moeda: ameaça com a cegueira (a castração) e pai bom, que intercede pelos olhos do filho. Assim, o desejo inaceitável pelo eu – o desejo de morte do pai – dirige-se justificadamente ao pai ruim (Coppelius), e a culpa pelo desejo é atribuída a este depois que o pai bom efetivamente morre. Essa dupla de pais se desloca mais tarde para um novo par: o professor Spalanzani e o ótico Coppola. Enquanto o professor mantém seu lugar preservado – como o tinha o pai bom –, Coppola assume o lugar antes atribuído a Coppelius. Ambos trabalham juntos, como faziam o pai e Coppelius na infância de Nathanael, e o professor é reconhecido como pai de Olímpia, que representa outro lado de Nathanael.

Essa cisão que duplica a imago paterna reflete-se na duplicação do próprio eu: como Olímpia, Nathanael petrifica-se e torna-se mero objeto das malhas do passado, cheias de fantasmas infantis que se reatualizam, sem que ele consiga sair de um círculo temporal imutável.

Outros exemplos de ocasiões que acionam experiências relacionadas ao *Unheimliche* podem ser encontrados em conteúdos vinculados à "onipotência de pensamento", cuja origem, se pensada psiquicamente, é claramente infantil. No campo social, essa característica psíquica equivaleria ao modo animista de funcionamento. Nota-se que essa sensação de estranheza brota de camadas psíquicas historicamente compostas. Nesse modelo animista vê-se uma supervalorização narcísica do sujeito e de seus próprios processos mentais. Em particular, a crença na onipotência dos pensamentos e a técnica de magia baseada nessa crença pautam os rituais simbólicos cheios de poderes mágicos oriundos dos homens.

O *Unheimliche* relaciona-se, ainda, com a morte, os cadáveres e a ideia de retorno dos mortos – espíritos e fantasmas. Essa sensação também aciona características animistas e onipotentes do pensamento. Num passado remoto, fantasmas faziam parte da vida cultural de vários povos e comunidades sociais. Mesmo na infância não é raro considerar realidade a existência de vida dos mortos. Com o tempo, porém, essas crenças são deixadas de escanteio e temos a convicção de tê-las superado. Nem sempre, contudo, temos uma certeza tão inabalável de que tais fenômenos não existam, pois em substratos mais profundos do aparelho anímico essas crenças permanecem intactas e "prontas para se apoderarem de qualquer confirmação" (Freud, 1919/2010, p. 264). Por isso, diz Freud:

> Tão logo *acontece realmente* em nossas vidas algo que parece confirmar as velhas e rejeitadas crenças, sentimos a sensação do estranho; é como se estivéssemos raciocinando mais ou menos assim: "Então, afinal de contas, é *verdade* que se pode matar uma pessoa com o mero desejo da sua morte!" ou "Então os mortos continuavam *mesmo* a viver e aparecem no palco de suas antigas atividades!", e assim por diante. De forma inversa, qualquer um que se tenha livrado, finalmente, de modo completo, de crenças animistas será insensível a esse tipo de sentimento estranho. As mais notáveis coincidências de desejo e realização, a mais misteriosa repetição de experiências similares em determinado lugar ou em determinada data, as mais ilusórias visões e os mais suspeitos ruídos – nada disso o desconcertará ou despertará a espécie de medo que pode ser descrita como "um medo de algo estranho". A coisa toda é simplesmente uma questão de "teste de realidade", uma questão da realidade material dos fenômenos (p. 264).

O medo da morte, tão comum que leva os homens a procurar prolongar a vida com resultados científicos ou com a velha promessa de um elixir[7] da imortalidade, pode acionar nossos traços psíquicos mais infantis. Esse temor está apagado nas tarefas diárias, até que algum estímulo de memória ou alguma experiência o traga de volta à superfície. De tal medo advém igualmente a velha crença que supõe no morto a capacidade de carregar consigo os vivos como forma de castigo ou simplesmente para ter um antigo amor ao seu lado em outro mundo. Considerando o caráter primitivo de tal pavor, seria necessário mais uma vez avaliar o papel do recalque nesse processo, bem como aquele cumprido pela compulsão à repetição. No arsenal de duplos elencado por Freud, a alma imortal é o exemplo mais antigo, que retrata de maneira magistral sua função. Curiosamente, Oskar Panizza, autor que aparece ao lado de E. T. A. Hoffmann no ensaio de Walter Benjamin, revela o modo mecânico como a alma passou a ser tratada pela Igreja Católica, devolvendo a ela, através de uma construção narrativa crítica, seu caráter de estranheza:

> O papa tirava de toda pessoa [...], depois da morte dela, uma boneca de aspecto vítreo, de olhar apalermado, que era transparente e continha como que um extrato de todos os atos, tanto bons quanto maus, da respectiva pessoa. Nas costas dessa boneca, que era uma pessoinha de dimensões reduzidas, eram colocadas duas asas feitas de goma, e ela

7 Tema também comum a E. T. A. Hoffmann, que escreve o lindo romance *O elixir do diabo*.

> então era solta para correr ou voar. A direção para a qual rumava era justamente aquele reino recém-criado pelo papa fora do mundo. Ali a boneca era imediatamente recebida e deitada numa grande balança de bronze reluzente e asseada, provida com dois pratos. Os atos bons da boneca tinham peso, os maus eram leves. No outro prato da balança, estava sentada uma boneca normal do mesmo tamanho, na qual os atos bons e os atos maus estavam precisamente equilibrados. Se a boneca recém-chegada era um grama que seja mais leve que a boneca normal, predominavam nela os atos maus; nesse caso, ela iria para o inferno. Mas às bonecas que eram suficientemente pesadas se permitia graciosamente que descessem novamente da balança e corressem para o céu, *coelum* (Panizza, 1893 *apud* Benjamin, 1930c/2013, p. 138).

No fragmento de *Die unbefleckte Empfängnis der Päpste* [A imaculada conceição dos Papas], a alma se torna elemento automático na rodagem institucional religiosa, sendo a literatura capaz de lhe devolver seu caráter originário ao provocar uma atmosfera inquietante atrelada à ideia de existência da alma nos moldes difundidos pela Igreja católica. O estranhamento pode ser reconhecido em situações semelhantes, como pessoas nas quais supomos nutrirem intenções maldosas. Se sentimos que suas intenções de nos prejudicar podem ser efetivamente realizadas por meio de um auxílio advindo de poderes especiais, novamente as notícias do estranhamento se acendem em nossas trêmulas almas e iluminam aspectos nelas escondidos. Pactos com o diabo, tão comuns na literatura, são exemplos claros de representações que corporificam anseios recalcados[8].

O confinamento dos loucos é outro componente que pode seguir essa mesma linha de raciocínio. O reconhecimento dos traços mais primitivos da alma na figura do louco causa um estranhamento da ordem do intolerável, e o ser delirante ou alucinado é isolado como gostaríamos de ver isolados nossos traços psíquicos mais incontroláveis e assustadores dentro da moral superegoica ou civilizada. Na Idade Média, a loucura era atribuída à influência dos demônios na alma, e o contágio dessas "maldades" do além não podia permitir concessão no "combate" contra elas.

Se é verdade que o *Unheimliche* evoca algo secretamente familiar que estava recalcado, Freud alerta para um problema a ser ainda resolvido nesse contexto, qual seja: nem tudo aquilo que preenche essa condição de retorno do recalcado necessariamente assume as formas do *Unheimliche*. Histórias de fadas são exemplos claros de que realizações instantâneas de desejos, onipotência do pensamento ou modelos animistas de raciocínio não provocam a sensação de terror ou estranhamento. Mesmo o retorno dos mortos não necessariamente apresenta-se de forma inquietante ou sinistra. O que justifica que o estranho não

[8] O próprio Freud analisou um caso desse tipo em *Uma neurose demoníaca no século XVII* (1922).

invada todas as manifestações de retorno do recalcado é, segundo Freud (1919/2010), o fato de que os exemplos com essas características que contradizem a forma de operar própria ao *Unheimliche* são tomados da literatura imaginativa ficcional. Para Freud, seria necessário distinguir "o estranho que realmente experimentamos e o que simplesmente visualizamos ou sobre o qual lemos" (p. 264).

Recuperando os mesmos argumentos do texto "Escritores criativos e devaneio", Freud (1908/1996) introduz em *Das Unheimliche* uma distinção entre duas fórmulas estilísticas: aquela do escritor que escolhe um cenário de realidade poética, claramente contrastante com aquele do mundo real, colocando o leitor diante de personagens que não causam estranheza. Neste modelo, o leitor é preparado a aceitar o reino da fantasia apresentada criativamente pelo escritor e não estranha as mais improváveis situações construídas poeticamente pelo artista. Se, no entanto, o escritor pretende se movimentar no interior da realidade comum, ele supostamente acata as condições que operam em tal mundo. Nesse caso, aquilo que provocaria estranheza na realidade também adquire o mesmo teor no reino da ficção, e o artista bem pode multiplicar tal efeito com situações raras ou mesmo impossíveis. No interior de tal modelo criativo, o escritor "trai, num certo sentido, a superstição que ostensivamente superamos; ele nos ilude quando promete dar-nos a pura verdade e, no final, excede essa verdade" (Freud, 1919/2010, p. 267). Daí Roselfeld afirmar que o fantástico na obra de

Hoffmann "localiza-se em pleno ambiente real, muitas vezes descrito com grande precisão" e "o mistério se insere no próprio mundo cotidiano – bem ao contrário do que acontece nos contos da carochinha, nos quais as leis da realidade desde logo se encontram suspensas" (Roselfeld, 1993, p. 31). É por esse motivo que o choque que teríamos tido se o evento tivesse ocorrido em situações factuais é o mesmo vivido na experiência com a leitura das obras fantásticas de Hoffmann. Aqui é a fronteira entre ficção e realidade que se apresenta de maneira borrada, ultrapassando limites que anteriormente pareciam claros. A experiência do estranho embaralha a visão e deixa qualquer paisagem real turva diante dos olhos anteriormente acomodados.

Mais afeitas ao susto provocado por experiências de caráter inquietante, "as *tarefas revolucionárias* benjaminianas também exigem [...] um 'salto trigrino', exigem a explosão da continuidade e não seu 'embelezamento'" (Matos, 2010, p. 45). No lugar do ornamento e da beleza complacente, E. T. A. Hoffmann nos oferece o grotesco, "através do qual [...] pôde expressar todo o seu descontentamento com a lei e a ordem estabelecidas" (Munk, 2006, p. 16). Segundo Munk, "enquanto manifestação estética ancestral, o grotesco representa por si só um contraponto ao princípio de ordem e pureza almejado pela burguesia do período" (p. 16). Citando Wolfgang Kayser, Munk define ainda mais precisamente o alcance do grotesco na arte:

> Nenhum elemento sublime em si, ou grotesco em si, é unido num todo "belo" ou "dramático", pois grotesco é justamente contraste indissolúvel, sinistro, o que-não-devia-existir. Perceber e revelar tal simultaneidade incompatível tem algo de diabólico, pois destrói as ordenações e abre um abismo lá onde julgávamos caminhar com segurança. [...] O grotesco, por seu turno, destrói fundamentalmente as ordenações e tira o chão de sob os pés (Kayser, 1986 *apud* Munk, 2006, p. 16-7).

Walter Benjamin (1930c/2013) foi bastante preciso e percebeu de maneira fina o que estava em jogo nessas diferenças estilísticas no campo da literatura. Como uma espécie de herdeiro de E. T. A. Hoffmann, Oskar Panizza, escreve Benjamin, leva ao extremo o estilo inaugurado por aquele e abandona de uma vez por todas a ideia do "homem do *l'art pour l'art*". Para Walter Benjamin, "ninguém escreve tão mal" quanto Panizza. Com um alemão "estropiado", suas narrativas quase sempre são redigidas em primeira pessoa do singular e suas descrições refletem uma "disposição pessoal de rapaz errante, cansado e maltrapilho" (p. 136). Suas narrativas podem ser lidas, "em virtude da linguagem descontraída, como registros de um aprendiz de artífice em viagem".

> No entanto, não se trata de uma contradição: não obstante e sob todas as circunstâncias também para as de um

> grande narrador. Pois narrador é mais tecelão que escritor. Narrar [...], em contraposição, por exemplo, a escrever romances, não é questão de formação, mas questão de povo (Benjamin, 1930c/2013, p. 136-7).

Alinhado ao *décadent* e ao diabólico, a forma narrativa de Oskar Panizza brota do popular, invisível na ornamentada arte de corrente burguesa.

11.

Os estilhaços do mundo: Egon Schiele

Um eterno sonho cheio de doces excessos de vida
inquieto, – com temerosas dores íntimas, na alma.
chamas, ardores elevam-se para a luta,
atormentado coração.

(Egon Schiele)

Freud não teria sido o único a voltar sua atenção aos famosos contos fantásticos de Hoffmann. Segundo Safranski (2010b, p. 10), no início do século passado a estrela de Hoffmann é despertada no céu literário alemão pelo abissal expressionismo. Foi o auge expressionista o verdadeiro responsável por ressuscitar a face sombria do Romantismo, bem representada pela obra hoffmanniana.

Quem melhor conseguiu captar os anseios expressionistas quando eles ainda eram atacados por severas críticas foi o austríaco Hermann Bahr. Segundo Bahr, admirador declarado de Goethe, quase tudo de inteligente que foi pensado desde a criação do mundo está na *Teoria das cores*, n'*Os anos de aprendizagem de Wilhelm Meister* ou no diário de *Ottilie*. Desde então, declara, não se juntou um novo pensamento. Golpeado pelo que há de mais poderoso, sutil, nobre e fino ou por aquilo que é quase inapreensível de tão delicado e fugaz, Goethe foi capaz de "capturar o que lhe tocava a pele num esbarrar ligeiro do friso de um véu" (Bahr, 1914/2014, p. 50). Essa apreensão de elementos fugazes Goethe realizou de maneira silenciosa e contemplativa ao ligá-los às palavras. Em algumas frases pronunciadas ou escritas por Goethe, diz Bahr, "a língua parece trespassar a ideia e o pensamento, alcançando, por meio de um silencioso arrepio, a imagem originária da qual ressoa a palavra" (p. 50). Embora constantemente lidas ou citadas, essas passagens da obra goethiana são compreendidas apenas superficialmente. Citando um interlocutor com o qual manteve uma conversa conturbada, Bahr questiona a pretensão do sujeito, que dizia ter retirado das profundezas de sua alma algo jamais enunciado.

Ao mostrar que essas ideias já estavam presentes em passagens de Goethe, o interlocutor de Bahr resiste e se recusa a acreditar. Bahr insiste, lendo lentamente alguns trechos da obra de Goethe, mas, ainda assim, o rapaz não acredita que haja qualquer coincidência entre o que ouve e o que havia pensado. Bahr dispõe-se a traduzir essas partes do texto goethiano, mas traduzir palavra por palavra significa transpor esses fragmentos para um jargão douto, capaz de obscurecer as ideias para só depois esclarecê-las. Daí a conclusão de Bahr de que nosso olho turvo, acostumado a reviravoltas e chacoalhadas antes de topar com o mais necessário, não suporta a plena luz da linguagem de Goethe. Goethe não é mais compreendido no início do século XX.

Os expressionistas teriam percebido exatamente essa deficiência de nossa percepção. Educados de forma equivocada, precisamos de sustos violentos, capazes de despertar nossa aturdida sensibilidade em direção ao verdadeiro sentido da linguagem. Segundo Bahr (1914/2014), enquanto alguma expressão não provoca temor, não a escutamos, não a vemos, não a tocamos. Faz sentido, portanto, de acordo com Bahr, que as imagens expressionistas estuprem a realidade e violem a aparência e os sentidos.

Falando sobre a educação do gosto, Nietzsche (*apud* Bahr, 1914/2014, p. 20) considera que houve uma espécie de padronização artística, cujo efeito é a extirpação do instintivo em tudo aquilo que a ela se refere. Reminiscências, decisivas para a criação ou fruição da arte, alcançam raízes profundas de um gosto moldado por esse tipo de educação normativa. O confronto desse repertório mnêmico com obras expressionistas ocorre por meio de uma ativação de lembranças remotas padronizadas e do choque provocado pelos desajuste entre os moldes do sujeito e as formas do objeto de arte.

Essa experiência de choque é quase sempre sentida pelo novo filisteu, que, atordoado, se mantém calado. Ele considera recomendável não emitir juízos precipitados, apenas pautados em sentimentos desagradáveis que possam emergir na apreciação de uma peça artística. Foram tais sentimentos que enganaram seus antepassados – escutando-os, os ignorantes do passado bradaram ataques a obras de arte que depois se tornaram valiosas e consagradas. É bom alvitre, pensa o filisteu que se pretende cultivado, perguntar-se sobre os motivos que teriam despertado tais sentimentos em seu espírito. Entretanto, mesmo essas causas podem ser traiçoeiras e não merecem confiança, restando-lhes apenas o medo como critério ao qual se deve fiar. Desse medo perfazem-se suas relações com a arte, isto é, quando esse sujeito tem uma sensação de pavor, interpreta-a como prenúncio de que o objeto artístico é digno de admiração e respeito. O aprazível perde seu lugar no território estético, e o que causa desconforto ou pânico aparece como algo a ser enaltecido.

Em suma, a arte deve intranquilizar, ofender ou ser abominável para que o filisteu reconheça seu valor. Isso porque ele admite que estes foram alguns dos efeitos experimentados por seus pais diante de Ibsen ou Manet e não querem repetir a insensatez idiota dos mais velhos, que foram incapazes de reconhecer a genialidade desses artistas. O filisteu culto é, por assim dizer, o avesso do que ele era no passado: antes sua postura permanecia voltada para ontem, agora ela se volta para o amanhã, e a resistência que marcava seu espírito no passado, hoje se transforma em atitude indefesa e desarmada. Pequenos sinais de que a obra se curvou aos ditames da tradição tornam-se pretexto suficiente para desqualificá-la.

O horror que ela provoca indica que o caminho aberto pela obra é o que deve ser percorrido pelo apreciador.

Dessa forma, Bahr (1914/2014) admite existir uma enganação por parte de certos artistas vanguardistas, que, embora tenham adquirido fama análoga, estão longe de ter qualquer genialidade próxima à de Goethe. Enquanto a obra deste é apenas um dos vários reflexos de sua existência, artistas menores ou medianos enaltecem a obra e falsificam-se, parecendo ser mais do que são ou, pelo menos, mais do que podem ser no momento. Segundo Bahr (1914/2014), o que parece ser enganação é, na verdade, desamparo [*Hilflosigkeit*] e apelo por ser sustentado pelo olhar do outro – o espectador. Tal desamparo deve-se a um excesso de exigências internas e à ansiedade de absorver tudo, o que resulta num emaranhado confuso de expressões. Bombardeado pelo turbilhão de estímulos, o artista moderno rende-se à precariedade de seus recursos e prefere a evasão ao trabalho vagaroso com todos os elementos a que tem acesso. Essa fugacidade é inconsciente e nem de longe notada por ele, mas indica a precariedade da existência à qual estamos todos condenados. É nesse sentido que o artista expressionista se aproxima do homem comum.

Diferentemente de impressionistas, presos aos limites burgueses de criação, os expressionistas, diz Bahr, "rasgam violentamente a boca costurada da humanidade, condenada durante anos a simplesmente ouvir/obedecer (*horchen*)" (1914/2014, p. 122). Enquanto aqueles se contentaram em exibir uma magnífica cauda de pavão, a arte expressionista prescinde de pavonear-se, pretendendo antes responder bruscamente à opressão do espírito e retirá-lo de sua condição aviltante de apêndice. Em tempos de valores burgueses, a arte está a serviço de embelezar a vida e esconder ou reinterpretar o feio. Entretanto, na ótica de Bahr (1914/2014), a arte *é* vida, ou deve criar vida de si mesma – deve ser *ato*. Há uma frase de Goethe que, em sua visão, deveria servir como mote do Expressionismo. Diz o poeta alemão: "A pintura coloca em cena aquilo que o homem gostaria e deveria ver e não aquilo que ele está habituado a ver" (Goethe *apud* Bahr, 1914/2014, p. 123).

Acostumados com o belo na arte, os espectadores são colocados diante de obras que embaralham os conceitos vinculados previamente à ideia de beleza. É necessário considerar a brutalidade, inerente ao Expressionismo, um reflexo do estado brutal e miserável no qual a humanidade se encontra – trata-se de um regresso ao estado originário do homem (*Urmensche*). Por isso, Hermann Bahr afirma: "O público nem imagina como está coberto de razão ao chamar estas pinturas de selvagens – o domínio burguês nos transforma a todos em selvagens" (Bahr, 1914/2014, p. 124). Os expressionistas barbarizam-se e ameaçam as estruturas sociais para salvar a humanidade da selva burguesa. Nas palavras de Bahr:

> O homem originário encontrou em si mesmo e em sua coragem a garantia de ser mais forte do que a natureza ameaçadora. E para honrar esta força interior, que a ele

> prometeu solução, que lhe retirou o medo das tempestades, das bestas, dos seres desconhecidos, desenhou um círculo mágico conjurado ao redor de si mesmo, de signos que avisam inimizade contra a natureza ameaçadora, de signos de teimosia que marcam a propriedade do humano contra a natureza e um signo de fé no espírito. Como o homem originário se retira em si mesmo, nós nos retiramos desta civilização que devora a alma do ser humano (p. 62).

O medo da morte, indomável até mesmo após a domesticação civilizatória, é a última força encontrada pelos expressionistas. Dele os artistas exorcizam demônios enterrados na alma e extraem o ímpeto para golpear essa "civilização". Os artistas reconhecem em si esses signos do desconhecido, nos quais depositam alguma expectativa de salvação; de seus espíritos ressoa também o alarme capaz de romper o cárcere em que está aprisionada a alma humana. Decididos a regurgitarem ao invés de deglutirem o que lhes é oferecido, os expressionistas abandonam as linhas e formas para se concentrarem nas rebarbas da arte.

O reconhecido grupo expressionista alemão *Die Brücke*[1] "propõe a união dos 'elementos revolucionários e em

[1] Seus principais representantes são: E. L. Kirchner, E. Heckel, E. Nolde, K. Schmidt-Rottluff, O. Müller e o escultor E. Barlach (1870-1938). Em 1913 *Die Brücke* começa a se desmantelar, quando *Der blaue Reiter* inicia a pesquisa em sentido não figurativo. Quiçá se contrapondo à vertente menos engajada, forma-se a corrente, ainda tipicamente expressionista, da

efervescência' para constituir uma frente comum contra o Impressionismo" (Argan, 1992, p. 237). Uma ruptura em relação ao classicismo marca essa produção e aproxima o artista de qualquer outra pessoa; o material é recolhido do cotidiano e a arte é a vida comum – daí a "indisfarçada rudeza, como se o artista nunca tivesse desenhado e pintado antes daquele momento". Há certa recusa de toda linguagem constituída e o resgate das origens da linguagem, nas quais "não existem palavras que tenham um significado, mas apenas sons que assumem um significado". É nesse sentido que o Expressionismo alemão, segundo Argan, "pretende ser precisamente uma pesquisa sobre a gênese do ato artístico: no artista que o executa e, por conseguinte, na sociedade a que ele se dirige" (p. 237).

> Se no princípio não está o verbo (a representação), e sim a ação, o primeiro problema é o fazer, a técnica. Para os impressionistas, assim como para os clássicos, a técnica era o meio com que se representa uma imagem. Mas, se a ação deve ser criativa, nem mesmo a imagem, seja ótica, seja mental, pode preexistir à ação: a imagem não é, ela se faz, comporta um modo de fazer, uma técnica. É um ponto fundamental, que explica a orientação ideológica,

---

Neue Sachlichkeit, profundamente marcada pela guerra. Trazendo imagens agudas da sociedade alemã do pós-guerra, "sem os véus idealizantes e mistificadores da "boa" pintura ou literatura", M. Beckmann, O. Dix e G. Groszintensificam a miséria do mundo.

> tipicamente populista do movimento. A técnica não é nada de pessoal ou inventado, ela é trabalho. Sendo antes de tudo trabalho, a arte está ligada não à cultura especulativa ou intelectual das classes dirigentes, e sim à cultura prático-operacional das classes trabalhadoras. Assim, se a arte realiza a aspiração criadora do trabalho humano, com tanto maior razão ela se distingue do trabalho mecânico, que depende da racionalidade ou da lógica da cultura intelectual; em outros termos, se o trabalho industrial obedece a leis racionais, o trabalho do artista como momento supremo da cultura do povo é necessariamente não racional. Nasce, pois, da experiência de uma longa práxis, que acabou por se traduzir em atitude moral (Argan, 1992, p. 238).

O apelo à técnica da xilogravura arcaica, popular e gestual prova que o grupo expressionista alemão (*Die Brücke*) visava à expressão como meio de comunicação de um homem a outro. Escavar a madeira que resiste ao entalhe é um trabalho que deixa rastros bruscos atrás de si. A escolha dessa técnica exige também que esses artistas tenham que entrar em contato com certa violência sobre a matéria no próprio fazer da obra. As fibras e a rigidez da madeira estão presentes na forma angulosa das imagens e porosa da impressão. Esses vestígios da matéria e do processo de realização da obra mostram que ela resulta do suor, da força, da violência do trabalho artístico. Na pintura, essas características se mantêm no modo como trabalham com a pasta densa e espessa da tinta a óleo ou na forma irregular da aquarela que espalha manchas e mostra os veios do papel. A incoerente escolha das cores, que não obedece ao critério da verossimilhança, também opera de modo a colocar em xeque o real.

São esses aspectos rudimentares da arte que adquirem consistência no Expressionismo, e a forma bem-acabada que preponderava antes não vigora mais. Isto é, uma obra bem-feita deixa de ter relação com o velamento do processo na visualização do resultado final. A noção de que o atributo dado às formas e aos objetos implica juízo moral ou afetivo admite que a deformação ou a distorção do objeto seja legitimamente reconhecida. Longe de adotar uma forma caricatural da realidade, os expressionistas assumem a deformação como modo de distorcer os valores de beleza predominantes no classicismo histórico. Saltando da dimensão do ideal para a do real, esses artistas estremecem a ideia de fealdade ao eleger e destacar o avesso das imagens admiradas pelos critérios dos cânones correntes na época. Na "beleza quase demoníaca da cor" se acopla uma imagem desfigurada, e sua força de "peremptoriedade categórica" (Argan, 1992, p. 240) insinua a contundência de seu valor e de sua verdade.

Primeira poética do feio, o Expressionismo "não é senão o belo decaído e degradado", que conserva a sombra do ideal. Giulio Carlo Argan compara o Expressionismo com a imagem de anjos rebeldes, que conservam o caráter sobrenatural dos anjos celestes sob o "signo negativo do demoníaco". Ainda segundo o crítico italiano, "a condição humana, para os expressionistas alemães, é precisamente a do anjo decaído" (Argan, 1992, p. 240). De seu ponto de vista, há um duplo movimento que embala essas obras: por um lado, observa-se "a queda e degradação do princípio espiritual ou divino que, fenomenizando-se, une-se ao princípio material" e, por outro, nota-se a "ascensão e sublimação da princípio material para unir-se ao espiritual" (p. 240). Todavia, nada disso ocorre de forma harmônica, sendo, pelo contrário, um processo conflitante e dinâmico.

Com efeito, Argan reconhece o "acentuado caráter romântico" na arte expressionista e a forte presença do Impressionismo francês como influente contraponto de tal movimento. Para os artistas do grupo Die Brücke, o Romantismo era compreendido como expressão da "condição profunda, existencial do ser humano" e, ao mesmo tempo, como "ânsia de possuir a realidade" invertida pela angústia de se ver "arrastado e possuído pela realidade que se aborda" (Argan, 1992, p. 228). A busca por superar os conteúdos históricos não quer dizer apartar-se ou pairar acima deles. O prisma expressionista da história se traduz pelo "compromisso de enfrentar resolutamente, com plena consciência, a situação histórica presente" (p. 228). É inaugurada, assim, uma "dissensão com uma sociedade que preferia não a conciliação, mas a agudização da divergência entre cultura latina e cultura germânica, inclusive para justificar por motivos ideais a disputa pela hegemonia econômica e política na Europa, que logo conduziria à guerra" (p. 228).

O grupo francês dos *fauves*, também expressionista, é heterogêneo, sem programa prescritivo, com uma única característica comum: "se opor ao decorativismo hedonista do *Art Nouveau* e à inconsistência formal, à evasão espiritualista do Simbolismo" (Argan, 1992, p. 229). Sem erguer bandeiras, a poética fauvista carregava as polêmicas sociais em seu estilo. Exemplos como Cézanne ou Van Gogh inauguram uma "decomposição da aparência natural ou do motivo", colocando em evidência pinceladas gestuais "com certa ordem ou ritmo" (p. 232), que permitem entrever a concretude da matéria e a construção material da imagem. Os *fauves* voltam-se para o ritmo e a consistência própria da matéria, enfatizando a estrutura autônoma e autossuficiente da pintura como realidade em si. Não sendo "reflexo" da coisa, a imagem possui o mesmo estatuto da coisa real, e a pintura é substância "exposta a todos os riscos e eventualidades da existência" (p. 236).

O apreço pela face primitiva dos homens, por sua vez, relaciona-se à tentativa de denunciar a precariedade da civilização europeia e a complexidade das culturas denominadas "primitivas". De acordo com Argan, o interesse era mostrar como esses povos

> [...] veem o trabalho humano em seu estado puro ou de plena criatividade. O escultor tomou um tronco de

> uma árvore e, entalhando-o, impôs-lhe um significado, transformou-o num deus: não note-se a imagem de um deus, e sim um deus em pessoa. Ele não representou o não visível através do visível, nem revelou o significado oculto do tronco: com a força mágica de tua técnica, obrigou a *totalidade* do sagrado a se identificar com um *fragmento* da realidade (1992, p. 240).

Essa capacidade de se relacionar intimamente com a natureza sagrada e com o trabalho do homem no mundo foi perdida na modernidade europeia. Por isso o Expressionismo revelou uma preocupação com a condição reificada do homem, bem representada pela já vista figura do autômato do conto de Hoffmann. Instrumentalizando o homem, que se torna sensível como uma máquina, a modernidade arranca-lhe a alma e faz dele mero escravo da própria obra. O que os expressionistas buscam é o resgate da alma perdida ao considerarem, de acordo com Bahr, que aquilo que vivemos na modernidade se resume a uma grande luta do homem contra a máquina. Tal luta deve-se ao fato de os homens terem perdido suas características próprias ao se deixarem conduzir pela vida instrumentalizada, sendo a liberdade algo que se restringe aos limites mecânicos de falsas decisões. Segundo Bahr, a percepção dos expressionistas é de que "o homem se tornou um ser desalmado na mesma proporção em que a natureza aparece desumanizada" (Bahr, 1914/2014, p. 70). Para ele, fomos todos devorados pela garganta do louvado ser-máquina. Só um milagre seria capaz de ressuscitar o humano desalmado, enterrado e submerso. Emudecido e apequenado pelo espanto, o homem estremece diante do medo e da morte e despede-se da alegria, sufocada pela miséria. Reverbera o grito convulsivo e abafado de socorro que interpela a alma humana, perdida num tempo sempre igual. Quando esse grito estridente pode reverberar, diz ainda Bahr, estamos diante do Expressionismo, que caminha de olhos arregalados num profundo breu.

Por todos esses motivos, o filisteísmo aparece como o principal alvo dos expressionistas. O *éthos* burguês é atacado por ser considerado o "responsável pela inautenticidade da vida social, pelo fracasso das iniciativas humanas, por aquilo que, para Nietzsche, constituía a total negatividade da história" (Argan, 1992, p. 241). Existir implica desejo e possibilidade de autocriação, impedida pelos mecanismos destrutivos de trabalho da era industrial. Esse modelo destrutivo de trabalho capitalista já indicava, para os expressionistas, a guerra como horizonte, antes mesmo de ela circular como discurso admissível. Voltar os olhos a outras formas de vida significa impulsionar o desejo de "recomeçar tudo desde o princípio" e "refazer *ex novo* a sociedade" (p. 241). Daí ser o sexo tema recorrente nas obras expressionistas: na relação homem-mulher estão fundadas as perversões sociais e a expectativa de mudança que dela pode nascer. É necessário, nesse sentido, condenar o trabalho não criativo imposto à humanidade e permitir que uma nova civilização renasça.

É bom lembrar que, após a *l'art pour l'art*, há uma desconfiança quando o artista cria por exigência externa. Goethe foi, contudo, um poeta de ocasião e Bach, um músico que criava por dinheiro, atendendo aos vários pedidos e demandas. Essa rejeição diante do artista que cria sob encomenda, hábito comum entre os grandes artistas do passado, é uma hipocrisia burguesa, que defende a autenticidade e a autonomia da obra para excluí-la da engrenagem político-econômica, amortecendo seu grito. No fundo, o ideal romântico – adotado por muitos vanguardistas – do artista sonâmbulo, embriagado, sonhador ou louco assaltado por fantasmas que perturbam sua alma condiz bem com seu lugar apartado das redes políticas e econômicas que movem a sociedade.

Há uma evidência capaz de perfurar o caráter ideológico dessa condição a que foram confinados a arte e o artista pobre e devoto à sua causa: se a devoção do artista é característica admirada por nós, ela não deveria ser critério válido para julgar o valor da obra. Famílias que cultivam a música em seus lares (*Hausmusik*) e se dedicam com afinco a tocá-la não necessariamente alcançam resultados próximos aos atingidos por virtuoses, ainda que aquelas tenham lágrimas comovidas nos olhos. O provinciano que derrama lágrimas ao tocar desinteressadamente Beethoven não é um virtuose. A pureza da intenção ou a devoção da *Hausmusik* não garante os bons dedos do gênio musical.

Os expressionistas, contrariando a lógica da *l'art pour l'art*, pretendem aproximar a arte do trabalho comum de um operário assalariado; é preciso admitir, todavia, que o alcance de sua produção está confinado aos modelos já instituídos pelo sistema capitalista. Nesse sistema, a arte é distração ou mercadoria a ser devorada pelo filisteu culto de plantão, sedento pelas últimas novidades a serem loucamente consumidas. Nem Expressionismo nem Impressionismo puderam se proteger da afluência desses críticos e espectadores sedentos, excitados e vorazes. Embora desagradável, é preciso admitir que essa massa ávida foi capaz de farejar o tempo e sentir em seus ossos os ventos da mudança. Sem eles, o Expressionismo teria caído no limbo ao anunciar os novos tempos nos quais os ouvidos devem se voltar para as vozes do silêncio, para os dizeres da noite.

Egon Schiele: o corpo fora do mundo

Uma extensão dessa constelação expressionista alemã, que tem voz própria e merece destaque é justamente o Expressionismo austríaco. Kokoschka parte de Klimt, escavando a superfície complacente de suas pinturas até alcançar camadas profundas da existência nas quais as formas delimitadas se dissolvem. Amor e morte, homem e mulher tornam-se substâncias híbridas, e a ordem que os separa torna-se frágil e questionável. De acordo com Argan, "libertário e, no fundo, anárquico, Kokoschka não acredita na atual nem numa futura ordem social: o mundo é uma multidão de indivíduos, um turbilhão de átomos" (Argan, 1992, p. 242). Essa realidade caótica vislumbrada por Kokoschka aparece em suas telas cheias de força vital. Lançando uma ponte entre o Expressionismo e o Impressionismo, a pintura de Kokoschka ganhou fama na Europa após a Primeira Guerra Mundial, quando passa a representar com "alegorismo frenético a desintegração do mitologismo clássico na fúria desvairada do mundo moderno" (p. 242).

Outro expoente no Expressionismo austríaco é Egon Schiele, que, segundo Argan, também "desenvolve em sentido expressionista, com uma violência tétrica e desesperada, a melancolia de Klimt" (p. 241). Embarcando nas entranhas da sexualidade até encontrar suas raízes mortíferas, Schiele inaugura "a crueza carnal do sexo" (p. 241) na pintura.

Na Viena *fin-de-siècle*, as pinturas de Schiele eram um escândalo. A nudez crua de seus personagens contrastava com a beleza dos nus adocicados pelo estilo Art Nouveau. Perturbado com o que vira numa exposição do artista, Francisco Ferdinando aconselha ao pai, o imperador Francisco José I, que impeça anúncios do evento na imprensa. Em sua opinião, "tamanha obscenidade" não deveria ser difundida.

Morto aos 28 anos, Egon Schiele protagonizou episódios não menos escandalosos que sua arte. Nasceu em junho de 1890, em Tulin, pequena cidade austríaca que ladeia as margens do rio Danúbio. Mau aluno, torna-se órfão aos quinze anos, sendo adotado pelo tio, que se sensibiliza com o talento do menino para as artes plásticas. Seu estilo é avesso à arte oficial e ele abandona o curso da Academia de Belas Artes antes de concluí-lo. De qualquer maneira, a passagem por lá serviu para uma aproximação com o mestre Gustav Klimt, que ocupava lugar de destaque na cátedra e no cenário artístico. No início Klimt era idolatrado por Schiele, que aos poucos se distancia do mestre sem deixar amortecer sua inflexão dramática. Embora insista em temas caros a Klimt – morte e sexualidade –, a maneira como os representa conduz a alma do espectador para outros planos.

A penúria de sua existência aparece nas tintas e formas de sua obra e acaba por antecipar a extensão dessa condição para grandes proporções históricas, como a Primeira Guerra Mundial. Numa casa sem móveis e sem aquecimento, contando com uma única refeição por dia – às vezes nenhuma –, Schiele apenas sobrevive. Ainda assim, nunca desistiu de sua arte. Assistia à decadência do mundo que ruía à sua volta e sua arte inaugurava certa fidelidade com essa parte da cultura – seus restos. Cores opacas e sóbrias, pinceladas gestuais, o corpo em sua nudez imperfeita eram alguns elementos desse vasto mundo em decomposição.

Em 1910, dividiu as paredes de uma exposição com Van Gogh e Matisse. Seu reconhecimento em Viena, contudo, não parecia dar nenhum aceno. Diante das incansáveis acusações, Schiele prefere arriscar o exílio. Escreve ao cunhado Anton Peschka: "Quero abandonar Viena totalmente, e o mais cedo possível. Tu não imaginas a fealdade que aqui reina. — Aqui toda a gente se mostra invejosa e pérfida para comigo: antigos colegas olham-me de esguelha. Viena é o reino das sombras, a cidade é negra, tudo nela é artificial." (Schiele, 1910 *apud* Steiner, 2006, p. 37). Vai para Krumau, no sul da Boêmia e no limite entre o Império Austro-Húngaro e a Alemanha.

Ali, suas pinturas também começaram a incomodar. Em 1911, uma de suas séries lhe devolveu a fama de pervertido sexual, e um agressivo grupo de moradores o expulsou da cidade. Saindo de Krumau, Schiele se instalou em outro lugarejo chamado Neulengbach, onde encontrou Wally Neuzil, uma das principais modelos de Klimt. Wally começou a posar também para Schiele e os dois se tornaram amantes. Novo lar, amor e sucesso, que chegou com exposições em Budapeste, Munique e Viena, não eram sinais de calmaria. Em setembro de 1912, uma busca policial levou Schiele de seu *atelier*, acusado por um ex-oficial da Marinha de seduzir sua filha de treze anos. Após a acusação de pintar a nudez de uma menina púbere, Schiele foi preso e teve de esperar a decisão do tribunal. Quando libertado, foi obrigado a pagar multa e destruir o retrato da menina.

Schiele adquiriu grande reconhecimento e fama. Em exposição realizada no final de 1912 em Colônia, foi aclamado pelo público, e em dois anos suas obras ocuparam as paredes de exposições em Budapeste, Munique, Berlim, Düsseldorf, Hamburgo e Viena. Em 1913 fez sua primeira exposição individual em Munique e, depois, expôs fora do circuito germânico, em cidades como Roma, Paris e Bruxelas. Nessa altura, voltou a Viena em busca de maior tranquilidade.

Em 1915, sua relação com Wally Neuzil chega ao fim, e Schiele se casa com Edith Hams, moça de família tradicional. Atropelado pelo assassinato do príncipe Francisco Ferdinando e os subsequentes acontecimentos que desembocam na Grande Guerra, Schiele teve pouco tempo para desfrutar de sua relação com a amada. Ainda que jamais tenha verdadeiramente entrado em campos de batalha, o impacto da guerra penetrou a alma do artista de forma profunda. Ao final da guerra, Schiele já era um dos pintores de destaque na Europa. Com a morte do mestre Klimt, em 1918, ele foi convidado a ocupar seu lugar na 49ª Exposição da Secessão Vienense. No ápice de sua carreira, Schiele assistiu à morte de sua mulher grávida em 28 de outubro, e três dias depois morreu da mesma gripe espanhola que a tinha levado.

A obra de Egon Schiele é marcada pelos choques do mundo moderno. Sem pretender revesti-los de beleza – estratégia de Gustav Klimt –, Schiele captura a fragmentação das formas que resulta dos efeitos desses choques. Como estilhaços de espelho, as pinturas de Schiele questionam a inteireza das imagens. Renunciam à iniciativa de tornar palatável a face indigesta dos corpos e expõem figuras embaraçosas para o olhar habituado com as contenções da época. Desatando os elos harmônicos com os códigos sociais vienenses, o pintor desbrava um território perigoso. Tons austeros e formas angulares compõem suas pinturas de figuras melancólicas muitas vezes em posições obscenas.

Walter Benjamin ensina que os choques são uma característica das cidades modernas. O tempo da modernidade transcorre em alta velocidade, erguendo atrás de si um acúmulo de ruínas e fragmentos órfãos de experiência. Imerso num tempo descontínuo prenhe de um excesso de estímulos, o homem moderno ocupa-se em defender-se e abandona rastros desencarnados, isto é, desprovidos de história. O transeunte das cidades modernas circula por espaços fantasmagóricos nos quais os objetos, a arquitetura e as moradias não tocam um tempo remoto, mas são eternamente novos. Ele está deslumbrado diante das últimas novidades e fica ocupado em responder às demandas do capital no mesmo ritmo das máquinas, abdicando da possibilidade de ter experiências.

Nesse panorama, Benjamin vê o cinema e a fotografia de forma paradoxal: ao mesmo tempo que ressuscitam imagens relegadas ao esquecimento, reiteram um modo de percepção incapaz de restaurar um olhar que convoque à experiência. Assistir a um filme ou tirar fotografias condiz com a fórmula dos choques urbanos, exigindo uma disposição distraída para acompanhar a intermitência entre os elos do enredo do filme ou uma atenção extremamente concentrada em parcelas fragmentadas do todo. O advento da fotografia produziu, por outro lado, uma interessante inversão no modelo da arte romântica ou neorromântica: o aspecto excepcional da obra deixa de ser o gênio do artista, transfigurado em obra, para ser o próprio material que se revela diante da lente de uma câmera. Sobre a fotografia, Benjamin escreve:

> Se os quadros permaneciam no patrimônio da família, havia ainda uma certa curiosidade pelo retratado. Porém, depois de duas ou três gerações esse interesse desaparecia: os quadros valiam apenas como testemunho do talento artístico do autor. Mas na fotografia surge algo de estranho e novo: na vendedora de peixes de New Haven, olhando o chão com um recato tão displicente e tão sedutor, preserva-se algo que não se reduz ao gênio artístico do fotógrafo Hill, algo que não pode ser silenciado, que reclama com insistência o nome daquela que viveu ali, que também na foto é real, e que não quer extinguir-se na "arte" (Benjamin, 1931/1994, p. 93, grifo do original).

Essa breve passagem do texto de Walter Benjamin evidencia que a técnica da fotografia perfurou algumas categorias burguesas que sustentavam a arte. Se o "gênio" do artista era aquilo que criava a poética do mundo, inacessível ao homem comum, a fotografia mostra que tal poética é inerente às próprias coisas e independe da destreza e genialidade do artista. A vendedora de peixes clama pela narrativa de sua história e por encontrar seu nome próprio, sem ficar subjugada ao nome do artista que a teria "criado". Sem "extinguir-se na 'arte'", a vida desse personagem rompe alicerces da estética burguesa quando deixa de ser uma imagem a serviço da assinatura do artista para se tornar uma vida que apela por seus direitos na história. Condenada pelos patronos da ideologia dominante, a fotografia é considerada uma ameaça demoníaca. É o que mostra Walter Benjamin ao citar um breve comentário do jornal *Leipziger Anzeiger* que ilustra o discurso que circulava simultaneamente ao advento da fotografia:

> Querer "fixar efêmeras imagens de espelho não é somente uma impossibilidade, como a ciência alemã o provou irrefutavelmente, mas um projeto sacrílego. O homem foi feito à semelhança de Deus, e a imagem de Deus não pode ser fixada por nenhum mecanismo humano. No máximo o próprio artista divino, movido por uma inspiração celeste, poderia atrever-se a reproduzir esses traços ao mesmo tempo divinos e humanos, num momento de suprema solenidade, obedecendo a diretrizes superiores de seu gênio, e sem qualquer artifício mecânico". Aqui aparece com todo o peso da sua nulidade, o conceito filisteu de "arte", alheio a qualquer consideração técnica e que pressente seu próprio fim no advento provocativo da nova técnica. E, no entanto, foi com esse conceito fetichista de arte, fundamentalmente antitécnico, que se debateram os teóricos da fotografia durante quase cem anos sem chegar a qualquer resultado (Benjamin, 1931/1994, p. 92, grifos do original).

Com o daguerreótipo tinha-se a impressão de que as fisionomias "que apareciam na imagem eram capazes de ver-nos, tão surpreendente era a nitidez insólita [...] [das imagens]" (Benjamin, 1931/1994, p. 95). É justamente essa autonomia da matéria retratada aquilo que impacta a produção artística e estremece a ideia de gênio romântico nas artes plásticas.

Segundo Steiner, Schiele tem um genuíno interesse pela técnica fotográfica, ainda que esse meio de expressão nunca se torne seu meio artístico definitivo. Na fotografia, Schiele encontra

> [...] o meio ideal para se entregar ao seu pendor para a autorrepresentação e se autoencenar de maneira mais convincente. Na maior parte dos retratos fotográficos feitos por Anton Josef Trčka e outros, tirados pelo seu colega de estúdio Johannes Fischer, Schiele fará com que o fotografem em atitudes que se assemelham muito aos estudos expressivos dos seus desenhos e quadros (Steiner, 2006, p. 58).

Tornou-se parte do senso comum a ideia de que o Expressionismo, no qual se classifica a obra de Egon Schiele, seria o inverso do Impressionismo. Enquanto este seria a representação das impressões da realidade externa, o Expressionismo reverteria o foco para a expressão da subjetividade do artista. Sem contradizer essa tese ou confirmá-la, partiremos da hipótese de que os retratos ou expressões do artista expressionista não refletem seus traços identitários, mas trazem a imprevisibilidade dos traços que esgarçam ou desintegram o perfil egoico do artista. Por isso, o processo não é mais mero meio para a arte final, mas torna-se ele mesmo finalidade. Esse percurso titubeante, débil e frágil passa a ser o melhor retrato a ser representado quando o mundo mostra sua face decadente:

> Beleza como um refúgio e um código moral subordinado a ela era obviamente uma base insegura para lidar com uma vida repleta de problemas e medos. Como a catástrofe da Primeira Guerra Mundial se aproximava de forma cada vez mais ameaçadora, as ilusões dissolveram ainda mais. Em Viena, a capital monárquica liderada pela sua queda, e mais tarde descrita por Karl Kraus como uma "estação de pesquisa para o fim do mundo", esses desenvolvimentos tiveram um significado especial. O clima de insegurança e ameaça aguçou a percepção dos sintomas dos males da nossa existência, e não foi certamente por acaso que a psicanálise teve o seu início nesta cidade. A revolta contra a perspectiva racionalista, positivista da classe média e seu código moral foi extremamente violenta. No primeiro romance de Robert Musil, *O jovem Törless*, publicado pela progressista Wiener Verlag em 1906, há a frase notável sobre essas "almas esteticamente intelectuais que encontram tranquilidade no cumprimento das leis e talvez em parte também da moralidade pública porque, assim, elas estão elevadas acima de qualquer espécie de pensamento que envolva coisas cruas e daquilo que está distante de

> acontecimentos espirituais mais sutis". As poderosas sombras da alma, mentindo além do limiar da consciência e sem serem compreendidas, mas apenas intuídas, eram priorizadas acima do conhecimento factual e do discernimento racional. [...] Em seu livro *Expressionismo*, publicado em 1916, Hermann Bahr deu um retrato impressionante dessa era: "Nunca houve um tempo abalado por tanto terror, com tanto medo da morte. Nunca houve no mundo um silêncio tão mortal. O homem nunca foi tão pequeno. Ele nunca tinha sido tão alarmado. A alegria nunca esteve tão longe e a liberdade, tão morta. Agora a necessidade grita: o homem chora após a sua alma, e de toda a era torna-se um único grito de necessidade. A arte também chora das profundezas da escuridão, grita por socorro após o espiritual: isso é expressionismo" (Jensen, 2012, p. 212).

Diante desse catastrófico cenário e após a fotografia embaralhar a identidade retratista das artes plásticas, a carne da matéria é que se impõe tanto em pinturas como em esculturas. É justamente ela que se torna proeminente nas pinturas de Schiele, com fundos quase sempre suprimidos. Nenhum apoio dá suporte a muitos desses corpos, que simplesmente flutuam esfacelados. O fundo neutro lança a imagem em uma espécie de vácuo, e os limites não são dados pela composição do entorno, mas tornam-se mutilações extemporâneas. Ao suprimir o contorno ou o contexto capazes de indicar as razões pelas quais foi impulsionado a pintar, Schiele lança seus personagens fragmentados numa espécie de abismo. Em algumas figuras o colorido da pele é uma mescla de tonalidades intensas verdes, azuis, roxas e vermelhas, favorecendo a textura da carcaça que sustenta os ossos e os movimentos. Pinceladas abruptas e vibrantes concedem uma excitação a esses corpos anônimos, e suas mulheres comuns não são mais transformadas em seres míticos como o eram pelos pincéis de Klimt. Schiele aprecia a carne, o corpo, a massa, os órgãos, as marcas das expressões. Comparável à imagem fotográfica de Dauthendey, lembrada por Walter Benjamin (1931/1994), a obra de Schiele é como um instantâneo da desintegração.

Membros extirpados ou a desintegração que abala todos os alicerces precedentes são especialmente encontrados em seus autorretratos, que ele produziu em grande quantidade – considerado por alguns críticos – como Whitford (1981 *apud* Kallir, 2012) e Jensen (2012 *apud* Beller, 2012), entre outros – o pintor que mais reproduziu a própria imagem, Schiele é visto como alguém profundamente interessado em seu próprio eu.

Wolfgang Fischer (2007) afirma, sem qualquer espécie de hesitação, que Schiele era um narcisista. Do lado da psicanálise, Danielle Knafo (1991) segue na mesma direção. Vendo nas pinturas de Schiele uma forma de reflexo especular, Knafo reconstitui seu drama psíquico[2] atrelando-o

[2] Definitivamente o estudo desta psicanalista não é o que se pode considerar uma *psicanálise implicada* (Frayze-Pereira, 2010a). Transformando as telas

a questões ligadas à fase do espelho, em que o ego deveria ser constituído e integrado. Aludindo a vários autores da psicanálise, lembra que a desintegração imaginária é muito primitiva e evoca experiências correspondentes ao narcisismo primário ou secundário.

Dentre os vários autores da psicanálise citados por Knafo (1991) para explicar a obra de Schiele, vale retomar algumas formulações lacanianas, indo além do que propõe a psicanalista. Em seu clássico *O estádio do espelho como formador da função do eu*, Lacan (1949/1998) explora, como sugere o título, a importância da imagem refletida no espelho para que o bebê constitua seu *eu*. Sob forma de uma miragem *gestáltica*, essa imagem antecipa para a criança a maturação de sua potência. O reflexo prematuro da figura como uma unidade integrada, simétrica e fixa contrasta com a turbulência de suas experiências corpóreas, ainda desarticuladas e desintegradas. Na imagem são fixadas a permanência mental do *eu* e, ao mesmo tempo, sua faceta alienante. O que denota esta faceta é a constante tentativa de estabelecer correspondência entre todas as experiências que temos e a imagem que formamos de nosso *eu*. Escapar dessa unidade imaginária é desafio para o

---

do artista em pranchas de um teste projetivo qualquer, Knafo enxerga projeções psíquicas em todas as imagens, temáticas, cores escolhidas pelo artista. Seu drama afetivo, ligado às figuras familiares da infância, é simplesmente transposto para os quadros, como se entre artista e esses suportes não houvesse qualquer espécie de intervalo. Interlocuções com a história da arte, com o contexto sócio-histórico, com os estilos da época e sobretudo com o material são simplesmente ignoradas em favor de uma subjetividade solipsista, mapeada pelas imagens das pinturas.

sujeito do desejo, mas, ao mesmo tempo, representa sempre um risco: se o aspecto inarticulado, despedaçado, turbulento, não reconhecido como *eu* emana do exterior, a experiência é quase de desrealização daquela imagem integrada. A aparição de um duplo que carregue tais pedaços e fantasmas encarnados é uma das formas de abalar fortemente a estabilidade do eu. Para Lacan (1949/1998), a imagem especular é o limiar do mundo visível, ou seja, aquilo que antecede a *Gestalt* da imagem refletida no espelho, reconhecida pelo bebê, não é figurado nem mesmo representado. Sonhos são exemplos de uma luta para que alguns traços psíquicos inscritos antes da visão unificada de uma imagem do *eu* ganhem articulação, seja sob forma de figura, seja de palavra. Buscar esse enredamento de traumas ou inscrições mnemônicas em imagens é, por conseguinte, uma das tarefas dos sonhos.

Lacan, de qualquer maneira, não é contemporâneo de Schiele, e suas formulações não podem simplesmente dar voz ao que vemos nesses quadros. Temos antes que analisar certo contexto sócio-histórico de modo que saltos e anacronismos sejam possíveis e justificáveis. Reinhard Steiner (2006) também aborda a obra de Schiele pelo viés do duplo e da imagem especular, lembrando, porém, que o autorretrato é tema recorrente nos diferentes períodos da história da arte. Resgata autorretratos clássicos, como os de Dürer e Rembrandt, vendo neles tipos de espelho que colocam o homem face a face com sua identidade, questão inaugurada pelo Renascimento e aprofundada na modernidade. Já vimos mais de uma vez o autorretrato de Dürer, no qual sua própria imagem aparece completamente apartada do mundo. Nos autorretratos de Schiele, porém, ele não só está dissociado do mundo, como seu corpo se torna espaço mutilado, esfacelado. Sua autoimagem desintegra-se, formando "uma polarização do eu e da alteridade" (Steiner, 2006, p. 8), que desfigura a ideia de autorretrato para aproximar sua pintura de uma espécie de "testemunho de uma despersonalização" (p. 8). Personagens como Dorian Gray, de Oscar Wilde (1890), ou Golyádkin, de Dostoiévski, também representam imagens especulares, literalmente às avessas. Em seu livro, Dostoiévski descreve o encontro do personagem com seu duplo:

> Súbito, em meio ao uivo do vento e ao rumor do mau tempo, chegou-lhe outra vez aos ouvidos o ruído dos passos bem próximos de alguém. Ele estremeceu e abriu os olhos. À sua frente, mais uma vez a uns vinte passos, destacava-se o vulto escuro de alguém que se aproximava dele rapidamente. [...] O senhor Golyádkin já conseguira até discernir por completo seu novo companheiro retardatário – discerniu e deu um grito de estupefação e pavor; sentiu as pernas fraquejarem. [...] tremeram-lhe todas as veias, os joelhos dobraram, fraquejaram, e ele se sentou gemendo num frade da calçada. Pensando bem, ele tinha motivos reais para ficar tão perturbado. É que agora o desconhecido lhe parecia conhecido. Isso ainda não seria nada. De certo modo ele agora reconhecia, reconhecia quase de todo esse homem (Dostoiévski, 1913/2011, p. 69-70).

O abismo entre o modelo e a figura retratada é a principal característica inscrita nessas imagens. Por isso, não surpreende que em 11 de novembro de 1912 Friedrich Stern escrevesse sobre as obras de Egon Schiele: "Há também um 'autorretrato' que é difícil reconhecer-se como tal, por causa do estado avançado de decomposição que exibe e no qual o artista pensa que se deve apresentar. Em resumo, é bastante desanimador..." (Stern, 1912 *apud* Steiner, 2006, p. 8). Schiele não se serve, pois, do reflexo da própria imagem para estabelecer a identidade, mas para buscar o outro eu, que os quadros lhe permitem fixar.

Em *Trattato della Pittura*, Leon Battista Alberti sugere "que aquele Narciso que foi transformado em flor tinha sido, de fato, o verdadeiro inventor da pintura" (Alberti, 1435-36 *apud* Steiner, 2006, p. 9). Para Alberti, a origem da pintura estaria no reflexo do espelho e a arte poderia ser compreendida como um autorretrato do artista. O espelho de Narciso seria, por assim dizer, o *leitmotiv* da mudança do século. Essa perspectiva, contudo, "é apenas parcialmente pertinente quando se aplica aos autorretratos de Egon Schiele" (Steiner, 2006, p. 9), multifacetados e estilhaçados. Carregados de gestos expressivos, tais peças esgarçam contornos precisos e deformam as fronteiras do eu. Seres andróginos, que não são propriamente homens, mulheres, adultos ou crianças, mas avatares e amálgamas indefinidos de identidades imaginárias, gesticulam de forma estereotipada ou se entregam a uma desolação.

A nudez tem lugar privilegiado em seus retratos ou autorrepresentações. De acordo com Steiner (2006, p. 12),

> [...] no autorretrato nu, Schiele volta-se de uma maneira quase programática contra o velamento, tal como se vê em Gustav Klimt e nos discípulos da Secessão vienense, e faz dele a forma de expressão mais lógica da autorrepresentação, não tanto só pela exposição de um corpo sem véus mas pelo despojamento do *Selbst*.

Transpondo as reflexões de Eliane Robert Moraes a propósito da literatura e do efeito obsceno de certas obras para a pintura de Schiele, é possível afirmar que, assim como "a palavra obscena [na literatura] não só representa, mas é a própria coisa" (Moraes, 2003, p. 130), as imagens obscenas de Schiele deixam de ser representação para ocuparem o lugar do Real.

Egon Schiele – *Eros* (1911).

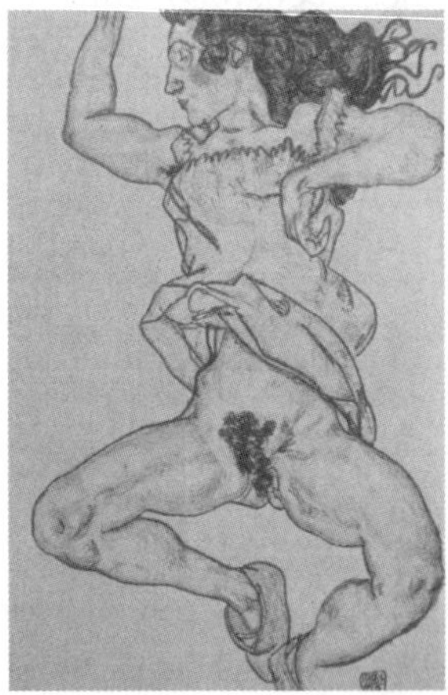

Egon Schiele – *Mulher deitada com chinelos verdes* (1917).

Na tela de 1911, sob o título *O homem e a morte*, a figura de Schiele aparece duplamente retratada, isto é, o próprio reflexo aparece desdobrado em dois. Com olhos opacos, a imagem da frente é incapaz de perceber sua sombra, como esta também se mantém cega à persona à frente. Esse duplo mostra que o "Narciso moderno não concebe um mundo artístico à sua imagem e onde se verá os contornos reais de cada objeto, ele devolve preferencialmente o olhar perspectivo que tem do mundo: com essa inversão do olhar, o eu ou sujeito [...] torna-se ele próprio o horizonte" (Steiner, 2006, p. 18) ou alteridade.

Em sua carta fictícia de Lord Chandos para Francis Bacon, Hugo von Hofmannsthal mostra como as representações por meio de palavras se tornam estranhas e passam a obter o estatuto da própria coisa. Diz o poeta austríaco:

> Todas as coisas se decompunham em elementos, e os elementos decompunham-se em novos elementos, e nenhuma ideia os permitia congregar já. As palavras nadavam em torno de mim: coagulavam-se em olhos que me olhavam fixamente e nos quais eu tinha novamente de mergulhar o meu olhar; turbilhões, eis que eles são, turbilhões cuja vista me faz ter vertigens, que jamais param de rodopiar e através das quais se chega ao nada (Hofmannsthal, 1902 *apud* Steiner, 2006, p. 18).

Essas representações de palavras da arte poética de Hofmannsthal são análogas às representações figurativas da pintura de Schiele, que abalam o estatuto de inteireza da representação para apresentar certo despedaçamento da imagem. Daí a carta que Schiele escreve a Oskar Reichel, em setembro de 1911, referir-se às suas pinturas como modo de seguir aquilo pelo qual se sentia "instintivamente atraído" ou, mais especificamente, seguir "aquilo que quero estragar em mim" (Steiner, 2006, p. 12).

Olhar-se para pintar-se não significa, então, retratar a própria imagem de maneira coesa, mas infinitamente destruí-la e reconstituí-la. Num período em que as máscaras já tinham deixado de figurar de formar intacta, sendo possível entrever a face da morte através de suas fendas, Schiele não faz concessões ao horror e se volta para si, vasculhando respostas. Mas nem o próprio corpo denota inteireza, sendo, por isso, a imagem espasmódica e descontrolada do gozo masturbatório – gesto erótico associado ao deus Pã, como vimos – o que melhor o retrata. A face espiritual dilacerada pelas ameaças do mundo está reduzida a um corpo agônico e cheio de pavor, que pode se sentir vivo no instante fugaz de gozo intenso. Esse apocalipse é proporcional ao otimismo que o precedia. Fiel a uma busca que siga o verdadeiro, Schiele não amaina os terrores do mundo. Estes já estavam bastante escancarados; tratava-se, então, de arrancar as vestes que encobriam muito mal o terror já anunciado. Essa atitude condizia bem com as pegadas deixadas por E. T. A. Hoffmann, seguidas por Egon Schiele, que manifesta fascínio por marionetes demoníacas, especialmente aquelas pintadas de Java. Diz Roessler, um amigo de Schiele:

> Era capaz de brincar horas seguidas com as suas personagens, sem se cansar nem proferir uma só palavra. Mas o que era ainda mais surpreendente era a habilidade com que Schiele sabia logo à primeira manipular as tabuinhas das marionetes. Quando, para lhe dar prazer, eu lhe propunha escolher o personagem que mais lhe agradasse, Schiele escolhia a representação grotesca de um demônio simbólico de perfil extravagante. Comunicava-lhe muita inspiração. Ficava fascinado pelos contornos estilizados e muitas vezes extraordinariamente sugestivos que o jogo projetava na parede. "Esta marionete dança melhor que as nossas melhores bailarinas. Ao lado do meu diabo vermelho, Ruth", ele evocava uma bailarina célebre, "é tão pesada como um canhão", dizia, admirando com amor o seu demônio em pele de búfalo. Esse boneco javanês continuou a ser o seu brinquedo preferido até morrer (Roessler, 1913 *apud* Steiner, 2006, p. 42).

Sensível à face humana desses autômatos e aos trejeitos inumanos dos homens, Schiele está atento às gesticulações de uns e de outros, mostrando a artificialidade do espírito. Caminhando ainda nesse rumo, há um interesse de Schiele pelas manifestações físicas de doentes mentais, despertado por seu amigo Erwin Osen, que também usava o nome de Erwin

Dom Osen, ou, ainda, de Mime van Osen. Osen, segundo Steiner (2006), tinha sido, como Schiele, um dos fundadores do Neukunstgruppe e ganhava a vida como pintor de cenários teatrais. Roessler apelidou-o de "anjo caído", e seu repertório de expressões mímicas era algo que costumava chamar atenção. Em cafés ou eventos particulares, Osen vestia-se de "maneira especialmente flamante", encenando mímicas artificiais, reproduzidas em alguns desenhos de Schiele.

Schiele é, na visão de Steiner, "um artista cujo interesse principal era dominado pela expressão que se manifesta na atitude e na mímica" (2006, p. 54). Seus quadros trazem personagens desestabilizadores cujos corpos provocam vertigem e desnudam a face indefesa da alma aos olhares sedentos indiscretos, escancarando "o *páthos* no sentido etimológico do termo: enquanto sofrimento que não se manifesta através das formas correntes de comunicação, mas sim através de convulsões, de erupções e esgares" (p. 54). Longe do "ar embotado e do sangue-frio estilizado que estão presentes nas representações humanas da Art Nouveau vienense" (p. 54), Schiele "não propõe qualquer saída para o homem que continua a ser uma marionete indefesa entregue ao fogo onipotente das forças afetivas" (p. 54). Arthur Roessler resume bem o estilo schieliano quando o defende de ataques violentos de filisteus inveterados da arte:

> Reconheceu-se, com efeito, em certos quadros pintados por Schiele, que este último era capaz de virar o homem

> do avesso, e que repugnava olhar o que se tinha cuidadosamente escondido de decomposição pútrida e sarnosa. Egon Schiele viu e pintou rostos humanos que têm claridades pálidas, que sorriem dolorosamente, que se assemelham a caras de vampiros aos quais falta a comida repugnante. As caras de possessos (!), de almas purulentas, e que coagulam sofrimentos inauditos numa máscara petrificada; aliás, rostos que oferecem uma fina síntese pictórica do interior de uma vida humana, com todos os pormenores mais sensíveis de manifestações visíveis do devaneio, da inquietação, da reflexão, do sonho, da paixão, da maldade, da bondade, da interioridade, do calor e da frieza. Nessas caras humanas, ele viu e pintou olhos frios como pedras preciosas, que brilham com o pálido reflexo da decomposição, e pintou a morte sob a pele. Com uma grande candura, via as mãos torcidas, deformadas, as mãos descarnadas de unhas amarelas... Mas enganam-se ao pensar que pinta tudo isto por perversidade (Steiner, 2006, p. 54).

A *mulher protagonista*

Entre o fim do século XIX e começo do XX, o artista expressionista Edvard Munch reconhece viver num tempo de transição, no qual o homem aparece enfraquecido diante da existência feminina (Kallir, 2012). Incapazes de admitir a complexidade das mulheres, frequentemente subdivididas em categorias rígidas como as de prostituta, virgem ou freira (corporificadas, por exemplo, na tela de Munch *As mulheres II*), os homens procuram incessantemente domá-las. No íntimo, eles sentiam um profundo medo imaginário de que pudessem ser dominados ou subjugados por elas. O desejo despertado pelos encantos femininos era o maior perigo, e a culpa pelo ímpeto sexual masculino era atribuída às "armadilhas" da sedução, supostamente arquitetadas por mocinhas e senhoras. Equiparar homens e mulheres não parecia ser algo possível nem num longínquo horizonte. Preservar os ideais da família dependia da tradicional manutenção distintiva entre os gêneros, o que, por sua vez, garantia a estabilidade das estruturas mais elevadas de toda a sociedade patriarcal. Ou seja, tudo confluía para adestrar a sexualidade feminina e abafar o ímpeto emancipatório que eventualmente pudesse se manifestar.

Edvard Munch – *As mulheres II* (1895).

O princípio de que o lugar da mulher austríaca era a casa, e o do homem, a vida social e do trabalho fora dela tornou-se, todavia, cada vez mais insustentável no fim do século XIX, principalmente em Viena. Com o risco de que as mulheres percebessem com clareza o lugar ao qual estavam confinadas, subjugadas ao trabalho não remunerado nem reconhecido, houve uma tentativa social de enaltecer o lar e a vida doméstica para que elas ainda se mantivessem docemente lá.

O *status* social das mulheres austríacas sempre dependeu do casamento. Àquelas "infelizes", privadas de um provedor pela feiura ou falta de sorte, não era permitido, por outro lado, o "luxo" de ficar em casa. Conquistar o próprio ganha-pão significava para elas, porém, render-se a empregos subalternos e mal pagos. Solteironas pertencentes às classes sociais mais altas exerciam cargos burocráticos em serviços públicos ou inseriam-se no comércio da cidade, vendendo mercadorias como roupas ou doces. Não era incomum que mulheres pobres, imigrantes em Viena, acabassem como prostitutas.

Muito menos escolarizadas que os meninos, as garotas frequentavam a escola com salas superlotadas, raramente chegando ao nível ginasial. Meninas burguesas recebiam aulas particulares ou eram enviadas para pensionatos, onde aprendiam apenas o que parecia ser útil ao casamento: línguas, música, trabalhos manuais, organização do lar e etiqueta.

Em 1892 foi fundado o primeiro ginásio para mulheres na cidade de Viena. Cinco anos depois, o Ministério da Educação se pronunciava favoravelmente a melhores e maiores possibilidades de formação e profissão para elas, contanto que a estrutura curricular respeitasse a natureza feminina, sem dissuadi-las de suas "tendências inatas" de servir ao homem e ao lar[3].

O ingresso paulatino nas instituições de ensino não foi suficiente, porém, para mudar séculos de misoginia. Sob essa liberação gradual ainda prevalecia a dicotomia entre santas e putas, alimentada por séculos no Ocidente. Na distinção entre os gêneros, o homem aparecia ao lado da cultura, da espiritualidade e da inteligência, enquanto a mulher esteve frequentemente associada à natureza, ao desejo e ao instinto. Nessa divisão, os primeiros aspectos sempre foram vistos como elevados e positivos em contraste com os últimos, recorrentemente tomados como baixos e negativos[4].

---

3 Em 1901 Eugenie Schwatzwald, uma sufragista que tinha adquirido seu diploma em filosofia na Universidade de Zurique (a primeira instituição a admitir mulheres como estudantes), fundava uma escola particular para meninas em Viena, na qual proferiram palestras Kokoschka, Schoenberg e Adolph Loos. Projetada por Loos, a escola cobrava um valor relativamente alto de mensalidade, o que a tornava uma opção exclusiva para filhas de famílias abastadas. Em 1897 as mulheres foram admitidas como estudantes regulares na Faculdade de Filosofia da Universidade de Viena, e a partir de 1900 elas puderam estudar medicina. Somente no ano de 1919 houve a permissão para que as mulheres frequentassem a Educação Pública, mesmo ano em que elas puderam votar. Em 1920 as mulheres puderam estudar na Academia de Artes Plásticas de Viena, e em 1923 foram admitidas como alunas na Faculdade de Teologia Protestante (Kallir, 2012).

4 Segundo a socióloga Clara Zetkin (*apud* Kallir, 2012), o movimento de emancipação das mulheres estava em ebulição na virada do século em Viena, cindido entre aquelas que eram pobres e aquelas que eram ricas. Também houve uma dicotomia entre socialistas – em sua maioria trabalhadoras, mas não necessariamente – e burguesas: enquanto as primeiras não queriam nada menos que a inversão ou a derrubada da sociedade patriarcal, as segundas defendiam reformas dentro do sistema capitalista. Muitas

Existia, contudo, diz Kallir (2012), uma maneira de pensar que contrariava essa lógica, remontando ao nobre selvagem, enaltecido por Jean-Jacques Rousseau. Quando, no fim do século XIX, cresceu o descontentamento com a civilização "racional" própria do Ocidente, o culto do primitivo ressurgiu como alternativa. Na luta que travavam contra as normas burguesas, os expressionistas rebeldes Kokoschka e Kichner, contemporâneos de Egon Schiele, optaram por uma formação em museus etnológicos em vez de se renderem aos clássicos gostos da burguesia, bem representados pela estética ensinada nas academias e museus de artes. Formas estilizadas e cores fortes da arte tribal substituíam, para eles, a contenção harmônica clássica.

Como vimos nas descrições de Stefan Zweig, Viena era a capital da prostituição na virada do século. Havia lá cerca de 15 a 20 mil prostitutas e de 4 a 5 mil cafetões numa população de 1,8 milhão de pessoas. A maioria dos bordéis havia sido fechada já no século XVI, e por isso as prostitutas

destas estavam contentes com seu destino e queriam apenas o direito de poder trabalhar de forma mais emancipada. Eram nítidos, por conseguinte, a variedade e o amplo espectro de feministas na cidade de Viena – algumas católicas, outras, anticlericais, e outras, ainda, que odiavam os homens (misandria). Todas elas juntaram-se em uma Liga Austríaca Geral de Mulheres, mas tiveram grandes dificuldades de unir seus objetivos. Por causa da amarga resistência do lado masculino, também houve uma dificuldade de alcançar os objetivos lentamente estabelecidos. Dos temas urgentes, o direito ao voto não parecia tão decisivo como eram, aos seus olhos, o direito ao trabalho e o salário equiparado. Questões relativas à maternidade também se impunham e ganhavam ênfase nas lutas feministas. Compreensivelmente se importavam muito com a formação de meninas e mulheres e queriam decidir a maneira como tal formação se daria entre elas.

espalhavam-se pelas ruas e cafés. Frequentavam também hotéis ou espaços adequados para o sexo pago. Havia um pequeno número de putas de luxo – atrizes ou dançarinas – que serviam a aristocracia.

Egon Schiele, que tinha deixado a academia, procurava modelos e logo as encontrava entre putas e ternas meninas pobres. O artista frequentava esse submundo ao qual pertenciam tais moças e crianças malcuidadas. Conheceu muitos desses bairros pobres cheios de mulheres que deixavam seus filhos serem desenhados ou pintados em troca de gorjetas ou doces.

Schiele considerava-se uma eterna criança e, na companhia dele, os pequenos maltrapilhos se sentiam confortáveis, mostrando seu lado impuro. Em seu *atelier*, Schiele sempre tinha menores da vizinhança ou das ruas, contatados principalmente no Schönbrunner Park. Feias, bonitas, sujas ou limpas, todas as crianças, lembra Albert Paris von Gütersloh (*apud* Kallir, 2012, p. 84) ficavam no estúdio dele vagabundeando, sem fazer nada. Dormiam, descansavam, recuperavam-se das pancadas de seus pais ou simplesmente se movimentavam languidamente, o que não lhes era permitido em casa. Penteavam-se, levantavam e baixavam a saia ou vestido, amarravam ou soltavam o cadarço dos sapatos, e toda essa gesticulação era capturada nas provocativas telas do artista.

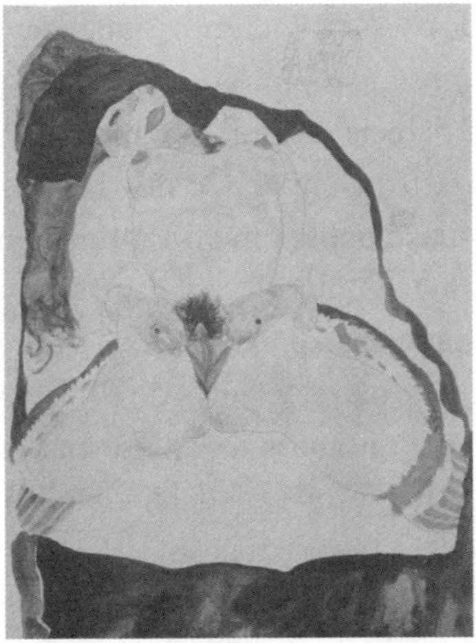

Egon Schiele – *O sonho assistido* (1911).

A julgar pelos desenhos e aquarelas que nasceram deste tempo, os modelos infantis de Schiele tinham entre sete e treze anos. Algumas vezes pintados em pares, outras vezes retratados sozinhos, a maioria não tirava a roupa. Os retratos eram objetivos, sensíveis e representavam aquilo que se mostrava aos atentos olhos de Schiele. Em 1910, a principal fonte provedora de modelos para seus nus artísticos era o ginecologista Erwin Von Graff. Grávidas, jovens ou velhas, as mulheres que posavam para ele eram claramente de baixa renda, pois as das altas esferas jamais se prestariam a esse tipo de trabalho. Pernas escancaradas, cores fortes, membros extirpados, faces eclipsadas: essas pacientes ameaçavam devorar o observador com suas vaginas carnívoras.

O medo de Schiele de mulheres mais velhas transparece nos gestos do artista impressos nos retratos que pintava delas. As grávidas também não se intimidam com a observação penetrante do artista; ao contrário, desafiam-no e devolvem o olhar com expressões de resignação, teimosia ou obstinação. Schiele não se esquiva do confronto e representa justamente os sinais fisionômicos desse mal-estar instaurado no encontro entre pintor e modelo, envolvendo-se no drama que se desdobra nessa situação.

A atração pela homossexualidade também faz parte das experiências de Schiele, que, influenciado por seu amigo Osens, passa a ler poemas de Arthur Rimbaud e outros do mesmo estilo. Segundo Kallir (2012), não é possível precisar até que ponto chegaram essas experiências homossexuais de Schiele. Ele aproximou-se e frequentou rodas nas quais a homossexualidade era exaltada, e ainda hoje paira no ar uma dúvida sobre sua relação com um jovem que teria se apaixonado por ele. Dar vazão a esses interesses sexuais polimorfos despertam-no também para uma percepção plural e ampla da sexualidade, que o liberta de pudores comuns da época. Com a mulher e suas relações com a maternidade também conviviam visões que antagonizam com as representações recorrentes. Ao contrário de uma maternidade tradicionalmente representada como símbolo de fertilidade gerador da vida sagrada, a versão schieliana dela está atrelada à morte, o que efetivamente corresponde à realidade daqueles tempos, nos quais havia um altíssimo índice de mortes de mulheres por complicações nos partos.

A morte naturalmente não se limitava a esse contexto específico, circundando permanentemente a vida. Seu sinal transparecia na carne dos corpos das pinturas de Schiele. Indício do inanimado, a carne liga-se simultaneamente à morte e à vida. Caminhando no sentido oposto do romantismo, que concedia espírito a tudo que era inanimado, Schiele evidencia a carne daquilo que porta vida. Por isso, bebês não são uma simples promessa de futuro e alegria. Enrugados e carregando o peso da existência, essas figuras desamparadas aparecem soltas e abandonadas no fundo ausente das pinturas schielianas. Mais próximos de seres natimortos do que de horizontes vibrantes de vida, os bebês evidenciam a carga da existência e do mundo que acaba de recebê-los.

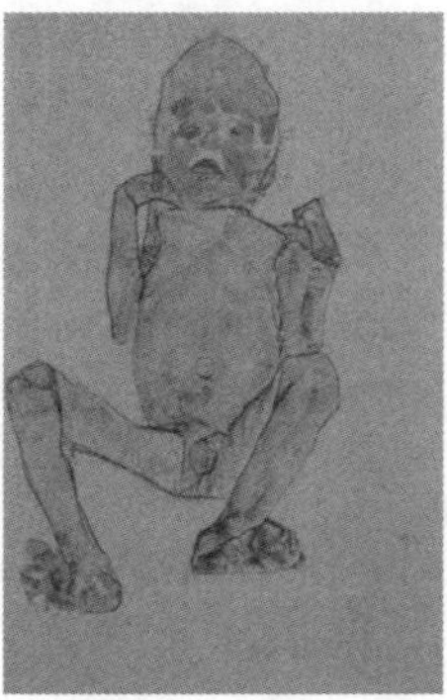

Egon Schiele – *Recém-nascido* (1910).

Com a convicção de que a preservação da civilização depende de processos sublimatórios de desejos eróticos, a cultura austro-húngara em vigor pensa que a mulher, cujo corpo é definido pela falta de controle, deve ser banida da vida ativa na sociedade. Do corpo dela irradiariam impureza e sujeira, e as clássicas formas artísticas seriam capazes de regulamentá-lo magicamente, cicatrizando momentaneamente suas aberturas e rasgos com adornos, que tornam tudo moralmente elevado. Um tal sucesso, entretanto, só pode ser efêmero, e na mesma medida em que pequenos indícios de erotismo se insinuam aparecem novos métodos estéticos disciplinadores para conter as "ameaças".

Como observa o mecenas de Schiele, Carl Reininghaus, o processo de transformar o nu vergonhoso em arte era uma maneira de colocar o corpo erótico sob controle, sendo a beleza o contorno dado à sexualidade. Sendo feita de homens para homens, a arte continha o olhar masculino sedento e pulsional ao mesmo tempo que o estimulava pelo mistério. Esse método estilístico coincide com aquele usado para privar a mulher de sua autonomia. Em geral, a nua era representada em poses passivas, frequentemente deitada em cenários ornamentados, tornando-se objeto de culto para o espectador.

É exatamente esse método estilístico que não é adotado por Schiele. Em suas inúmeras imagens das duas meninas de cabelos morenos (1911-12), Schiele executava seus últimos traços para livrar a mulher das convenções artísticas de seu tempo. Antes pintadas a óleo em linhas claras e cores opacas (sempre isentas do brilho de verniz), as pinturas de Schiele passaram a ser executadas com aquarela, de modo que os desenhos ficavam úmidos e desfocados. Nesses trabalhos, a paleta de Schiele também ganha tons mais escuros, predominando o preto, o azul e o lilás, que lembram as cores de hematomas. Mais próximas de feridas e sintomas do que da sublimação, as obras de Schiele não procuram amainar dores e prazeres, mas escancará-los. O preto assume o lugar tanto de um sentimento como de uma característica física. Poses desajeitadas e membros em pedaços ferem os ideais clássicos de harmonia. Muitas vezes Schiele pedia para que suas modelos se deitassem em colchões e as observava de cima, pintando seus corpos e extraindo todo o cenário no qual elas estavam inseridas. Depois de serem pintadas nessa posição deitada, Schiele imprimia sua assinatura de forma a indicar que a tela deveria ser vista e pendurada na vertical, garantindo, com isso, que essas moças jamais fossem apresentadas na tradicional posição deitada e passiva.

Ademais, uma pluralidade de personalidades nas meninas de cabelos negros rompe com o esquema prostituta-santa-virgem. Ora sisudas, ora reservadas, ora desavergonhadas, ora carrancudas e muito mais, essas moças atuam para Schiele, revelando o amplo repertório afetivo, gestual e elaborativo que as retira do lugar de mero objeto. As poses eróticas revestem-se de uma carga densa e complexa, acrescentando outros elementos conflitivos ao velho nu e fazendo as modelos protagonistas de seus sentimentos e pensamentos, como num jogo no qual não é mais possível perceber quem é o agente e quem é o objeto. Com isso, Schiele atravessa o limite que separa o ego masculino do "outro" feminino, colocando em dúvida a própria identidade de maneira similar ao que fazia com seus autorretratos.

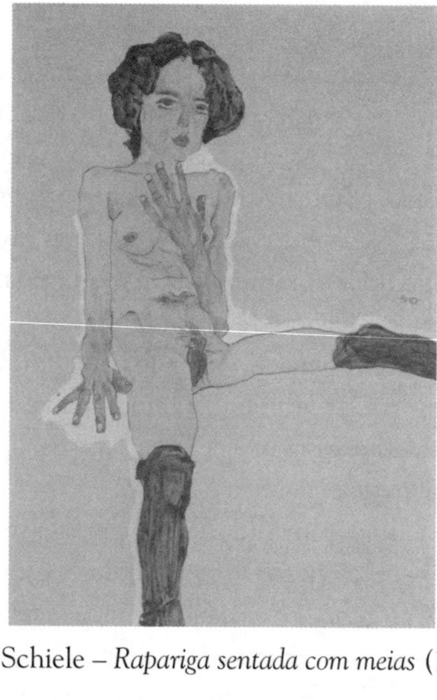

Egon Schiele – *Rapariga sentada com meias* (1910).

Lembrando a observação feita por Kimberly Smith (*apud* Kallir, 2012), segundo a qual "as paisagens de Schiele chamavam a atenção por colocar em dúvida a capacidade da moldura de separar claramente obra e mundo, negando a retirada para o campo da estética", Kallir (2012) diz que o fluxo permanente entre imagem e observador aparece em quase todas as obras do artista, principalmente em seus nus. Confrontado com figuras femininas nuas – como Schiele esteve diante das modelos –, o espectador não encontra qualquer auxílio cenográfico que permita a ele desviar o olhar. Essa nudez viva e pulsante das pinturas schielianas está distante dos mitos, folclores ou histórias bíblicas que a desculpavam – método ainda adotado por Klimt, por exemplo. Longe dos velhos referenciais e obrigados a ouvir a voz do erotismo e da dor, os espectadores, sem refúgio ou escapatória, têm de criar condições espirituais e linguísticas para inventar uma forma de relação com a obra.

A nudez torna-se, assim, a nudez do próprio espectador, que se vê repentinamente desvestido de repertório para lidar com o material que a ele se apresenta. Schiele expõe o descompasso entre nossa herança da tradição e as questões que se colocavam historicamente naquele instante, escancarando, desse modo, a condição de desamparo dos homens no vácuo daquela cultura. Assaltados pelo deserto da própria existência, num mundo cheio de falências irremediáveis, os homens são obrigados a reinventar uma nova língua.

O estilo moderno de Schiele reflete por isso uma virada para um tipo de pintura não narrativa (Jensen, 2012, p. 213) que o coloca lado a lado com outras figuras modernas citadas por Walter Benjamin em "Experiência e pobreza" e consideradas por ele grandes criadores "bárbaros", que, como já vimos, "rejeitam a imagem do homem tradicional, solene, nobre, adornado com todas as oferendas do passado, para dirigir-se ao contemporâneo nu, deitado como um recém-nascido nas fraldas sujas de nossa época" (Benjamin, 1933/1997, p. 115-6).

Nudez explícita e olhar penetrante saltam para fora da tela sobre o observador lançado ao abismo. Nesse contexto inédito, o "outro" da mulher se fez valer plenamente, e sua força aterradora não pôde mais ser massacrada pelos antigos ideais. Dessa forma, os medos masculinos também são desnudados. Schiele, porém, enfrenta-os ao abrir mão de tentativas de controle nas relações homem e mulher, favorecendo os riscos inerentes a elas. Logo, o pintor austríaco, diz Kallir, "colocava uma divisória entre o passado do século XIX e o futuro do século XX. Antes de mais nada, esse futuro era incerto, mas Schiele reconheceu que para ele não havia mais volta" (2012, p. 112).

12.

Aura e tabu: o segundo momento de Hugo von Hofmannsthal

[...] o tabu da arte [...] proíbe que nos posicionemos de forma animalesca diante do objeto, que dele nos apossemos corporalmente. Mas ao poder do tabu corresponde o do conteúdo a que ele se reporta. Nenhuma arte que não se nega a si mesma como momento se abstém diante do que ela repele. Àquilo que se apresenta como desinteressado deve somar-se à sombra do mais selvagem interesse, se se propõe a ser mais do que simples indiferença; muitas coisas provam que a dignidade das obras de arte depende da grandeza do interesse a que são arrancadas.

(Adorno)

Sinal de tradição, na obra benjaminiana, é a presença de aura que se esfacela nas formas sociais e políticas modernas. Olgária Matos (1989) expressa claramente o elo inextrincável entre aura e tradição quando diz:

> A tradição é, para Benjamin, a dimensão na qual se aloja a "aura" do tempo. É a consolidação da experiência

> coletiva, a sanção, a autoridade que garante o acesso do indivíduo à dimensão de sua ancestralidade, tradição que pulsa em cada instante do "agora" (p. 32).

Num artigo chamado "Aura e *Auctoritas*", Gérard Raulet também demonstra como o conceito de aura está ligado à tradição, mas sobretudo está vinculado à ideia de autoridade. Segundo ele, "o conceito de autoridade divide essa extensão supratemporal com a categoria benjaminiana da aura" (2012, p. 39).

Em geral, referir-se à tradição e à autoridade significa avizinhar-se de símbolos ou objetos sustentados por valores patriarcais, que alcançam poder com a chancela de entidades religiosas. Quando abalados, esses valores rompem a lógica inerente a uma estrutura social, e os objetos cultuados, distantes e insubstituíveis para os seres a eles magneticamente ligados mostram sua fragilidade. Tais seres que orbitavam em torno do objeto passam a viver uma espécie de desamparo, pânico, tédio, melancolia ou uma mania de grandiosidade maltada de afã eufórico e intempestivo. Sem as leis enredadas ao objeto, a ordem vigente se esvai, e resta a tentativa de restabelecer velhos parâmetros, substituí-los ou recriá-los. O elã exalado pelo objeto envolto pela aura dissolve-se e este se torna mera substância efêmera, mortífera, residual ou fetiche que impede o reconhecimento da perda.

Nos textos benjaminianos, esse caráter aurático em torno do objeto assume a forma da coroa nos príncipes do *Origem do drama trágico alemão*, da auréola no poeta em "Sobre alguns temas em Baudelaire", de uma joia e beleza em torno da virgem Otillie em "As afinidades eletivas de Goethe" e da autenticidade criativa do gênio nas artes burguesas. Como vimos, Benjamin parece estar atento não só ao objeto envolto pela aura, como também ao momento de seu declínio e ao objeto já destituído de seu caráter aurático.

Aqui, estudaremos o caráter aurático de figuras patriarcais tradicionais a partir de alguns trechos de "Totem e tabu" (Freud, 1913/1996) e de considerações benjaminianas acerca da aura. Como bem demonstrou Walter Benjamin (1928c/2011) em *Origem do drama trágico alemão*, o príncipe soberano torna-se criatura, perdendo a aura que outorgava a ele autoridade e legitimidade. Com o texto de Freud em questão, o trabalho será o de vasculhar, ainda que brevemente, a imagem patriarcal antes de sua aura se esfacelar.

Em "Totem e tabu", Freud esclarece a relação dos povos primitivos para com seus chefes, reis, príncipes e sacerdotes. A tese freudiana, amplamente conhecida, é inspirada em alguns escritos antropológicos e numa proposição feita por Darwin segundo a qual "as relações sexuais promíscuas em um estado natural são extremamente improváveis" (Darwin, 1875 *apud* Freud, 1913/1996, p. 131). Vivendo em pequenas comunidades, o chefe primevo preservava-se contra todos os demais homens de seu clã e se apossava de tantas mulheres quanto lhe era possível sustentar. Esse macho adulto é o único que concentra a força e o poder diante do grupo.

Partindo dessa proposição darwiniana, Freud (1913/1996) constrói uma imagem mítica[1] cujo enredo todos conhecem: expulsos pelo pai[2] desenhado por Darwin, os irmãos retornam juntos para matá-lo, pondo um ponto final na horda patriarcal. Sem se contentarem com a simples morte do pai invejado e temido por todos, também se esbaldam ao devorá-lo como maneira de incorporar um ideal. Destruída por impulsos agressivos, a afeição que fora recalcada retorna sob forma de remorso e a culpa faz do pai morto uma imagem mais potente do que jamais fora. Sua presença, antes necessária para o cumprimento de determinada ordem, torna-se, então, prescindível no estabelecimento das proibições e obediências ligadas à interdição do incesto e à presenvação do totem. Do sentimento de culpa nascem, por conseguinte, os tabus fundamentais do totemismo, que correspondem aos dois desejos recalcados do complexo de Édipo: matar o pai e ter a mulher proibida. Infringir esses tabus era crime intolerável nessas sociedades primitivas.

---

[1] Esta imagem não se distancia daquela construída pelo próprio Marx entre proletários e burgueses. O erro de cálculo de Marx e Engels foi simplesmente supor essa lógica primitiva para a lógica burguesa na qual já opera o recalque há muito tempo...

[2] Interessante notar que Freud não reconhece a legitimidade de um poder matriarcal, tão explorado por Bachofen e por autores que o retomaram para questionar as adversidades do poder patriarcal, como Eric Fromm ou Walter Benjamin.

Nesse sentido é que Freud conclui que o antigo ritual totêmico repete e comemora esse ato criminoso, que enseja a transformação na ordem até então vigente. Com essa passagem memorável de um modelo social selvagem a outro moral e religioso, estabelece-se certa igualdade de direitos e deveres entre as comunidades.

Sendo considerado, tanto por Freud como pelos antropólogos, a primeira forma de religião, o totemismo se inicia quando a vida do animal totêmico é tirada. Ao identificá-lo como substituto do pai, os homens conseguem não apenas identificar a culpa, como também atenuá-la, reconciliando-se com o pai simbólico. Nos moldes de um pacto, a estrutura totêmica engendra o imaginário de um pai que promove a satisfação de certos anseios infantis, como proteção, amparo e cuidado e, por outro lado, os filhos comprometem-se a preservar a vida do animal totêmico, sem repetir o ato que abolira o verdadeiro pai. Com isso, o totemismo acaba, inclusive, conseguindo justificar o gesto bárbaro antes impulsivamente cometido, partindo da seguinte equação: "Se nosso pai nos provesse, como o faz o totem, jamais o teríamos matado". Esse raciocínio permitiu amainar as dores e culpas[3]

---

[3] Como as outras religiões, que atormentam o espírito humano e ao mesmo tempo procuram atenuar os fantasmas que o assombram, o totemismo procura resolver a culpa pelo assassinato do pai e pelos horrores cometidos ao repetir simbolicamente o crime de parricídio sempre que ameaçam preponderar os pudores diante da aquisição de atributos almejados do pai. Por meio desses recursos asseguravam-se da igualdade e, assim, evitavam destino semelhante ao do pai primevo. Essa lei do pai estendeu-se para os

do acontecimento e seguir a vida adiante com a nova ordem estabelecida.

Já dissemos que, para Freud, "Deus nada mais é do que um pai glorificado" (1913/1996, p. 150). Se o animal totêmico foi a *primeira* forma sagrada de representante paterno, Deus assumirá as feições humanas e será a forma subsequente. O vácuo deixado pela morte do pai é o que introduz as divindades paternas, cujas imagens inspiram sociedades organizadas em bases patriarcais. O anseio pelo grande pai renasce na prática das promessas e dos rituais religiosos dos irmãos, que homenageiam e reiteram o sentimento nostálgico pelo grande pai. O assassinato do pai primevo inverte-se, assim, no triunfo supremo da figura paterna. Transfigurado na exaltada imagem de Deus, que paira acima de todos e passa a ser acessível apenas por intermédio do sacerdote, o pai perpetua seus poderes. Mais humano, converte-se nos reis divinos que instauram estruturas sociais patriarcais na regência dos Estados. A memória do pai deposto alcança seu ápice e está longe de abdicar de sua autoridade. Os filhos, eternamente culpados, perpetuam a subordinação à velha ordem. Vencida a face animal do pai tirânico, seu poder se torna perene por meio de uma imagem que resguarda a almejada benevolência que ele deveria ter demonstrado originalmente. Não obstante, os impulsos hostis originários entre os

demais membros e simplesmente se generalizou com o notório mandamento "Não matarás".

irmãos são indeléveis e são revigorados perante as novas autoridades paternas.

Veremos aqui como a noção de *tabu*, apresentada por Freud (1913/1996) em "Totem e tabu", pode ser aproximada do conceito benjaminiano de *aura*. Não ignoramos as diferenças entre essas nomenclaturas. Voltado às leis que protegem o poder sagrado dos imperadores, o tabu evita perigos. A aura, por sua vez, concentra-se no caráter mágico e distante de todo imperador. Embora *aura* e *tabu* sejam aspectos diferentes que rondam essa figura sagrada, não é difícil deduzir que aquilo que torna a aura inviolável em torno desse ser são tabus e rituais a ele dedicados.

O simples ato de explicitar os significados etimológicos do termo "tabu" é capaz de evidenciar algumas aproximações dele com o conceito de aura, tal como pensado por Walter Benjamin. "Tabu" é um termo polinésio de difícil tradução. *Sacer* para os romanos, *ayos* para os gregos e *kadesh* entre os hebreus, o "tabu" polinésio rondava entre diferentes povos com sentidos muito próximos ou semelhantes. Duas conotações são dadas ao vocábulo "tabu": de um lado, aponta para aquilo que é "sagrado", "consagrado", e, de outro, "misterioso", "perigoso", "proibido", "impuro". O antônimo de "tabu" em polinésio é o termo *noa*, que quer dizer "comum" ou "geralmente acessível". Freud conclui desses exames etimológicos que a palavra "tabu" carrega em si "um sentido de algo inabordável, sendo principalmente expresso em proibições e restrições" (1913/1996, p. 37). Ou seja, a acepção dada à expressão "temor sagrado" pode coincidir com aquela dada a "tabu".

O caráter sagrado designado ao pai e o tabu que o envolve são regidos por dois princípios básicos: 1) o governante deve ser protegido; 2) é necessário proteger-se contra ele – isso porque têm um enigmático e temível poder mágico, transmissível como uma carga elétrica pelo contato[4]. Sob o risco de morte ou ruína, é recomendável evitar tal carga e estar atento aos rituais que mantêm a proteção intacta. Se inadvertidamente tal contato é estabelecido, certas cerimônias tentam evitar as perigosas consequências. Muitas vezes, o líder é tanto veneno como antídoto para os males que emanam de seu poder. Tal contradição aparece não só em etnias organizadas longe dos valores ocidentais, como também em reinados bastante conhecidos da Europa.

Diante desse poder, cria-se uma *aura* em torno de tais sujeitos, que devem permanecer isolados e distantes do restante das pessoas que integram certa comunidade. Essa barreira inviolável assume as formas do tabu, que protege os grandes chefes ou sacerdotes contra ameaças iminentes de

4 Uma das razões pelas quais Walter Benjamin vê na fotografia o declínio da aura é justamente a possibilidade que ela propicia de uma visão tátil daquilo que antes era impossível. Para ele, a fotografia em seus primórdios era envolta pela aura, ou esta se sobrepunha sob a forma de retoques à imagem. "Cada dia fica mais irresistível a necessidade de possuir o objeto de tão perto quanto possível na imagem, ou melhor, na sua reprodução" (Benjamin, 1931/1994, p. 101).

ações primitivas dos súditos. Apartar o rei da comunidade, evitando contatos que lhe ofereçam riscos, ocorre em razão da importância que sua figura representa para seus súditos. São gestos controlados e obsessivos, obstinadamente seguidos pelo grupo, assim como o são os rituais de etiqueta cortesã. Desses chefes emana certa magia, e a vida comum efetivamente se organiza em torno de sua imagem, que passa a ter relação com os recursos naturais, como a chuva ou o sol, que alimentam a terra e trazem os frutos dos quais os meros mortais dependem.

Segundo Sylvia Avelar (2010), as reflexões benjaminianas sobre o haxixe trazem o tema da aura pela primeira vez, associando-o ao transe. Com a percepção apurada, os objetos revelam sua face extraordinária. Por meio de sua experiência pessoal sob efeito da droga, Walter Benjamin nota que a razão instrumental também consiste de um caráter alucinógeno, cujas fantasmagorias por ela formadas se apoiam na ideologia dominante e tomam a aparência de serem fiéis à realidade. Em 18 de dezembro de 1927, Benjamin faz menção ao vocábulo "aura" para descrever novamente suas experiências após o uso de haxixe. Sua impressão era a de que as pessoas ao seu redor revelavam permanentemente suas auras. No dia 15 de janeiro de 1928 o termo é mais uma vez empregado para descrever, agora, uma sensação desconfortável, quando Ernst Bloch (*apud* Avelar, 2010) toca seu joelho e sente esse gesto como uma espécie de violação de sua aura. Ao tratar do mesmo episódio, Bloch assinala que a "depreciação" da matéria das coisas as aproximam de manequins e bonecas desprovidas de suas auras.

Que a aura esteja associada ao transe já é bastante sugestivo, bastando lembrar que características comumente associadas a esse estado, como a reverência, a adoração, o culto e a veneração são particularmente importantes para dotar a figura soberana de aura. Para que ela esteja, porém, envolvida pela aura, é ainda necessário, assinala Benjamin (*apud* Avelar, 2010), que uma ideologia dominante sustente esse lugar e que a verdade de seu caráter divino seja reconhecida como uma realidade. Outro aspecto interessante assinalado por Avelar (2010) é que o estado de transe vivido por Benjamin o circunda de aura, mas esta é violada por um simples toque. Fica bastante evidente, com esse exemplo, como é pertinente pensar as relações entre *aura* e *tabu*. Na clássica definição de aura, sabemos que o objeto por ela contornado deve manter-se distante e único. Ainda que a aura de Benjamin seja ilusória, ela é perturbada justamente pela proximidade, como se supunha acontecer com rupturas dos tabus que rondavam os reis soberanos. Por fim, Block refere-se ao caráter inanimado que as coisas assumem quando destituídas de aura, aproximando-se de bonecos e manequins. Infringir as leis do tabu também implica, como já mencionamos, transformação do rei em carne, apenas vibrante pelos componentes terrenos da história.

Promover deslocamentos do raciocínio de Benjamin sobre a arte para essas imagens trazidas por Freud ensina a reconhecer como se estabelecem a legitimidade e a autoridade de figuras soberanas. E ainda que Freud (1913/1996) não utilize o termo *aura* em nenhum momento, não é difícil perceber que a definição de tal conceito benjaminiano claramente poderia ser transposta para essas personalidades soberanas. O exemplo mais evidente disso é o do governante do micado japonês nos primeiros séculos, lembrado pelo próprio Freud. O termo "micado" é atribuído ao imperador do Japão, e curiosamente significa "porta sublime", o que denota a reverência do povo japonês para com o seu soberano. Segundo relatos antigos, o micado não considera sensato tocar o chão com os pés, pois isso poderia colocar em risco sua dignidade e santidade. Assim, se quer chegar a algum lugar, deve ser levado nos ombros de outros homens. O sol também deve ser evitado, já que os raios não podem alcançar sua cabeça. Cada uma das partes de seu corpo é sagrada, de modo que não é recomendável cortar cabelos, unhas ou a barba. A limpeza só pode ser feita durante a noite, enquanto dorme, o que se justifica pela ideia de que o furto não espanta o caráter divino do soberano e, assim, a sujeira que lhe foi roubada não prejudica sua santidade. Obrigado a manter-se sentado por horas em seu trono, o imperador permanecia como uma estátua, sem mover qualquer membro, demonstrando paz e tranquilidade em seu império. Se por ventura virasse a cabeça para algum dos lados ou mexesse qualquer parte de seu corpo, era sinal de que a guerra, a fome ou qualquer espécie de infortúnio se aproximavam.

Em *Origem do drama trágico alemão*, Walter Benjamin (1928c/2011) trata dos dramas do Barroco nos quais o soberano representa a história e se distancia de seu caráter sagrado. Durante as guerras religiosas, os monarcas viam estremecer seus poderes, tradicionalmente chancelados pela Igreja. Sem a crença imaculada perpetuada pela Igreja e com o abalo provocado pela Reforma, os rituais, próprios do tabu, capazes de conservar o teor sagrado dos príncipes ou reis transformam-se em meros hábitos corriqueiros, desprovidos de sentido. A partir de então se instaura uma desconfiança permanente de que o príncipe esteja à frente de um Estado de exceção. A fragilidade dos sustentáculos que mantêm o trono traduz-se pela hipérbole dos símbolos religiosos próprios do Barroco, cuja função passa a ser persuadir pelo impacto que causam. Ou seja, se antes os cuidados e rituais eram atribuições do povo, rompidos os tabus e esfacelada a aura, essas tarefas passam a ser preocupação do príncipe, que se vê diante do desafio de convencer seus súditos sobre a legitimidade de seu posto. Mais claramente: a dúvida sobre o caráter farsesco do poder exige uma fatigante reafirmação da autoridade e o peso desse lugar se torna insuportável.

Freud (1913/1996) não vê tanta distância entre seus estudos e interpretações sobre a horda e o Estado moderno.

Instintos humanos arcaicos e duradouros são depositados nos reis soberanos e tornam-se temíveis poderes demoníacos, evitados pelo tabu. São essas forças ocultas e demoníacas supostas no objeto-tabu que exigem extremos cuidados e simultaneamente conferem supremacia aos chefes do clã. Esses dons que circundam o objeto-tabu desvinculam-se paulatinamente da crença em demônios para serem entrelaçados às normas do costume e da tradição monárquica e firmarem-se como lei, em virtude da potência do "conservantismo mental". Mesmo quando os perigos dos demônios foram amornados pela força do esquecimento, o fantasma que assombra os súditos entoa repetidamente o mesmo refrão: "Cuidado com a cólera dos demônios!" (p. 42).

Em função do caráter demoníaco do objeto tabu, "sagrado" e "impuro" eram duas faces da mesma moeda, ambas misteriosas e temidas. São exatamente os regulamentos que rondavam o tabu que engendraram a crença em deuses e instauraram o contraste entre "sagrado" e "impuro" nos mitos e religiões. Na verdade, essa divisão não ocorre tão arbitrariamente, mas se dá em função de alguma crença superada por outra, que imediatamente se torna foco de veneração e relega aquela ao lugar de horror. O exemplo mais concreto que temos disso na história é aquele praticado pelo cristianismo[5],

[5] Não se deve esquecer que, para Freud, o cristianismo reatualiza o ato primevo culpado, expiado no sacrifício desse filho único, que redime seus irmãos do pecado original. Segundo Freud, não há dúvida de que, no mito

que forçando sua hegemonia condenou as demais religiões como sendo demoníacas.

Se é para tratar de demônios, Freud deixa claro o aspecto traumático introduzido pelo crime de assassinato do pai na horda. Como sugere a última frase de "Totem e tabu" – "no princípio foi Ato (Tat)!" (Freud, 1913/1996, p. 162) – originalmente o crime não é Simbólico nem Imaginário, mas Real. Inscrever na memória contornos simbólicos para esse ato exige um insurgência linguística. Essas reminiscências do Ato só podem ser trazidas à tona por meio da linguagem poética, cuja organicidade material das palavras ataca de modo contundente as leis que prevalecem na linguagem usual. Pierre Fédida (1996) explora esse tema quando recupera o apêndice de "Psicologia das massas e análise do eu", no qual o mito é tratado como forma de subverter a máxima de renúncia e igualdade compartilhada entre as massas. Como escolhido, o poeta encarna o pai originário e seus ouvintes se identificam nostalgicamente com ele. É o que fica claro na seguinte passagem de Freud:

---

cristão, o pecado original foi cometido contra o Deus-Pai, e Jesus Cristo coloca-se na posição de redentor da humanidade ao livrá-la da culpa que pesa sobre o pecado original, extermínio da ordem divina predecessora. A ironia está no fato de que, ao se sacrificar em nome de seu pai, o filho realizou simultaneamente seus desejos *contra* o pai, ocupando ele próprio o lugar de Deus. Nesse ponto, ele é colocado no lugar de alguém que deve ser rechaçado por alguns – papel desempenhado pelos judeus, defensores da antiga fé religiosa – e exaltado por outros – os novos cristãos. Estes, como sabemos pela terrível história antiga e contemporânea, demonizaram os judeus e os acusaram de terem matado Jesus Cristo.

> Foi então que talvez algum indivíduo, na urgência de seu anseio, tenha sido levado a libertar-se do grupo e a assumir o papel do pai. Quem conseguiu isso foi o primeiro poeta épico e o progresso foi obtido em sua imaginação. Esse poeta disfarçou a verdade com mentiras consoantes com seu anseio: inventou o mito heróico. O herói era um homem que, sozinho, havia matado o pai – o pai que ainda aparecia no mito como um monstro totêmico. Como o pai fora o primeiro ideal do menino, também no herói que aspira ao lugar do pai o poeta criava agora o primeiro ideal do ego. A transição para o herói foi provavelmente fornecida pelo filho mais moço, o favorito da mãe, filho que ela protegera do ciúme paterno e que, na época da horda primeva, fora o sucessor do pai. Nas mentirosas fantasias poéticas dos tempos pré-históricos, a mulher, que constituíra o prêmio do combate e a tentação para o assassinato, foi provavelmente transformada na sedutora e na instigadora ativa do crime. O herói reivindica haver agido sozinho na realização da façanha, à qual certamente só a horda como um todo ter-se-ia aventurado (1921a/1996, p. 146-7).

Estamos mais uma vez no reino da sublimação e suas relações com a ordem patriarcal. Fédida é claro ao dizer que o poeta é aquele que narra o assassinato, mas só na medida em que este "canto do relato traga a voz do sonho e seja assim *o sopro do mito*" (1996, p. 15). A ebulição da imaginação, diz Fédida, tem sua raiz na nostalgia. Quase esvanecida, a memória do ato (*Tat*) engendra o canto do herói, e o assassinato reatualiza-se pela linguagem. Linguagem, porém, não significa fala, mas uma "ação de essência alucinatória" ou mais: "memória anacrônica do ato" (p. 15). Poderíamos acrescentar que as palavras impregnadas da verdade mítica clamam pelo ato, pela realização do desejo, não como ato repetitivo, *acting out*, mas como gesto de coragem do herói que enfrenta os desafios e agruras inerentes ao desafio de realizar seu desejo. Nesse sentido, a poesia proferida pelo poeta é tão verdadeira quanto o gesto revolucionário, uma vez que ambas estão salvaguardadas pela memória.

É curioso que essa capacidade sublimatória inaugurada pelo poeta carregue um ar melancólico. Fédida é muito claro sobre esse ponto ao dizer: "A melancolia da memória arrasta os homens a uma rememoração impotente, ao passo que seu esquecimento negligente os faz agir distanciados da linguagem" (1996, p. 15). Essa afirmação pode ser lida de maneira muito clara e direta: ao poeta que sublima, resta o peso da melancolia, e àqueles que esquecem e não acessam a linguagem o ato reatualiza-se como horror.

Tenderemos a concordar apenas parcialmente com essas considerações de Fédida, como veremos com a análise da obra *Der Turm* [a torre], do poeta-dramaturgo Hugo von Hofmannsthal.

A torre destroçada de Hugo von Hofmannsthal

Karl Kraus definiu Hugo von Hofmannsthal como alguém que "foge da vida e ama as coisas que a embelezam" (Kraus, 1899 *apud* Schorske, 1988, p. 36). Lendo *A torre*, porém, percebe-se que essa opinião não corresponde à verdade; Kraus visivelmente não foi sensível à batalha de Hofmannsthal contra os poderes claustros da estética. Rompendo a pele para sair de seu eu, com o passar dos anos Hofmannsthal fez da arte uma arma contra as teias que em torno dela se trançavam. Com Freud, Hofmannsthal aprendeu a "escavar no mais profundo fundo do duvidoso reino cavernoso do eu e lá encontrar o não-mais-eu ou o mundo" (Hofmannsthal, 1924 *apud* Urban, 1978, p. 27). Querendo ultrapassar o limiar que confina a beleza na passividade, Hofmannsthal almeja implodir o "templo da arte". Tateou as amarras desse templo até descobrir na arte um meio de incitar instintos. Despertados com cautela, os instintos são encobertos pelos véus míticos ou ornamentos que os atenuam, como vimos nas obras de Klimt ou Goethe. Nesses moldes sublimatórios, a arte opera como uma fumaça tóxica, inalada num estado de estupor. Quando aguçado, porém, o instinto é capaz de anular os soníferos que reiteram a visão narcisista, cujo parâmetro é o próprio eu.

Distanciando-se da poesia lírica, Hofmannsthal flerta e depois se casa com o teatro, cuja forma implica ação. Sua obra está infiltrada pelo ato. Não, como ingenuamente poderia se pensar, na interpretação da peça levada ao palco por grandes atores, que agem para representar seus papéis; sua ação localiza-se na escrita e reescrita permanentes de uma obra para a qual a harmonia jamais é encontrada. Se antes, como vimos no estudo de *Édipo e a esfinge*, Hofmannsthal tinha a ilusão de que da discórdia ele traria uma harmonia através da forma (Schorske, 1988), em *A torre*, sua última peça, esse campo de reconciliação jamais é encontrado. Não é sem razão que Hofmannsthal se dedica a reescrevê-la até seus últimos dias, conferindo-lhe tantas versões. Sua obra ganha contornos flexíveis, sem abandonar a vivacidade instintiva. Sendo o sonho o pivô de transformações históricas, Hofmannsthal mostra como a face onírica, atrelada à ficção teatral, tem relações íntimas com a verdade disruptiva.

De 1901 até sua morte, em 1929, Hofmannsthal trabalhou essas diferentes versões de *A torre* (1923; 1925; 1927). Composta em cinco atos, a peça se passa num reinado na Polônia, com ares do século XVII. Trata-se de um cenário idílico que resgata esse passado, apontando para impasses vividos principalmente na Europa pós-guerra. Fruto de um parto mortal, Sigismund encarna o terror aos olhos de seu pai, o rei Basilius. A fim de preservar sua coroa, cujo roubo pelo filho foi previsto nas leituras visionárias dos astrólogos da época, o rei tranca Sigismund em uma torre; o único contato humano que ele tem é com Julian, seu guardião.

Sentindo os efeitos psicológicos da culpa e o estremecimento da legitimidade de seu poder, Basilius aceita fazer um teste para verificar a autenticidade da natureza soberana do filho. Sob efeito de uma substância química que o coloca em estado de sono, Sigismund é sequestrado e levado para o castelo de seu pai, onde acorda no posto de príncipe.

Roteiro claramente inspirado na peça *La vida es sueño*, de Calderón de la Barca (1635/2008), traduzida para o alemão pelo próprio Hofmannsthal, *A torre* apresenta essa versão do príncipe como uma besta selvagem enjaulada em uma torre. Como na peça do dramaturgo espanhol, a ideia da prova previa que, caso o resultado fosse negativo, ou seja, caso os potenciais aristocráticos naturais do príncipe não fossem observados pelo rei, ele seria devolvido à torre, ficando apenas com a sensação de que tivera um lindo sonho. Na peça de Hofmannsthal, diferentemente daquela escrita por Calderón de la Barca, esse final não se cumpre.

O mote trazido pela peça de Hofmannsthal é edípico, e o drama molda o filho conforme a figura de Kaspar Hauser, o menino europeu conhecido por ter sido privado de tudo aquilo que poderia torná-lo humano. Suscitando incertezas quanto à sua índole, Sigismund levanta questões para o mundo civilizado. No confronto com o pai, Sigismund aparece num lugar nebuloso, que coloca o espectador num campo de dúvidas, tanto éticas quanto estéticas. Do ponto de vista assumido neste trabalho, a principal diferença entre o drama de Calderón e o de Hofmannsthal se centra na revolta do filho contra o pai.

Importante lembrar que o drama trágico ganhou duas versões diferentes: em 1923 (Atos I e II) e em 1925 (Atos III-V) foi publicada a primeira versão em duas partes na revista *Neue deutsche Beiträge*; reunidas, aparecem em 1925 numa única versão simplificada, publicada pela Bremer Presse. Em 1927 sai a outra versão, publicada pela S. Fischer Verlag, na qual os três atos finais estão completamente recém-escritos.

É crucial assinalar, para os fins deste estudo, as principais alterações sofridas na segunda versão. Enquanto na primeira Sigismund é fatalmente ferido ao final, transferindo seu governo para as mãos de um rei ainda criança, o que simbolizaria um reino feliz, na segunda o pérfido rebelde Olivier mata traiçoeiramente Sigismund. Em vez do rei ingênuo, promessa de felicidade, o que prevalece aqui é o poder anárquico e incontrolável nas mãos dos homens.

Para muitos críticos, o cenário da peça alude à crise extrema de toda civilização europeia, contemporânea de Hofmannsthal. Drama em que política e psicologia são indissociáveis, *A torre* expõe as ruínas de uma ordem despojada de legitimidade e longe do anelo da *harmonia mundi*, almejada por Carlos V (1500-58), imperador do Sacro Império Romano-Germânico. Herdeiro dos reinos de Castela, Aragão e Navarra – atuais Portugal e Espanha – e da Casa da Áustria, entre vários outros territórios, Carlos V ansiava criar um império universal. Com o intuito de adotar o cristianismo de Erasmo de Roterdã, que criticava os abusos do clero e propunha vias conciliatórias com o protestantismo, Carlos V acabou perdendo o apoio da Igreja, e o ansiado "universalismo europeu" se esfacelou. Nas análises de Walter Benjamin e Otto Maria Carpeaux, os constantes paralelos entre A *torre* de Hofmannsthal e o drama *La vida es sueño* de Calderón de la Barca visam resgatar esses conflitos ancestrais reencarnados em cenários históricos do começo do século XX. Ou seja, é esse exercício fértil de anacronismo realizado por Benjamin (1926-28) e Carpeaux (De Marco, 2013), que pode mostrar analogias e cruzamentos entre o Barroco espanhol, que ganhou do "universalismo europeu", e o Império Austro-Húngaro do início do século XX. Assim como a arte barroca expõe a corrosão de um modelo humanista e europeísta, isolando o príncipe em seu estado de melancolia diante de um mundo que desaba, o príncipe da monarquia parlamentar austro-húngara sabe que seu posto é um engodo e denuncia o caráter farsesco do trono.

Sigismund preso na torre como uma besta selvagem a ser detida é figura que se aproxima da situação concreta na qual vive Hofmannsthal – a crise na Europa, que mostra sua face bárbara sob vários aspectos até culminar no ápice do terror com a Grande Guerra. O drama expõe sobretudo a fragilidade da autoridade moderna, erguendo destroços da implosão de um modelo cuja pretensão era estabelecer uma ordem de cunho iluminista. Nele os objetos se alastram desconexos por entre ruínas que o grande pai não foi capaz de evitar, ou mais, que ele mesmo provocou.

Sigismund expõe como o pai é foco causador das mazelas. Responsável pela maior parte dos males sociais, a autoridade monárquica parlamentar não pode mais justificar as incongruências de seus atos perante seus "filhos". Soterrada pelos destroços da revolução, a lógica do *Ancien Régime* renova-se de maneira tirânica, obliterando perniciosamente a falta de fundamento que se instaurou no poder. *A torre* traz para o palco a obscenidade que penetrou a Europa pouco antes da Primeira Guerra Mundial até os tempos que se sucedem a ela. Espécie de impostor que subverte a nobreza de seu posto, o rei Basilius põe a nu os sustentáculos arbitrários do poder perpetrado pela corte. Por isso, no panorama traçado por Schorske (1988) da Viena *fin-de-siècle*, a peça de Hugo von Hofmannsthal (1923; 1925; 1927) retrata de forma alegórica o declínio e a queda do Império Habsburgo. Personificando o pai na figura do rei Basilius, Hofmannsthal mostra como ele exclui o próprio filho e outros súditos da "cerimônia do todo" (Schorske, 1988, p. 41). Ilegítima, a lei não se sustenta. Com suas vozes abafadas, os oprimidos rebelam-se para subverter a ordem, mas a insurgência instintual só pode desembocar em tragédia. Por outro lado, "uma política da elegância que sublima o instinto" (p. 41) também já se mostra obturada. O crepúsculo do Império Austro-Húngaro já está anunciado muito antes de sua evidente derrocada na Grande Guerra. Como em *A torre*, a figura patriarcal austro-húngara está efetivamente destroçada pelas incongruências do poder, e o grande imperador não condiz mais com uma caricatura inviolável de autoridade. No drama, os algozes estão na corte e Sigismund não teme evidenciar essa verdade, comparando o pai a Satanás e impingindo-lhe uma bofetada. Os sonhos enganosos são os do Rei, que se deixa levar por seus medos infantis de ser superado pelo filho, agindo arbitrariamente. Os sonhos de Sigismund assopram para o novo, encoberto por entre as névoas farsescas do universo palaciano. Por isso, o sonho de Sigismund aponta para a vida desperta, ao passo que a corte se retroalimenta num sonho infindável, sem ligação com os claros indícios do real. Conquanto a legitimidade do poder imperial já estivesse abalada, a aura ainda revestia o trono de forma fetichista[6].

> Esse conceito ritualista da política traz a marca nítida da tradição habsbúrgica. No crepúsculo do Império Austríaco, o cargo imperial, com sua aura de formalismo cerimonial, era o único foco efetivo de lealdade cívica. Hoffmannsthal pode ter-se inspirado nessa tradição imperial, mas não se limitou a ela. Em suas peças e *sketchs* políticos, ele mostrou que a forma hierárquica por si só não basta: a forma deve conter a realidade viva de uma

6 Farsesca, a função do fetiche é elidir a falta já constatada. Cf. Parte I deste livro.

> cultura, ou fatalmente se destruirá. Sua mensagem de dessublimação da arte no "Idílio sobre uma pintura de vaso antigo" continuava como advertência em sua busca de uma ressublimação da política (Schorske, 1988, p. 41).

Diferentemente do rei desenhado por Calderón de la Barca (1635/2008), que ainda pode explicar a "precaução cristã" de isolar seu filho de forma tão cruel e violenta, visando preservar seu reino do mal, o rei que sai das mãos de Hofmannsthal (1923; 1925; 1927) perdeu inteiramente sua aliança com Deus e não tem como negar suas faltas. A diferença entre as versões de Calderón e Hofmannsthal mostra, então, uma mudança de perspectiva diante do regime monárquico. Enquanto na obra barroca de Calderón de la Barca a rebelião palaciana é superada e o regime é restaurado, a morte do príncipe Sigismund da peça de Hofmannsthal simboliza a queda da monarquia. Considerado por Otto Maria Carpeaux (2007) um homem-político (*apud* De Marco, 2013, p. 322), Sigismund encontra o *logos*, extraído de fontes rudimentares, ao se defrontar com a origem dos males que experimentou.

Sendo a torre símbolo da estrutura política, na peça barroca de Calderón de la Barca (1635/2008) ela parece encerrar o príncipe nos dramas de sua alma hesitante e despreparada, tornando-o alheio aos males do mundo. Desiludido e impotente, o príncipe barroco observa do alto da torre a figurabilidade de seus sonhos intangíveis. Esse estado letárgico apresentado por Calderón do começo ao fim da peça muda na versão do poeta austríaco. Se o Sigismund de Hofmannsthal (1923; 1925; 1927) é o protótipo da categoria benjaminiana de príncipe barroco no início da peça, ao se defrontar com a figura do pai sua ação é decidida e enfática, o que rompe com a versão melancólica do *Trauerspiel*.

A *questão insolúvel da soberania*

Sobre a relação de Hofmannsthal com Freud, Bernd Urban (1978) lembra que, enquanto Adorno percebe uma influência decisiva da psicanálise na obra de Hofmannsthal, Jens considera que, embora evidentes, as investigações psicanalíticas realizadas por Hofmannsthal não devem ser sobrevalorizadas. De qualquer modo, o interesse de Hofmannsthal pela psicanálise está abertamente declarado desde maio de 1904, quando escreve à Hermann Bahr:

> Você eventualmente poderia me emprestar (enviar), apenas por alguns dias, o livro de Freud e Breuer sobre a cura da histeria por meio da libertação de uma memória recalcada? Se não, escreva para mim, por favor, o título correto dele para que eu possa encontrá-lo? Eu sei que encontrarei coisas ali que devem me servir bastante para "A vida, um sonho" (Hofmannsthal, 1904 *apud* Twellmann, 2004, p. 179).

Em agosto do mesmo ano, ele novamente escreve a Hermann Bahr, agora explicitando as razões que o conduzem à literatura psicanalítica: "Se trata do material que agora mais me atrai no *Vida, um sonho*, sim, para dali descer no mais profundo fundo do duvidoso reinado da gruta do eu e lá encontrar o não-mais-eu ou o mundo" (Hofmannsthal, 1904 *apud* Urban, 1978, p. 31). Como diz Urban, é possível reconhecer a psicanálise como pano de fundo das obras inaugurais de Hofmannsthal, que estabelecem uma versão coerente entre a subjetividade e a identidade do filho, essencialmente relacionada à função do pai. Esse interesse pela psicanálise é bem visível em *Édipo e a esfinge*, já analisada anteriormente. Aquilo que Freud extraiu da tragédia de Sófocles para conceber seu conceito de complexo de Édipo é o que aproxima Hofmannsthal do drama de Calderón. Mas, numa carta de 15 de novembro de 1920, Hofmannsthal escreve a Moissi: "Algo me deixa novamente hesitante, depois de longos anos de estranhamento com *Édipo e a esfinge*. [...] Conservo-o de forma inteira, fresca na memória e me mantenho severo e frio contra meu trabalho" (Hofmannsthal, 1920 *apud* Twellmann, 2004, p. 179).

Perguntar sobre o que afasta Hofmannsthal de seus trabalhos anteriores nos conduz às novas formas estilísticas desenvolvidas pelo poeta em *A torre*. Calderón é resgatado para a elaboração de *A torre*, assim como foi o material soflocliano em torno do personagem Édipo para a composição de *Édipo e a esfinge*. Notas de Hofmanntsthal apontam para os territórios espanhóis de Calderón, coincidentes com sua peça anterior, e nos quais Sigismund tem "todo o complexo paterno evocado, todo o ódio sublimado. O pai se torna coerção encarnada" (Urban, 1978, p. 81). Em *A torre*, diferentemente, o príncipe se alça contra o rei nas duas versões, rompendo o modelo sublimatório anterior.

Em sua terceira "Wiener Brief" [carta vienense], Hofmannsthal faz menção a duas obras de Freud – "Totem e tabu" e "Psicologia das massas e análise do eu" –, considerando-as atuais. As teorias de Trotter e McDougall sobre as massas são compreendidas por Hofmannsthal com o respaldo empírico da Primeira Guerra Mundial. Sensível ao problema da soberania depois do fim do sistema monárquico, Hofmannsthal desenha a problemática da legitimidade do poder com linhas dramáticas. O drama (*Trauerspiel*) não contradiz a tragédia, mas se inscreve como ajuste da contradição não solucionada na forma trágica. *A torre*, entretanto, não se encaixa completamente nas formas do drama, tal como reconhecidas por Walter Benjamin em *Origem do drama trágico alemão*. Como crítica imanente do drama, as belas formas repletas e aparentes (*Schein*) são destruídas por Hofmannsthal em *A torre*.

O pensamento dialético do heroísmo trágico, realçado por Schelling, impedia o caminho para compreender o drama. Segundo o filósofo romântico: "Foi um grande pensamento voluntariamente sustentar o castigo também por um crime involuntário para, através da perda da liberdade, justamente provar a liberdade" (Schelling, 1982 *apud* Twellmann, 2004, p. 43). Desse modelo trágico nasce o homem autônomo, cuja culpa decorrente de sua ação heteronomamente determinada cai sobre ele. Essa culpa transveste seu destino com o peso da escolha. Ou seja, na tragédia

> [...] vista de fora, não existe culpa alguma e nem é possível que ela exista, pois cada um vê a culpa do outro como encadeamento e acaso. Por meio da culpa, porém, o homem diz sim para tudo aquilo que se passou com ele. As pessoas elevadas não deixam passar o que uma vez pertenceu às suas vidas: sobre isso as tragédias têm, aliás, suas prerrogativas (Lukács *apud* Twellmann, 2004, p. 43).

Por isso, lemos em Marcus Twellmann: "Para que ele reconheça o acontecimento como vontade consciente, ele o esclarece *a posteriori* (*nachträglich*) como sua ação e seu agente consciente" (2004, p. 43).

O termo alemão *Tat* significa *ação*, mas também quer dizer *crime*. A palavra *agente* (*Täter*) também pode ser interpretada com o sentido de *criminoso*. Seguindo o léxico alemão, somos levados a pensar que aquele que age com autonomia sempre é um criminoso por trair a lei e sair da condição de submissão inerente à heteronomia. Essa perspectiva é confirmada em "Totem e tabu", de Freud (1913/1996), que introduz a autonomia e a instituição da lei dos homens justamente como efeito do crime contra a lei do pai primevo. Assim, Hofmannsthal está em perfeita harmonia com preceitos freudianos ao considerar o crime/a ação (*Tat*) como caminho originário para o social. É nesse sentido que Twellmann afirma: "A ação/o crime (*Tat*) é compreendido por Hofmannsthal como caminho de uma 'pré-existência' denominada como condição para uma 'existência', como um caminho para o social" (Twellmann, 2004, p. 46, grifos do original). Sem o crime, há tão somente uma existência anterior ao social, e dela pode-se dizer: "O espírito soberano vê o mundo de cima" (Hofmannsthal, 1966 *apud* Twellmann, 2004, p. 46). O que falta ao espírito em seu estado soberano transcendental é, então, uma existência no mundo, mais claramente, uma existência histórica.

Mas, aos olhos de Walter Benjamin (1926/1972), a peça do poeta não se encaixa nem na clássica estética trágica nem na antiga poética da tragédia. Trata-se antes de um material pré-trágico, que, portanto, faltaria à tragédia antiga. Ou seja, a tensão explícita entre corpo e linguagem mapeia uma pré-lógica anterior a toda a dialética. Para que haja o trágico, a trama grega sufocava o elemento dramático, anterior à tensão que se desdobra em ações, dando lugar a uma tensão dialógica, que pode ocorrer até mesmo sob forma de solilóquios infindáveis. No drama barroco, os obstáculos intransponíveis que configuravam o destino inescapável da tragédia aparecem no formato de coisas. São restos ou vestígios cujos elos se apagaram, mas que preservam certo testemunho da história.

Ao contrário dos mitos inerentes à tragédia, que se repetem indefinidamente, trazendo ao espectador aquilo que é constante, no drama transparece aquilo que é irreprodutível, isto é, aquilo que é histórico. É nisso justamente que o drama se define como tal. No decorrer dos atos do drama, os personagens aceitam a face obscura dos acontecimentos naturais, e o enredo tem uma aparência não dramática. É nessa defecção estética que se encontra o realismo histórico do drama, cuja expressão máxima está no soberano e em seu Estado de exceção. Seu ato/crime concentra-se na tentativa de superação e suspensão do antigo para o estabelecimento do novo direito. Essa decisão e instituição da ordem é o crime/a ação do soberano.

Esses aspectos do drama podem, de fato, ser identificados nas duas versões de *A torre*. Na peça reconhecemos a arbitrariedade de Basilius e seu Estado de exceção, assim como o azar fatal imprevisível, que atinge Sigismund com uma arma. Na segunda versão há, ainda, as figuras de Julian e Sigismund, que realizam o destino como círculo que não se fecha. Tanto a arma mortal, cujo tiro atualiza afetos, cumprindo a função do objeto capaz de materializar potências ameaçadoras antes invisíveis, como a indeterminação do fim ou mesmo a forma aleatória de governar do soberano apontam para as categorias de análise dos dramas barrocos. Nos dramas, ao contrário do que se vê nas tragédias, os acontecimentos não podem ser compreendidos de maneira encadeada, e existe uma ameaça constante à própria unidade do enredo. Nesses círculos incompletos é que irrompe a condição insolúvel do destino. Daí a exigência feita por Hofmannsthal de que suas diferentes versões fossem lidas lado a lado, sem que se visse a superação de uma pela outra. Sem tomar partido de uma delas, como fazem alguns de seus leitores, o que se tem é justamente um impasse instransponível na modernidade – a questão insolúvel acerca da soberania.

Oliver personifica justamente essa ameaça da matéria transitória que traz consigo o poder satânico para as cenas. O final irreconciliável do drama de Hofmannsthal corresponde à realidade política e histórica completamente desarmônica da Europa pós-guerra. Sobre sua experiência concreta do Estado de exceção, Hofmannsthal escreve em novembro de 1918 a Gräfin Degenfeld:

> O mundo inteiro cai junto e morre. Em Viena, 2.800 pessoas morrem de gripe, nós temos quatro pessoas de sete na cama e, para lidar com isso, ligamos o alarme e logo começa o tiroteio contra os adversários, uma vez em Brunn, uma vez em Liesing. São milhares de frotas famintas, de prisioneiros de guerra ao redor, centenas de crimes nascentes nos pequenos lugarejos (Hofmannsthal, 1918 *apud* Twellmann, 2004, p. 54).

Outra cena impactante é relatada por Hofmannsthal a Burckhardt:

> Aqui tudo segue de forma inapropriada *de mal en pis*, sem delongas assassinaram uma criança e a jogaram fora e outros, então, comeram sua carne sob pretexto de que elas a teriam guardado para um cachorro – aquilo que uma vez se lia em Michelet sobre o século XI como o mais maldoso, o mais tenebroso, o mais horripilante é exatamente o que se vive aqui (Hofmannsthal, 1918 *apud* Twellmann, 2004, p. 54).

Já reconhecemos que a magnitude de um acontecimento como o assassinato do pai primevo pelo grupo de filhos inscreve marcas indeléveis na história da humanidade, cujo esquecimento só reitera a culpa. A história mítica criada por Freud em "Totem e tabu" delineia a origem civilizatória, o que não significa rastrear a gênese fatídica de tal fenômeno. Cena simbolicamente reiterada em plano individual ou grupal, o assassinato do pai e o consecutivo poder compartilhado entre irmãos, mantido pelas leis representativas da figura paterna, concretamente extinta, aparecem com novas máscaras na modernidade. Sob as vestes do discurso político, esses conflitos reatualizam questões arcaicas no mesmo passo em que as esconde. O valor da novidade vela rastros maculados do passado e enaltece medidas de caráter político que eliminem os indícios do crime e dos desejos originários.

Nesse empreendimento de apagar o mal e o desejo que nos indicia, reiterado nos diferentes processos de modernização, os maiores prejudicados são antigos bens culturais e figuras da tradição, pequenos castros de antigos atos/crimes. Espoliados de seus costumes ancestrais, os homens modernos estão soterrados por uma dívida impagável que os assola numa profunda e densa melancolia ou os coloca repentinamente em estados insustentáveis de pânico. Diante dos crimes cometidos numa velocidade extraordinária contra as heranças deixadas pela tradição, resta a tarefa de fazer dos destroços imagens alegóricas ou do pânico a reviravolta necessária a uma nova ordem. Com tais imagens, torna-se visível o frêmito dialético de tempos contrastantes, e as partes afogadas pelos vencedores da história podem ascender à superfície.

Essa lógica de funcionamento do plano social é análoga à lógica da estrutura psíquica do homem moderno. Ainda que deformados, vestígios de nossos impulsos mentais murmuram persistentemente. Daí é que se segue a suposição de que nenhuma geração é capaz de anular seus traços anímicos mais marcantes da geração subsequente. Como demonstrou a psicanálise, todos têm no inconsciente a capacidade de refazer as marcas psíquicas. Essa capacidade se dá, entretanto, como uma melodia que repete temas e traz variações. Nem sempre reconhecidos como marcas familiares, esses temas e essas variações causam estranhamento ou terror (*unheimlich*) quando emergem no presente. Tecendo as linhas entre elementos do passado e as imagens da atualidade evocadas pelo *Unheimliche*, é possível compreender a história originária e refazer pactos de forma menos culpada ou selvagem.

Por isso, a primorosa análise de Marcus Twellmann (2004) sobre o drama *A torre* insiste em destacar a estranheza que impregna o estilo do dramaturgo vienense. Comentando a carta que o escritor endereça a Fritz Setz em dezembro de 1925, Twellmann considera que Hofmannsthal não está interessado na legibilidade de sua obra; seu foco, ao contrário, estaria na dificuldade de representação de um "si-mesmo". Essa precariedade do texto de Hofmannsthal (1923; 1925; 1927) confirma-se de forma mais aguda justamente na peça *A torre*. Nela, o legível é a gestualidade do descontrole, perseguida pelo autor na forma teatral. Cada tentativa de unidade feita por críticos era compensada apenas por suas renovadas desintegrações da obra.

Segundo Twellmann (2004), o desejo de que seu trabalho não fosse "apresentado/representado" (*darstellt*), mas sim "presentado" (*herstellt*) aponta para outro anseio do poeta austríaco: o de que seu texto fosse lido como atual, isto é, imbricado no contexto sociopolítico ao qual pertencia. É nesse sentido que Hofmannsthal apresenta variações de um tema recente, causando no espectador ou leitor um estranhamento familiar. Mais precisamente: sem pretender conceder um ar ficcional à realidade, sua intenção é antes provocar, diante de um cenário estranho e distante, os mesmos impactos que o indivíduo sofre na sociedade atual. Por isso, no drama idílico de Hofmannsthal, a transfiguração dos poderosos é clara, assim como a falsidade inerente à manutenção da lógica social. O espectador contemporâneo à peça, que se defronta com esses cenários espaço-temporalmente longínquos e simultaneamente presentes, reavalia os lugares simbólicos estabelecidos ao seu redor. Colocando em cena o esfacelamento do cerimonial soberano, Hofmannsthal mostra claramente o estado das coisas: o rei é destituído do poder, e seu lugar vazio mostra que a corporeidade soberana não era nenhuma realidade substancial, mas resultado de sua representação simbólica. Que a representação do lugar soberano não possa mais ser genuinamente encenada é algo propagado pelo drama por meio do personagem que coloca indiretamente a legitimidade da própria corte austríaca em xeque, dando a ver seu traço "barroco farsesco". Com isso, o drama provoca um estremecimento nos representantes públicos, cuja encenação se revela charlatanismo e, finalmente, se torna parte de vãs ilusões. Hofmannsthal mostra, ainda, que dessa destituição simbólica do rei resulta uma figura soberana dividida em dois corpos: corpo natural e corpo político. Com o corpo despedaçado, o rei torna-se um pequeno resíduo natural, sem ligação direta com os símbolos da dignidade. Esse embaralhar entre presente e passado, ficção e realidade, ação e representação é o que torna a obra alegórica, oferecendo possibilidades de reconstituir um raciocínio crítico sobre aquilo que é atual.

Talvez por essas razões Peter Szondi tenha escrito que Hofmannsthal tratava a própria obra como se ela fosse um estranho. Ou seja, "a apropriação do próprio supõe um alheamento/estranhamento" (Szondi, 1978 *apud* Twellmann, 2004, p. 10). Para ele, o conhecimento da "indisponibilidade do que é próprio" ou essa "dificuldade insuperável" de apreender um eu coeso corresponde a uma entrega à alteridade, com a qual uma transformação é libertada.

Por isso, a intenção que Hofmannsthal nutria de tornar-se outro ao escrever coincide com seu desejo de ser lido por pessoas que ele nunca tinha visto com os próprios olhos, pessoas cujo endereço ele desconhecia. Esses leitores que dão vida ao texto não o desvendam de acordo com as intenções originárias do autor ao escrevê-lo, mas o traem. A traição – mais uma vez o *Tat* – é a melhor forma de recepção que o autor de um texto poderia desejar.

Benjamin, leitor de Hofmannsthal

Só a posterioridade descobriu, a partir dos escritos de Walter Benjamin sobre o drama barroco e, mais diretamente, sobre as duas versões da peça, que o poeta vienense já estava inserido em outros meios linguísticos, distantes do classicismo. Em *A torre*, Hofmannsthal (1923; 1925;

1927) está mais afinado aos conceitos benjaminianos sobre o drama barroco. Do simbólico ao alegórico, do soberano à criatura, do poder ao sofrimento do mártir, fica claro que os críticos que se pautaram nas categorias estabelecidas na *Poética* de Aristóteles estavam enganados em suas análises sobre as peças de Hofmannsthal. Um drama barroco, isso sim; todavia, um drama barroco que embaralha as próprias categorias do Barroco pós-Reforma. Estudiosos da obra de Hofmannsthal, como Gerhard Austin (1992 *apud* Twellmann, 2004, p. 32), ponderam que a última versão de A *torre* não pode ser encaixada nem mesmo nas próprias categorias extraídas da obra de Hofmannsthal. De mais a mais, seu esforço foi desvencilhar-se de categorias preexistentes, dando vazão à demora na dedicação à matéria dessa peça. Essa ausência de conceitos encerrados, aliás, é justamente o elemento inaugural dessa peça no campo da estética. As resenhas críticas de Walter Benjamin (1926; 1928a/1972) sobre A *torre* provam, de todo modo, que a obra de Hofmannsthal está mais alinhada aos dramas do barroco do que a outros gêneros teatrais.

Para Benjamin (1926/1972), a primeira versão de A *torre* contrapõe-se à peça de Calderón de la Barca, que contorna interiormente o todo, apresentando a mais alta tensão barroca e sua matéria deglutinadora do Real. Na versão de Hugo von Hofmannsthal, o poder/a violência (*Gewalt*) patriarcal antinatural encarnam, ao contrário, o próprio inominado martírio do príncipe Sigismund. Nos limites da nova "cena onírica" construída pelo poeta vienense, a cega criatura não se deixa desgovernar – como ocorre na versão de Calderón –, detendo seu sofrimento diante do torturante tribunal que a ele se impõe. Basilius deixa de ser o tradicional fundador da razão do Estado para se tornar um arbitrário e ilegítimo governante, que pretende alçar seu filho ao poder visando silenciar a rebelião que se apresenta no reino sob seu comando. Rompendo a tradição espanhola de Calderón, que subjuga o filho à arbitrariedade do governante, o personagem Sigismund de Hofmannsthal assume uma posição de embate e enxerga os horrores cometidos pelo pai, o que o leva a esbofetear sua face, dizendo: "Quem é você, Satã, que roubou meu pai e minha mãe? Você é legítimo?" (Hofmannsthal, 1923; 1925).

É precisamente nessa passagem do confronto entre pai e filho que se observa uma reviravolta na peça de Hofmannsthal em relação à construção predominantemente onírica de Calderón. Daí ser possível a Walter Benjamin comparar: onde o sonho era um espelho côncavo na peça barroca espanhola, refletindo uma interioridade imensurável como forma de acesso transcendental ao sétimo céu, o sonho apresentado por Hofmannsthal é acesso ao Real, a partir do qual sobrevém um mundo inteiramente desperto. "O sonho como ponto crucial dos acontecimentos históricos", diz Walter Benjamin sobre *A torre*, "este é seu aspecto formal fascinante e estranho" (Benjamin, 1926/1972, p. 31). Esse postulado benjaminiano sobre *A torre* exige que embarquemos em um considerável desvio de nossa rota.

Aqui, é necessário retomar a ideia de "Como Marx inventou o sintoma?" (1996), de Slavoj Zizek, segundo a qual o sonho ocupa papel central em questões sócio-históricas. Para o filósofo, se, como admite Lacan, Marx foi o responsável por escavar os territórios do sintoma, no mesmo sentido vasculhado pela psicanálise freudiana, deve-se formular a pergunta kantiana acerca das "condições (epistemológicas) de possibilidade" desse cruzamento entre Freud e Marx. Também já explicitamos que, na visão de Zizek (1996), as coincidências entre ambos se localizam especificamente na análise marxista da mercadoria e na freudiana do sonho. Recapitulando essa ideia, é importante frisar que tanto em relação à mercadoria como em relação aos sonhos deve-se "evitar o fascínio propriamente fetichista do 'conteúdo', supostamente oculto por trás da forma" (p. 297), pois o "segredo" não estaria depositado em algum conteúdo oculto pela forma da mercadoria ou dos sonhos, infiltrando-se antes na própria forma. Se a intenção é deslindar o âmago dos sonhos, não é prudente, portanto, erguer o véu da forma manifesta para encontrar o sentido do conteúdo latente. Diversamente, deve-se procurar responder às perguntas: por que os pensamentos latentes do sonho ganharam essa forma específica? E onde se circunscreve o caráter enigmático da mercadoria produzida pelo trabalho ou do sonho processado psiquicamente?

Chegamos, finalmente, ao ponto ainda não explicitado do texto de Slavoj Zizek. Recorrendo aos estudos feitos por Alfred Sohn-Rethel, Zizek (1996) lembra que o alcance da análise formal da mercadoria não se restringe a perspectivas críticas da economia política, mas se estende a uma explicação histórica sobre o modo como o pensamento conceitual abstrato se inseriu no repertório linguístico dos homens, unido também às categorias estratificadas de trabalho intelectual e trabalho manual. Dito de maneira mais direta: para Zizek – apoiado nas pesquisas de Sohn-Rethel –, na estrutura da forma-mercadoria é possível encontrar o sujeito transcendental. É a forma-mercadoria que imprime o molde do sujeito transcendental kantiano. As categorias transcendentais kantianas, existentes *a priori* no âmbito subjetivo, não são naturais, mas têm uma origem precisa, ou melhor, têm história. A chave para desvendar a questão fundamental da teoria do conhecimento está na forma-mercadoria. Vários exemplos demonstram essa ideia. Pretender que o conhecimento seja objetivo e tenha validade universal ilustra como o valor "rigor científico" não é neutro, mas é sinal de que já pensamos e olhamos para o mundo ideologicamente e que tal ideologia é intrínseca ao sistema capitalista, pois a abstração do pensamento é precedida pela abstração existente na concretude dos jogos do mercado. Trocar mercadorias já exige a extinção das qualidades particulares de cada peça negociada, igualando-as em valores abstratos. O pensamento cuja determinação é *quantitativa* também não significa a descoberta de um determinado método rigoroso de fazer ciência moderna. A categoria capaz de vislumbrar a faceta quantitativa dos fenômenos já se apresentava nas trocas monetárias e na própria abstração inerente ao dinheiro, cuja matéria – papel – é pueril perante o valor simbólico trazido por ele.

Em suma, Sohn-Rethel (*apud* Zizek, 1996) mapeou as categorias transcendentais kantianas e rastreou suas origens materiais e históricas, demonstrando como tal articulação social efetiva precede qualquer espécie de abstração mental. Mas o que isso prova? Com essa abordagem, temos clareza de que nossos juízos não são estabelecidos tão livremente, nem mesmo no âmbito da ética, como pretendia Kant, ao menos na *Crítica da razão prática*. São formas que se mantêm no âmbito inconsciente, rapidamente acionadas assim que nos vemos diante de situações similares – deslocadas ou condensadas – daquelas que originalmente construíram tais categorias.

O que se prova, além disso, é que a complexidade da noção de ideologia se concentra justamente no fato de que ela não é uma consciência deturpada da realidade, mas a própria realidade já se configura de maneira ideológica, isto é, as ideias abstratas já estão nas relações concretas que se estabelecem socialmente. A alienação, por sua vez, não está inclinada para o lado de um saber falsificado sobre a realidade, alastrando-se antes na efetividade das relações sociais. Isso significa que "tomar consciência" nada tem a ver com deixar de ser alienado. Só a prática efetiva de ações inéditas é que torna a própria ideologia, anteriormente praticada, finalmente perceptível.

Ao afirmar que Marx "inventou o sintoma", Lacan (*apud* Zizek, 1996, p. 306) sugere que o filósofo alemão foi hábil ao perceber que as incongruências do sistema capitalista não poderiam ter suas falhas simplesmente corrigidas ou suas insuficiências aperfeiçoadas no interior da lógica do capital. Como bom psicanalista, Lacan é sensível ao fato de que é justamente uma parte desconhecida que sustenta a rede de relações concretas que articula o sistema capitalista. Também não seria suficiente mudar interesses ou iluminar a parte obscura de tal sistema. Para que o sintoma seja "curado", é necessário que todo o sistema se dissolva, como ocorre num processo analítico com o sintoma psíquico.

Vejamos mais de perto o que ocorre: é como se da mercadoria – que articula o capitalismo – emanassem valores a ela naturalmente atrelados. O sintoma, que assume o perfil da alienação, concentra-se justamente na opacidade diante da evidência de que são as relações sociais que sustentam o valor atribuído ao objeto. Suas qualidades não são inerentes a ele, mas permanentemente alimentadas pelo contexto social no qual o objeto, sob a forma de mercadoria, circula.

Se antes as relações feudais se configuravam sob a rubrica da exploração, visível à luz do dia, com o capitalismo as relações entre os sujeitos é marcada pela lógica da mercadoria, que os transforma em coisas. As coisas, por sua vez, ganham estatuto humano, isto é, as próprias coisas (mercadorias) acreditam em lugar dos sujeitos: é como se todas as suas crenças, superstições e mistificações metafísicas, supostamente superadas pela personalidade racional e utilitarista, fossem encarnadas pelas "relações sociais entre as coisas". Ou seja, se os sujeitos perderam a crença na legitimidade e potência de suas ações, as coisas arregimentam caraterísticas subjetivas e retêm poder.

A crença, portanto, não se dá no espaço interno da alma, mas se prolifera na materialidade concreta de ações e configurações sociais externas. A crença não se aloca na intimidade até atravessá-la rumo ao mundo e à vida social; ela está precisamente nos atos repetidamente exercidos no campo social. Ela é a consistência da fantasia na qual se sustenta a realidade social. Melhor dizendo, a encenação reiterada da fantasia consiste na própria realidade social. Antes de dispor das razões capazes de justificar certa crença, o sujeito já é crente na própria teia de seus atos e relações sociais. O esclarecimento de suas ações se dá apenas *a posteriori*. Quando a fantasia ideológica estrutura a própria realidade, isso significa que a fantasia está assentada na realidade – ou, mais, *é* a realidade. A materialidade da realidade é fantasmática. Em contraste com a habitual "crítica da ideologia", que tenta deduzir a forma ideológica de uma determinada sociedade a partir da conjunção de suas relações sociais efetivas, a abordagem psicanalítica, adotada por Zizek (1996), tem como alvo a fantasia ideológica, compartilhada nas ações efetivas da realidade social.

Nesse contexto, deve-se perguntar: e o livre-arbítrio? É interessante lembrar aqui um paradoxo: se aquilo que supomos ser livre escolha – a crença – se dá de maneira alienada, a liberdade, surpreendentemente, conecta-se com a obediência à Lei externa, que supostamente limitaria a autonomia ou o poder de decisão. Sendo refém de um Outro ou vítima dele, sem saber ao certo a razão pela qual seus mandos devem ser cumpridos, os atos servis apresentam-se sob a forma de trauma. A ordem que se impõe violentamente rompe o repertório simbólico do sujeito que a cumpre, e essa composição fica destituída de sentido. Mas é precisamente nesse vácuo deixado pela ordem traumática que o Real – no sentido lacaniano do termo – pode perfurar a malha simbólica até então inarredável. Se, ao contrário, a crença ainda sustenta o lugar de poder de certa autoridade e as ações do sujeito reiteram sua crença, continua a imperar o reino simbólico e seus veios nutridos imaginariamente. Quando o Real, que se mantém sempre à espreita de modo quase imperceptível, invade violentamente o repertório representativo do sujeito, inaugura-se a possibilidade de realmente criar representações com liberdade. Desse modo, a liberdade depende inexoravelmente do trauma, isto é, depende de um Real que não se integre nas categorias prévias de representação e, mais ainda, que seja capaz de inventar a remodelação de toda a organização dessas categorias existentes.

Para Lacan, um dos meios pelos quais o Real do desejo pode emergir é o sonho. Nele há sempre algo absurdo e impenetrável que nos faz fugir rapidamente para a realidade externa, amortecendo mais uma vez o desejo que irrompe na trama onírica. Há uma inversão que se opera nesse raciocínio: continuar dormindo seria justamente acordar para a realidade externa, e acordar, ao contrário, seria olhar para o desejo de que fala o sonho. Pois, se a "realidade" é composta justamente de uma teia fantasmática que encobre o Real do desejo, o sono é que permitiria um despertar para o desejo. Nesse sentido, Zizek afirma:

> A ideologia não é uma ilusão de tipo onírico que construamos para escapar à realidade insuportável; em sua dimensão básica, ela é uma construção de fantasia que serve de esteio à nossa própria "realidade": uma "ilusão" que estrutura nossas relações sociais reais e efetivas e que, com isso, mascara um insuportável núcleo real impossível. A função da ideologia não é oferecer-nos uma via de escape de nossa realidade, mas [...] a própria realidade social como uma fuga de algum núcleo real traumático (1996, p. 323).

Olhar o Real do desejo dos sonhos seria, portanto, reconhecer os traumas suscitados pela ordem vigente. Ousar enxergá-los colocaria nossa velha lógica de ponta-cabeça.

Trocando em miúdos, seria necessário abandonar o que Sloterdijk vislumbrou no *éthos* cínico contemporâneo, bem traduzido pela seguinte fórmula: "Eles sabem muito bem o que estão fazendo, mas mesmo assim o fazem" (1988 *apud* Zizek, 1996, p. 313).

Além disso, a realização, ainda que parcial, dos desejos enunciados nos sonhos está estreitamente vinculada à possibilidade de reconhecer a morte de certos sistemas e elaborar o luto a ela correspondente. Para a elaboração do luto, as mercadorias tornam-se imagens dialéticas ou alegorias que apontam para o tecido histórico da vida e os sonhos ganham a força do Real e perdem seu caráter fugaz e ilusório.

Voltemos finalmente à rota principal deste capítulo, isto é, aos enredos de *A torre*, de Hofmannsthal. Nesse ponto, é interessante lembrar que a escolha da figura de Kaspar Hauser para compor o personagem de Sigismund na peça não é casual. Alexandre Mitscherlich (1950), em "Édipo e Kaspar Hauser" (*apud* Twellmann, 2004), supõe que, nos tempos em que o domínio é da massa, todos estão um pouco no lugar de Kaspar Hauser. É desse Real, trazido pela "criança da Europa", que escapa a rede imaginária europeia, mostrando a sombra dos modelos civilizatórios. Ela denuncia o estado de desamparo no qual se encontra a Europa, destituída de um pai legítimo. Em sua apresentação "Kaspar Hauser: atentado à vida da alma humana", Mitscherlich percebe que o enorme sacrilégio cometido contra Hauser atingiu a humanidade como um todo, e Hofmannsthal sabia, ao evocá-lo, que Kaspar Hauser não era um caso único, mas modelo civilizatório incrustrado, ainda que de forma invisível.

Se o drama edípico freudiano era o caso exemplar de uma subjetivação no naturalizado contexto burguês da família conjugal, o caso de Kaspar Hauser introduz a patogênese da orfandade. Essa privação é exemplificada por Hofmannsthal no caso de Sigismund, quando este se autointitula príncipe por "direito de natureza". Fora sua natureza, isto é, seu sangue, todo o resto foi dele usurpado pelo rei. A usurpação, porém, não se limita à mãe – como é no conflito edípico freudiano. Não natural não é aqui a violência do poder paterno que se impõe ao filho como lei e proibição diante do desejo pulsional natural ao qual o filho deve renunciar; não natural é muito mais a sonegação da paternidade, a recusa de o rei tomar para si seu destino e comportar-se como pai de seu filho. De onde frases da peça como estas: "Onde está meu pai fisicamente, que me deixou abandonado! Sim, ele fez isso comigo! Eu estico as mãos e grito em sua direção: pai!" (Hofmannsthal, 1923; 1925; 1927).

Esse apelo só pode ser feito no interior da lógica do trauma, isto é, quando Sigismund reencontra seu pai e passa a perceber de forma traumática tudo o que dele foi sonegado. Por isso, seu chamado pelo pai não é de modo algum um lamento diante da coerção da proibição incestuosa. O que é negado ao filho em *A torre* é justamente a coerção encarnada, e essa abstenção aparece como obra inexplicável e incompreensível. Com a negação de sua paternidade, Basilius permanece culpado, e seu filho, privado de um direito natural. Tratado como animal, Sigismund tem um acesso muito precário à linguagem. De todo modo, o que está em xeque é justamente a validade da linguagem, da cultura como contraponto da barbárie. Há uma dubiedade que atravessa a peça, e o espectador não tem certeza se, na qualidade de "animal", Sigismund não se tornou mais humano do que seu cultivado e supostamente sagrado pai. Essa dubiedade insolúvel persiste em ambas as versões, pois a insurgência do filho não leva a nenhuma solução, já que ele também é dominado por seus impulsos que, embora justificadamente rebeldes, se mostram politicamente inábeis.

Por isso, Walter Benjamin compreende a esfera do ritual em *A torre* como uma "tensão entre corpo e linguagem – entre ação e palavra – [...] resolvida de forma expressivamente pura" (1926/1972, p. 32) e de onde nasceria uma disputa constante num eterno retardar, que traz um elemento esporádico e variante aos maus construídos caminhos dramáticos. O ritual do qual o drama emerge é sempre inaugural, pois instaura um novo campo linguístico na indissolúvel tensão do campo da palavra, que faísca entre o fazer e o falar polarizados. Essa palavra do drama não é a mesma utilizada nos debates públicos nem aquela que procura sinalizar o inexprimível, mas trata-se, antes, da palavra que está no lugar do gesto, sem que seja indicação representativa de outra coisa. Essa peça é interpretada no limiar entre matéria e linguagem, corpo e palavra, mostrando precisamente os limites da cultura. Por essas razões, é possível dizer que o campo estético com o qual Hofmannsthal trabalha cumpre as vezes do sonho, tal como pensado por Zizek (1996). Trata-se de um modelo que embaralha o imaginário campo das categorias compartilhadas para introduzir choques alinhados ao Real.

Com uma peça que retira o elã de seus personagens, Hofmannsthal apoia os objetos do drama diante dos olhos do espectador, dividindo suas dúvidas e incertezas com o mais comum dos homens – cada um dos espectadores que foi assistir à peça. Por isso, em vez de ações éticas modelares, expõe a condição de criatura do personagem e os motivos que o conduzem à culpa e ao desamparo, sendo o herói um mártir. Ao contrário dos dramas do barroco, porém, Sigismund, que pode ser também considerado mártir, rebela-se contra o algoz, colocando em xeque a passividade melancólica e a paralisia obsessiva que marcam os heróis dos dramas barrocos, analisados por Walter Benjamin (1928a/1972).

Esse homem-criatura sob a influência de manifestações corpóreas, como emoções, agitações da alma ou excitações, tem seus atos como derivações puras da afetividade. Como nos dramas do barroco, Walter Benjamin (1928a/1972) reconhece nos balbucios e nos gemidos inarticulados de Sigismund todas as feridas do mártir, que recusa a linguagem para dar vazão ao lamento (*Klage*). O lamento é o que precede a sonoridade musical, isto é, quando a linguagem articulada pela lógica coerente se esgota, nascem os diferentes ritmos musicais, tão próximos de gemidos e lamúrias. Marcas corpóreas introduzem também outra linguagem, avessa às palavras, e com ela Hofmannsthal avança no interior do gênero dramático. Se a linguagem convencional se estabelece como juízo, o corpo é a condição de sua possibilidade, mas tal condição permanece quase sempre afogada no esquecimento.

O fato de Sigismund ser capaz de reconhecer a falácia na qual procuram enredá-lo e reagir de maneira rebelde contra ela é o que inverte os preceitos estilísticos e éticos do drama barroco. Diante das mentiras do rei, que, se aceitas, invalidariam o "sonho" de Sigismund como expressão do Real para colocá-lo no lugar da mera ilusão, o personagem entrevê a forma cáustica e os duros indícios da verdade, respondendo à altura delas. Daí ser possível afirmar que o otimismo cristão de Calderón de la Barca (1635), impeditivo da emergência disruptiva, é abandonado por Hofmannsthal, que se compromete com a balbuciante verdade enunciada nos próprios intervalos do Real. Com Sigismund, os sonhos não caem mais dos céus, mas erguem-se da profundidade bruta da terra.

Esses aspectos aparecem ainda mais acirrados na segunda versão de *A torre*, na qual Hugo von Hofmannsthal mostra que "a vida não é mais um sonho" (Benjamin, 1928a/1972, p. 98). Sem o rei-criança, que salva os obstáculos apresentados na primeira versão, a peça concentra algo de abismal.

Modificado o final dessa segunda versão, o que se impõe, então, é o príncipe Sigismund como obra evocativa de um poder sinistro, que se manifesta para além de qualquer intenção deliberada. Polo provocador dos mais incontroláveis e demoníacos poderes, Sigismund introduz o terror quando tenta justamente denunciá-lo. Seus murmúrios, acompanhados de seu olhar estrangeiro, igualam-se à linguagem visionária ou enganosa das crianças, quando estas são impactadas pelas terríveis inverdades dos adultos. De um depósito de sonoridades originárias da língua, onde ainda não se esboça nada muito elaborado ou sublime, o poeta retira as forças mais poderosas da peça. Lutando para compô-las, sem falseá-las com belezas que obstruam seu caráter precário, Hofmannsthal apenas direciona a palavra para margens ctônicas. Graças à recusa da paternidade protagonizada por Basilius e de seu exílio na torre imposto pelo pai, o processo de tornar-se humano é recusado ao príncipe Sigismund, "que anda nu, com uma velha pele de lobo em torno de seu corpo" e se pergunta: "O que é isso um humano – como sou um humano?" (Hofmannsthal, 1923; 1925). Crustáceos, vermes, sapos, besouros, víboras aparecem como seus semelhantes: "Eu vejo um bicho agachado no chão", e diante de um porco morto, lamenta ele: "Eu não consegue separar mim com eles". Olhando para o bicho, que estava pendurado e estripado em uma madeira, pergunta: "Mãe, onde está o meu fim e onde está o fim do bicho?" (Hofmannsthal, 1923; 1925).

Essa passagem mostra, ao contrário do que se poderia supor, uma consciência profundamente humana, não reificada pelas amarras da cultura. Sigismund identifica-se com a natureza, é empático ao sofrimento do bicho pendurado e estripado, coisa que os homens ocidentais não são mais capazes de sentir. Não se trata, portanto, de observar apenas aquilo de que Sigismund foi privado, mas de apontar exatamente para a selvageria que também é inerente ao mundo civilizado.

Hofmannsthal procedeu dessa maneira pois nunca confiou plenamente nos poderes das palavras, esteios da cultura. Ele afirma, em Carta de Lord Chandos, "eu sempre depositei esforço para me delimitar, para não me perder. [...] Todas as palavras são vórtices que giram em torno de mim e me deixam encará-las num buraco sem fim". Ainda na carta fictícia de Chandos a Francis Bacon, Hofmannsthal fala sobre as palavras: "Elas são vórtices, que inexoravelmente me trapaceiam. Sempre que me volto para elas, as palavras rodam em torno de mim, e, por meio do através, chega-se ao vazio" (Hofmannsthal, 1979 *apud* Twellmann, 2004, p. 189). Não é ousado dizer que o trauma ingere-se nesse momento em que a palavra se apresenta enquanto vórtice, rondando por entre as coisas sem fixar-se nos objetos.

Por fim – e já apontando para os caminhos que encerram este livro –, é importante destacar que o cenário de Hofmannsthal não conhece nenhum papel feminino significativo. O papel masculino secundário de Julian entra no lugar da ação amorosa, em geral executada por mulheres. O personagem ama Sigismund a seu modo, o que quer dizer que nesse amor preserva-se uma dimensão utilitária. Enquanto Julian ama Sigismund, ele busca simultaneamente se beneficiar dessa relação naquilo que tange aos seus anseios pessoais. Como vingança e insurgência da materialidade, das ligações temporais e da maternidade, Hofmannsthal indicou o atentado fatal a Sigismund. Elas alcançaram-no com um punhal depois que ele manifestou a ameaça dos homens por meio das coisas. É o que veremos a seguir.

Édipo na torre e a queda do poder patriarcal

Segundo Twellmann (2004), a perda do pai é, para Hofmannsthal (1923; 1925; 1927), uma perda que ameaça a humanidade. O uso que Twellmann faz do conceito de massa, esse "aterrador" e "perigoso" conceito, descoberto sobretudo durante a Primeira Guerra e pelas décadas subsequentes, mostra um medo diante do disforme, que também é despertado diante da palavra *matéria*. O termo *matéria*, por sua vez, interconecta-se ao termo *mãe*, presente nesta "assustadora" linhagem. Na primeira versão de *A torre*, Sigismund alude a duas figuras femininas, dizendo:

> Você é jovem e mais bonita do que feia, e não obstante me faz estremecer. Mas não temos nada de

> diferente além daquilo que poderia nos tornar mãe, do que esse gênero, e isso é a matéria com a qual o mundo foi feito (Hofmannsthal, 1923; 1925).

Numa análise clássica freudiana, o drama de Hofmannsthal poderia ser considerado o reconhecimento de que a falta de recursos simbólicos e a precária linguagem de Sigismund derivariam da impossibilidade de diferenciar seu eu daquilo que o cerca. O que lhe faltaria, além do acesso ao simbólico, seria a falta – há uma falta da falta, princípio simbólico da diferença que o distanciaria da materialidade para delimitar o ego. Essa tese é bem conhecida entre psicanalistas – o mundo da mera necessidade é um mundo no qual o humano não articula seu desejo. O que a peça de Hofmannsthal acrescenta a ela é justamente a humanidade inerente à animalidade do homem e, inversamente, a barbárie explícita da sociedade cultivada. O que esse drama revela de modo surpreendente é a validade da revolta animalesca de Sigismund como algo pertencente ao mais fundamentalmente humano. O não simbólico, portanto, estaria depositado na série de cerimoniais inconsequentes e automaticamente repetidos (compulsão à repetição) pelas figuras de poder. O balbucio precário e o gesto desaculturado de Sigismund, ao contrário, são traços humanos que merecem escuta e atenção apuradas.

Nesse sentido, a outra peça de Hofmannsthal (1906/2012), *Édipo e a esfinge*, analisada na primeira parte deste trabalho, é a antítese de *A torre*. Édipo é o moço cultivado que, bem-intencionado e angustiado diante de seus incontroláveis desejos, se afasta preventivamente de seus pais para não cometer os crimes aos quais está predestinado. Fazendo isso, alcança lugar de poder, mas é completamente cego – aqui há uma ausência de percepção, não pela falta de capacidade simbólica, mas justamente por um excesso dela. Embora disponha de capacidade simbólica, a ponto de julgar moralmente e agir coerentemente com o que pensa ser o bem, enfrentando inúmeros desafios e até o enigma da esfinge, não deixa de ser insensível aos objetos que exigem mais do que seu amor narcísico. Diante do trauma de descobrir as raízes de sua história, ao contrário, Sigismund procura integrar sua experiência da torre com os acontecimentos subsequentes na corte, reconhecendo a verdadeira origem dos problemas. Cúmplice das bases ctônicas, Sigismund dança conforme o ritmo imposto pela *matéria* que emerge de sua alma.

Twellmann (2004) lembra, nesse contexto, que o próprio Freud indica a conexão etimológica das palavras *materia* e *mãe* em uma de suas *Conferências introdutórias sobre psicanálise*. *Matéria* deriva, pois, de *mater*, mãe. A matéria (*Stoff*), da qual algo sai vitorioso, é igualmente sua participação materna:

> E, por falar em madeira, é difícil compreender como esse material veio a representar o que é materno. No entanto, nisso a filologia comparada pode vir em nosso auxílio. Nossa palavra alemã *Holz* parece provir da mesma raiz

> da "υλη [hulé]" grega, significando material, matéria-prima. Esse parece ser um exemplo da ocorrência não rara de um nome genérico de um material vir a ser, afinal, reservado a algum material determinado. Ora, existe no Atlântico uma ilha chamada "Madeira". Este nome lhe foi dado pelos portugueses quando a descobriram, porque naquela época estava toda recoberta de florestas. Pois na língua portuguesa "madeira" está relacionada a "floresta". Os senhores observam, porém, que "madeira" é apenas uma forma ligeiramente modificada da palavra latina *materia*, que, mais uma vez, significa "material" em geral. Contudo, *materia* é derivada de *mater*, " mãe": o material do qual tudo é feito, por assim dizer, a mãe de tudo. Esse conceito antigo da coisa sobrevive, portanto, no uso simbólico de madeira como "mulher" ou "mãe" (Freud, 1916/1996, p. 161).

De acordo com Twellmann (2004), em *A torre* há uma espécie de insurgência política da materialidade e, por conseguinte, da maternidade, representada pelas imagens de rebelião das massas e pelas partes orgânicas da peça. As consequências psíquicas e sociais da opressão do elemento material e feminino tornam-se evidentes no personagem de Sigismund. Ao contrário do discurso mais comum, é sem a mãe – ou sua função – que o horror se instaura. No entanto, Basilius quer perpetrar a estrutura patriarcal e seu legado ao filho, dizendo a Sigismund: "De pai quero lhe chamar, pai de todos". No instante em que expressa sua recusa a compactuar com o terror promovido pelo pai, Sigismund estilhaça sua aura e abala toda a estrutura patriarcal na qual o poder soberano do rei se sustentava.

Citando Marx, Friedrich Engels (1884/2012) lembra que "a primeira divisão do trabalho é a que se fez entre o homem e a mulher para a procriação de filhos" (Marx, 1846 *apud* Engels, 1884/2012, p. 87). Na obra *A origem da família, da propriedade privada e do Estado*, escrita e publicada por Engels em 1884, fica claro que a origem da monogamia não foi o amor sexual individual, já que casamentos eram fruto de conveniências econômicas, que correspondiam concretamente ao triunfo da propriedade privada sobre a propriedade comum primitiva. Os objetivos da monogamia, demonstra a minuciosa pesquisa histórica realizada por Engels, eram a preponderância do homem na família e a garantia de que a procriação de filhos estava alinhavada ao sangue paterno. Pela monogamia, os filhos tornaram-se herdeiros diretos da linhagem paterna, antes apenas garantida pelo ventre materno. Partindo dessas premissas é possível deduzir que as sociedades patriarcais só podem se estabelecer com as ideias de família e propriedade, cujo resultado é o poder dos homes sobre as mulheres:

> Hoje posso acrescentar: o primeiro antagonismo de classes que apareceu na história coincide com o desenvolvimento do antagonismo entre o homem e a mulher,

> na monogamia e a primeira opressão de classes, com a opressão do sexo feminino pelo masculino. A monogamia foi um grande progresso histórico, mas, ao mesmo tempo, iniciou, juntamente com a escravidão e as riquezas privadas, aquele período, que dura até nossos dias, no qual cada progresso é simultaneamente um retrocesso relativo, e o bem-estar e o desenvolvimento de uns se verificam às custas da dor e do recalque de outros. É a forma celular da sociedade civilizada, na qual já podemos estudar a natureza das contradições e dos antagonismos que atingem seu pleno desenvolvimento nessa sociedade (Engels, 1884/2012, p. 87).

Não é necessário dizer que as mulheres conquistaram novos espaços sociais nos dias atuais. Contudo, também é preciso admitir que existem claras marcas que se perpetuam ainda hoje na distinção de gêneros. Engels lembra que na vida comum antiga, na qual numerosos casais viviam juntos e com seus filhos, as mulheres assumiam um lugar tão importante no lar quanto era aquele do homem na busca de víveres. Tudo isso muda, no entanto, com a família patriarcal monogâmica. O governo do lar deixa de ter o caráter social, anteriormente reconhecido. Sociedade e lar tornam-se instâncias apartadas, e o governo da casa torna-se serviço privado, no interior do qual a mulher se converte em primeira criada, longe de participar da produção social. Só a grande indústria abre as portas da produção social para a mulher, ainda que apenas para a proletária. Essa abertura ocorre de tal forma que,

> [...] se a mulher cumpre os seus deveres no serviço privado da família, fica excluída do trabalho social e nada pode ganhar; e, se quer tomar parte na indústria social e ganhar sua vida de maneira independente, lhe é impossível cumprir com as obrigações domésticas (p. 97).

Essa lógica repete-se em todos os setores profissionais que poderiam ser exercidos pela mulher no século XIX, inclusive em profissões tradicionalmente masculinas, como a medicina ou a advocacia.

Na visão de Engels, por conseguinte, a "família individual moderna baseia-se na escravidão doméstica, franca ou dissimulada, da mulher, e a sociedade moderna é uma massa cujas moléculas são as famílias individuais" (p. 97). Em geral, eram os homens os responsáveis por ganhar os meios de vida por meio do trabalho e da produção social, dando-lhe uma posição dominadora, sem que isso implique privilégios legais declarados. Por isso, "na família, o homem é o burguês e a mulher representa o proletário", e romper essa dinâmica exige a "supressão da família individual enquanto unidade econômica da sociedade" (p. 96-7).

Usando como referência os estudos do teórico de Direito Hans Kelsen, jurista e filósofo austríaco, responsável pela elaboração da primeira constituição austríaca (1920), Twelmann

(2004) mostra como a própria legitimidade do Estado perde sua força quando sua origem é escavada. O Estado ocupa o lugar de Deus, que foi idealizado e personificado na figura de outros "poderosos pais". Apelando para estudos como os de Kelsen e Schmidt, Twellmann mostra como a figura infantil e primitiva do pai coincide – como mostra o próprio Freud em "Totem e tabu" – com a do soberano e com a própria ideia de Estado. Em torno do soberano giram afetos que se assemelham àqueles que psicanalistas bem conhecem em relação ao pai. Por isso, em "Posição especial do assassinato do pai", Storfer (1911 *apud* Twelmann, 2004) procura traduzir os conflitos privados com o pai em julgamentos públicos, considerando que o assassinato do pai é o assassinato por excelência, ou seja, é o primeiro assassinato proibido, julgado publicamente.

A ordem matriarcal, que para muitos teria antecedido a patriarcal, figura no imaginário ocidental como um estado de abundância extrema que precede qualquer pecado original. Sem o hiato entre homem e mundo não haveria cultura, e é desse pressuposto que deriva todo o repúdio ao matriarcado. O que se vislumbra nessa ordem é a imagem da unidade impenetrável, que tudo engloba. Curiosa imagem, porém, já que simbolicamente Eva, primeira figura arcaica feminina do Ocidente, representa aquela que come o fruto proibido, não para enterrar o desejo – a falta –, mas para inaugurá-lo, longe do paraíso inviolável. De qualquer maneira, esse temor do matriarcado alastrou-se no Ocidente, ficando patente até mesmo na ideologia psicanalítica, como aparece, por exemplo, em "Moisés e o monoteísmo", de Freud (1939/1996, p. 129):

> Mas esse afastamento da mãe para o pai aponta, além disso, para uma vitória da intelectualidade sobre a sensualidade, isto é, para um avanço em civilização, já que a maternidade é provada pela evidência dos sentidos, ao passo que a paternidade é uma hipótese, baseada numa inferência e numa premissa. Tomar partido, dessa maneira, por um processo de pensamento, de preferência a uma percepção sensória, provou ser um passo momentoso.

Essa passagem atesta que a palavra enquanto juízo ou *logos*, base fundante da cultura ocidental, é introduzida, na perspectiva freudiana, apenas pelo pai.

No texto *Sobre o programa da filosofia vindoura*, nunca publicado e escrito três anos após "Totem e tabu", Walter Benjamin (1918/2009) traça a base sobre a qual se deve apoiar o conhecimento metafísico: a *experiência*. Suas duras críticas ao conhecimento moderno têm como alvo principal preceitos kantianos. Segundo Benjamin, o problema do Iluminismo, do qual Kant e Freud são, sem dúvida, tributários, reside no fato de que as autoridades – não no sentido tirânico do termo – haviam perdido valor. Reduzida a importância da experiência com elas a um "peso assombrosamente diminuto" (Benjamin, 1918/2009, p. 204),

Benjamin diagnostica sérios limites nas filosofias modernas e no pensamento ocidental. Essa discussão a respeito das críticas formuladas por Walter Benjamin ao pensamento moderno interessa aqui principalmente por causa de uma passagem significativa que impõe questões importantes aos psicanalistas e ao texto "Totem e tabu", de Freud. Vale citá-la integralmente:

> É absolutamente indubitável que no conceito kantiano de conhecimento, o papel principal é desempenhado pela representação, ainda que sublimada, de um eu individual psicofísico que recebe as sensações por meio dos sentidos e sobre este fundamento forma suas representações. Essa representação é, entretanto, mitologia e seu teor de verdade equivale ao de qualquer mitologia do conhecimento. Sabemos de povos primitivos do chamado estágio pré-animista que se identificam com animais e plantas sagrados, e nomeiam a si mesmos com os nomes deles; sabemos de loucos que, em parte, também se identificam com os objetos de sua percepção que, para eles, portanto, não são mais *objecta*, ou seja, o que lhes é oposto; sabemos de doentes que referem as sensações de seus corpos não a si mesmos, mas a outros seres; e sabemos de videntes que, no mínimo, afirmam poder sentir as percepções de outrem como se fossem as suas. A representação comum do conhecimento sensível (e intelectual) tanto de nossa época, quanto da época

> de Kant e da pré-kantiana, é precisamente uma mitologia como as mencionadas. A "experiência" kantiana, neste sentido, no que tange à representação ingênua da recepção de percepções, é metafísica ou mitologia e, na verdade, apenas uma metafísica ou mitologia modernas e, em termos religiosos, particularmente infrutíferas (Benjamin, 1918/2009, p. 207).

O que efetivamente esse trecho explicita é o engano da filosofia moderna ao se pretender mais verdadeira ou legítima que a mitologia. Ambas provêm de um mesmo lugar, pois os fundamentos de suas premissas não se distinguem. O engano concentra-se na extensão do sujeito psicológico ao conhecimento do objeto. Em termos psicanalíticos, filósofos modernos projetaram seu universo psicológico nas teses que formularam. Evidentemente, a crítica feita por Walter Benjamin não pretende como alternativa um conhecimento da verdade isento do teor subjetivo que a compõe. Tendo como base que sustentará a verdade a experiência, Benjamin é enfático ao ressaltar que a subjetividade é composta à medida que ela é socialmente compartilhada. Para Benjamin, o valor da experiência está situado no fato de que ela "é a multiplicidade unitária e contínua do conhecimento" (1918/2009, p. 215). O *real* não é, por conseguinte, uma verdade empírica, e muito menos a realidade psíquica, mas uma verdade construída comumente pela linguagem.

É na filigrana em que se concentra a transmissibilidade da linguagem que se encontra o lugar da verdade.

Nesse sentido, a mitologia não é real pelo conteúdo que transmite, mas na tradição que prolifera. Uma tradição em que a palavra é *alétheia* e na qual as divindades pairam entre os homens. A verdade guardada pelos mitos é a verdade da experiência mítica, e não a do enredo que eles promulgam. Se seu conteúdo passou a ser questionável, há algo inapagável que perdura como verdade. São os vestígios da experiência antiga ou de outros povos que assumem o lugar da verdade e podem se entrelaçar com experiências de outros tempos. Por isso, o feminino não põe em risco as formas sublimadas de pensamento, mas sustentam a própria história em sua materialidade. Com a vitória do patriarcado, cantada por Freud, o que se perde é justamente o contato rasteiro com o mundo material e a falta de sensibilidade para ele, o que conduz a verdades mitológicas ou ideologias, no sentido marxista do termo. Embora tenha sido extremamente sensível às miudezas do mundo material, mantendo-se um fiel escudeiro do que dali emergia, Freud preferiu estruturar suas elaborações teóricas em alicerces que reiteravam os preceitos do poder patriarcal, ainda que também percebesse claramente sua decadência. Vejamos aqui a maneira pela qual essa espécie de verdade de cunho patriarcal ganha forma e se expressa ao transfigurar objetos de percepção em *objecta* ou ideologias. Em "Crítica e ideologia", Marilena Chaui escreve:

> Para trazer a garantia da existência de uma ordem, atual ou virtual, a ideologia é um discurso que se desenvolve sob modo da afirmação, da determinação completa de um objeto, da generalização e da redução das diferenças entre os objetos da posição do pensamento na exterioridade do objeto – exterioridade que sempre é o ponto de vista do poder, pois o lugar separado, o olhar de sobrevoo do observador impessoal [...] é a figura do saber como posse intelectual do mundo e ato de dominação. O discurso ideológico [...] tende para o anonimato ou para a neutralidade a fim de testemunhar uma verdade que estaria inscrita na própria realidade. Discurso anônimo, sem autor e sem produtor, hoje não precisa (como precisou em seus inícios) de suportes humanos [...] pela mediação dos quais a realidade se cria e se recria, pois o mundo está dotado de uma racionalidade que já nem é mais sua, mas a de sua representação. Não há mais necessidade de alguém que o pense: ele está posto aí diante de nós, como racional em si e por si. Eis por que a ideologia se torna inseparável da ideia de *organização*, que operaria por si mesma sem necessidade de agentes sociais, econômicos e políticos (Chaui, 2013, p. 136).

Olgária Matos explica que a figura do feminino, em Benjamin, emerge justamente como crítica às filosofias modernas e ao pensamento dogmático, que pretendem capturar a verdade por meio de princípios científicos e objetivos. Controle e ordem são, por assim dizer, as "ilusões viris" (2002, p. 103) do pensamento. Embora Freud seja fiel à tradição patriarcal, ele caminha no limiar daquilo que a sustenta. Por isso, psicanálise e tragédias gregas são irmãs. Seguindo de maneira trágica o roteiro dessa tradição, Freud (1913/1996) interpreta esse gênero teatral em "Totem e tabu". Sua hipótese é de que a antiga tragédia grega também se aproxima das regras do totemismo. À composição original, na qual havia o coro e um ator que representava o herói trágico, foram adicionados um segundo e um terceiro atores, que eram contrapartes do herói. Para Freud, nada disso alterou, porém, o caráter do próprio herói das tragédias, cujo papel é sempre o de sofrer, e sua relação com o coro, que reverbera a voz apagada nos gestos do herói. Sendo essência da tragédia, a culpa trágica do herói resulta da "rebelião contra alguma autoridade divina ou humana" (1913/1996, p. 157), e o coro tornava-se uma espécie de grilo falante que sussurra ao pé do ouvido do herói.

O que surpreendentemente Freud (1913/1996) faz, contudo, é uma inversão desse modelo mais aparente, supraexposto, atribuindo o sofrimento do herói trágico ao fato de este na verdade representar o pai primevo. A ousada hipótese freudiana restaura a legitimidade benevolente do pai ao defender que a encenação traz um herói (pai-primevo) que assume a culpa trágica e, por conseguinte, alivia os tormentos do coro, cujos membros eram aqueles que verdadeiramente haviam causado o sofrimento do herói. Ou seja, o que Freud (1913/1996) propõe é o grupo de irmãos assistindo de maneira hipócrita às "atrocidades cometidas pelo pai", quando em verdade são eles os autênticos autores dos crimes. Repentinamente assaltados pelo sentimento de comiseração, o coro simula lamentos e alerta o próprio herói, como se este tivesse se tornado o único responsável pelos seus próprios sofrimentos. Em poucas palavras: jogada nas costas do herói, a empáfia rebelde era, na realidade, um crime contra a grande autoridade cometido pelos integrantes do coro, que correspondem aos irmãos da horda. É assim que, contra sua vontade, o herói trágico se torna o redentor do coro.

Como representação dos sofrimentos do deus Dionísio, as tragédias gregas trazem a lamentação dos bodes, seus seguidores, o que foi, na visão freudiana, renovado pelos dramas da Paixão de Cristo. Freud (1913/1996) conclui suas investigações antropológicas empreendidas em "Totem e tabu" com a seguinte reflexão: "Os começos da religião, da moral, da sociedade e da arte convergem para o complexo de Édipo" (p. 158), o que coincide com a descoberta psicanalítica de que o mesmo complexo constitui o núcleo de todas as neuroses. Se os problemas da psicanálise desembocam na relação do homem com o pai, Freud conclui que também as questões abordadas pela psicologia social giram em torno desse "único ponto concreto": a reinstauração do complexo edípico.

Levando em consideração esses aspectos, cabe a pergunta: o que ainda persiste como verdade no mito freudiano após a queda do pai, diagnosticada após a guerra (Federn, 1919)? Em outras palavras: na medida em que a ordem patriarcal, enaltecida pelo mito de "Totem e tabu", se mostrou frágil, principalmente após a Grande Guerra, o que ainda vigora como atual na lenda sobre o pai da horda? Em *O privilégio: as duas teorias freudianas do originário social*, Jacques André lembra que, "da mesma forma como o homem é habitado pela criança que ele foi um dia, as sociedades de hoje devem levar em seu seio o testemunho dos primeiros tempos" (André, 2000, p. 2). Nesse exame que escava as camadas mais arcaicas da vida social, André reconhece falhas nas construções freudianas, que praticamente desconsideram a mãe. Não se trata, nesse sentido, de verificar ou extrair do mito sua pertinência empírica. Embora estejamos claramente no reino da ficção, a materialidade do mito deve ressoar no presente. Que não haja nenhum papel designado à mãe no teatro da horda é uma constatação axiomática. Sejam anônimas ou inexistentes, dessas mães o que ressoa hoje é apenas um murmúrio abafado. Sem mãe ou incesto, o crime que resta no roteiro freudiano é o parricídio. Se é verdade que o pai foi assassinado para que os filhos finalmente se apoderassem das mulheres, o crime, desse ponto de vista, ocorreu em vão, pois tanto o desejo por elas como elas próprias mantiveram-se domados pelo laço estabelecido entre os homens. Também é preciso considerar que, para Freud, o desejo primitivo não é propriamente incestuoso, focando a mãe como objeto, mas antes se configura como um anseio de "tomar o lugar do pai". Em termos mais precisos, antes do complexo de Édipo não há, para Freud, uma relação de sujeito e objeto propriamente dita, mas tão somente autoerotismo narcísico, que anula a figura da mãe[7] como

[7] É curioso o desprezo de Freud pela figura materna quando um dos grandes exemplos tomados em sua argumentação sobre o totem aponta nitidamente para lá. Os claros interesses totêmicos do pequeno Árpád, tratado por Ferenczi, não se relacionam diretamente com os conflitos edípicos. O pequeno Árpád tinha dois anos e meio de idade quando, durante um período de férias, tentou urinar no galinheiro e uma galinha bicou na direção de seu pênis. De volta ao mesmo local nas férias seguintes, ele incorpora os trejeitos da galinha cacarejando sem cessar. O galinheiro era a única coisa a atraí-lo. Segundo Ferenczi (1913) a curiosidade de Árpád, despertada pelo galinheiro, devia-se "à contínua atividade sexual entre galos e galinhas, a postura de ovos e o nascimento da nova ninhada" (*apud* Freud, 1913/1996, p. 136) que alimentavam sua instigação sobre a sexualidade, cujo objeto real era a vida familiar *humana*. Quando Ferenczi o viu, contava com cinco anos e a fala já havia sido recobrada, mas o foco de seus interesses ainda estava atrelado às galinhas e aves domésticas. A ambivalência destacava-se nas atitudes de Árpád para com o animal totêmico, demonstrando ora profundo ódio diante do animal, ora um amor exacerbado e intenso diante dele. Matar galinhas era sua brincadeira predileta, e os detalhes do jogo aproximam-se nitidamente dos rituais em torno do totem: "A matança de aves domésticas constituía para ele um festival regular. Dançava em volta dos corpos dos animais por horas a fio, num estado de intensa excitação". (Ferenczi, 1913 *apud* Freud, 1913/1996, p. 136) Seu gesto subsequente era sempre beijar e alisar o animal morto ou limpar e cuidar das aves de brinquedo maltratadas segundos antes por ele. Árpád frequentemente dava as pistas de seu desejo, expressando sua vontade de comer "*fricassée* de mãe" (por analogia com o *fricassée* de frango) ou afirmar "meu pai é galo" ou "Agora sou pequeno, sou um frango. Quando ficar maior, serei uma galinha e quando for maior ainda, serei um galo" (Ferenczi, 1913 *apud* Freud, 1913/1996, p. 249). Freud diz que Árpád pronunciava regulamente ameaças de castração, "tal como ele próprio fora por ela ameaçado, por causa das atividades masturbatórias" (Freud, 1913/1996, p. 249). Freud vê aí uma "pré-condição narcisista", mas o destaque é dado à angústia de castração. Que ela existe não se discute. Entretanto, é no mínimo intrigante

outro/alteridade. Assim é que Freud vê como inviável a mãe no lugar de objeto digno de investimento libidinal.

Jacques André sugere, em outras palavras, que, antes do ingresso em cena da figura do pai, o laço entre mãe e filho não é propriamente um laço, já que o amor e o ódio pré-edípicos são autoeróticos, até mesmo quando a mãe se coloca externamente em cena. Investido de vários afetos, o pai configura essa relação homossexual antes de qualquer relação objetal com a mãe. Por isso, diz Jacques André "o incesto [...] em *Totem e tabu* é homossexual" (André, 2000, p. 16).

Como no antigo mito bíblico Gênesis, o desejo pela mulher, na visão freudiana, alça-se como uma ameaça cujos perigos são afastados pela interdição contra o incesto. O fulgor sexual é um grande risco para a ordem social. O incesto consumado seria sinônimo de horror uma vez que a vida sexual endógena, entre membros de uma família, impossibilitaria alastrar os elos de maneira a expandir uma estrutura social. Ao barrar o incesto por meio do tabu, as barreiras familiares impelem o sujeito a criar ou se vincular a unidades sociais maiores. Em "Três ensaios sobre a teoria

---

que a face canibal que encarna a galinha, visivelmente um deslocamento da figura materna, não apareça nesses termos na análise freudiana. Freud frisa que qualquer leitor atento da história do pequeno Hans encontrará provas abundantes de que ele também admirava o pai por possuir um pênis grande e temia-o por ameaçar o seu. O mesmo papel é desempenhado pelo pai tanto no complexo de Édipo quanto no complexo de castração, ou seja, o papel de um inimigo temível dos interesses sexuais da infância. O castigo com que ele ameaça é a castração, ou o seu substituto, a cegueira.

da sexualidade", a promiscuidade em uma família muito envolvente aparece mais claramente como um malefício a ser evitado (Freud, 1905b/1996). Na equação freudiana, ligar-se aos estranhos supõe certa distância dos membros da família entre si. É preciso considerar que, da perspectiva econômica dos investimentos libidinais, poder ligar-se aos "estranhos" implica necessariamente ligação mais tênue entre membros de um mesmo clã. Não por acaso, em "Moisés e o monoteísmo", Freud (1939/1996) reafirma sua convicção de que deveria prevalecer "a ordem em favor da exogamia, da qual o horror ao incesto é a expressão negativa" (p. 136). Ora, se é verdade que a exogamia, na qual a alteridade passa a ter valor primordial, é a melhor forma de vida em sociedade, associá-la à mãe ou à mulher parece algo questionável. O argumento fica ainda mais esquisito após Jacques André provar o caráter homossexual inerente ao cenário mitológico exposto por Freud. Segundo ele, a vertente homossexual na instituição da ordem social mostra-se claramente em todas as bases do mito. Sendo assim, o caráter narcísico que ameaçaria a exogamia está novamente presente na própria formulação freudiana, já que, como se sabe, para Freud a escolha de objeto homossexual é uma escolha narcísica. É por essa entre outras razões que Freud é questionado por seus póstumos. Quase seguindo a assertiva de Lévi-Strauss de que "é um fato universal que o laço de reciprocidade que funda o casamento não é estabelecido entre homens e mulheres, mas entre homens por meio das mulheres, que servem como principal pretexto" (Lévi-Strauss, 1949 *apud* André, 2000, p. 9), Freud está enredado em marcas sociais convencionais que apagam a figura feminina. O que se pode questionar é se o "horror", consumado no assassinato do pai não continuou apenas como fantasma do caso no sexo com as mulheres proibidas e a razão pela qual ele teria se mantido neste lugar.

O mito construído por Freud arma, então, a *arché* inconsciente com uma diferença basilar entre os gêneros masculino e feminino. Enquanto com os homens há as duas etapas do trauma – ato-totem/lei – claramente configuradas e simbolizadas, no lugar da mulher soçobram apenas desejos informes e fantasmas desgovernados. Empurrados às fronteiras, diz André, o feminino e a sexualidade feminina tornam-se "potências noturnas da floresta, feiticeiras cúmplices das forças diabólicas ou, simplesmente, penates confinados ao espaço doméstico" (André, 2000, p. 19). Banida, a figura da mulher, quando emerge sob a forma de *Unheimliche* em personagens populares (bruxa, feiticeira, puta, devoradora), evoca o negativo da ordem, do controle e do *logos* próprios ao retrato masculino, lembrando que essas práticas envolveram inquisições e ações predadoras, cruéis, opressoras. Também movido pela culpa, o culto às mulheres busca reparar o mal a elas causado, aparecendo, por exemplo, no amor romântico por meio do qual elas são idolatradas.

Diferentemente desse enfoque, Benjamin é extremamente sensível aos trabalhos conceituais que se recusam a alçar voo longe da materialidade rasteira própria ao feminino. Por isso, o filósofo volta-se aos estudos realizados por Bachofen, cujo estilo é fiel à matéria espessa, densa, concentrada. Tal matéria "é o agente daquela humanidade, na sua constituição de hetaira" (Benjamin, 1934b/2012, p. 97). Próximos do mundo ctônico, estamos rentes às "imagens primordiais" (*Urbild*), muito diferentes das representações. Benjamin considera que "nem a vida nem a morte estão isentas dessa promiscuidade; confundem-se em constelações efêmeras ao sabor do ritmo que embala toda essa criação" (p. 97). Como "mediador prudente entre a natureza e a história" (p. 97), suas predileções científicas levam-no ao estudo do amor à terra natal e do matriarcado. Sua obra revela que, antes dessa ordem familiar estabelecida da Antiguidade até hoje e caracterizada pelo domínio do *pater familias*, outra a precedeu, cujo poder estava destinado à mãe. Totalmente distintas, tanto do ponto de vista jurídico como do sexual, essas sociedades eram governadas por mulheres, sendo o lugar dos homens o de subalternos. Como o estudo de Freud, Bachofen apoia-se em pesquisas etnológicas, argumentando que sociedades estudadas por inúmeros antropólogos demonstraram o aviltamento e a servidão masculina. Segundo Benjamin, Bachofen considera a *Oresteia*, de Ésquilo, o retrato dramático da luta entre matriarcado decadente e patriarcado ascendente. Confirmando as piores profecias relacionadas ao poder feminino, Benjamin diz que, de fato, as teorias de Bachofen dão um contributo decisivo para o fascismo alemão. O interesse de Bachofen sobre o matriarcado deveu-se, contudo, a ideais comunistas. Um certo ideal de direito orientou sua aproximação de certas comunidades matriarcais, que "desenvolveram em alto grau uma ordem democrática e ideias de igualdade cívica" próximas ao comunismo. Para Bachofen, lembra Benjamin, "o comunismo era inseparável da ginecocracia" (Benjamin, 1934b/2012, p. 105). Nessa ordem prevalecem os preceitos dionisíacos, cuja natureza sensual é patrimônio de toda a humanidade:

> Reconstituindo retrospectivamente a história da família, Morgan chega, de acordo com a maioria de seus colegas, à conclusão de que existiu uma época primitiva em que imperava, no seio da tribo, o comércio sexual promíscuo, de modo que cada mulher pertencia igualmente a todos os homens e cada homem a todas as mulheres. No século passado, já se havia feito menção a esse estado primitivo, mas apenas de modo geral; Bachofen foi o primeiro – e este é um de seus maiores méritos – que o levou a sério e procurou seus vestígios nas tradições históricas e religiosas. Sabemos hoje que os vestígios descobertos por ele não conduzem a nenhum estado social de promiscuidade dos sexos e sim a uma forma muito posterior: o matrimônio por grupos. Aquele estado social primitivo, admitindo-se

> que tenha realmente existido, pertence a uma época tão remota que não podemos esperar encontrar provas diretas de sua existência, nem mesmo entre os fósseis sociais, nos selvagens mais atrasados. É precisamente de Bachofen o mérito de ter posto no primeiro plano o estudo dessa questão (Engels, 1884/2012, p. 48).

Entre o matriarcado e o patriarcado, Freud apresenta ainda uma terceira fórmula arcaica de ordem social, fundada na relação entre filho caçula e irmão mais velho. Sob a intervenção da mãe, o mais novo dos filhos não segue a mesma trilha dos demais irmãos, permanecendo como o sucessor do pai, que já demonstra as fragilidades inerentes à idade avançada. Velho senil, o pai se vê refém do auxílio do filho, forte e saudável. Com a paciência da espera, o velho patriarca deixa de ser uma ameaça, e seu assassinato passa a se configurar como um gesto inútil. Nesse ponto, Jacques André (2000) deduz a existência de duas teorias da origem do laço social na obra freudiana. A primeira delas, entre pai e filhos mais velhos, conduz-nos à ordem patriarcal. Já na segunda, entre a mãe e os filhos mais jovens, prevalece o "reino das mulheres". O psicanalista alerta que não estamos em duas esferas sucessivas que evoluem para uma mesma ordem ligeiramente modificada; tais estruturas antagonizam a tal ponto que suas divergências não são contradições que formariam um possível movimento dialético. Uma premissa exclui necessariamente a outra. Enquanto na primeira teoria, prevalecente nas teses freudianas, há um pai exaltado e admirado, que passa a ser odiado e é morto pelos irmãos e devorado por eles, na outra versão temos o par mãe/filho mais jovem, com o pai sucumbindo até ser descartado. No primeiro caso, o pai é deificado, no segundo ele é desmistificado e substituído sem medo sob a proteção materna. O que triunfa na versão mais conhecida é o amor fraterno, que exalta sentimentos mútuos de caráter homossexual, com as mulheres banidas de qualquer horizonte que as agregue socialmente. Na variante menos destacada, o pai é motivo de escárnio e o direito de primogenitura se esvai. Imerso nesses dois cenários, Jacques André (2000) expressa numa única frase o aspecto central a ser grifado aqui: "O destino dado à questão do incesto em "Totem e tabu" (do horror a uma proibição prática) significa que o estado social patriarcal não pode nascer senão do silêncio completo, imposto ao desejo incestuoso, e do descarte do feminino" (André, 2000, p. 24). Com menos possibilidades simbólicas ou, em outros termos, com menos oportunidades sublimatórias de enredar o crime/ato em ganchos culturais existentes, a pré-história feminina, que emerge repetidamente no presente, exige uma eterna tessitura de Ariadne ou a paciência de alinhavar vazios, como fez Penélope à espera de Ulisses.

Voltando a Walter Benjamin (1918/2009) e à sua ideia de que o conhecimento ou a verdade só poderiam estar pautados na experiência, devemos responder à questão anteriormente colocada: onde está a verdade do mito freudiano construído em "Totem e tabu", pedra angular de sua metapsicologia? Se fôssemos reivindicar fidelidade à exigência feita por cada matéria, poderíamos dizer que a verdade que ressoa das teses freudianas é, num certo sentido, coerente com aquilo que Freud apresenta, mas é também contrária ao que ele diz. Isto é, se a verdade, como afirma Benjamin, deve ser buscada na experiência compartilhada entre os integrantes de uma mesma sociedade, não é difícil perceber que ela aparece em "Totem e tabu" também sob a forma de um tom insurgente contra a autoridade. Essa narrativa revolucionária, presente em "Totem e tabu", seria a *arché* de movimentos revolucionários que marcam decisivamente a história do Ocidente, como a Reforma Protestante, a Revolução Francesa, a Revolução de 1848 etc. O *Manifesto comunista* com seu lema evocativo "Proletários de todo o mundo, uni-vos..." e os ideais vanguardistas também seriam os herdeiros dessa narrativa insurgente.

Freud tocou, por conseguinte, em um traço universal na relação das gerações predecessoras com aquelas que lhes sucedem: o tom insurgente contra o poder da autoridade, que inibe a materialidade do novo, do estranho, do disforme, do orgânico.

Referências

AB'SÁBER, T. A. M. *O sonhar restaurado*. São Paulo: 34, 2005.

ADORNO, T. (1970) *Teoria Estética*. Lisboa: 70, 2008.

______. *Correspondência 1928-1940 Adorno-Benjamin*. São Paulo: Unesp, 2012.

AGAMBEN, G. *Estâncias*: a palavra e o fantasma na cultura ocidental. Belo Horizonte: UFMG, 2012.

______. *Benjamin e o capitalismo*. Disponível em: <http://www.ihu.unisinos.br/noticias/520057-benjamin-e-o-capitalismo-artigo-de-giorgio-agamben>. Acesso em: 13 maio 2013.

ALTMAN, M. Alemães introduzem o gás venenoso na Primeira Guerra. *Opera Mundi*. Disponível em: <http://operamundi.uol.com.br/conteudo/noticias/11414/hoje+na+historia+1915++alemaes+introduzem+o+gas+venenoso+na+primeira+guerra+.shtml>. Acesso em: 22 abr. 2011.

AMARAL, M. N. C. P. Dilthey: conceito de vivência e os limites da compreensão nas ciências do espírito. *Trans/Form/Ação*, v. 27, n. 2, pp. 51-73, 2004.

ANDRÉ, J. O privilégio: as duas teorias freudianas do originário social. *Psicologia em Estudo*, v. 5, n. 1, pp. 1-34, 2000.

______. O acontecimento e a temporalidade: o *après-coup* no tratamento. *Ide*, v. 31, n. 47, pp. 139-67, 2008.

ARGAN, G. C. *Arte moderna*. São Paulo: Companhia das Letras, 1992.

AVELAR, S. M. M. *O desaparecimento da aura em Walter Benjamin*. Dissertação de Mestrado. Departamento de Filosofia da UFMG, 2010.

AXIOTI, E. *The Arcades Project: the city collage of Walter Benjamin*, 2006. Disponível em: <https://www.academia.edu/14010904/The_Arcades_Project_The_city_collage_of_Walter_Benjamin>. Acesso em: 12 set. 2014.

BACKES, M. Prefácio. In: GOETHE, W. *Os sofrimentos do jovem Werther*. Porto Alegre: L&PM, 2011.

BADIOU, A. *Para uma nova teoria do sujeito*. São Paulo: Relume-Dumará, 1994.

BAHR, H. (1914) *Expressionismus*. Prague: e-artnow, 2014.

BAUDELAIRE, C. (1857) *As flores do mal*. Rio de Janeiro: Nova Fronteira, 1985.

______. (1863) *O pintor da vida moderna*. Belo Horizonte: Autêntica, 2010.

______. (1869) *Pequenos poemas em prosa*. Florianópolis: UFSC, 1996.

BÄUMER, A. *Gustav Klimt Women*. London: George Weidenfeld & Nicolson, 1986.

BELLER, S. Introduction. In: *Rethinking Vienna 1900*. New York/Oxford: Berghahn, 2012.

BENJAMIN, W. (1918) Sobre o programa da filosofia vindoura. In: OLIVEIRA, E. W. *Um mestre da crítica*: romantismo, mito e iluminismo em Walter Benjamin. Tese de Doutorado. FFLCH-USP, 2009.

______. (1919) *O conceito de crítica de arte no romantismo alemão*. São Paulo: Iluminuras, 2002.

______. (1921) O capitalismo como religião. In: *O capitalismo como religião*. São Paulo: Boitempo, 2013.

______. (1922) As afinidades eletivas de Goethe. In: *Ensaios reunidos*: escritos sobre Goethe. São Paulo: 34, 2009.

______. (1923) Charles Baudelaire: um lírico no auge do capitalismo. In: *Obras escolhidas III*. São Paulo: Brasiliense, 1989.

______. (1925) As armas do futuro. In: *O capitalismo como religião*. São Paulo: Boitempo, 2013.

______. (1926) Hugo von Hofmannsthal, Der Turm. In: *Kritiken und Rezensionen*. GS, Band III, Frankfurt am Main: Suhrkamp, 1972.

______. (1928a) Hugo von Hofmannsthal "Turm". *Op. cit.*

______. (1928b) Goethe. In: *Ensaios reunidos*: escritos sobre Goethe. São Paulo: 34, 2009.

______. (1928c) *Origem do drama trágico alemão*. Belo Horizonte: Autêntica, 2011.

______. (1930a) *Teorias do fascismo alemão*. Belo Horizonte: Autêntica, 2012.

______. (1930b) Teorias do fascismo alemão. In: *Obras escolhidas I*. São Paulo: Brasiliense, 1994.

______. (1930c) E. T. A. Hoffmann e Oskar Panizza. In: O *capitalismo como religião*. São Paulo: Boitempo, 2013.

______. (1931) Pequena história da fotografia. *Op. cit.*

______. (1932-38/1997) Infância em Berlim por volta de 1900. In: *Obras escolhidas II*. São Paulo: Brasiliense, 1997.

______. (1933) Experiência e pobreza. *Op. cit.*

______. (1934a) Franz Kafka, a propósito do décimo aniversário de sua morte. *Op. cit.*

______. (1934b) Johann Jakob Bachofen. In: *O anjo da história*. Belo Horizonte: Autêntica, 2012.

______. (1935-1936) A obra de arte na era de sua reprodutibilidade técnica (1ª versão). *Op. cit.*

______. (1936) O narrador. *Op. cit.*

______. (1940) Sobre o conceito de história. In: LÖWY, W. *Walter Benjamin*: aviso de incêndio. São Paulo: Boitempo, 2005.

______. (1950) A obra de arte na era de sua reprodutibilidade técnica (2ª versão). In: *Os pensadores*. São Paulo: Abril Cultural, 1983.

______. (1982) *Passagens*. Belo Horizonte/São Paulo: UFMG/ Imprensa Oficial, 2006.

BERMAN, M. *Tudo que é sólido desmancha no ar*. São Paulo: Companhia das Letras, 1986.

BIRMAN, J. *Psicanálise, ciência e cultura*. Rio de Janeiro: Zahar, 1994.

BISWANGER, H. C. *Dinheiro e magia*. Rio de Janeiro: Zahar, 2011.

BOLLAS, C. *A sombra do objeto*: psicanálise do conhecido não pensado. Rio de Janeiro: Imago, 1992.

BRETAS, A. C. *A constelação do sonho em Walter Benjamin*. São Paulo: Humanitas, 2008.

BRION, M. *Viena no tempo de Mozart e de Schubert*. São Paulo: Companhia das Letras/Círculo do Livro, 1991.

BURCKHARD, M. & BAHR, H. (1898) Weshalb wir eine Zeitscrift herausgeben? *Ver Sacrum*, v. 1, ano 1, 1898. Disponível em: <http://www.ub.uni-heidelberg.de/helios/fachinfo/www/kunst/digilit/artjournals/ver_sacrum.html>. Acesso em: 8 abr. 2013.

BÜRGER, P. (1974) *Teoria da vanguarda*. São Paulo: Cosac Naify, 2008.

BURKE, E. (1757) *Uma investigação filosófica sobre a origem de nossas ideias do sublime e do belo*. Campinas: Papirus/Unicamp, 1993.

CALDERÓN DE LA BARCA. (1635) *A vida é sonho*. São Paulo: Hedra, 2008.

CANETTI, E. (1977) *A língua absolvida*. São Paulo: Companhia das Letras, 1990.

CASTRO, C. M. de. *A alquimia da crítica*: Benjamin leitor de Goethe. (Tese de Doutorado). Departamento de Filosofia da PUC-RJ, 2000.

CHAUI, M. Crítica e ideologia In: *Manifestações ideológicas do autoritarismo brasileiro*. Belo Horizonte: Autêntica, 2013.

CLARE, G. *Última valsa em Viena*. São Paulo: Círculo do Livro, 1980.

COELHO Jr., N. Intersubjetividade e corporeidade: dimensões da clínica psicanalítica. In: ______, SALEM, P. & KLAUTAU, P. *Dimensões da intersubjetividade*. São Paulo: Escuta/Fapesp, 2012.

______. & SIGLER, R. Hans W. Loewald: a importância da realidade na constituição do sujeito e na clínica psicanalítica. *Ágora*, v. 12, n. 2, pp. 229-43, 2009.

D'AUREVILLY, B. (1843) *Manual do dândi*: a vida com estilo. Belo Horizonte: Autêntica, 2009.

DAHL, G. Os dois vetores temporais de *Nachträglichkeit* no desenvolvimento da organização do ego: a importância do conceito para a simbolização dos traumas e ansiedades sem nome. *Jornal de Psicanálise*, v. 44, n. 80, pp. 95-114, 2011.

DAMIÃO, C. M. Pequena incursão sobre imagens femininas nos escritos de Benjamin. *Artefilosofia*, n. 4, pp. 54-60, 2008.

DE MARCO, V. Carpeaux: mediador entre a literatura das "duas Espanhas" e o Brasil. *Estudos Avançados*, v. 27, n. 77, 2013.

DELOUYA, D. *Depressão.* São Paulo: Casa do Psicólogo, 2010.

DILTHEY, W. (1906) *Das Erlebnis und die Dichtung.* Disponível em: <https://www.uni-due.de/lyriktheorie/texte/1906_dilthey.html>. Acesso em: 30 nov. 2016.

DOSTOIÉVSKI, F. (1913) *O duplo*. São Paulo: 34, 2011.

DUNKER, C. Entrevista Christian Ingo Lenz Dunker. *Trabalho, Educação e Saúde*, v. 11, n. 3, pp. 693-7, 2013.

ENGELS, F. (1884) *A origem da família, da propriedade privada e do Estado.* São Paulo: Expressão Popular, 2012.

FEDERN, P. *Zur Psychologie der Revolution:* Die Vaterlose Gesellschaft. Viena: Anzengruber-Verlag Brüder Suschitzky, 1919.

FÉDIDA, P. *Nome, figura e memória*. São Paulo: Escuta, 1991.

______. *O sítio do estrangeiro*. São Paulo: Escuta, 1996.

______. *Depressão.* São Paulo: Escuta, 1999.

______. *Dos benefícios da depressão*. São Paulo: Escuta, 2002.

FERRO, M. *A Grande Guerra 1914-1918*. Lisboa: 70, 2008.

FICHTE, J. G. (1794) *A doutrina da ciência*. São Paulo: Abril Cultural, 1980.

FISCHER, W. A. *Schiele*. Köln: Taschen, 2007.

FOSTER, H. A proper subject. In: *Prosthetic Gods*. Cambridge, Massachusetts/London: The MIT Press, 2006.

______. *Belleza compulsive*. Buenos Aires: Adriana Hidalgo, 2008.

FRAYZE-PEREIRA, J. A. *Arte, dor inquietudes*: entre estética e psicanálise. São Paulo: Ateliê, 2010a.

______. Freud e a arte. *Cult*, n. 101, 2010b. Disponível em: <http://revistacult.uol.com.br/home/2010/03/freud-e-a-arte/>. Acesso em: 6 out. 2014.

FREUD, S. (1895) Projeto de uma psicologia. In: GABBI Jr. O. F. *Notas a projeto de uma psicologia*. Rio de Janeiro: Imago, 2003.

______. (1913) Princípios básicos da psicanálise. In: *Obras Completas*. v. X. São Paulo: Companhia das Letras, 2010.

______. (1919) O inquietante. *Op. cit.*, v. XIV.

______. (1897) Rascunho N. In: *Edição Standard Brasileira das Obras Psicológicas Completas de Sigmund Freud*. Rio de Janeiro: Imago, 1996.

______. (1899) Lembranças encobridoras. *Op. cit.*, v. III.

______. (1905a) Fragmento da análise de um caso de histeria. *Op. cit.*, v. VII.

______. (1905b) Três ensaios sobre a teoria da sexualidade. *Op. cit.*, v. VII.

______. (1905-1906) Minhas teses sobre o papel da sexualidade na etiologia das neuroses. *Op. cit.*, v. VII.

______. (1907) Delírios e sonhos na *Gradiva* de Jensen. *Op. cit.*, v. IX.

______. (1908) Escritores criativos e devaneio. *Op. cit.*, v. IX.

______. (1910a) Cinco lições de psicanálise. *Op. cit.*, v. XI.

______. (1910b) Leonardo da Vinci e uma lembrança de sua infância. *Op. cit.*, v. XI.

______. (1912) A dinâmica da transferência. *Op. cit.*, v. XII.

______. (1913) Totem e tabu. *Op. cit.*, v. XIII.

______. (1915a) Reflexões para os tempos de guerra e morte. *Op. cit.*, v. XIV.

______. (1915b) Artigos sobre a metapsicologia. *Op. cit.*, v. XIV.

______. (1916) Conferências introdutórias sobre psicanálise. *Op. cit.*, v. XV.

______. (1917) Luto e melancolia. *Op. cit.*, v. XVII.

______. (1919a) Introdução a "A psicanálise e as neuroses de guerra". *Op. cit.*, v. XVII.

______. (1919b) O estranho. *Op. cit.*, v. XVII.

______. (1920) Além do princípio do prazer. *Op. cit.*, v. XVIII.

______. (1921a) Psicologia das massas e análise do eu. *Op. cit.*, v. XVIII.

______. (1921b) Sonhos e telepatia. *Op. cit.*, v. XVIII.

______. (1923) O ego e o id. *Op. cit.*, v. XIX.

______. (1926) Inibição, sintoma e angústia. *Op. cit.*, v. XX.

_____. (1927) Fetichismo. *Op. cit.*, v. XXI.

_____. (1930a) Mal-estar na civilização. *Op. cit.*, v. XXI.

_____. (1930b) O prêmio Goethe. *Op. cit.*, v. XXI.

_____. (1930-1931) O parecer do perito no caso Halsmann. *Op. cit.*, v. XXI.

_____. (1936) Um distúrbio de memória na Acrópole. *Op. cit.*, v. XXII.

_____. (1937a) Construções em análise. *Op. cit.*, v. XXIII.

_____. (1937b) Análise terminável e interminável. *Op. cit.*, v. XXIII.

_____. (1939) Moisés e o monoteísmo. *Op. cit.*, v. XXIII.

_____. (1940) Esboço de psicanálise. *Op. cit.*, v. XXIII.

_____. (1899) *Über Denkerinnerungen*. In: *Gesammelte Werke Bänder 1, 2, 3, 4*. Altenmünster: Jazzybee Verlag Jürgen Beck, 2012.

_____. (1900) Die Traumdeutung. *Op. cit.*

_____. (1905) Bruchstück einer Hysterie-Analyse. *Op. cit.*

_____. (1909) Über Psychoanalyse. *Op. cit.*

_____. (1913a) Das Interesse an der Psychoanalyse. *Op. cit.* Disponível em: <http://ia700208.us.archive.org/9/items/GS_IV_1924_Psychopathologie_k/GS_IV_1924_Psychopathologie_k.pd>. Acesso em: 2 out. 2013.

_____. (1913b) Totem und Tabu. *Op. cit.*

_____. (1927) Die Zukunft einer Illusion. *Op. cit.*

FÜRNKÄS, J. *Surrealismus als Erkenntnis*. Stuttgart: Metzler, 1988.

GAGNEBIN, J.-M. *Sete aulas sobre memória, linguagem e história*. Rio de Janeiro: Imago, 1997.

GATTI, L. Walter Benjamin e o Surrealismo: escrita e iluminação profana. *Artefilosofia*, Ouro Preto, n. 6, pp. 74-94, abr. 2009. Disponível em: <http://www.raf.ifac.ufop.br/pdf/artefilosofia_06/artefilosofia_06_01_dossie_walter_benjamin_08_luciano_gatti.pdf>. Acesso em: 01 dez. 2016.

GAY, P. *Freud*: uma vida para nosso tempo. São Paulo: Companhia das Letras, 1989.

______. *O século de Schnitzler*. São Paulo: Companhia das Letras, 2002.

______. *O Modernismo*. São Paulo: Companhia das Letras, 2009.

GIACOIA Jr., O. Nietzsche e o feminino. *Natureza Humana*, v. 4, n. 1, pp. 9-32, 2002.

GOETHE, J. W. (1809) *As afinidades eletivas*. São Paulo: Nova Alexandria, 1998.

______. (1863) *Napoleon's meeting with Goethe recounted by Goethe*. Disponível em: <http://www.napoleon.org/en/gallery/pictures/files/471697.asp>. Acesso em: 12 fev. 2015.

GORENDER, J. Apresentação. In: MARX, K. (1867) *O capital*. São Paulo: Abril Cultural, 1983.

GREEN, A. *O desligamento*: psicanálise, antropologia e literatura. Rio de Janeiro: Imago, 1994.

GRESPAN, J. Fetiche e alegoria. Trabalho apresentado no *II Seminario Internacional Politicas de la Memória,* Buenos Aires, 2010. Disponível em: <http://conti.derhuman.jus.gov.ar/2010/10/mesa-42/grespan_mesa_42.pdf>. Acesso em: 6 out. 2014.

HAMANN, B. *Elisabeth Kaiserin wider Willen*. Himberg: Wiener Verlag, 1997.

HANEKE, M. (Dir.) *A fita branca* (Das Weisse Band). Austrália/Alemanha/França/Itália: Imovision, 2009.

HAUSER, K. *Gold und Eros:* Gustav Klimt und die Frauen. Disponível em: <http://www.youtube.com/watch?v=J-IynB9YUFM>. Acesso em: 12 nov. 2013.

HOBSBAWM, E. *Era dos extremos.* São Paulo: Companhia das Letras, 1995.

HOFFMANN, E. T. A. (1817) *O homem de areia.* Rio de Janeiro: Rocco, 2010.

HOFMANNSTHAL, H. von (1906) Ödipus und die Sphinx. *Meine Dramen.* 86450, Altenmünster, Loschberg 9, Deutschland: Jazzybee Verlag, 2012. v. III.

______. (1923-25/1927) Der Turm. *Op. cit.*, v. II.

HORNE, A. *A era de Napoleão.* Rio de Janeiro: Objetiva, 2013.

HOZ, A. G. de la. *Goethe en Freud:* afinidades electivas. Tese de Doutorado realizada na Faculdad de Psicología da Universidad Complutense de Madrid, 1991. Disponível em: <http://biblioteca.ucm.es/tesis/19911996/S/4/S4001401.pdf>. Acesso em: 6 out. 2014.

HUCH, R. Simbolistik vor hundert Jahren. *Ver Sacrum*, ano 1, v. 12, mar. 1898. Disponível em: <http://www.ub.uni-heidelberg.de/helios/fachinfo/www/kunst/digilit/artjournals/ver_sacrum.html>. Acesso em: 8 abr. 2013.

JANIK, A. Vienna 1900 revisited. In: BELLER, S. (Org.) *Rethinking Vienna 1900.* New York/Oxford: Berghahn, 2012.

JENSEN, R. A matter of professionalism. *Op. cit.*

JONES, E. *A vida e a obra de Sigmund Freud*. Rio de Janeiro: Imago, 1989.

KAFKA, F. (1919) *Carta ao pai*. Porto Alegre: L&PM, 2013.

KALLIR, J. *Schieles Frauen*. München/London/New York: Prestel Verlag, 2012.

KANDEL, E. R. *The age of insight*. New York: Random House, 2012.

KEHL, M. R. Blefe! *Revista da Associação Psicanalítica de Porto Alegre*, n. 17, pp. 79-82, nov. 1999.

______. *O tempo e o cão*. São Paulo: Boitempo, 2009.

KLEIN, M. (1959) Nosso mundo adulto e suas raízes na infância. In: *Inveja e gratidão e outros trabalhos*. Rio de Janeiro: Imago, 1991.

KNAFO, D. Egon Schiele's self-portraits: a psychoanalitic study in the creation of a self. *The Annual of Psychoanalysis*, v. XIX, pp. 59-90, 1991.

KRAUS, K. (1926) *Os últimos dias da humanidade*. Lisboa: Antígona, 2003.

KRISTEVA, J. *Sol negro*: depressão e melancolia. Rio de Janeiro: Rocco, 1989.

LACAN, J. (1938) Os complexos familiares na formação do indivíduo. In: *Outros Escritos*. Rio de Janeiro: Jorge Zahar, 2003.

______. (1949) O estádio do espelho como formador da função do eu. In: *Escritos*. Rio de Janeiro: Jorge Zahar, 1998.

______. (1966-1967) A lógica da psicanálise. In: *O Seminário*. Livro 14: A lógica do fantasma. Recife: Centro de estudos freudianos do Recife, 2008.

LAGES, S. K. Notas sobre anjos em Walter Benjamin. *Revista USP*, n. 39, pp. 130-7, 1998.

LAPLANCHE, J. *Teoria da sedução generalizada*. Porto Alegre: Artes Médicas, 1988.

______. *Problemáticas VI*: el après-coup. Buenos Aires: Amorrortu, 1990.

______. & PONTALIS, J.-B. *Fantasia originária, fantasia das origens, origens da fantasia*. Rio de Janeiro: Jorge Zahar, 1988.

LEIBNIZ, G. W. (1714) Os princípios da filosofia ou A monadologia. In: LEIBNIZ, G. W. *Discurso de Metafísica e outros textos*. São Paulo: Martins Fontes, 2004.

LOEWALD, H. W. *Sublimation*: inquiries into theoretical psychoanalysis. New Haven/London: Yale University Press, 1988.

LOOS, A. (1898) Die Potemkin'sche Stadt. *Ver Sacrum*. Viena, v. 7, ano 1, jul. 1898. Disponível em: <http://www.ub.uni-heidelberg.de/helios/fachinfo/www/kunst/digilit/artjournals/ver_sacrum.html>. Acesso em: 8 abr. 2013.

______. (1902) *Damenmode*. Disponível em: <http://www.modetheorie.de/fileadmin/Texte/l/Loos_Damenmode_1902.pdf>. Acesso em 8: abr. 2013.

LOUREIRO, I. Três olhares sobre a relação Goethe/Freud. *Percurso*, ano VIII, n. 16, 1997.

______. *O carvalho e o pinheiro, Freud e o estilo romântico*. São Paulo: Escuta, 2002.

LÖWY, M. A *estrela da manhã*. Rio de Janeiro: Civilização Brasileira, 2002.

______. *Walter Benjamin*: aviso de incêndio. São Paulo: Boitempo, 2005a.

______. O capitalismo como religião, 18 set. 2005b. Disponível em: <http://www1.folha.uol.com.br/fsp/mais/fs1809200508.htm>. Acesso em: 2 dez. 2013.

______. & SAYRE, R. *Romantismo e política*. Rio de Janeiro: Paz e Terra, 1993.

MAGRIS, C. *Il mito absburgico nella letteratura autriaca moderna*. Torino: Piccola Biblioteca Einaudi, 2009.

MARX, K. (1847) *O capital*. São Paulo: Abril Cultural, 1983.

MATOS, O. C. F. *Os arcanos do inteiramente outro*. São Paulo: Brasiliense, 1989.

MASSON, J. M. (Org.) *A correspondência completa de Sigmund Freud para Wilhelm Fliess* 1887-1904. Rio de Janeiro: Imago, 1986.

______. Benjamin e o feminino: um nome, o nome. In: TIBURI, M., MENESES M. & EGGERT, A. (Org.) *As mulheres e a filosofia*. Vale do Rio dos Sinos: Unisinos, 2002.

______. *Benjaminianas*. São Paulo: Unesp, 2010.

MAYER, A. J. *A força da tradição*. São Paulo: Companhia das Letras, 1987.

MELMAN, C. A racionalidade como sintoma. *Revista da Associação Psicanalítica de Porto Alegre*, n. 17, pp. 52-62, 1999.

MELSOHN, I. Linguagem e percepção no processo analítico. *Ide*, v. 30, n. 44, pp. 126-34, 2007.

MENEZES, S. L. Pânico e desamparo na atualidade. *Ágora*, v. VIII, n. 2, pp. 193-206, 2005.

MEZAN, R. *Freud, pensador da cultura*. São Paulo: Companhia das Letras, 2006.

MIJOLLA-MELLOR, S. Os ideais e a sublimação. *Psicologia USP*, v. 21, n. 3, pp. 501-12, 2010.

MORAES, E. R. O efeito obsceno. *Cadernos Pagu*, n. 20, pp. 121-30, 2003.

MUNK, L. E. T. A. Hoffmann e a cegueira esclarecida. *Contingentia*, v. I, pp. 11-9, 2006.

______. A *Viena de Artur Schnitzler*. Rio de Janeiro: E-papers, 2008.

MURICY, K. *Alegorias da dialética*. Rio de Janeiro: Relume-Dumará, 1999.

MUSIL, R. (1930-43) *O homem sem qualidades*. Rio de Janeiro: Nova Fronteira, 1989.

NÉRET, G. *Klimt*. São Paulo: Paisagem, 2006.

NIETZSCHE, F. (1886) *Além do bem e do mal*. São Paulo: Companhia de Bolso, 2005.

PALHARES, T. H. P. *Aura:* a crise da arte em Walter Benjamin. São Paulo: Barracuda, 2006.

PARENTE, A. A. M. Aura das palavras. *Ide*, v. 34, n. 52, ago. 2011.

______. Duchamp: dândi contra melancolia? *Artefilosofia*, n. 14, 2013.

______. A encenação dos sonhos: imagens de Freud e de Benjamin. *Ágora*, v. 17, n. 1, 2014a.

______. Entre as ruínas do tempo: Walter Benjamin e Sigmund Freud. *Cadernos Walter Benjamin*, n. 12, 2014b.

PEREIRA, M. E. C. *Pânico e desamparo*. São Paulo: Escuta, 2008.

PAZ, O. *Os filhos do barro*. Rio de Janeiro: Nova Fronteira, 1984.

PONTALIS, J.-B. *Perder de vista*. Rio de Janeiro: Jorge Zahar, 1988.

PROUST, M. (1913) No caminho de Swann. In: *Em busca do tempo perdido*. São Paulo: Globo, 1998.

______. (1918) À sombra das raparigas em flor. *Op. cit.*

______. (1923) A prisioneira. *Op. cit.*

RANCIÈRE, J. *O inconsciente estético*. São Paulo: 34, 2009.

RANK, O. (1914) *O duplo*. Porto Alegre: Dublinense, 2013.

RAULET, G. Aura e *Auctoritas*. In: SEDLMAYER, S. & GINZBURG, J. (Org.) *Walter Benjamin:* rastro, aura e história. Belo Horizonte: UFMG, 2012.

ROCHLITZ, R. *O desencantamento da arte*. Bauru: Edusc, 2003.

ROSENFELD, A. E. T. A. Hoffmann. In: *Letras germânicas*. São Paulo: Perspectiva/Edusp, 1993.

______. Aspectos do romantismo alemão. In: *Texto/Contexto*. São Paulo: Perspectiva, 2013.

ROSENFIELD, K. Prefácio. In: GOETHE, W. *As afinidades eletivas*. São Paulo: Nova Alexandria, 1998.

ROTH, J. (1924) *Hotel Savoy*. São Paulo: Estação Liberdade, 2013.

ROUANET, S. P. Apresentação In: BENJAMIN, W. *Origem do drama barroco alemão*. São Paulo: Brasiliense, 1984.

_______. *Édipo e o anjo*. Rio de Janeiro: Tempo Brasileiro, 1990.

SAFATLE, V. *A paixão do negativo*. São Paulo: Unesp, 2006.

SAFRANSKI, R. *Romantismo, uma questão alemã*. São Paulo: Estação Liberdade, 2010a.

______. *E. T. A. Hoffmann, das Leben eines skeptischen Phantasten*. Frankfurt am Main: Fischer Verlag, 2010b.

SANTORO, T. S. De Kant a Fichte: apercepção como fundamento. *Cadernos de Filosofia Alemã*, n. 9, pp. 71-90, 2007.

SANTOS, L. O. *Transtornos de pânico*. São Paulo: Casa do Psicólogo, 2009.

SÁRMÁNY-PARSONS, I. The image of women in painting: clichés and reality in Austria-Hungary. In: BELLER, S. (Org.) *Rethinking Vienna 1900*. New York/Oxford: Berghahn, 2012.

SCHNITZLER, A. (1918) *O retorno de Casanova*. São Paulo: Companhia das Letras, 1988.

SCHORSKE, C. *Viena fin-de-siècle*. São Paulo: Companhia das Letras/Unicamp, 1988.

SCHWARZ, P. *After Jena:* Goethe's elective affinities and the end of the old regime (new studies in the age of Goethe). Cranbury: Associated University Presses, 2010.

SELIGMANN-SILVA, M. *Paz perpétua – guerra sem fim*: visões da Europa em Friedrich Schlegel e Novalis, 2002a. Disponível em: <http://www.apario.com.br/forumdeutsch/revistas/vol6/pazperpetua.PDF>. Acesso em: 6 out. 2014.

______. "Como um raio fixo" Goethe e Winckelmann: o classicismo e suas aporias. *Phaos*, n. 2, pp. 167-85, 2002b.

______. *O local da diferença*. São Paulo: 34, 2005.

______. Resenha de "O capitalismo como religião", de Walter Benjamin, 2013. Disponível em: <http://oglobo.globo.com/

blogs/prosa/posts/2013/11/09/resenha-de-capitalismo-como-religiao-de-walter-benjamin-514612.asp>. Acesso em: 12 dez. 2014.

SHAKESPEARE W. (1601) *Hamlet*. Porto Alegre: L&PM, 1999.

SILVA Jr., N. da. A sombra da sublimação: o imperialismo da imagem e os destinos pulsionais na contemporaneidade e os destinos pulsionais na contemporaneidade. *Psychê*, v. VII, n. 11, pp. 29-38, 2003.

SOUZA, G. de M. *O espírito das roupas*. São Paulo: Companhia das Letras, 1987.

STEFANO, E. *Gustav Klimt Art Nouveau visionary*. Sterling: New York/London, 2006.

STEINER, R. *Schiele*. Rio de Janeiro: Paisagem, 2006.

STRACHEY, J. (1969) "Introdução do editor inglês". In: Artigos sobre metapsicologia. *Edição Standard Brasileira das Obras Psicológicas Completas de Sigmund Freud*. Rio de Janeiro: Imago, 1996, v. I.

SUZUKI, M. *O gênio romântico*. São Paulo: Iluminuras, 1998.

SZASZ, T. *Anti-Freud:* Karl Kraus's Criticism of Psychoanalysis and Psychiatry. New York: Syracuse University Press, 1990.

TWELLMANN, M. *Das Drama der Souveränität*. München: Wilhelm Fink Verlag, 2004.

ULHÔA CINTRA, M. E. de. Hamlet e a melancolia. *Revista Latino-Americana de Psicopatologia Fundamental*, v. IV, n. 4, pp. 30-42, 2001.

URBAN, B. *Hofmannsthal, Freud und die Psychoanalyse*. Frankfurt am Main: Peter Lang, 1978.

VERNANT, J.-P. Édipo sem complexo. In: VERNANT, J.-P. & VIDAL-NAQUET, P. *Mito e tragédia na Grécia Antiga*. São Paulo: Perspectiva, 1999.

VERSIANI, E. R. A realidade "ora-psíquica-ora-material" em Freud. *Ágora*, v. 4, n. 1, pp. 131-44, 2001.

WEIDNER, D. Kreatürlichkeit: Benjamins Trauerspielbuch und das Leben des Barock, in *Profanes Leben – Walter Benjamins Dialektik der Säkularisierung*. Frankfurt: Suhrkamp, 2010, pp. 120-38. Disponível em: <http://www.zfl-berlin.org/tl_files/zfl/downloads/a_service_downloads/08_Weidner_Kreatuerlichkeit_Profanes_Leben.pdf>. Acesso em: 2 dez. 2013.

WEIGEL, S. Auf der Schwelle von Schöpfung und Welgericht. In: WEIDNER, D. *Profanes Leben – Walter Benjamins Dialektik der Säkularisierung*. Frankfurt: Suhrkamp, 2010. pp. 66--94. Disponível em: <http://www.zfl-berlin.org/tl_files/zfl/downloads/a_service_downloads/11_Weigel_Kreatur_Walter_Benjamin.pdf>. Acesso em: 2 dez. 2013.

WINNICOTT, D. W. (1971) *O brincar e a realidade*. Rio de Janeiro: Imago, 1975.

YERUSHALMI, Y. H. *O Moisés de Freud*. Rio de Janeiro: Imago, 1992.

ZIZEK, S. Como Marx inventou o sintoma? In: *Um mapa da ideologia*. Rio de Janeiro: Contraponto, 1996.

______. *Bem-vindo ao deserto do Real*. São Paulo: Boitempo, 2002.

______. *A visão em paralaxe*. São Paulo: Boitempo, 2008.

______. *Primeiro como tragédia, depois como farsa*. São Paulo: Boitempo, 2011.

ZWEIG, S. *O mundo que eu vi*. Rio de Janeiro: Record, 1999.

Anotações